高等院校会计专业
GAODENG YUANXIAO KUAIJI ZHUAI

U0676961

高级财务会计学

GAOJI CAIWU KUAIJI XUE

主 编／李海洋　胡顺义　胡春华

副主编／刘春玲　姚和平　杨 华

重庆大学出版社

内容简介

《高级财务会计学》是研究客观经济环境中的特殊交易或事项会计处理问题的一门学科。它是会计学、审计学、财务管理等财经类本科专业的专业核心课,主要包括:非货币性资产交换,债务重组,或有事项,股份支付,政府补助,借款费用,所得税,外币折算,租赁,持有待售的非流动资产、处置组和终止经营,会计政策、会计估计变更和差错更正,资产负债表日后事项,企业合并,合并财务报表等内容。

图书在版编目(CIP)数据

高级财务会计学 / 李海洋等主编 . -- 重庆 : 重庆大学出版社, 2023.1

高等院校会计专业本科系列教材

ISBN 978-7-5689-3674-3

Ⅰ.①高⋯　Ⅱ.①李⋯　Ⅲ.①财务会计—高等学校—教材　Ⅳ.①F234.4

中国版本图书馆 CIP 数据核字(2022)第 242037 号

高等院校会计专业本科系列教材

高级财务会计学

主　编 李海洋　胡顺义　胡春华
策划编辑:尚东亮
责任编辑:尚东亮　　版式设计:尚东亮
责任校对:关德强　　责任印制:张　策

＊

重庆大学出版社出版发行
出版人:饶帮华
社址:重庆市沙坪坝区大学城西路 21 号
邮编:401331
电话:(023) 88617190 88617185(中小学)
传真:(023) 88617186 88617166
网址:http://www.cqup.com.cn
邮箱:fxk@ cqup.com.cn (营销中心)
全国新华书店经销
重庆华林天美印务有限公司印刷

＊

开本:787mm × 1092mm　1/16　印张:18.75　字数:424 千
2023 年 1 月第 1 版　　2023 年 1 月第 1 次印刷
印数:1—3 000
ISBN 978-7-5689-3674-3　　定价:49.80 元

前言

　　高级财务会计学是以企业所发生的各项特殊业务的处理方法为研究对象的一门学科。高级财务会计学是对中级财务会计学的补充和延伸，与中级财务会计学同属于财务会计学科体系的范畴，两者共同构成财务会计的完整体系。高级财务会计学的内容存在分歧，本书重在实用，不涉及个人独资企业会计、合伙企业会计、分支机构会计、破产清算会计和物价变动会计等内容。

　　本书依据财政部修订和增补的企业会计准则以及最新的税收法规编写。各章有学习目标提示、习题及参考答案、教学课件，以方便教师组织教学和学生学习。本书力求通过教学内容的优化与体例结构的创新，培养学生的分析能力和创新能力，加强专业内涵建设、创新人才培养模式、提升人才培养水平，与时俱进，与人才培养定位相适应，遵循由浅入深、循序渐进的教学规律，强化能力培养，促进融会贯通，理论与实务相结合，推进业财税融合，打破传统财务思维，大力推进国家一流专业建设，全面提升人才培养质量。

　　高级财务会计学是会计学专业的主干课程，务必发挥立德树人功能，务必担负起"会计文化"建设重任，培养学生的人文精神。专业教育是课程思政建设的重要载体，课程思政亦为专业教育注入灵魂，专业教育与课程思政融合，有利于拓展专业教育的广度和深度，实现教书育人相统一。没有信用，也就没有会计，让学生明白遵守会计准则以及各种法律法规是会计人员应该坚守的底线。

　　本教材由李海洋、胡顺义、胡春华担任主编，由刘春玲、姚和平、杨华担任副主编。具体分工如下：殷栋华编写第1章、刘春玲编写第2章、杨华编写第3章、徐媛媛编写第4章、李钻编

1

写第5章、李益博编写第6章、邵天营和李家和编写第7章、付强编写第8章、胡春华编写第9章、杨琬君编写第10章、朱继军编写第11章、李海洋编写第12章、陈国英编写第13章、姚和平和胡顺义编写第14章。

本书在编写过程中，承蒙领导和同行的大力支持，并提出宝贵意见，谨此表示衷心感谢。本书适合作为高等院校会计学、审计学、财务管理等财经类专业教学用书，也可作为财会人员的业务用书。书中难免存在疏漏之处，恳请广大读者和学界专家批评指正，以便我们进一步修改和完善。

编者

2022年9月

目录

第1章 非货币性资产交换

学习目标

通过本章学习,要求了解货币性资产与非货币性资产、非货币性资产交换的认定,掌握公允价值和账面价值计量模式下非货币性资产交换的会计处理。非货币性资产交换按照核算模式不同可分为:公允价值模式计量和成本模式计量。实质重于形式是体现"真实与公允"的一个会计原则,要求会计人员应注重经济业务的实质,而不拘泥于法律条文,判断非货币性资产交换是否具有商业实质。

1.1 非货币性资产交换概述

1.1.1 非货币性资产交换的认定

非货币性资产是相对于货币性资产而言的。货币性资产,是指企业持有的货币资金和收取固定或可确定金额的货币资金的权利,包括库存现金、银行存款、应收账款和应收票据等。非货币性资产,是指货币性资产以外的资产,如存货(原材料、包装物、低值易耗品、库存商品等)、固定资产、在建工程、生产性生物资产、无形资产、投资性房地产、长期股权投资等。非货币性资产有别于货币性资产的最基本特征是其在将来为企业带来的经济利益,即货币金额是不固定的或不可确定的。例如,企业持有固定资产的主要目的是用于生产经营,通过折旧方式将其磨损价值转移到产品成本中去,然后通过产品销售获利,固定资产在将来为企业带来的经济利益,即货币金额是不固定的或不可确定的,因此,固定资产属于非货币性资产。

企业用货币性资产来交换非货币性资产的交易最为普遍。但是,在有些情况下,企业为了满足各自生产经营的需要,同时减少货币性资产的流入和流出,会进行非货币性资产交换。

非货币性资产交换,是指企业主要以固定资产、无形资产、投资性房地产和长期股权投资等非货币性资产进行的交换。该交换不涉及或只涉及少量的货币性资产(即补价)。

通常情况下,交易双方对于某项交易是否为非货币性资产交换的判断是一致的。需要注意的是,对非货币性资产交换进行判断,企业应从自身的角度,根据交易的实质判断相关交易是否属于本章定义的非货币性资产交换,不应基于交易双方的情况进行判断。例如,固定资产对外投资,投资方属于非货币性资产交换,被投资方属于接受权益性投资,不属于非货币性资产交换。

非货币性资产交换具有如下特征:第一,非货币性资产交换的交易对象主要是非货币性资产;第二,非货币性资产交换是以非货币性资产进行互惠转让的行为;第三,非货币性资产交换一般不涉及货币性资产,但有时也可能涉及少量的货币性资产。

非货币性资产交换准则规定,认定涉及少量货币性资产的交换为非货币性资产交换,通常以补价占整个资产交换金额的比例是否低于25%作为参考比例,也就是说,支付的货币性资产占换入资产公允价值(或占换出资产公允价值与支付的货币性资产之和)的比例,或者收到的货币性资产占换出资产公允价值(或占换入资产公允价值和收到的货币性资产之和)的比例低于25%的,为非货币性资产交换;高于25%(含25%)的,则视为货币性资产交换,适用收入等相关准则的规定。

增值税属于价外税,补价的公允价值不含增值税。补价的公允价值是换出资产和换入资产公允价值的差额。判断少量货币性资产,计算货币性资产占整个资产交换的比例应当使用不含税补价。在实务中,并不将补价与进项税额和销项税额的差额区分开来,这样企业收到或支付的货币资金是含税的补价。

1.1.2 准则适用范围

本准则适用于所有非货币性资产交换,但下列各项适用其他相关会计准则:

(1)企业以存货换取客户的非货币性资产的,适用《收入》准则。收入准则规定,企业应当按照分摊至各单项履约义务的交易价格计量收入。交易价格,是指企业因向客户转让商品而预期有权收取的对价金额。客户支付非现金对价的,企业应当按照非现金对价的公允价值确定交易价格。非现金对价的公允价值不能合理估计的,企业应当参照其承诺向客户转让商品的单独售价间接确定交易价格。

(2)非货币性资产交换中涉及企业合并的,适用《企业合并》《长期股权投资》和《合并财务报表》准则。

(3)非货币性资产交换中涉及由《金融工具确认和计量》准则规范的金融资产的,金融资产的确认、终止确认和计量适用《金融工具确认和计量》和《金融资产转移》准则。企业初始确认金融资产,应当按照公允价值计量。金融资产转移整体满足终止确认条件的,应当将下列两项金额的差额计入当期损益:被转移金融资产在终止确认日的账面价值;因转移金融资产而收到的对价,与原直接计入其他综合收益的公允价值变动累计额中对应终止确认部分的金额之和。

(4)非货币性资产交换中涉及由《租赁》准则规范的使用权资产或应收融资租赁款等的,相关资产的确认、终止确认和计量适用《租赁》准则。

(5)非货币性资产交换的一方直接或间接对另一方持股且以股东身份进行交易的,

或者非货币性资产交换的双方均受同一方或相同的多方最终控制,且该非货币性资产交换的交易实质是交换的一方向另一方进行了权益性分配或交换的一方接受了另一方权益性投入的,适用权益性交易的有关会计处理规定。例如,集团重组中发生的非货币性资产划拨、划转行为,在股东或最终控制方的安排下,企业无代价或以明显不公平的代价将非货币性资产转让给其他企业或接受其他企业的非货币性资产,该类转让的实质是企业进行了权益性分配或接受了权益性投入,不适用本章所述的非货币性资产交换会计处理,应当适用权益性交易的有关会计处理规定。企业应当遵循实质重于形式的原则判断非货币性资产交换是否构成权益性交易。权益性交易的主体为会计主体及其所有者,权益性交易的客体是资本或者权益,权益性交易的结果导致会计主体的权益发生变动。权益性交易与损益性交易相对应,权益性交易不得确认损益,而损益性交易须确认损益。

(6)其他不适用非货币性资产交换准则的交易和事项:

①企业从政府无偿取得非货币性资产的,适用《政府补助》准则。

②企业将非流动资产或处置组分配给所有者的,适用《持有待售的非流动资产、处置组和终止经营》准则。

③企业以非货币性资产向职工发放非货币性福利的,适用《职工薪酬》准则。

④企业以发行股票形式取得非货币性资产,相当于以权益工具换入非货币性资产,其成本确定适用相关资产准则。

⑤企业用于非货币性资产交换的非货币性资产应当符合资产的定义并满足资产的确认条件,且作为资产列报于企业的资产负债表上。企业用于交换的资产目前尚未列报于资产负债表上,或不存在或尚不属于企业的,适用其他相关会计准则。

1.2 非货币性资产交换的确认和计量

1.2.1 确认和计量原则

非货币性资产交换中换入资产的确认原则和换出资产的终止确认原则:换入资产应当在其符合资产定义并满足资产确认条件时予以确认;换出资产应当在其满足资产终止确认条件时终止确认。

对于非货币性资产交换,企业将换入的资产视为购买取得资产,并按照相关会计准则的规定进行初始确认;将换出的资产视为销售或处置资产,并按照相关会计准则的规定进行终止确认。

例如,在非货币性资产交换交易中,如果换入资产为对联营企业的长期股权投资,按照《长期股权投资》的规定,企业应当在能够对被投资单位实施重大影响时确认该换入的长期股权投资;如果换出资产为对联营企业的长期股权投资,企业应当在处置长期股权投资时点区分处置是否使企业丧失对被投资单位的重大影响,分别按照《金融工具确认和计量》或《长期股权投资》的规定进行会计处理。

通常情况下,换入资产的确认时点与换出资产的终止确认时点应当相同或相近,也就是说,作为非货币性资产交换的一方,企业取得换入资产的时点与其销售或处置换出资产的时点应当相同或相近。实务中,资产控制权转移所必需的运输或转移程序等方面的原因,可能导致换入资产满足确认条件的时点与换出资产满足终止确认条件的时点存在短暂不一致,企业可以按照重要性原则,在换入资产满足确认条件和换出资产满足终止确认条件孰晚的时点进行会计处理。在换入资产的确认时点与换出资产的终止确认时点存在不一致的情形下,在资产负债表日,企业应当按照本准则规定的下列原则进行会计处理:换入资产满足资产确认条件,换出资产尚未满足终止确认条件的,在确认换入资产的同时将交付换出资产的义务确认为一项负债,如其他应付款;换入资产尚未满足资产确认条件,换出资产满足终止确认条件的,在终止确认换出资产的同时将取得换入资产的权利确认为一项资产,如其他应收款。

非货币性资产交换不涉及或只涉及少量的货币性资产。因此,换入资产成本的计量基础以及对换出资产损益的确定与以货币性资产取得非货币性资产不同,需要运用不同的计量基础。

(一)以公允价值为基础计量

非货币性资产交换同时满足下列条件的,应当以公允价值和应支付的相关税费作为换入资产的成本,公允价值与换出资产账面价值的差额计入当期损益:①该项交换具有商业实质;②换入资产或换出资产的公允价值能够可靠地计量。

企业在进行非货币性资产交换时,相关换入资产或换出资产的公允价值通常会在合同中约定;对于合同中没有约定的,应当按照合同开始日(合同生效日)的公允价值确定。

一般来说,取得资产的成本应当按照所放弃的对价来确定,在非货币性资产交换中,换出资产就是放弃的对价。换入资产和换出资产的公允价值均能够可靠计量的,应当以换出资产的公允价值为基础计量,但有确凿证据表明换入资产的公允价值更加可靠的除外,即换出资产的公允价值不能够可靠计量,或换入资产和换出资产的公允价值均能够可靠计量但有确凿证据表明换入资产的公允价值更加可靠的,应当以换入资产的公允价值为基础计量。

对于非货币资产交换中换入资产和换出资产的公允价值均能够可靠计量的情形,企业在判断是否有确凿证据表明换入资产的公允价值更加可靠时,应当考虑确定公允价值所使用的输入值层次。企业可以参考以下情况:第一层次输入值为公允价值提供了最可靠的证据,第二层次是直接或间接可观察的输入值比,第三层次不可观察输入值为公允价值提供更确凿的证据。对于换入资产和换出资产的公允价值所使用的输入值层次相同的,企业应当以换出资产的公允价值为基础计量。实务中,在考虑了补价因素的调整后,正常交易中换入资产的公允价值和换出资产的公允价值通常是一致的。

(二)以账面价值为基础计量

不具有商业实质或交换涉及资产的公允价值均不能可靠计量的非货币性资产交换,

应当以换出资产的账面价值为基础计量,无论是否支付补价,均不确认损益。收到或支付的补价作为确定换入资产成本的调整因数。

1.2.2　商业实质的判断

在判断资产交换是否具有商业实质时,企业应当重点考虑发生了该项资产交换预计使企业未来现金流量发生变动的程度。只有当换入资产的未来现金流量和换出资产的未来现金流量相比发生较大变化,或使用换入资产进行经营和继续使用换出资产进行经营所产生的预计未来现金流量现值之间的差额较大时,才表明该交易的发生使企业经济状况发生了明显改变,交换才因而具有商业实质。企业应当根据本准则的规定,遵循实质重于形式的原则,判断非货币性资产交换是否具有商业实质。

(一)判断条件

(1)换入资产的未来现金流量在风险、时间分布或金额方面与换出资产显著不同。企业应当对比考虑换入资产与换出资产的未来现金流量在风险、时间和金额的三个方面,对非货币性资产交换是否具有商业实质进行综合判断。通常情况下,只要换入资产和换出资产的未来现金流量在风险、时间和金额中的某个方面存在显著不同,即表明满足商业实质的判断条件。

例如,企业以一项生产用的设备换入一批存货,设备作为固定资产要在较长的时间内为企业带来现金流量,而存货流动性强,能够在较短的时间内产生现金流量。两者产生现金流量的时间相差较大,即使假定两者产生未来现金流量的风险和总额均相同,可以认为上述固定资产与存货的未来现金流量显著不同,因而交换具有商业实质。

(2)使用换入资产所产生的预计未来现金流量现值与继续使用换出资产所产生的预计未来现金流量现值不同,且其差额与换入资产和换出资产的公允价值相比是重大的。

企业如果按照上述第(1)项判断条件难以判断非货币性资产交换是否具有商业实质,可以按照第(2)项条件,分别计算使用换入资产进行相关经营的预计未来现金流量现值和继续使用换出资产进行相关经营的预计未来现金流量现值,通过二者比较进行判断。企业在计算预计未来现金流量现值时,应当按照资产在企业自身持续使用过程和最终处置时预计产生的税后未来现金流量(使用企业自身的所得税税率),根据企业自身而不是市场参与者对资产特定风险的评价,选择恰当的折现率对预计未来现金流量折现后的金额加以确定,以体现资产对企业自身的特定价值。

从市场参与者的角度分析,换入资产和换出资产的未来现金流量在风险、时间和金额方面可能相同或相似。但是对于企业自身而言,鉴于换入资产的性质和换入企业经营活动的特征等因素,换入资产与换入企业其他现有资产相结合,能够比换出资产发挥更大的作用,使换入企业受该换入资产影响的经营活动部分产生的现金流量与换出资产明显不同,进而使用换入资产进行相关经营的预计未来现金流量现值与继续使用换出资产进行相关经营的预计未来现金流量现值存在重大差异,当其差额与换入资产和换出资产的公允价值相比是重大的,则表明交换具有商业实质。例如,甲企业以持有的某非上市公司A企业的10%股权换入乙企业拥有的一项专利权。假定从市场参与者的角度来看,该股权与该项专利权的公允价值相同,两项资产未来现金流量的风险、时间和金额亦相似。通过第(1)项判断条件难以得出交易是否具有商业实质的结论。根据第(2)项判断条件,对换入专利权的甲企业来说,该项专利权能够解决其生产中的技术难题,使其未来的生产产量成倍增长,从而产生的预计未来现金流量现值与换出的股权投资有较大差异,且其差额与换入资产和换出资产的公允价值相比是重大的,因而可认为该交换具有商业实质。对换入股权的乙企业来说,其取得甲公司换出的A企业10%股权后,对A企业的投资关系由重大影响变为控制,从而产生的预计未来现金流量现值与换出的专利权有较大差异,且其差额与换入资产和换出资产的公允价值相比也是重大的,因而可认为该交换具有商业实质。

(二)判断商业实质时对资产类别的考虑

企业在判断非货币性资产交换是否具有商业实质时,通常还可以考虑资产是否属于同一类别来进行分析。同类别的资产是指在资产负债表中列示为同一报表项目的资产;不同类别的资产是指在资产负债表中列示为不同报表项目的资产,例如存货、固定资产、无形资产、投资性房地产、长期股权投资等都是不同类别的非货币性资产。一般来说,不同类别的非货币性资产产生经济利益的方式不同,其产生的未来现金流量在风险、时间和金额方面很可能也不相同。例如,企业将一项用于出租的投资性房地产,与另一企业的厂房进行交换,换入的厂房作为自用固定资产,属于不同类别的非货币性资产之间的交换。在该交换交易下,换出的投资性房地产的未来现金流量为每期的租金,换入的固定资产的未来现金流量为该厂房独立产生或包括该厂房的资产组协同产生的现金流量。通常情况下,由定期租金带来的现金流量与用于生产经营的固定资产产生的现金流量在风险、时间和金额方面显著不同,因而两项资产的交换具有商业实质。

不同类别非货币性资产之间的交换是否具有商业实质,通常较易判断;而同类别非货币性资产之间的交换是否具有商业实质,则通常较难判断,需要根据上述两项判断条件综合判断。例如,企业将其拥有的一幢建筑物,与另一企业拥有的在同地点的另一幢建筑物进行交换,两幢建筑物的建造时间、建造成本等均相同,属于同类别的非货币性资产之间的交换。如果其中一幢建筑物可以立即出售,企业管理层也打算将其立即出售,而另一幢建筑物难以出售或只能在一段较长的时间内出售,则可以表明两项资产未来现金流量的风险、时间和金额显著不同,因而这两项资产的交换具有商业实质。

需要说明的是,从事相同经营业务的企业之间相互交换具有类似性质和相等价值的商品,以便在不同地区销售,这种同类别的非货币性资产之间的交换不具有商业实质。

1.3　非货币性资产交换的会计处理

1.3.1　以公允价值为基础计量的会计处理

(一)不涉及补价的情形

在以公允价值为基础计量的非货币性资产交换中,换入资产和换出资产的计量分别按下列原则进行会计处理:

(1)对于换入资产,应当以换出资产的公允价值和应支付的相关税费作为换入资产的成本进行初始计量。换出资产的公允价值不能够可靠计量,或换入资产和换出资产的公允价值均能够可靠计量但有确凿证据表明换入资产的公允价值更加可靠的,应当以换入资产的公允价值和应支付的相关税费作为换入资产的初始计量金额。

其中,计入换入资产的应支付的相关税费应当符合相关会计准则对资产初始计量成本的规定。例如,换入资产为存货的,包括相关税费、使该资产达到目前场所和状态所发生的运输费、装卸费、保险费以及可归属于该资产的其他成本;换入资产为长期股权投资的,包括与取得该资产直接相关的费用、税金和其他必要支出;换入资产为投资性房地产的,包括相关税费和可直接归属于该资产的其他支出;换入资产为固定资产的,包括相关税费、使该资产达到预定可使用状态前所发生的可归属于该资产的运输费、装卸费、安装费和专业人员服务费等;换入资产为生产性生物资产的,包括相关税费、运输费、保险费以及可直接归属于该资产的其他支出;换入资产为无形资产的,包括相关税费以及直接归属于使该资产达到预定用途所发生的其他支出。上述税费均不包括准予从增值税销项税额中抵扣的进项税额。

(2)对于换出资产,应当在终止确认时,将换出资产的公允价值与其账面价值之间的差额计入当期损益。换出资产的公允价值不能够可靠计量,或换入资产和换出资产的公允价值均能够可靠计量但有确凿证据表明换入资产的公允价值更加可靠的,应当在终止确认时,将换入资产的公允价值与换出资产账面价值之间的差额计入当期损益。

其中,计入当期损益的会计处理视换出资产类别的不同而有所区别:①换出资产为固定资产、在建工程、生产性生物资产和无形资产的,计入当期损益的部分通过"资产处置损益"科目核算,在利润表"资产处置收益"项目中列示;②换出资产为投资性房地产的,按换出资产公允价值或换入资产公允价值确认其他业务收入,按换出资产账面价值结转其他业务成本,两者之间的差额计入当期损益,两者分别在利润表"营业收入"和"营业成本"中列示;③换出资产为长期股权投资的,计入当期损益的部分通过"投资收益"科目核算,在利润表"投资收益"项目中列示。

换入资产可抵扣的进项税额,不应计入换入资产的成本;换出资产应反映销项税额。除增值税以外的,如果是为换出资产而发生的相关税费,则计入换出资产的处置损益;如果是为换入资产而发生的相关税费,则计入换入资产的成本。

【例1-1】 甲公司以一台生产设备交换B公司一台办公设备。甲、乙公司均为增值税一般纳税人,适用的增值税税率为13%。生产设备的账面原价为160万元,在交换日的累计折旧为70万元,账面价值为90万元,公允价值为100万元。办公设备的账面原价为200万元,在交换日的累计折旧为80万元,账面价值为120万元,公允价值为100万元。乙公司除支付生产设备的运杂费2万元外,没有发生其他相关税费。

分析:整个资产交换过程没有涉及收付货币性资产,因此,该项交换属于非货币性资产交换。符合以公允价值计量的两个条件。

(1)甲公司的账务处理如下:

办公设备的增值税=1 000 000×13%=130 000(元)

生产设备的增值税=1 000 000×13%=130 000(元)

借:固定资产清理	900 000	
累计折旧	700 000	
贷:固定资产——生产设备		1 600 000
借:固定资产——办公设备	1 000 000	
应交税费——应交增值税(进项税额)	130 000	
贷:固定资产清理		900 000
应交税费——应交增值税(销项税额)		130 000
资产处置损益		100 000

(2)乙公司的账务处理如下:

借:固定资产清理	1 200 000	
累计折旧	800 000	
贷:固定资产——办公设备		2 000 000
借:固定资产——生产设备	1 020 000	
应交税费——应交增值税(进项税额)	130 000	
资产处置损益	200 000	
贷:固定资产清理		1 200 000
应交税费——应交增值税(销项税额)		130 000
银行存款		20 000

【例1-2】 2×24年6月15日,甲公司为了提高产品质量,需要乙公司的一项专利权。经协商,甲公司与乙公司签订合同,甲公司以其持有的联营企业丙公司的15%股权作为对价交换乙公司的专利权。丙公司是上市公司,合同开始日15%股权的公允价值为660万元。乙公司专利权的公允价值为650万元,系第三方报价机构使用乙公司自身数据通过估值技术确定的。由于甲公司迫切需要该专利权来提高产品质量,同意交换。专利权的过户手续于2×24年6月28日完成。乙公司取得丙公司15%股权后,丙公司成为乙公司的联营企业。丙公司的股权过户、董事更换、相关董事会决议和章程修订于2×24年6月30日完成并生效,丙公司可辨认净资产公允价值为3 200万元。2×24年6月30日,甲

公司的长期股权投资的账面价值为 630 万元(其中投资成本 670 万元,损益调整-40 万元);乙公司专利权的账面价值为 680 万元(其中账面原价为 800 万元,累计摊销额为 120 万元)。假设整个交易过程中未发生相关税费。

分析:整个资产交换过程没有涉及收付货币性资产,属于非货币性资产交换,符合以公允价值为基础计量的条件。

对乙公司来说,有确凿证据表明换入资产的公允价值更加可靠,应当以换入资产丙公司的 15% 股权的公允价值(660 万元)作为其初始计量金额,换入资产的公允价值与换出资产专利权账面价值之间的差额计入当期损益(660 万元-680 万元=-20 万元)。

换入资产和换出资产满足确认条件和终止确认条件的时点存在短暂不一致,按照重要性原则在 2×24 年 6 月 30 日进行会计处理。

(1)甲公司的账务处理如下:

借:无形资产——专利权　　　　　　　　　　6 600 000

　　长期股权投资——损益调整　　　　　　　　400 000

　　　贷:长期股权投资——投资成本　　　　　　　6 700 000

　　　　投资收益　　　　　　　　　　　　　　　300 000

(2)乙公司的账务处理如下:

借:长期股权投资——投资成本　　　　　　　6 600 000

　　累计摊销　　　　　　　　　　　　　　　1 200 000

　　资产处置损益　　　　　　　　　　　　　　200 000

　　　贷:无形资产——专利权　　　　　　　　　　8 000 000

(二)涉及补价的情形

根据本准则的规定,对于以公允价值为基础计量的非货币性资产交换,涉及补价的,应当分下列情况进行处理:

(1)支付补价方。

①以换出资产的公允价值为基础计量的,应当以换出资产的公允价值,加上支付补价的公允价值和应支付的相关税费,作为换入资产的成本,换出资产的公允价值与其账面价值之间的差额计入当期损益。②有确凿证据表明换入资产的公允价值更加可靠的,即以换入资产的公允价值为基础计量的,应当以换入资产的公允价值和应支付的相关税费作为换入资产的初始计量金额,换入资产的公允价值减去支付补价的公允价值,与换出资产账面价值之间的差额计入当期损益。

(2)收到补价方。

①以换出资产的公允价值为基础计量的,应当以换出资产的公允价值,减去收到补价的公允价值,加上应支付的相关税费,作为换入资产的成本,换出资产的公允价值与其账面价值之间的差额计入当期损益。②有确凿证据表明换入资产的公允价值更加可靠的,即以换入资产的公允价值为基础计量的,应当以换入资产的公允价值和应支付的相关税费作为换入资产的初始计量金额,换入资产的公允价值加上收到补价的公允价值,

与换出资产账面价值之间的差额计入当期损益。

对于支付补价方而言,作为补价的货币性资产构成换入资产所放弃对价的一部分,对于收到补价方而言,作为补价的货币性资产构成换入资产的一部分。

【例1-3】 甲公司和乙公司均为增值税一般纳税人,适用的增值税税率均为13%。经协商,甲公司与乙公司签订资产交换合同,合同约定,甲公司以使用的一台生产设备与乙公司生产的一批办公设备进行交换,合同约定生产设备的公允价值为7.5万元,办公设备的公允价值为9万元,甲公司以银行存款向乙公司支付补价1.5万元。甲公司开具的增值税专用发票注明的计税价格7.5万元,增值税额9 750元;乙公司开具的增值税专用发票注明的计税价格9万元,增值税额1.17万元;甲公司以银行存款向乙公司支付增值税差额1 950元。合同签订日即交换日,生产设备的账面价值为7.4万元(其中账面原价为10万元,已计提折旧2.6万元);办公设备的账面价值为7万元。甲公司将换入的办公设备作为固定资产使用和管理;乙公司将换入的生产设备作为固定资产使用和管理。交易过程中,甲公司以银行存款支付生产设备清理费用1 500元。假设甲公司和乙公司此前均未对上述资产计提减值准备,未发生除增值税以外的其他税费。

分析:对于甲公司,支付的货币性资产1.5万元占换入资产公允价值9万元的比例为16.67%<25%,属于非货币性资产交换,符合以公允价值为基础计量的条件。

(1)甲公司的账务处理如下:

借:固定资产清理	75 500	
累计折旧	26 000	
贷:固定资产——设备		100 000
银行存款		1 500
借:固定资产——办公家具	90 000	
应交税费——应交增值税(进项税额)	11 700	
资产处置损益	500	
贷:固定资产清理		75 500
应交税费——应交增值税(销项税额)		9 750
银行存款		16 950

(2)对乙公司来说,相关收入应当按照《收入》的相关规定进行会计处理。乙公司的账务处理如下:

借:固定资产——设备	75 000	
应交税费——应交增值税(进项税额)	9 750	
银行存款	16 950	
贷:主营业务收入		90 000
应交税费——应交增值税(销项税额)		11 700
借:主营业务成本	70 000	
贷:库存商品		70 000

【例1-4】 甲公司与乙公司经协商,甲公司以其拥有的用于出租的一幢公寓楼与乙

公司固定资产交换。甲公司的公寓楼符合投资性房地产定义,公司采用成本模式计量。在交换日,该幢公寓楼的账面原价为 8 800 万元,已提折旧 1 300 万元,在交换日的公允价值为 8 000 万元,增值税税率为 9%,假定应缴土地增值税 20 万元;乙公司固定资产账面价值为 6 000 万元,在交换日的公允价值为 7 500 万元,增值税税率为 13%,乙公司支付了 245 万元给甲公司。乙公司换入公寓楼后仍然继续用于经营出租目的,采用公允价值计量模式计量,甲公司换入固定资产后用途不变。该项交易过程中不考虑其他相关税费。

分析:该项资产交换涉及收付货币性资产,即补价的公允价值 500 万元(8 000-7 500=500)。含税补价 245 万元。

收到的补价 500 万元÷换出资产的公允价值(7 500+500)万元=6.25%<25%,支付的补价 500 万元÷换入资产的公允价值 8 000 万元=6.25%<25%,属于非货币性资产交换。

(1)甲公司的账务处理如下:

借:固定资产　　　　　　　　　　　　　　　　75 000 000
　　应交税费——应交增值税(进项税额)　　　　9 750 000
　　银行存款　　　　　　　　　　　　　　　　 2 450 000
　　贷:其他业务收入　　　　　　　　　　　　　　　　80 000 000
　　　　应交税费——应交增值税(销项税额)　　　　 7 200 000
借:其他业务成本　　　　　　　　　　　　　　75 000 000
　　投资性房地产累计折旧　　　　　　　　　　13 000 000
　　贷:投资性房地产　　　　　　　　　　　　　　　　88 000 000
借:税金及附加　　　　　　　　　　　　　　　　 200 000
　　贷:应交税费——应交土地增值税　　　　　　　　　 200 000

(2)乙公司的账务处理如下:

借:投资性房地产——成本　　　　　　　　　　80 000 000
　　应交税费——应交增值税(进项税额)　　　　7 200 000
　　贷:固定资产清理　　　　　　　　　　　　　　　　60 000 000
　　　　资产处置损益　　　　　　　　　　　　　　　　15 000 000
　　　　应交税费——应交增值税(销项税额)　　　　 9 750 000
　　　　银行存款　　　　　　　　　　　　　　　　　 2 450 000

1.3.2　以账面价值为基础计量的会计处理

当非货币性资产交换不满足本准则规定的以公允价值为基础计量的条件时,即非货币性资产交换不具有商业实质,或者虽然具有商业实质但换入资产和换出资产的公允价值均不能可靠计量的,企业应当以账面价值为基础计量。

(一)不涉及补价的情形

(1)对于换入资产,应当以换出资产的账面价值和应支付的相关税费作为换入资产的初始计量金额。

(2)对于换出资产,终止确认时不确认损益。

(二)涉及补价的情形

对于以账面价值为基础计量的非货币性资产交换,涉及补价的,应当将补价作为确定换入资产初始计量金额的调整因素,分别按下列情况进行处理:

(1)支付补价方:应当以换出资产的账面价值,加上支付补价的账面价值和应支付的相关税费,作为换入资产的初始计量金额,不确认损益。

(2)收到补价方:应当以换出资产的账面价值,减去收到补价的公允价值,加上应支付的相关税费,作为换入资产的初始计量金额,不确认损益。

在以账面价值计量的情况下,发生的补价是用来调整换入资产的成本,不涉及确认损益问题。

换入资产可抵扣的进项税额,不计入换入资产的成本;换出资产应反映销项税额。除增值税以外的,为换入资产和换出资产发生的相关税费,都计入换入资产的成本。

【例1-5】 丙公司拥有一台专有设备,该设备账面原价600万元,已计提折旧480万元,增值税税率13%,计税价格120万元,丁公司拥有一项长期股权投资(采用权益法核算),账面价值90万元,两项资产均未计提减值准备。丙公司决定以其专有设备交换丁公司的长期股权投资,该专有设备是生产某种产品必需的设备。由于专有设备系当时专门制造、性质特殊,其公允价值不能可靠计量;丁公司拥有的长期股权投资在活跃市场中没有报价,其公允价值也不能可靠计量。经双方商定,丁公司支付了30万元给丙公司。该项交易过程中不考虑其他相关税费。

分析:补价14.4万元(30-120×13%)。收到的补价14.4万元÷换出资产账面价值120万元=12%<25%。因此,该项交换属于非货币性资产交换,由于两项资产的公允价值不能可靠计量,因此,丙、丁公司换入资产的成本均应当按照换出资产的账面价值确定。

(1)丙公司的账务处理如下:

借:固定资产清理   1 200 000
  累计折旧   4 800 000
  贷:固定资产——专有设备   6 000 000
借:长期股权投资——成本   1 056 000
  银行存款   300 000
  贷:固定资产清理   1 200 000
   应交税费——应交增值税(销项税额) 156 000

(2)丁公司的账务处理如下:

借:固定资产——专有设备   1 044 000
  应交税费——应交增值税(进项税额) 156 000
  贷:长期股权投资——成本   900 000
   银行存款   300 000

1.3.3　涉及多项非货币性资产交换的会计处理

非货币性资产交换中,企业可以以一项非货币性资产同时换入另一企业的多项非货币性资产,或同时以多项非货币性资产换入另一企业的一项非货币性资产,或以多项非货币性资产同时换入另一企业的多项非货币性资产,这些交换也可能涉及补价。对于涉及换入或换出多项资产的非货币性资产交换的计量,企业同样应当首先判断是否符合本准则以公允价值为基础计量的两个条件,再按本准则的规定分情况确定各项换入资产的初始计量金额,以及各项换出资产终止确认的相关损益。

(一)以公允价值为基础计量的情形

1)以换出资产的公允价值为基础计量的

(1)对于同时换入的多项资产,由于通常无法将换入资产与换出的某项特定资产相对应,应当按照各项换入资产的公允价值的相对比例(换入资产的公允价值不能够可靠计量的,可以按照各项换入资产的原账面价值的相对比例或其他合理的比例),将换出资产公允价值总额(涉及补价的,加上支付补价的公允价值或减去收到补价的公允价值)分摊至各项换入资产,以分摊额和应支付的相关税费作为各项换入资产的成本进行初始计量。需要说明的是,根据本准则规定,如果同时换入的多项非货币性资产中包含由《金融工具确认和计量》规范的金融资产,应当按照《金融工具确认和计量》的规定进行会计处理,在确定换入的其他多项资产的初始计量金额时,应当将金融资产公允价值从换出资产公允价值总额中扣除。

(2)对于同时换出的多项资产,应当将各项换出资产的公允价值与其账面价值之间的差额,在各项换出资产终止确认时计入当期损益。

2)以换入资产的公允价值为基础计量的

(1)对于同时换入的多项资产,应当以各项换入资产的公允价值和应支付的相关税费作为各项换入资产的初始计量金额。

(2)对于同时换出的多项资产,由于通常无法将换入资产与换出的某项特定资产相对应,应当按照各项换出资产的公允价值的相对比例(换出资产的公允价值不能够可靠计量的,可以按照各项换出资产的账面价值的相对比例),将换入资产的公允价值总额(涉及补价的,减去支付补价的公允价值或加上收到补价的公允价值)分摊至各项换出资产,分摊额与各项换出资产账面价值之间的差额,在各项换出资产终止确认时计入当期损益。需要说明的是,根据本准则规定,如果同时换出的多项非货币性资产中包含由《金融工具确认和计量》规范的金融资产,该金融资产应当按照《金融工具确认和计量》和《金融资产转移》的规定判断换出的该金融资产是否满足终止确认条件并进行终止确认的会计处理,在确定其他各项换出资产终止确认的相关损益时,应当将终止确认的金融资产公允价值从换入资产公允价值总额中扣除。

【例1-6】　甲公司和乙公司均为增值税一般纳税人,为适应业务发展的需要,经协商,甲公司决定以生产经营过程中使用的厂房、办公设备换入乙公司生产经营过程中使用的办公楼、汽车。甲公司厂房的原值为2 020万元,在交换日的累计折旧为700万元,公允价值为1 100万元;办公设备的原值500万元,累计折旧200万元,交换日的公允价值为400万元。乙公司办公楼的账面原价为2 000万元,在交换日的累计折旧为1 000万元,公允价值为1 300万元;汽车的账面原价为600万元,在交换日的累计折旧为350万元,公允价值为300万元。假定动产增值税税率13%,不动产增值税税率9%。甲公司另外向乙公司支付银行存款105万元,其中包括由于换出和换入资产公允价值不同而支付的补价100万元,以及换出资产销项税额与换入资产进项税额的差额5万元。甲公司换入的办公楼、汽车均作为固定资产使用和管理;乙公司换入的厂房、办公设备作为固定资产使用和管理,双方开具增值税专用发票。

分析:本例涉及收付货币性资产,应当计算甲公司支付的补价占甲公司换出资产公允价值总额的比例,即:

$$100万元 \div (1\ 300 + 300)万元 = 6.25\% < 25\%$$

(1)甲公司的账务处理如下:

换出资产公允价值加上补价=1 100 +400+100=1 600(万元)

办公楼分摊的公允价值=1 600×1 300÷1 600=1 300(万元)

汽车分摊的公允价值=1 600×300÷1 600=300(万元)

厂房的增值税=1 100×9%=99(万元)

设备的增值税=400×13% =52(万元)

办公楼的增值税=1 300 ×9%=117(万元)

汽车的增值税=300 ×13%=39(万元)

借:固定资产清理	16 200 000	
累计折旧	9 000 000	
贷:固定资产		25 200 000
借:固定资产——办公楼	13 000 000	
——汽车	3 000 000	
应交税费——应交增值税(进项税额)	1 560 000	
资产处置损益[(1 100−1 320)+(400−300)]	1 200 000	
贷:固定资产清理		16 200 000
银行存款		1 050 000
应交税费——应交增值税(销项税额)		1 510 000

(2)乙公司的账务处理如下:

换出资产公允价值减去补价=1 300 +300 −100=1 500(万元)

厂房分摊的公允价值=1 500×1 100÷1 500=1 100(万元)

设备分摊的公允价值=1 500×400÷1 500=400(万元)

借:固定资产清理	12 500 000	
累计折旧	13 500 000	
贷:固定资产——办公楼		20 000 000

——汽车	6 000 000
借:固定资产——厂房	11 000 000
固定资产——设备	4 000 000
银行存款	1 050 000
应交税费——应交增值税(进项税额)	1 510 000
贷:固定资产清理	12 500 000
应交税费——应交增值税(销项税额)	1 560 000
资产处置损益[(1 300-1 000)+(300-250)]	3 500 000

【例1-7】　甲公司和乙公司均为增值税一般纳税人。经协商,甲公司和乙公司于2×24年1月25日签订资产交换合同,当日生效。合同约定,甲公司用于交换的资产包括:一项股票投资,甲公司将该投资作为交易性金融资产核算,该股票投资公允价值为30万元;一间生产用厂房,公允价值为110万元;一幢自购入时就全部用于经营出租的公寓楼,公允价值为390万元。乙公司用于交换的资产包括:一块土地的使用权,公允价值为270万元;经营过程中使用的10辆货车,公允价值为270万元。由于该股票有较好的前景,按合同约定甲公司向乙公司支付补价8万元。双方于2×24年2月1日完成了资产交换手续。交换当日,甲公司股票投资账面价值为25万元;甲公司的厂房的账面价值为120万元(其中账面原价为150万元,已计提折旧30万元),作为采用成本模式计量的投资性房地产的公寓楼的账面价值为360万元(其中账面原价为420万元,已计提折旧60万元),乙公司的土地使用权的账面价值为210万元(其中成本220万元,累计摊销额为10万元),10辆货车的账面价值为320万元(其中账面原价为400万元,已计提折旧80万元)。甲公司开具两张增值税专用发票,分别注明厂房的计税价格110万元、增值税额9.9万元;公寓楼的计税价格390万元、增值税额35.1万元。乙公司开具两张增值税专用发票,分别注明土地使用权的计税价格270万元、增值税额24.3万元;10辆货车的计税价格270万元、增值税额35.1万元。甲公司以银行存款向乙公司支付增值税差额14.4万元。交易过程中,甲公司用银行存款支付了土地使用权的契税及过户费用5万元,乙公司用银行存款分别支付了厂房和公寓楼的契税及过户费用3万元和10万元。假设甲公司和乙公司此前均未对上述资产计提减值准备,上述资产交换后的用途不发生改变。不考虑其他税费。

分析:补价8万元占整个资产交换金额540万元的比例为1.48%<25%,属于非货币性资产交换。符合以公允价值为基础计量的条件。假设均没有确凿证据表明换入资产的公允价值更加可靠,甲公司和乙公司均以换出资产的公允价值为基础。

(1)甲公司的会计处理如下:

土地使用权的成本=538×270÷(270+270)+5=274(万元);货车的成本=538×270÷(270+270)=269(万元)。

交易性金融资产的损益=30-25=5(万元);厂房的损益=110-120=-10(万元);房地产的损益=390-360=30(万元)。

①终止确认换出的厂房,转入固定资产清理。

借:固定资产清理	1 299 000

|累计折旧——厂房|300 000| |
|贷:固定资产——厂房| |1 500 000|
|　应交税费——应交增值税(销项税额)| |99 000|

②确认换入的土地使用权和货车,同时确认换出资产相关损益。

借:无形资产——土地使用权	2 690 000	
固定资产——货车	2 690 000	
应交税费——应交增值税(进项税额)	594 000	
资产处置损益	100 000	
贷:交易性金融资产		250 000
投资收益		50 000
固定资产清理		1 299 000
其他业务收入		3 900 000
应交税费——应交增值税(销项税额)		351 000
银行存款		224 000

③终止确认换出的投资性房地产,结转其他业务成本。

借:其他业务成本	3 600 000	
投资性房地产累计折旧	600 000	
贷:投资性房地产		4 200 000

④确认换入的土地使用权的相关税费。

|借:无形资产——土地使用权|50 000| |
|　贷:银行存款| |50 000|

(2)乙公司的会计处理如下:

交易性金融资产=30(万元);厂房的成本=(540-8-30)×110÷(110+390)+3=113.44(万元);投资性房地产的成本=(540-8-30)×390÷(110+390)+10=401.56(万元)。

土地使用权的损益=270-210=60(万元);货车的损益=270-320=-50(万元)。

①终止确认换出的10辆货车,转入固定资产清理。

借:固定资产清理	3 551 000	
累计折旧——货车	800 000	
贷:固定资产——货车		4 000 000
应交税费——应交增值税(销项税额)		351 000

②确认换入的厂房和公寓楼,同时确认换出资产相关损益。

借:交易性金融资产	300 000	
固定资产——厂房	1 104 400	
投资性房地产	3 915 600	
应交税费——应交增值税(进项税额)	450 000	
银行存款	224 000	
累计摊销	100 000	

　　贷:无形资产——土地使用权　　　　　　　　　2 200 000
　　　应交税费——应交增值税(销项税额)　　　　　243 000
　　　资产处置损益　　　　　　　　　　　　　　　100 000
　　　固定资产清理　　　　　　　　　　　　　　3 551 000
③确认换入的厂房和公寓楼的相关税费。
借:固定资产——厂房　　　　　　　　　　　　　30 000
　　投资性房地产　　　　　　　　　　　　　　　100 000
　　贷:银行存款　　　　　　　　　　　　　　　130 000

(二)以账面价值为基础计量的情况

　　对于以账面价值为基础计量的非货币性资产交换,如涉及换入多项资产或换出多项资产,或者同时换入和换出多项资产的,应当分别对换入的多项资产、换出的多项资产进行会计处理。

　　对于换入的多项资产,由于通常无法将换出资产与换入的某项特定资产相对应,应当按照各项换入资产的公允价值的相对比例(换入资产的公允价值不能够可靠计量的,也可以按照各项换入资产的原账面价值的相对比例或其他合理的比例),将换出资产的账面价值总额(涉及补价的,加上支付补价的账面价值或减去收到补价的公允价值)分摊至各项换入资产,加上应支付的相关税费,作为各项换入资产的初始计量金额。对于同时换出的多项资产,各项换出资产终止确认时均不确认损益。

　　【例1-8】　甲公司将其专用设备与乙公司一项在建工程、对丙公司的长期股权投资(权益法核算)进行交换。甲公司换出专有设备的账面原价为1 650万元,已提折旧1 020万元。乙公司在建工程截止到交换日的成本为520万元,对丙公司的长期股权投资账面余额为150万元。专有设备、在建工程和对丙公司长期股权投资的公允价值不能可靠计量。假定动产增值税税率13%,不动产增值税税率9%。计税价格等于账面价值。

　　分析:由于换入资产、换出资产的公允价值均不能可靠计量,应当以换出资产账面价值总额作为换入资产的成本,各项换入资产的成本,应当按各项换入资产的账面价值占换入资产账面价值总额的比例分配后确定。

　　(1)甲公司的账务处理如下:
　　换出资产账面价值=1 650-1 020=630(万元)
　　专用设备的增值税=630×13%=81.9(万元)
　　在建工程的增值税=520×9%=46.8(万元)
　　换入资产总成本=630+81.9-46.8=665.1(万元)
　　在建工程成本=665.1×520÷670=516.2(万元)
　　长期股权投资成本=665.1×150÷670=148.9(万元)
借:固定资产清理　　　　　　　　　　　　　　6 300 000
　　累计折旧　　　　　　　　　　　　　　　　10 200 000
　　贷:固定资产——专有设备　　　　　　　　　16 500 000

借:在建工程 5 162 000

　　应交税费——应交增值税(进项税额) 468 000

　　长期股权投资——成本 1 489 000

　贷:固定资产清理 6 300 000

　　　应交税费——应交增值税(销项税额) 819 000

(2)乙公司的账务处理如下:

确定换入资产成本=520+150+46.8-81.9=634.9(万元)

借:固定资产——专有设备 6 349 000

　　应交税费——应交增值税(进项税额) 819 000

　贷:在建工程 5 200 000

　　　长期股权投资 1 500 000

　　　应交税费——应交增值税(销项税额) 468 000

练习题

一、选择题(前两题属于单选,后两题属于多选)

1.下列各项目中,不属于非货币性资产的有( )。

　　A.交易性金融资产 　　　　　　　B.债权投资

　　C.其他权益工具投资 　　　　　　D.长期股权投资

2.甲公司与乙公司进行非货币性资产交换,具有商业实质且其换入或换出资产的公允价值能够可靠地计量,不影响甲公司换入资产入账价值的有( )。

　　A.乙公司支付的补价 　　　　　　B.甲公司为换入资产支付的相关税费

　　C.甲公司换出资产的公允价值 　　D.甲公司换出资产交纳的消费税

3.在收到补价的具有商业实质并且公允价值能够可靠计量的非货币性资产交换业务中,影响换入资产入账价值的因素可能有( )。

　　A.收到的补价 　　　　　　　　　B.换入资产的公允价值

　　C.换出资产的公允价值 　　　　　D.换入资产的账面价值

4.在非货币性资产交换中,换出资产的公允价值与换出资产的账面价值和为换出资产支付的相关税费之和的差额,可能计入的科目有( )。

　　A.资产处置损益　　B.营业外支出　　C.投资收益　　　D.其他综合收益

二、业务题

1.甲公司以一项固定资产与乙公司持有的对丙公司长期股权投资交换。固定资产原值950万元,已提折旧50万元,含税公允价值1 130万元。长期股权投资账面价值900万元(其中成本800万元,损益调整40万元,其他权益变动60万元);公允价值1 100万元。甲公司收到补价30万元。假定该交换具有商业实质。

要求:分别为甲公司和乙公司编制有关会计分录。

2.甲公司以投资性房地产交换乙公司的生产设备,投资性房地产原值80万元,累计折旧16万元,公允价值为100万元,增值税税率为9%,假定应缴土地增值税2万元。生产设备的原价为300万元,已提折旧180万元,已提减值准备60万元,公允价值为90万元,增值税税率为13%。经双方协议,由乙公司支付补价7.3万元。交换后双方均保持资产的原始使用状态。假定该交易具有商业实质。

要求:分别为甲公司和乙公司编制有关会计分录。

3.甲公司决定以无形资产和交易性金融资产与乙公司交换其对联营企业的长期股权投资和生产经营用设备。无形资产原值300万元,累计摊销150万元,公允价值为200万元,增值税税率6%;交易性金融资产的账面价值为260万元(成本为210万元,公允价值变动为50万元),公允价值为300万元。长期股权投资的账面价值为300万元,公允价值为280万元;设备的原值为240万元,已计提折旧100万元,公允价值200万元,增值税税率为13%,另外乙公司向甲公司支付银行存款6万元。交换的资产均不改变其用途。交换具有商业实质。

要求:分别为甲公司和乙公司编制有关会计分录。

4.甲公司与乙公司均为增值税一般纳税人,增值税税率为13%。甲公司将一项生产设备与乙公司的办公设备进行交换,甲公司换出生产设备的账面价值为400万元,计税价格为400万元,乙公司换入后仍按照固定资产核算。乙公司换出的办公设备账面价值为500万元,计税价格为500万元,甲公司另向乙公司支付银行存款40万元。甲公司为换入办公设备发生的运杂费5万元,假设该项交换不具有商业实质,不考虑其他因素。

要求:分别为甲公司和乙公司编制有关会计分录。

第2章 债务重组

学习目标

通过本章学习,要求了解债务重组的定义和方式,掌握以资产清偿债务、将债务转为权益工具、以修改其他条款以及组合方式进行债务重组的会计处理。通过债务重组,减轻债务人的部分负担,债权人也可避免更大的损失,所以债务重组是双方受益的明智之举。负债规模越大,财务风险也越大,企业要防范金融风险,必须提高财务人员的风险意识,健全财务监控机制。

2.1 债务重组的定义和方式

2.1.1 债务重组的定义

债务重组涉及债权人和债务人,对债权人而言为"债权重组",对债务人而言为"债务重组",为便于表述统称为"债务重组"。债务重组,是指在不改变交易对手方的情况下,经债权人和债务人协定或法院裁定,就清偿债务的时间、金额或方式等重新达成协议的交易。

(一)关于交易对手方

债务重组是在不改变交易对手方的情况下进行的交易。实务中经常出现第三方参与相关交易的情形。例如,某公司以不同于原合同条款的方式代债务人向债权人偿债;又如,新组建的公司承接原债务人的债务,与债权人进行债务重组;再如,资产管理公司从债权人处购得债权,再与债务人进行债务重组。在上述情形下,企业应当首先考虑债权和债务是否发生终止确认,适用《金融工具确认和计量》和《金融资产转移》等准则,再就债务重组交易适用本准则。

无论何种原因导致债务人未按原定条件偿还债务,也无论双方是否同意债务人以低于债务的金额偿还债务,只要债权人和债务人就债务条款重新达成了协议,就符合债务重组的定义。

（二）关于债权和债务的范围

债务重组涉及的债权和债务,是指《金融工具确认和计量》规范的债权和债务,不包括合同资产、合同负债、预计负债,但包括租赁应收款和租赁应付款。

（三）关于债务重组的范围

对于符合本准则定义的债务重组,应当按照本准则进行会计处理,但下列各项不属于本准则规范范围:

一是债务重组中涉及的债权、重组债权、债务、重组债务和其他金融工具的确认、计量和列报,适用《金融工具确认和计量》和《金融工具列报》等金融工具相关准则。

二是通过债务重组形成企业合并的,适用《企业合并》。债务人以股权投资清偿债务或者将债务转为权益工具,可能对应导致债权人取得被投资单位或债务人控制权,在合并财务报表层面,债权人取得资产和负债的确认和计量适用《企业合并》的有关规定。

三是债务重组构成权益性交易的,应当适用权益性交易的有关会计处理规定,债权人和债务人不确认构成权益性交易的债务重组相关损益。债务重组构成权益性交易的情形包括:①债权人直接或间接对债务人持股,或者债务人直接或间接对债权人持股,且持股方以股东身份进行债务重组;②债权人与债务人在债务重组前后均受同一方或相同的多方最终控制,且该债务重组的交易实质是债权人或债务人进行了权益性分配或接受益性投入。

例如:甲公司是乙公司股东,为了弥补乙公司临时性经营现金流短缺,甲公司向乙公司提供 1 000 万元无息借款,并约定于 6 个月后收回。借款期满时,尽管乙公司具有充足的现金流,甲公司仍然决定免除乙公司部分本金还款义务,仅收回 800 万元借款。在此项交易中,如果甲公司不以股东身份而是以市场交易者身份参与交易,在乙公司具有足够偿债能力的情况下不会免除其部分本金。因此,甲公司和乙公司应当将该交易作为权益性交易,不确认债务重组相关损益。

债务重组中不属于权益性交易的部分仍然适用本准则。企业在判断债务重组是否构成权益性交易时,应当遵循实质重于形式原则。

2.1.2　债务重组的方式

债务重组的方式主要包括:债务人以资产清偿债务、将债务转为权益工具、修改其他条款,以及前述一种以上方式的组合。这些债务重组方式都是通过债权人和债务人重新协定或者法院裁定达成的,与原来约定的偿债方式不同。

（一）债务人以资产清偿债务

债务人以资产清偿债务,是债务人转让其资产给债权人以清偿债务的债务重组方式。债务人用于偿债的资产通常是已经在资产负债表中确认的资产。在受让资产后,按照相关会计准则要求及本企业会计核算要求,债权人核算相关受让资产的类别可能与债务人不同。除已经在资产负债表中确认的资产外,债务人也可能以不符合确认条件而未予确认的资产清偿债务。在少数情况下,债务人还可能以处置组(即一组资产和与这些资产直接相关的负债)清偿债务。

(二)债务人将债务转为权益工具

债务人将债务转为权益工具,这里的权益工具,是指根据《金融工具列报》分类为"权益工具"的金融工具,会计处理上体现为股本、实收资本、资本公积等科目。实务中,有些债务重组名义上采用"债转股"的方式,但同时附加相关条款,如约定债务人在未来某个时点有义务以某一金额回购股权,或债权人持有的股份享有强制分红权等。对于债务人,这些"股权"可能并不是根据《金融工具列报》分类为权益工具的金融工具,从而不属于债务人将债务转为权益工具的债务重组方式。债权人和债务人还可能协议以一项同时包含金融负债成分和权益工具成分的复合金融工具替换原债权债务,这类交易也不属于债务人将债务转为权益工具的债务重组方式。

(三)修改其他条款

修改债权和债务的其他条款,是债务人不以资产清偿债务,也不将债务转为权益工具,而是改变债权和债务的其他条款的债务重组方式,如调整债务本金、改变债务利息、变更还款期限等。经修改其他条款的债权和债务分别形成重组债权和重组债务。

(四)组合方式

组合方式,是采用债务人以资产清偿债务、债务人将债务转为权益工具、修改其他条款三种方式中一种以上方式的组合清偿债务的债务重组方式。例如,债权人和债务人约定,由债务人以机器设备清偿部分债务,将另一部分债务转为权益工具,调减剩余债务的本金,但利率和还款期限不变。

2.2　债务重组的会计处理

2.2.1　关于债权和债务的终止确认

债务重组中涉及的债权和债务的终止确认,应当遵循《金融工具确认和计量》和《金融资产转移》有关金融资产和金融负债终止确认的规定。债权人在收取债权现金流量的合同权利终止时终止确认债权,债务人在债务的现时义务解除时终止确认债务。

对于终止确认的债权,债权人应当结转已计提的减值准备中对应该债权终止确认部分的金额。对于终止确认的分类为以公允价值计量且其变动计入其他综合收益的债权,之前计入其他综合收益的累计利得或损失应当从其他综合收益中转出,记入"投资收益"科目。

（一）以资产清偿债务或将债务转为权益工具

对于以资产清偿债务或者将债务转为权益工具方式进行的债务重组，由于债权人在拥有或控制相关资产时，通常其收取债权现金流量的合同权利也同时终止，债权人一般可以终止确认该债权。同样，由于债务人通过交付资产或权益工具解除了其清偿债务的现时义务，债务人一般可以终止确认该债务。

（二）修改其他条款

对于债权人，合同修改前后的交易对手方没有发生改变，合同涉及的本金、利息等现金流量很难在本息之间及债务重组前后做出明确分割，即很难单独识别合同的特定可辨认现金流量。因此通常情况下，应当整体考虑是否对全部债权的合同条款做出实质性修改。如果做出实质性修改，或者债权人与债务人之间签订协议，以获取实质上不同的新金融资产方式替换债权，应当终止确认原债权，并按照修改后的条款或新协议确认新金融资产。

对于债务人，如果对债务或部分债务的合同条款做出实质性修改形成重组债务，或者债权人与债务人之间签订协议，以承担实质上不同的重组债务方式替换债务，债务人应当终止确认原债务，同时按照修改后的条款确认一项新金融负债。如果重组债务未来现金流量（包括支付和收取的某些费用）现值与原债务的剩余期间现金流量现值之间的差异超过10%，则意味着新的合同条款进行了实质性修改或者重组债务是实质上不同的，有关现值的计算均采用原债务的实际利率。

对于债权人，整体考虑是否对全部债权的合同条款做出了实质性修改有利于防范化解金融风险。但对于债务人，整体考虑是否对全部债务的合同条款做出了实质性修改可能令会计处理的谨慎性存疑。实质性修改应当终止确认原债权债务，按照修改后的条款确认新债权债务，非实质性修改，对于以摊余成本计量的，调整债权债务。

（三）组合方式

对于债权人，与上述"修改其他条款"部分的分析类似，通常情况下应当整体考虑是否终止确认全部债权。由于组合方式涉及多种债务重组方式，一般可以认为对全部债权的合同条款做出了实质性修改，从而终止确认全部债权，并按照修改后的条款确认新金融资产。

对于债务人，组合中以资产清偿债务或者将债务转为权益工具方式进行的债务重组，如果债务人清偿该部分债务的现时义务已经解除，应当终止确认该部分债务。组合中以修改其他条款方式进行的债务重组，需要根据具体情况，判断对应的部分债务是否满足终止确认条件。

值得注意的是，由于涉及破产重整的债务重组协议执行过程及结果存在重大不确定性，因此，企业通常应在破产重整协议履行完毕后确认债务重组收益，除非有确凿证据表明重大不确定性已经消除。对于在报告期间已经开始协商、但在报告期资产负债表日后的债务重组，不属于资产负债表日后调整事项。

2.2.2 关于债权人的会计处理

(一)以资产清偿债务或将债务转为权益工具

债务重组采用以资产清偿债务或者将债务转为权益工具方式进行的,债权人应当在受让的相关资产符合其定义和确认条件时予以确认。债权人受让资产可以抵扣的增值税做进项税额处理。

1)债权人受让金融资产

债权人受让包括现金在内的单项或多项金融资产的,应当按照《金融工具确认和计量》的规定进行确认和计量。金融资产初始确认时应当以其公允价值计量,金融资产初始确认金额与债权终止确认日的账面价值的差额,记入"投资收益"科目。但是,收取的金融资产的公允价值与交易价格(即放弃债权的公允价值)存在差异的,应当按照《金融工具确认和计量》的规定处理。

公允价值,是指市场参与者在计量日发生的有序交易中,出售一项资产所能收到或者转移一项负债所需支付的价格,即脱手价格。交易价格,是取得该资产所支付或者承担该负债所收到的价格,即进入价格。"账面价值"与"账面余额"是两个不同的概念。账面价值是指某科目的账面余额减去相关备抵项目后的净额。如应收账款账面余额减去相应的坏账准备后的净额为账面价值。账面余额是指某科目的账面实际余额,不扣除相关备抵项目。

2)债权人受让非金融资产

债权人初始确认受让的金融资产以外的资产时,应当按照下列原则以成本计量:

①存货的成本,包括放弃债权的公允价值,以及使该资产达到当前位置和状态所发生的可直接归属于该资产的税金、运输费、装卸费、保险费等其他成本。②对联营企业或合营企业投资的成本,包括放弃债权的公允价值,以及可直接归属于该资产的税金等其他成本。③投资性房地产的成本,包括放弃债权的公允价值,以及可直接归属于该资产的税金等其他成本。④固定资产的成本,包括放弃债权的公允价值,以及使该资产达到预定可使用状态前所发生的可直接归属于该资产的税金、运输费、安装费、专业人员服务费等其他成本。确定固定资产成本时,应当考虑预计弃置费用因素。⑤生物资产的成本,包括放弃债权的公允价值,以及可直接归属于该资产的税金、运输费、保险费等其他成本。⑥无形资产的成本,包括放弃债权的公允价值,以及可直接归属于使该资产达到预定用途所发生的税金等其他成本。放弃债权的公允价值与账面价值之间的差额,记入"投资收益"科目。

债权人初始确认非金融资产,按照放弃债权的公允价值和可直接归属于受让资产的其他成本入账。放弃债权的公允价值通常与受让资产的公允价值相等。

3)债权人受让多项资产

债权人受让多项非金融资产,或者包括金融资产、非金融资产在内的多项资产的,应当按照《金融工具确认和计量》的规定确认和计量受让的金融资产;按照受让的金融资产以外的各项资产在债务重组合同生效日的公允价值比例,对放弃债权在合同生效日的公允价值扣除受让金融资产当日公允价值后的净额进行分配,并以此为基础分别确定各项资产的成本。放弃债权的公允价值与账面价值之间的差额,记入"投资收益"科目。

4)债权人受让处置组

债务人以处置组清偿债务的,债权人应当分别按照《金融工具确认和计量》和其他相关准则的规定,对处置组中的金融资产和负债进行初始计量,然后按照金融资产以外的各项资产在债务重组合同生效日的公允价值比例,对放弃债权在合同生效日的公允价值以及承担的处置组中负债的确认金额之和,扣除受让金融资产当日公允价值后的净额进行分配,并以此为基础分别确定各项资产的成本。放弃债权的公允价值与账面价值之间的差额,记入"投资收益"科目。

5)债权人将受让的资产或处置组划分为持有待售类别

债务人以资产或处置组清偿债务,且债权人在取得日未将受让的相关资产或处置组作为非流动资产和非流动负债核算而是将其划分为持有待售类别的,债权人应当在初始计量时,比较假定其不划分为持有待售类别情况下的初始计量金额和公允价值减去出售费用后的净额,以两者孰低计量。

(二)修改其他条款

债务重组采用以修改其他条款方式进行的,如果修改其他条款导致全部债权终止确认,债权人应当按照修改后的条款以公允价值初始计量重组债权,重组债权的确认金额与债权终止确认日账面价值之间的差额,记入"投资收益"科目。

如果修改其他条款未导致债权终止确认,债权人应当根据其分类,继续以摊余成本、以公允价值计量且其变动计入其他综合收益,或者以公允价值计量且其变动计入当期损益进行后续计量。对于以摊余成本计量的债权,债权人应当根据重新议定合同的现金流量变化情况,重新计算该重组债权的账面余额,并将相关利得或损失记入"投资收益"科目。重新计算的该重组债权的账面余额,应当根据重新议定或修改的合同现金流量按债权原实际利率折现的现值确定,购买或源生的已发生信用减值的重组债权,应按经信用调整的实际利率折现。对于修改或重新议定合同所产生的成本或费用,债权人应当调整修改后的重组债权的账面价值,并在修改后重组债权的剩余期限内摊销。

(三)组合方式

债务重组采用组合方式进行的,一般可以认为对全部债权的合同条款作出了实质性修改,债权人应当按照修改后的条款,以公允价值初始计量重组债权和受让的新金融资产,按照受让的金融资产以外的各项资产在债务重组合同生效日的公允价值比例,对放弃债权在合同生效日的公允价值扣除重组债权利受让金融资产当日公允价值后的净额进行分配,并以此为基础分别确定各项资产的成本。放弃债权的公允价值与账面价值之间的差额,记入"投资收益"科目。

2.2.3 关于债务人的会计处理

债务人应当按照规定确认和计量权益工具和重组债务,所清偿债务的账面价值与转让资产的账面价值以及权益工具和重组债务的确认金额之和的差额,应当计入当期损益。

(一)债务人以资产清偿债务

债务重组采用以资产清偿债务方式进行的,债务人应当将所清偿债务账面价值与转让资产账面价值之间的差额计入当期损益。

1)债务人以金融资产清偿债务

债务人以单项或多项金融资产清偿债务的,债务的账面价值与偿债金融资产账面价值的差额,记入"投资收益"科目。偿债金融资产已计提减值准备的,应结转已计提的减值准备。对于以分类为以公允价值计量且其变动计入其他综合收益的债务工具投资清偿债务的,之前计入其他综合收益的累计利得或损失应当从其他综合收益中转出,记入"投资收益"科目。对于以指定为以公允价值计量且其变动计入其他综合收益的非交易性权益工具投资清偿债务的,之前计入其他综合收益的累计利得或损失应当从其他综合收益中转出,记入"盈余公积""利润分配——未分配利润"等科目。

2)债务人以非金融资产清偿债务

债务人以单项或多项非金融资产清偿债务,或者以包括金融资产和非金融资产在内的多项资产清偿债务的,不需要区分资产处置损益和债务重组损益,也不需要区分不同资产的处置损益,而应将所清偿债务账面价值与转让资产账面价值之间的差额,记入"其他收益——债务重组收益"科目。

"其他收益"是损益类科目,核算总额法下与日常活动相关的政府补助以及其他与日常活动相关且应直接计入本科目的项目。企业作为个人所得税的扣缴义务人,收到的扣缴税款手续费,应作为其他与日常活动相关的收益。偿债资产已计提减值准备的,应结转已计提的减值准备。债务人以资产清偿债务视同销售缴纳增值税。

通常情况下,债务人以商品或服务清偿债务,不属于企业的日常活动,因此债务重组不适用收入准则,不应作为存货的销售处理。

债务人以包含非金融资产的处置组清偿债务的,应当将所清偿债务和处置组中负债的账面价值之和,与处置组中资产的账面价值之间的差额,记入"其他收益——债务重组收益"科目。处置组所属的资产组或资产组组合按照《资产减值》分摊了企业合并中取得的商誉的,该处置组应当包含分摊至处置组的商誉。处置组中的资产已计提诚值准备的,应结转已计提的减值准备。

(二)债务人将债务转为权益工具

债务重组采用将债务转为权益工具方式进行的,债务人初始确认权益工具时,应当按照权益工具的公允价值计量,权益工具的公允价值不能可靠计量的,应当按照所清偿债务的公允价值计量。所清偿债务账面价值与权益工具确认金额之间的差额,记入"投资收益"科目。债务人因发行权益工具而支出的相关税费等,应当依次冲减资本溢价、盈余公积、未分配利润等。

(三)修改其他条款

债务重组采用修改其他条款方式进行的,如果修改其他条款导致债务终止确认,债务人应当按照公允价值计量重组债务,终止确认的债务账面价值与重组债务确认金额之间的差额,记入"投资收益"科目。

如果修改其他条款未导致债务终止确认,或者仅导致部分债务终止确认,对于未终止确认的部分债务,债务人应当根据其分类,继续以摊余成本、以公允价值计量且其变动计入当期损益或其他适当方法进行后续计量。对于以摊余成本计量的债务,债务人应当根据重新议定合同的现金流量变化情况,重新计算该重组债务的账面价值,并将相关利得或损失记入"投资收益"科目。重新计算的该重组债务的账面价值应当根据重新议定或修改的合同现金流量按债务的原实际利率或重新计算的实际利率折现的现值确定。对于修改或重新议定合同所产生的成本或费用,债务人应当调整修改后的重组债务的账面价值,并在修改后重组债务的剩余期限内摊销。

(四)组合方式

债务重组采用以资产清偿债务、将债务转为权益工具、修改其他条款等方式的组合进行的,对于权益工具,债务人应当在初始确认时按照权益工具的公允价值计量,权益工具的公允价值不能可靠计量的,应当按照所清偿债务的公允价值计量。对于修改其他条款形成的重组债务,债务人应当参照"修改其他条款"方式,确认和计量重组债务。所清偿债务的账面价值与转让资产的账面价值以及权益工具和重组债务的确认金额之和的差额,记入"其他收益——债务重组收益"或"投资收益"(仅涉及金融工具时)科目。

【例2-1】 2×24年6月18日,甲公司向乙公司销售商品一批,应收乙公司款项的入账金额为90万元。甲公司将该应收款项分类为以摊余成本计量的金融资产。乙公司将该应付账款分类为以摊余成本计量的金融负债。2×24年10月18日,双方签订债务重组合同,乙公司以一项作为无形资产核算的非专利技术偿还该欠款。该无形资产的账面余额为100万元,累计摊销额为10万元,已计提减值准备10万元。10月25日,双方办理完成该无形资产转让手续,甲公司支付评估费用3万元。当日,甲公司应收款项的公允价值为85万元,已计提坏账准备4万元,假设不考虑相关税费。

(1)甲公司(债权人)10月25日账务处理:

债权公允价值85万元,债权账面价值86万元。取得无形资产的成本为(85+3)88万元。

借:无形资产		880 000
坏账准备		40 000
投资收益		10 000
贷:应收账款		900 000
银行存款		30 000

（2）乙公司（债务人）10月25日的账务处理：

债务账面价值90万元，转让资产账面价值80万元。

借：应付账款   900 000

  累计摊销   100 000

  无形资产减值准备   100 000

  贷：无形资产   1 000 000

    其他收益——债务重组收益   100 000

【例2-2】 乙公司欠甲公司购货款300 000元。由于乙公司财务发生困难，不能按期支付。2×24年7月1日，经双方协商，甲公司同意乙公司以产品偿还债务。债权人放弃债权的公允价值226 000元。该产品的公允价值为200 000元，实际成本为120 000元。双方均为增值税一般纳税人，增值税税率为13%。甲公司于2×24年8月1日收到乙公司抵债的产品，并作为库存商品入库；甲公司对该项应收账款计提了60 000元的坏账准备。

（1）甲公司（债权人）的账务处理：

债权公允价值22.6万元，债权账面价值24万元。

借：库存商品   200 000

  应交税费——应交增值税（进项税额） 26 000

  坏账准备   60 000

  投资收益   14 000

  贷：应收账款   300 000

（2）乙公司（债务人）的账务处理：

债务账面价值30万元，转让资产账面价值和销项税额14.6万元。

借：应付账款   300 000

  贷：库存商品   120 000

    应交税费——应交增值税（销项税额） 26 000

    其他收益——债务重组收益   154 000

【例2-3】 甲企业于2×24年5月20日销售一批产品给乙企业，价税合计60万元，按合同规定，乙企业应于2×24年12月20日前偿付货款。由于乙企业无法按合同规定的期限偿还债务，经双方协议于次年1月1日进行债务重组。债权人放弃债权的公允价值50万元，债务重组协议规定，甲企业同意债务人以长期股权投资（权益法核算）清偿债务。长期股权投资账面价值40万元，甲企业已为该项应收债权计提了4万元的坏账准备。

（1）甲企业（债权人）的账务处理：

债权公允价值50万元，债权账面价值56万元。

借：长期股权投资——成本   500 000

  坏账准备   40 000

  投资收益   60 000

  贷：应收账款   600 000

(2)乙企业(债务人)的账务处理:

债务账面价值60万元,转让资产账面价值40万元。

借:应付账款　　　　　　　　　　　　　　　　600 000
　　贷:长期股权投资　　　　　　　　　　　　　　400 000
　　　　其他收益——债务重组收益　　　　　　　200 000

【例2-4】　乙公司欠甲公司购货款450 000元。由于财务发生困难,无法按合同规定的期限偿还债务。2×24年8月1日,经与甲公司协商,甲公司同意乙公司以其他债权投资抵偿债务。其他债权投资的账面价值为390 000元(其中,成本为400 000元,公允价值变动减少10 000元),当日的公允价值350 000元。假定甲公司为该项应收账款提取了坏账准备40 000元。债权人放弃债权的公允价值为350 000元,甲公司将取得的债券作为其他债权投资处理。

(1)甲公司(债权人)的账务处理:

金融资产公允价值35万元,债权账面价值41万元。

借:其他债权投资——成本　　　　　　　　　　400 000
　　投资收益　　　　　　　　　　　　　　　　　60 000
　　坏账准备　　　　　　　　　　　　　　　　　40 000
　　贷:应收账款　　　　　　　　　　　　　　　450 000
　　　　其他债权投资——利息调整　　　　　　　50 000

(2)乙公司(债务人)的账务处理:

债务账面价值45万元,转让资产账面价值39万元。

借:应付账款　　　　　　　　　　　　　　　　450 000
　　其他债权投资——公允价值变动　　　　　　　10 000
　　贷:其他债权投资——成本　　　　　　　　　400 000
　　　　投资收益　　　　　　　　　　　　　　　60 000
借:投资收益　　　　　　　　　　　　　　　　　10 000
　　贷:其他综合收益　　　　　　　　　　　　　10 000

【例2-5】　2×24年7月1日,甲公司应收乙公司账款的账面余额为60万元。经双方协商同意,采取债务转为权益工具方式进行债务重组,该项债务转为乙公司20万股,假定乙公司普通股的面值为1元,股票每股市价为2.5元。甲公司对该项应收账款计提了坏账准备2万元。乙公司办结了对甲公司的增资手续,甲公司和乙公司分别支付手续费等相关费用0.3万元和0.5万元。甲公司对其作为其他权益工具投资处理。

(1)甲公司(债权人)的账务处理:

金融资产公允价值50万元,债权账面价值58万元。

借:其他权益工具投资——成本　　　　　　　　503 000
　　投资收益　　　　　　　　　　　　　　　　　80 000
　　坏账准备　　　　　　　　　　　　　　　　　20 000
　　贷:应收账款　　　　　　　　　　　　　　　600 000

　　　　银行存款　　　　　　　　　　　　　　　　　　　　3 000

（2）乙公司（债务人）的账务处理：

债务账面价值60万元，权益工具公允价值50万元。

借：应付账款　　　　　　　　　　　　　　　　　　600 000

　　贷：股本　　　　　　　　　　　　　　　　　　200 000

　　　　资本公积——股本溢价　　　　　　　　　　295 000

　　　　投资收益　　　　　　　　　　　　　　　　100 000

　　　　银行存款　　　　　　　　　　　　　　　　　5 000

【例2-6】 甲公司应收乙公司票据的账面余额为61.8万元，其中，1.8万元为累计未付的利息，票面年利率6%。经双方协商，甲公司同意将债务本金减至50万元；免去所欠的利息，利率不变，债务延期一年，利息按年支付。甲、乙公司已将应收、应付票据转入应收、应付账款。甲公司已为该项应收款项计提了5万元坏账准备。

（1）甲公司（债权人）的账务处理：

重组债权公允价值50万元，债权账面价值56.8万元。

借：应收账款　　　　　　　　　　　　　　　　　500 000

　　投资收益　　　　　　　　　　　　　　　　　　68 000

　　坏账准备　　　　　　　　　　　　　　　　　　50 000

　　贷：应收账款　　　　　　　　　　　　　　　618 000

（2）乙公司（债务人）的账务处理：

重组债务公允价值50万元，债务账面价值61.8万元。

借：应付账款　　　　　　　　　　　　　　　　　618 000

　　贷：应付账款　　　　　　　　　　　　　　　500 000

　　　　投资收益　　　　　　　　　　　　　　　118 000

【例2-7】 乙公司向甲公司赊购一批材料，含税价为234万元。2×24年9月15日（合同生效日），甲公司同意乙公司用其生产的商品作为固定资产管理的机器设备和一项债券投资抵偿欠款。乙公司用于抵债的商品市价（不含增值税）为90万元，抵债设备的公允价值为75万元，用于抵债的债券投资市价为23.55万元。当日，该债权的公允价值为210万元。

抵债资产于2×24年9月20日转让完毕，乙公司发生设备运输费用0.65万元，甲公司发生设备安装费用1.5万元。

甲公司以摊余成本计量该项债权，对该债权已计提坏账准备19万元。甲公司将受让的商品、设备和债券投资分别作为低值易耗品、固定资产和以公允价值计量且其变动计入当期损益的金融资产核算。

乙公司以摊余成本计量该项债务。用于抵债的商品成本为70万元；抵债设备的账面原价为150万元，累计折旧为40万元，已计提减值准备18万元；乙公司以摊余成本计量用于抵债的债券投资账面价值15万元。2×24年9月20日，抵债的债券投资市价为21万元。

双方均为增值税一般纳税人,适用增值税率为13%,不考虑其他相关税费。

(1)债权人(甲公司)的会计处理:

低值易耗品可抵扣增值税90×13%=11.7(万元);设备可抵扣增值税=75×13%=9.75(万元)。低值易耗品和固定资产的成本应当以其公允价值比例(90:75)对放弃债权在合同生效日公允价值扣除受让金融资产公允价值后的净额进行分配后的金额为基础确定。低值易耗品的成本=90/(90+75)×(210−23.55−11.7−9.75)=90(万元);固定资产的成本=75/(90+75)×(210−23.55−11.7−9.75)=75(万元)。

借:低值易耗品	900 000	
在建工程——在安装设备	750 000	
应交税费——应交增值税(进项税额)	214 500	
交易性金融资产——成本	210 000	
坏账准备	190 000	
投资收益	75 500	
贷:应收账款——乙公司		2 340 000
借:在建工程——在安装设备	15 000	
贷:银行存款		15 000
借:固定资产——××设备	765 000	
贷:在建工程——在安装设备		765 000

(2)债务人(乙公司)的会计处理:

借:固定资产清理	920 000	
累计折旧	400 000	
固定资产减值准备	180 000	
贷:固定资产		1 500 000
借:固定资产清理	6 500	
贷:银行存款		6 500
借:应付账款——甲公司	2 340 000	
贷:固定资产清理		926 500
库存商品		700 000
应交税费——应交增值税(销项税额)		214 500
债权投资——成本		150 000
其他收益——债务重组收益		349 000

【例2-8】　A公司为上市公司,取得B银行贷款5 000万元到期,年利率6%,按年付息,A公司已按时支付所有利息。无法偿还贷款本金。2×24年1月10日,B银行与A公司就该项贷款达成协议:①A公司将一项作为固定资产核算的房产转让给B银行,用于抵偿债务本金1 000万元,该房产账面原值1 200万元,累计折旧400万元,未计提减值准备;②A公司向B银行增发股票500万股,面值1元/股,占A公司股份总额的1%,用于抵偿债务本金2 000万元,A公司股票于2×24年1月10日的收盘价为4元/股;③在A公司履行上述

偿债义务后,B银行免除A公司500万元债务本金,并将尚未偿还的债务本金1 500万元展期一年,年利率8%;如果A公司未能履行①②所述偿债义务,B银行有权终止债务重组协议,尚未履行的债权调整承诺随之失效。

B银行以摊余成本计量该贷款,已计提贷款损失准备400万元。该贷款于2×20年1月10日的公允价值为4 600万元,予以展期的贷款的公允价值为1 500万元。2×24年3月10日,双方办理完成房产转让手续,B银行将该房产作为投资性房地产核算。2×24年5月10日,双方办理完成股权转让手续,B银行将该股权投资分类为以公允价值计量且其变动计入当期损益的金融资产,A公司股票当日收盘价为4.02元/股。A公司以摊余成本计量该贷款,截至2×24年1月10日,该债务的账面价值为5 000万元。不考虑相关税费。

(1)债权人B银行的账务处理如下:

A公司与B银行以组合方式进行债务重组,同时涉及以资产清偿债务、将债务转为权益工具、包括债务豁免的修改其他条款等方式,可以认为对全部债权的合同条款做出了实质性修改,债权人在收取债权现金流量的合同权利终止时应当终止确认全部债权,即在2×24年5月10日该债务重组协议的执行过程和结果不确定性消除时,可以确认债务重组相关损益,并按照修改后的条款确认新金融资产。

3月10日:投资性房地产的成本=放弃债权公允价值4 600-受让股权公允价值2 000-重组债权公允价值1 500=1 100万元。

借:投资性房地产	11 000 000
贷:贷款——本金	11 000 000

5月10日:受让股权的公允价值=4.02×500=2 010万元。

借:交易性金融资产——成本	20 100 000
贷款——本金	15 000 000
贷款损失准备	4 000 000
贷:贷款——本金	39 000 000
投资收益	100 000

(2)债务人A公司的债务处理如下:

3月10日:

借:固定资产清理	8 000 000
累计折旧	4 000 000
贷:固定资产	12 000 000
借:长期借款——本金	8 000 000
贷:固定资产清理	8 000 000

5月10日:借款的新现金流量=1 500×(1+8%)/(1+6%)=1 528.50万元。现金流变化=(1 528.50-1 500)/1 500=1.9%<10%,因此针对1 500万元本金部分的合同条款的修改不构成实质性修改,不终止确认该部分负债。

借:长期借款——本金	42 000 000
贷:股本	5 000 000

资本公积——股本溢价	15 100 000
长期借款——本金	15 285 000
其他收益——债务重组收益	6 615 000

练习题

一、选择题(前两题属于单选,后两题属于多选)

1.乙公司以一项固定资产和一项对联营企业的长期股权投资偿付应付账款1 800万元。固定资产的账面价值为700万元,公允价值为600万元;长期股权投资的账面价值为1 200万元,公允价值为1 000万元。不考虑相关税费。乙公司计入当期损益的金额( )。

    A.-100万元   B.200万元   C.-300万元   D.400万元

2.乙公司以一项对联营企业长期股权投资抵偿甲公司账款15万元。长期股权投资账面价值12.5万元。应收账款的公允价值为13.5万元,已计提坏账准备0.8万元。甲公司取得股权后能施加重大影响。甲公司和乙公司因该事项影响当期损益的金额分别为( )。

    A.1.5万元和2.5万元   B.0.7万元和2.5万元

    C.13.2万元和14万元   D.1.5万元和0.7万元

3.债务人以资产清偿债务时,影响债权人确认损益金额的项目有( )。

    A.债权人计提的坏账准备   B.债务人抵债资产计提的减值准备

    C.可抵扣的增值税进项税额   D.债权的公允价值

4.以组合方式进行债务重组的,下列关于债权人和债务人会计处理的表述中,正确的有( )。

    A.对于终止确认的债权,债权人应当结转对应部分的减值准备

    B.债权人通常情况下应当整体考虑是否终止确认全部债权

    C.合同条款对全部债权做出实质性修改的,债权人应终止确认全部债权,并按照修改后的条款确认新金融资产

    D.债务人应当整体考虑是否终止确认全部债务

二、业务题

1.甲公司因购买材料而欠乙公司货款及税款500万元,由于甲公司无法偿付应付账款,经双方协商同意,甲公司以增发普通股偿还债务,假设普通股每股面值为1元,股票市价为每股2.5元,甲公司以120万股偿该项债务,乙公司对应收账款提取坏账准备20万元。假定乙公司将债权转为股权后,对甲公司具有重大影响。假定不考虑相关税费。

    要求:编制债务重组双方的账务处理。

2.甲公司和乙公司适用的增值税税率均为13%。甲公司应收乙公司账款3 600万元已逾期,经协商决定进行债务重组。乙公司以一项固定资产偿付其债务,设备的原值为2 850万元,已计提折旧50万元,不含税公允价值为3 000万元,支付清理费用5万元。甲公司对该债权已计提坏账准备50万元,放弃债权的公允价值为3 390万元。资产交换前后不改变用途。

要求:编制债务重组双方的会计分录。

3.甲公司应收乙公司账款1 130万元已逾期,经协商决定进行债务重组。甲公司同意乙公司将其拥有的库存商品(增值税税率13%)和一项无形资产(增值税税率6%)用于抵偿该债务。库存商品的账面余额180万元,公允价值为200万元;无形资产的成本为840万元,已累计摊销20万元,公允价值为800万元。甲公司为该项应收账款计提20万元坏账准备,放弃债权的公允价值为1 074万元。资产交换前后不改变用途。

要求:编制债务重组双方的会计分录。

4.甲、乙公司为增值税一般纳税人,增值税率为13%。由于甲公司财务发生困难,不能按照合同规定支付货款200万元,双方经协商,甲公司以其生产的产品偿还债务。该产品的公允价格为100万元,消费税税率为5%,成本为80万元。乙公司将该产品作为库存商品入库;乙公司对该项应收账款计提了10万元的坏账准备,放弃债权的公允价值为113万元。

要求:编制债务重组双方的账务处理。

第3章　或有事项

学习目标

通过本章学习,要求了解或有事项的概念和特征,理解或有负债和或有资产的会计处理,掌握预计负债的确认和计量。谨慎性又称稳健性,是会计核算中的重要原则。在市场经济条件下,实施谨慎原则,在风险实际发生之前化解并防范风险,有利于企业做出正确的经营决策,有利于保护所有者和债权人的利益,提高企业在市场上的竞争力。

3.1　或有事项概述

3.1.1　或有事项的概念

企业在经营活动中有时会面临一些具有较大不确定性的经济事项,这些不确定事项对企业的财务状况和经营成果可能会产生较大的影响,其最终结果须由某些未来事项的发生或不发生加以决定。比如,企业售出一批商品并对商品提供售后担保,承诺在商品发生质量问题时由企业无偿提供修理服务。销售商品并提供售后担保是企业过去发生的交易,由此形成的未来修理服务构成一项不确定事项,修理服务的费用是否会发生以及发生金额是多少将取决于未来是否发生修理请求以及修理工作量、费用等的大小。按照权责发生制原则,企业不能等到客户提出修理请求时,才确认因提供担保而发生的义务,而应当在资产负债表日对这一不确定事项作出判断,以决定是否在当期确认承担的修理义务。这种不确定事项在会计上被称为或有事项。

或有事项,是指过去的交易或者事项形成的,其结果须由某些未来事项的发生或不发生才能决定的不确定事项。常见的或有事项包括:未决诉讼或未决仲裁、债务担保、产品质量保证(含产品安全保证)、亏损合同、重组义务、承诺、环境污染整治等。

3.1.2　或有事项的特征

(一)或有事项是因过去的交易或者事项形成的

或有事项作为一种不确定事项,是因企业过去的交易或者事项形成的。因过去的交易或者事项形成,是指或有事项的现存状况是过去交易或者事项引起的客观存在。例如,未决诉讼是企业因过去的经济行为导致起诉其他单位或被其他单位起诉,是现存的一种状况,而不是未来将要发生的事项。基于这一特征,未来可能发生的自然灾害、交通事故、经营亏损等事项,都不属于或有事项。

(二)或有事项的结果具有不确定性

首先,或有事项的结果是否发生具有不确定性。例如,企业为其他单位提供债务担保,如果被担保方到期无力还款,担保方将负连带责任,担保所引起的可能发生的连带责任构成或有事项。但是,担保方在债务到期时是否一定承担和履行连带责任,需要根据被担保方能否按时还款决定,其结果在担保协议达成时具有不确定性。其次,或有事项的结果预计将会发生,但发生的具体时间或金额具有不确定性。例如,某企业因生产排污治理不力并对周围环境造成污染而被起诉,如无特殊情况,该企业很可能败诉。但是,在诉讼成立时,该企业因败诉将支出多少金额,何时发生这些支出,可能是难以确定的。

履行或有事项相关义务导致经济利益流出的可能性,通常按照一定的概率区间加以判断。一般情况下,发生的概率分为以下几个层次:基本确定、很可能、可能、极小可能。其中,基本确定是指发生的可能性大于95%但小于100%;很可能是指发生的可能性大于50%但小于或等于95%;可能是指发生的可能性大于5%但小于或等于50%;极小可能是指发生的可能性大于0但小于或等于5%。

(三)或有事项的结果须由未来事项决定

或有事项的结果只能由未来不确定事项的发生或不发生才能决定。或有事项对企业会产生有利影响还是不利影响,或虽已知是有利影响或不利影响,但影响有多大,在或有事项发生时是难以确定的。这种不确定性的消失,只能由未来不确定事项的发生或不发生才能证实。例如,企业为其他单位提供债务担保,该担保事项最终是否会要求企业履行偿还债务的连带责任,一般只能看被担保方的未来经营情况和偿债能力。如果被担保方经营情况和财务状况良好且有较好的信用,按期还款,那么企业将不需要履行该连带责任。只有在被担保方到期无力还款时,担保方才承担偿还债务的连带责任。

在会计处理过程中存在不确定性的事项并不都是或有事项,企业应当按照或有事项的定义和特征进行判断。例如,对固定资产计提折旧虽然也涉及对固定资产预计净残值和使用寿命进行分析和判断,带有一定的不确定性,但是,固定资产折旧是已经发生的损耗,固定资产的原值是确定的,其价值最终会转移到成本或费用中也是确定的,该事项的结果是确定的,因此,对固定资产计提折旧不属于或有事项。

3.2　或有负债和或有资产

3.2.1　或有负债

或有负债,是指过去的交易或事项形成的潜在义务,其存在须通过未来不确定事项的发生或不发生予以证实;或过去的交易或事项形成的现时义务,履行该义务不是很可能导致经济利益流出企业或该义务的金额不能可靠计量。

或有负债涉及两类义务:一类是潜在义务;另一类是现时义务。其中,潜在义务是指结果取决于不确定未来事项的可能义务。也就是说,潜在义务最终是否转变为现时义务,由某些未来不确定事项的发生或不发生才能决定。现时义务是指企业在现行条件下已承担的义务,该现时义务的履行不是很可能导致经济利益流出企业,或者该现时义务的金额不能可靠地计量。例如,甲公司涉及一桩诉讼案,根据以往的审判案例推断,甲公司很可能要败诉。但法院尚未判决,甲公司无法根据经验判断未来将要承担多少赔偿金额,因此该现时义务的金额不能可靠地计量,该诉讼案件即形成一项甲公司的或有负债。

或有负债无论作为潜在义务还是现时义务,均不符合负债的确认条件,因而不予确认。但是,除非或有负债极小可能导致经济利益流出企业,否则企业应当在附注中披露有关信息。

需要注意的是,在涉及未决诉讼、未决仲裁的情况下,如果披露全部或部分信息预期对企业会造成重大不利影响,企业无须披露这些信息,但应当披露该未决诉讼、未决仲裁的性质,以及没有披露这些信息的事实和原因。

3.2.2　或有资产

或有资产,是指过去的交易或者事项形成的潜在资产,其存在须通过未来不确定事项的发生或不发生予以证实。或有资产作为一种潜在资产,其结果具有较大的不确定性,只有随着经济情况的变化,通过某些未来不确定事项的发生或不发生才能证实其是否会形成企业真正的资产。例如,甲企业向法院起诉乙企业侵犯了其专利权。法院尚未对该案件进行公开审理,甲企业是否胜诉尚难判断。对于甲企业而言,将来可能胜诉而获得的赔偿属于一项或有资产,但这项或有资产是否会转化为真正的资产,要由法院的判决结果确定。如果终审判决结果是甲企业胜诉,那么这项或有资产就转化为甲企业的一项资产。如果终审判决结果是甲企业败诉,那么或有资产就消失了,更不可能形成甲企业的资产。

或有资产作为一种潜在资产,不符合资产确认的条件,因而不予确认。企业通常不应当披露或有资产,但或有资产很可能会给企业带来经济利益的,应当披露其形成的原因、预计产生的财务影响等。

或有负债和或有资产不符合负债或资产的定义和确认条件,企业不应当确认或有负债和或有资产,而应当按照规定披露。但是,影响或有负债和或有资产的多种因素处于不断变化之中,企业应当持续地对这些因素予以关注。随着时间推移和事态的进展,或有负债对应的潜在义务可能转化为现时义务,原本不是很可能导致经济利益流出的现时义务也可能被证实将很可能导致企业流出经济利益,并且现时义务的金额也能够可靠计量。这时或有负债就转化为企业的负债,应当予以确认。或有资产也是一样,其对应的潜在资产最终是否能够流入企业会逐渐变得明确,如果某一时点企业基本确定能够收到这项潜在资产并且其金额能够可靠计量,则应当将其确认为企业的资产。

3.3 预计负债的确认和计量

3.3.1 预计负债的确认

或有事项形成的或有资产只有在企业基本确定能够收到的情况下,才转变为真正的资产,从而予以确认。与或有事项有关的义务应当在同时符合以下三个条件时确认为负债,作为预计负债进行确认和计量:①该义务是企业承担的现时义务;②履行该义务很可能导致经济利益流出企业;③该义务的金额能够可靠地计量。

(一)该义务是企业承担的现时义务

即与或有事项相关的义务是在企业当前条件下已承担的义务,企业没有其他现实的选择,只能履行该现时义务。通常情况下,过去的交易或事项是否导致现时义务是比较明确的,但也存在极少情况,如法律诉讼,特定事项是否已发生或这些事项是否已产生了一项现时义务可能难以确定,企业应当考虑包括资产负债表日后所有可获得的证据、专家意见等,以此确定资产负债表日是否存在现时义务。如果据此判断,资产负债表日很可能存在现时义务,且符合预计负债确认条件的,应当确认一项负债;如果资产负债表日现时义务很可能不存在的,企业应披露一项或有负债,除非含有经济利益的资源流出企业的可能性极小。

这里所指的义务包括法定义务和推定义务。法定义务,是指因合同、法规或其他司法解释等产生的义务,通常是企业在经济管理和经济协调中,依照经济法律、法规的规定必须履行的责任。比如,企业与其他企业签订购货合同产生的义务就属于法定义务。推定义务,是指因企业的特定行为而产生的义务。企业的"特定行为",泛指企业以往的习惯做法、已公开的承诺或已公开宣布的经营政策。并且,由于以往的习惯做法,或通过这些承诺或公开的声明,企业向外界表明了它将承担特定的责任,从而使受影响的各方形成了其将履行那些责任的合理预期。义务通常涉及指向的另一方,但很多时候没有必要知道义务指向的另一方的身份,实际上义务可能是对公众承担的。通常情况下,义务总是涉及对另一方的承诺,但是管理层或董事会的决定在资产负债表日并不一定形成推定义务,除非该决定在资产负债日之前已经以一种相当具体的方式传达给受影响的各方,使各方形成了企业将履行其责任的合理预期。

（二）履行该义务很可能导致经济利益流出企业

即履行与或有事项相关的现时义务时，导致经济利益流出企业的可能性超过50%，但尚未达到基本确定的程度。

存在很多类似义务，如产品保证或类似合同，履行时要求经济利益流出的可能性应通过总体考虑才能确定。对于某个项目而言，虽然经济利益流出的可能性较小，但包括该项目的该类义务很可能导致经济利益流出的，应当视同该项目义务很可能导致经济利益流出企业。

（三）该义务的金额能够可靠地计量

该义务的金额能够可靠地计量即与或有事项相关的现时义务的金额能够合理地估计。

由于或有事项具有不确定性，因或有事项产生的现时义务的金额也具有不确定性，需要估计。要对或有事项确认一项负债，相关现时义务的金额应当能够可靠估计。只有在其金额能够可靠地估计，并同时满足其他两个条件时，企业才能加以确认。

预计负债应当与应付账款、应计项目等其他负债进行严格区分。因为与预计负债相关的未来支出的时间或金额具有一定的不确定性。应付账款是为已收到或已提供的、并已开出发票或已与供应商达成正式协议的货物或劳务支付的负债，应计项目是为已收到或已提供的、但还未支付、未开出发票或未与供应商达成正式协议的货物或劳务支付的负债，尽管有时需要估计应计项目的金额或时间，但是其不确定性通常远小于预计负债。应计项目经常作为应付账款和其他应付款的一部分进行列报，而预计负债则单独进行列报。

预计负债只是履行相关义务很可能导致经济利益流出企业，还没有实际发生，不符合税法规定的实际发生原则，所以不允许在计算应纳税所得额时扣除。

3.3.2　预计负债的计量

当与或有事项有关的义务符合确认为负债的条件时应当将其确认为预计负债，预计负债应当按照履行相关现时义务所需支出的最佳估计数进行初始计量。此外，企业清偿预计负债所需支出还可能从第三方或其他方获得补偿。因此，或有事项的计量主要涉及两个问题：一是最佳估计数的确定；二是预期可获得补偿的处理。

（一）最佳估计数的确定

预计负债应当按照履行相关现时义务所需支出的最佳估计数进行初始计量。最佳估计数的确定应当分别两种情况处理：

第一，所需支出存在一个连续范围（或区间，下同），且该范围内各种结果发生的可能性相同，则最佳估计数应当按照该范围内的中间值，即上下限金额的平均数确定。

第二，所需支出不存在一个连续范围，或者虽然存在一个连续范围，但该范围内各种结果发生的可能性不相同,那么,如果或有事项涉及单个项目,最佳估计数按照最可能发生金额确定;如果或有事项涉及多个项目,最佳估计数按照各种可能结果及相关概率计算确定。"涉及单个项目"指或有事项涉及的项目只有一个,如一项未决诉讼、一项未决仲裁或一项债务担保等。"涉及多个项目"指或有事项涉及的项目不止一个,如产品质量保证。在产品质量保证中,提出产品保修要求的可能有许多客户,相应地,企业对这些客户负有保修义务。

【例3-1】 乙公司涉及一起诉讼案。2×24年12月31日,乙公司尚未接到法院的判决。在咨询了公司的法律顾问后,公司认为:胜诉的可能性为30%,败诉的可能性为70%。如果败诉,需要赔偿500万元。此时,乙公司在资产负债表中确认的负债金额应为最可能发生的金额,即500万元。

【例3-2】 丙公司是生产并销售A产品的企业,第一季度销售A产品6万件,销售收入为1.8亿元。根据公司的产品质量保证条款,该产品售出后一年内,如发生正常质量问题,公司将负责免费维修。根据以前年度的维修记录,如果发生较小的质量问题,发生的维修费用为销售收入的1%;如果发生较大的质量问题,发生的维修费用为销售收入的2%。根据公司质量部门的预测,80%不会发生质量问题;15%可能发生较小质量问题;5%可能发生较大质量问题。

根据上述资料,第一季度末丙公司应确认的预计负债金额为:180 000 000×(0×80%+1%×15%+2%×5%)=450 000(元)。

(二)预期可获得补偿的处理

如果企业清偿因或有事项而确认的负债所需支出全部或部分预期由第三方或其他方补偿,则此补偿金额只有在基本确定能收到时,才能作为资产单独确认,确认的补偿金额不能超过所确认负债的账面价值。预期可能获得补偿的情况通常有:发生交通事故等情况时,企业通常可从保险公司获得合理的赔偿;在某些索赔诉讼中,企业可对索赔人或第三方另行提出赔偿要求;在债务担保业务中,企业在履行担保义务的同时,通常可向被担保企业提出追偿要求。

企业预期从第三方获得的补偿,是一种潜在资产,其最终是否真的会转化为企业真正的资产具有较大的不确定性,企业只能在基本确定能够收到补偿时才能对其进行确认。根据资产和负债不能随意抵销的原则,预计负债的确认与是否从第三方得到补偿款没有关系,预期可获得的补偿在基本确定能够收到时应当确认为一项资产,而不能作为预计负债金额的扣减。对于预期可获补偿的认定时,借记"其他应收款"科目,贷记"营业外支出"等科目。

【例3-3】 甲公司于2×24年10月收到法院通知,被告知乙公司状告甲公司侵犯专利权,要求甲公司赔偿。甲公司经过反复测试认为其核心技术是委托丙公司研究开发的,丙公司应承担连带责任对甲公司进行赔偿。年末,甲公司根据法律诉讼的进展情况以及专业人士的意见,认为对原告进行赔偿的可能性在80%以上,赔偿金额为140万元至160万元之间,且该范围内各种结果发生的可能性相同,并承担诉讼费用6万元。假定从第三方丙公司得到补偿基本确定可以收到,甲公司获得的补偿金额为100万元。

甲公司应分别确认一项金额为156[(140+160)/2+6]万元的预计负债和一项金额为100万元的其他应收款,而不能只确认一项金额为56(156-100)万元的负债。同时,公司所确认的补偿金额100万元不能超过所确认的负债的账面价值156万元。

（三）预计负债的计量需要考虑的其他因素

企业在确定最佳估计数时,应当综合考虑与或有事项有关的风险、不确定性、货币时间价值和未来事项等因素。

1)风险和不确定性

风险是对交易或事项结果的变化可能性的一种描述。企业在不确定的情况下进行判断需要谨慎,使得收益或资产不会被高估,费用或负债不会被低估。企业应当充分考虑与或有事项有关的风险和不确定性,既不能忽略风险和不确定性对或有事项计量的影响,也需要避免对风险和不确定性进行重复调整,从而在低估和高估预计负债金额之间寻找平衡点。

2)货币时间价值

预计负债的金额通常应当等于未来应支付的金额。但是,因货币时间价值的影响,资产负债表日后不久发生的现金流出,要比一段时间之后发生的同样金额的现金流出负有更大的义务。所以,如果预计负债的确认时点距离实际清偿有较长的时间跨度,货币时间价值的影响重大,那么在确定预计负债的确认金额时,应考虑采用现值计量,即通过对相关未来现金流出进行折现后确定最佳估计数。

3)未来事项

企业应当考虑可能影响履行现时义务所需金额的相关未来事项。对于这些未来事项,如果有足够的客观证据表明它们将发生,如未来技术进步、相关法规出台等,则应当在预计负债计量中考虑相关未来事项的影响,但不应考虑预期处置相关资产形成的利得或损失。

3.3.3　对预计负债账面价值的复核

企业应当在资产负债表日对预计负债的账面价值进行复核。有确凿证据表明该账面价值不能真实反映当前最佳估计数的,应当按照当前最佳估计数对该账面价值进行调整。

例如,某化工企业对环境造成了污染,按照当时的法律规定,只需要对污染进行清理。随着国家对环境保护越来越重视,按照现在的法律规定,该企业不但需要对污染进行清理,还很可能要对居民进行赔偿。这种法律要求的变化,会对企业预计负债的计量产生影响。企业应当在资产负债表日对为此确认的预计负债金额进行复核,相关因素发生变化表明预计负债金额不再能反映真实情况时,需要按照当前情况下企业清理和赔偿支出的最佳估计数对预计负债的账面价值进行相应的调整。

3.3.4 预计负债的列报

在资产负债表中,因或有事项而确认的负债(预计负债)应与其他负债项目区别开来,单独反映。如果企业因多项或有事项确认了预计负债,在资产负债表上一般只需通过"预计负债"项目进行总括反映。在将或有事项确认为负债的同时,应确认一项支出或费用。这项费用或支出在利润表中不应单列项目反映,而应与其他费用或支出项目("销售费用""管理费用""营业外支出"等)合并反映。比如,企业因产品质量保证确认负债时所确认的费用,在利润表中应作为"销售费用"的组成部分予以反映;又如,企业因对其他单位提供债务担保确认负债时所确认的费用,在利润表中应作为"营业外支出"的组成部分予以反映。

为了使会计报表使用者获得充分、详细的有关或有事项的信息,企业应在会计报表附注中披露以下内容:第一,预计负债的种类、形成原因以及经济利益流出不确定性的说明;第二,各类预计负债的期初、期末余额和本期变动情况;第三,与预计负债有关的预期补偿金额和本期已确认的预期补偿金额。

3.4 或有事项会计的具体应用

3.4.1 未决诉讼或未决仲裁

诉讼,是指当事人不能通过协商解决争议,因而在人民法院起诉、应诉,请求人民法院通过审判程序解决纠纷的活动。诉讼尚未裁决之前,对于被告来说,可能形成一项或有负债或者预计负债;对于原告来说,则可能形成一项或有资产。

仲裁,是指经济法的各方当事人依照事先约定或事后达成的书面仲裁协议,共同选定仲裁机构并由其对争议依法作出具有约束力裁决的一种活动。作为当事人一方,仲裁的结果在仲裁决定公布以前是不确定的,会构成一项潜在义务或现时义务,或者潜在资产。

【例3-4】 乙公司因合同违约而被丁公司起诉。2×24年12月31日,公司尚未接到法院的判决。丁公司预计,如无特殊情况很可能在诉讼中获胜,假定丁公司估计将来很可能获得赔偿金额190万元。在咨询了公司的法律顾问后,乙公司认为最终的法律判决很可能对公司不利。假定乙公司预计将要支付的赔偿金额、诉讼费等费用为160万元至200万元之间的某一金额,而且这个区间内每个金额的可能性都大致相同,其中诉讼费为3万元。假定不考虑所得税。

(1)丁公司的有关会计处理如下:

丁公司不应当确认或有资产,而应当在2×24年12月31日的报表附注中披露或有资产190万元。

丁公司次年 5 月 10 日获得赔偿 185 万元,直接计入营业外收入。

借:银行存款　　　　　　　　　　　　　　　1 850 000

　　贷:营业外收入　　　　　　　　　　　　　　　1 850 000

(2)乙公司的有关会计处理如下:

预计负债 =(1 600 000 +2 000 000)÷2 =1 800 000(元)

借:管理费用——诉讼费　　　　　　　　　　　30 000

　　营业外支出　　　　　　　　　　　　　　1 770 000

　　贷:预计负债——未决诉讼　　　　　　　　　　1 800 000

同时,在 2×24 年 12 月 31 日的附注中进行披露。

次年 5 月 10 日法院作出判决,甲公司支付赔偿 185 万元,甲公司不再上诉,赔偿已经支付。

借:预计负债　　　　　　　　　　　　　　　1 800 000

　　营业外支出　　　　　　　　　　　　　　　50 000

　　贷:银行存款　　　　　　　　　　　　　　　1 850 000

应当注意的是,对于未决诉讼,企业当期实际发生的诉讼损失金额与已计提的相关预计负债之间的差额,应分别情况处理:

第一,企业在前期资产负债表日,依据当时实际情况和所掌握的证据合理预计了预计负债,应当将当期实际发生的诉讼损失金额与已计提的相关预计负债之间的差额,直接计入或冲减当期营业外支出。

第二,企业在前期资产负债表日,依据当时实际情况和所掌握的证据,原本应当能够合理估计诉讼损失,但企业所作的估计却与当时的事实严重不符(如未合理预计损失或不恰当地多计或少计损失),应当按照重大会计差错更正的方法进行处理。

第三,企业在前期资产负债表日,依据当时实际情况和所掌握的证据,确实无法合理预计诉讼损失,因而未确认预计负债,则在该项损失实际发生的当期,直接计入当期营业外支出。

第四,资产负债表日后至财务报告批准报出日之间发生的需要调整或说明的未决诉讼,按照资产负债表日后事项的有关规定进行会计处理。

3.4.2　债务担保

债务担保在企业中是较为普遍的现象。作为提供担保的一方,在被担保方无法履行合同的情况下,常常承担连带责任。从保护投资者、债权人的利益出发,客观、充分地反映企业因担保义务而承担的潜在风险是十分必要的。

3.4.3　产品质量保证

产品质量保证,通常指销售商或制造商在销售产品或提供劳务后,对客户提供服务的一种承诺。在约定期内(或终身保修),若产品或劳务在正常使用过程中出现质量或与之相关的其他属于正常范围的问题,企业负有更换产品、免费或只收成本价进行修理等责任。为此,企业应当在符合确认条件的情况下,于销售成立时确认预计负债。在对产品质量保证确认预计负债时,需要注意的是:

第一,如果发现产品质量保证费用的实际发生额与预计数相差较大,应及时对预计比例进行调整。

第二,如果企业针对特定批次产品确认预计负债,则在保修期结束时,应将"预计负债——产品质量保证"余额冲销,不留余额。

第三,已对其确认预计负债的产品,如企业不再生产了,那么应在相应的产品质量保证期满后,将"预计负债——产品质量保证"余额冲销,不留余额。

对于附有质量保证条款的销售,企业提供额外服务的,应当作为单项履约义务,按照收入准则进行会计处理;否则,质量保证责任应当按照或有事项的要求进行会计处理。

【例3-5】A公司2×24年"预计负债——产品质量保证"科目年初余额为60万元。对购买其产品的消费者,A公司作出如下承诺:产品售出后一年内如出现质量问题,A公司免费负责保修。根据以往的经验,发生的保修费一般为销售额的2%~3%。A公司2×24年实际发生的维修费为40万元(假定全部为职工薪酬)。2×24年销售产品500台,每台售价为4万元。假定不考虑所得税。

(1)实际发生修理费用40万元。

借:预计负债　　　　　　　　　　　　　　　　400 000
　　贷:应付职工薪酬　　　　　　　　　　　　　400 000

(2)确认与产品质量保证有关的预计负债。

产品质量保证金额=500×4×(2%+3%)÷2=50(万元)

借:销售费用　　　　　　　　　　　　　　　　500 000
　　贷:预计负债　　　　　　　　　　　　　　　500 000

"预计负债——产品质量保证"科目2×24年末的余额为:600 000-400 000+500 000=700 000(元)。

3.4.4　亏损合同

待执行合同变为亏损合同,同时该亏损合同产生的义务满足预计负债的确认条件的,应当确认为预计负债。其中,待执行合同,是指合同各方未履行任何合同义务,或部分履行了同等义务的合同。企业与其他企业签订的商品销售合同、劳务提供合同、租赁合同等,均属于待执行合同,待执行合同不属于或有事项。但是,待执行合同变为亏损合同的,应当作为或有事项。亏损合同,是指履行合同义务不可避免发生的成本超过预期经济利益的合同。企业与其他单位签订的商品销售合同、劳务合同、租赁合同等,均可能变为亏损合同。预计负债的计量应当反映退出该合同的最低净成本,即履行该合同的成本与未能履行该合同而发生的补偿或处罚两者之中的较低者。

企业对亏损合同进行会计处理,需要遵循以下两点原则:

首先,如果与亏损合同相关的义务不需支付任何补偿即可撤销,企业通常就不存在现时义务,不应确认预计负债;如果与亏损合同相关的义务不可撤销,企业就存在了现时义务,同时满足该义务很可能导致经济利益流出企业且金额能够可靠地计量的,应当确认预计负债。其次,待执行合同变为亏损合同时,合同存在标的资产的,应当对标的资产进行减值测试并按规定确认减值损失,在这种情况下,企业通常不需确认预计负债,如果预计亏损超过该减值损失,应将超过部分确认为预计负债;合同不存在标的资产的,亏损合同相关义务满足预计负债确认条件时,应当确认预计负债。

【例3-6】　甲公司与丙公司签订商品购销合同,合同规定甲公司在2×24年3月以每件2万元的价格向丙公司销售1 000件产品,若不能按时交货,将对甲公司处以总价款20%的违约金,签订合同时产品尚未开始生产,甲公司准备生产产品时,原材料价格突然上涨,产品预计单位成本为2.5万元。假定不考虑所得税。

甲公司每件预计成本2.5万元,每件售价2万元,待执行合同变为亏损合同。合同不存在标的资产,应确认预计负债。

执行合同发生损失=1 000×(2.5-2)=500(万元)

不执行合同的违约金=1 000×2×20%=400(万元)

(1)选择不执行合同,确认预计负债为:

借:营业外支出　　　　　　　　　　　　　　　　4 000 000

　　贷:预计负债　　　　　　　　　　　　　　　　　　4 000 000

(2)支付违约金时:

借:预计负债　　　　　　　　　　　　　　　　　4 000 000

　　贷:银行存款　　　　　　　　　　　　　　　　　　4 000 000

3.4.5　重组义务

(一)重组义务的确认

重组是指企业制定和控制的,将显著改变企业组织形式、经营范围或经营方式的计划实施行为。

属于重组的事项主要包括:出售或终止企业的部分业务;对企业的组织结构进行较大调整;关闭企业的部分营业场所,或将营业活动由一个国家或地区迁移到其他国家或地区。

企业应当将重组与企业合并、债务重组区别开。因为重组通常是企业内部资源的调整和组合,谋求现有资产效能的最大化;企业合并是在不同企业之间的资本重组和规模扩张;而债务重组,是指在不改变交易对手方的情况下,经债权人和债务人协定或法院裁定,就清偿债务的时间、金额或方式等重新达成协议的交易。

企业因重组而承担了重组义务,并且同时满足预计负债的三项确认条件时,才能确认预计负债。

首先,同时存在下列情况的,表明企业承担了重组义务:

(1)有详细、正式的重组计划,包括重组涉及的业务、主要地点、需要补偿的职工人数、预计重组支出、计划实施时间等。

(2)该重组计划已对外公告。

其次,需要判断重组义务是否同时满足预计负债的三个确认条件,即判断其承担的重组义务是否是现时义务、履行重组义务是否很可能导致经济利益流出企业、重组义务的金额是否能够可靠计量。只有同时满足这三个确认条件,才能将重组义务确认为预计负债。

(二)重组义务的计量

企业应当按照与重组有关的直接支出确定预计负债金额,计入当期损益。其中,直接支出是企业重组必须承担的直接支出。包括自愿遣散、强制遣散、将不再使用的厂房的租赁撤销费,不包括与继续进行的活动相关的支出。比如:将职工和设备从拟关闭的工厂转移到继续使用的工厂、剩余职工的再培训、新经理的招募成本、推广公司新形象的营销成本、对新分销网络的投资、重组的未来可辨认经营损失。

由于企业在计量预计负债时不应当考虑预期处置相关资产的利得或损失,在计量与重组义务相关的预计负债时,也不考虑处置相关资产可能形成的利得或损失,即使资产的出售构成重组的一部分也是如此,这些利得或损失应当单独确认。

练习题

一、选择题(前两题属于单选,后两题属于多选)

1.下列说法中不正确的是( )。

　　A.或有负债涉及两类义务:一类是潜在义务,另一类是现时义务

　　B.待执行合同变为亏损合同时,合同存在标的资产的,应当对标的资产进行减值测试并按规定确认减值损失

　　C.合同不存在标的资产的,亏损合同相关义务满足预计负债确认条件时,应当确认预计负债

　　D.对于附有质量保证条款的销售,质量保证责任应当按照或有事项的要求进行会计处理

2.甲公司年初预计负债余额30万元,系销售商品确认的质量保修费用,按照销售收入的2%确认,本年实现收入1 750万元,实际发生维修费用28万元,则年末预计负债余额为( )。

　　A.0　　　　　　　B.37万元　　　　　　C.65万元　　　　　　D.35万元

3.甲企业因或有事项很可能赔偿A公司60万元,同时,因该或有事项,甲企业基本确定可从B企业获得40万元的补偿金,甲企业正确的会计处理是( )。

　　A.登记营业外支出和预计负债60万元

　　B.登记其他应收款和冲减营业外支出40万元

C.登记营业外支出和预计负债20万元

D.不作登记

4.下列各项中,正确的有(　　)。

A.或有负债由过去交易或事项形成

B.或有负债只能是潜在义务

C.或有事项必然形成或有负债

D.或有负债有可能转化成预计负债

二、业务题

1.甲公司2×24年"预计负债——产品质量保证"科目年初余额为40万元。甲公司作出如下承诺:对购买其产品的消费者,产品售出后一年内如出现质量问题,免费负责保修。根据以往的经验,发生的保修费一般为销售额的2%~3%。甲公司本年实际发生的维修费为30万元(假定全部为职工薪酬)。本年销售产品500台,每台售价为4万元。不考虑所得税的影响。

要求:编制有关分录。

2.2×24年12月1日,甲公司因其产品质量问题造成人身伤害,被提起诉讼,要求赔偿200万元,至12月31日,法院尚未作出判决。甲公司预计该项诉讼很可能败诉,赔偿金额估计在100万元到150万元之间,并且还需要支付诉讼费用3万元。公司基本确定可以从保险公司获得赔偿金50万元。不考虑所得税的影响。

要求:编制有关分录。

第4章 股份支付

学习目标

通过本章学习,要求了解股份支付的含义、特征及分类,理解股份支付的确认和计量原则,掌握以权益结算的股份支付和以现金结算的股份支付的会计处理。股权激励,应平衡公司、激励对象、股东三方面利益,真正激发激励对象的创造力、工作潜力和工作激情。薪酬模式的设计需要遵循企业战略,缺乏战略指引的薪酬模式就等于没有方向地瞎指挥,对企业的发展将起到阻碍作用。

4.1 股份支付概述

4.1.1 股份支付的概念及特征

(一)股份支付的概念

股份支付,是"以股份为基础的支付"的简称,是指企业为获取职工和其他方提供服务而授予权益工具或者承担以权益工具为基础确定的负债的交易。

(二)股份支付的特征

股份支付具有以下特征:

(1)股份支付是企业与职工或其他方之间发生的交易。以股份为基础的支付可能发生在企业与股东之间、合并交易中的合并方与被合并方之间或者企业与其职工之间,只有发生在企业与其职工或向企业提供服务的其他方之间的交易,才可能符合股份支付的定义。

(2)股份支付是以获取职工或其他方服务为目的的交易。企业在股份支付交易中旨在获取其职工或其他方提供的服务(费用)或取得这些服务的权利(资产)。企业获取这些服务或权利的目的是用于其正常生产经营,不是转手获利等。

(3)股份支付交易的对价或其定价与企业自身权益工具未来的价值密切相关。股份支付交易与企业与其职工间其他类型交易的最大不同,是交易对价或其定价与企业自身权益工具未来的价值密切相关。在股份支付中,企业要么向职工支付其自身权益工具,要么向职工支付一笔现金,而其金额高低取决于结算时企业自身权益工具的公允价值。对价的特殊性可以说是股份支付定义中最突出的特征。企业自身权益工具包括会计主体本身、母公司和统一集团内的其他会计主体的权益工具。

4.1.2 股份支付的四个主要环节

以薪酬性股票期权为例,典型的股份支付通常涉及四个主要环节:授予日、可行权日、行权日和出售日。

授予日是指股份支付协议获得批准的日期。其中"获得批准",是指企业与职工或其他方就股份支付的协议条款和条件已达成一致,该协议获得股东大会或类似机构的批准。这里的"达成一致"是指,在双方对该计划或协议内容充分形成一致理解的基础上,均接受其条款和条件。如果按照相关法规的规定,在提交股东大会或类似机构之前存在必要程序或要求,则应履行该程序或满足该要求。

可行权日是指可行权条件得到满足、职工或其他方具有从企业取得权益工具或现金权利的日期。有的股份支付协议是一次性可行权,有的则是分批可行权。只有已经可行权的股票期权,才是职工真正拥有的"财产",才能去择机行权。从授予日至可行权日的时段,是可行权条件得到满足的期间,因此称为"等待期",又称"行权限制期"。

行权日是指职工和其他方行使权利、获取现金或权益工具的日期。例如,持有股票期权的职工行使了以特定价格购买一定数量本公司股票的权利,该日期即为行权日。行权是按期权的约定价格实际购买股票,一般是在可行权日之后到期权到期日之前的可选择时段内行权。

出售日是指股票的持有人将行使期权所取得的期权股票出售的日期。按照我国法规规定,用于期权激励的股份支付协议,应在行权日与出售日之间设立禁售期,其中国有控股上市公司的禁售期不得低于两年。

一次授予、分期行权,即在授予日一次授予给员工若干权益工具,之后每年分批达到可行权条件。每个批次是否可行权的结果通常是相对独立的,即每一期是否达到可行权条件并不会直接决定其他几期是否能够达到可行权条件,在会计处理时应将其作为几个独立的股份支付计划处理。

4.1.3 股份支付工具的主要类型

按照股份支付的方式和工具类型,主要可划分为两大类:

(一)以权益结算的股份支付

以权益结算的股份支付,是指企业为获取服务而以股份或其他权益工具作为对价进行结算的交易。以权益结算的股份支付最常用的工具有两类:限制性股票和股票期权。

限制性股票是指职工或其他方按照股份支付协议规定的条款和条件,从企业获得一定数量的本企业股票。企业授予职工一定数量的股票,在一个确定的等待期内或在满足特定业绩指标之前,职工出售股票要受到持续服务期限条款或业绩条件的限制。股票期权是指企业授予职工或其他方在未来一定期限内以预先确定的价格和条件购买本企业一定数量股票的权利。

(二)以现金结算的股份支付

以现金结算的股份支付,是指企业为获取服务而承担的以股份或其他权益工具为基础计算的交付现金或其他资产的义务的交易。以现金结算的股份支付最常用的工具有两类:模拟股票和现金股票增值权。模拟股票和现金股票增值权,是用现金支付模拟的股权激励机制,即与股票挂钩,但用现金支付。

除不需实际授予股票和持有股票之外,模拟股票的运作原理与限制性股票是一样的。除不需实际行权和持有股票之外,现金股票增值权的运作原理与股票期权是一样的,都是一种增值权形式的与股票价值挂钩的薪酬工具。

4.2 股份支付的确认和计量

4.2.1 股份支付的确认和计量原则

(一)权益结算的股份支付的确认和计量原则

1)换取职工服务的股份支付的确认和计量原则

对于换取职工服务的股份支付,企业应当以股份支付所授予的权益工具的公允价值计量。企业应在等待期内的每个资产负债表日,以对可行权权益工具数量的最佳估计为基础,按照权益工具在授予日的公允价值,将当期取得的服务计入相关资产成本或当期费用,同时计入资本公积(其他资本公积)。

对于授予后立即可行权的换取职工提供服务的权益结算的股份支付(例如授予限制性股票的股份支付),应在授予日按照权益工具的公允价值,将取得的服务计入相关资产成本或当期费用,同时计入资本公积(股本溢价)。

2)换取其他方服务的股份支付的确认和计量原则

对于换取其他方服务的股份支付,企业应当以股份支付所换取的服务的公允价值计量。企业应当按照其他方服务在取得日的公允价值,将取得的服务计入相关资产成本或费用。

如果其他方服务的公允价值不能可靠计量,但权益工具的公允价值能够可靠计量,企业应当按照权益工具在服务取得日的公允价值,将取得的服务计入相关资产成本或费用。

3)权益工具公允价值无法可靠确定时的处理

在极少数情况下,授予权益性工具的公允价值无法可靠计量,企业应在获取服务的时点、后续的每个资产负债表日和结算日,以内在价值计量该权益工具,内在价值的变动应计入当期损益。同时,企业应以最终可行权或实际行权的权益工具数量为基础,确认取得服务的金额。内在价值是指交易对方有权认购或取得的股份的公允价值,与其按照股份支付协议应当支付的价格间的差额。

企业对上述以内在价值计量的已授予权益工具进行结算,应当遵循以下要求:

(1)结算发生在等待期内的,企业应当将结算作为加速可行权处理,即立即确认本应于剩余等待期内确认的服务金额。

(2)结算时支付的款项应当作为回购该权益工具处理,即减少所有者权益,结算支付的款项高于该权益工具在回购日内在价值的部分,计入当期损益。

(二)现金结算的股份支付的确认和计量原则

企业应当在等待期内的每个资产负债表日,以对可行权情况的最佳估计为基础,按照企业承担负债的公允价值,将当期取得的服务计入相关资产成本或当期费用,同时计入负债,并在结算前的每个资产负债表日和结算日对负债的公允价值重新计算,将其变动计入损益。

对于授予后立即可行权的现金结算的股份支付(例如授予虚拟股票或业绩股票的股份支付),企业应当在授予日按照企业承担负债的公允价值计入相关资产成本或费用,同时计入负债,并在结算前的每个资产负债表日和结算日对负债的公允价值重新计量,将其变动计入损益。

4.2.2　可行权条件的种类、处理和修改

可行权条件是指能够确定企业是否得到职工或其他方提供的服务,且该服务使职工或其他方具有获取股份支付协议规定的权益工具或现金等权利的条件;反之,为非可行权条件。

可行权条件包括服务期限条件和业绩条件。服务期限条件是指职工或其他方完成规定服务期限才可行权的条件。业绩条件是指职工或其他方完成规定服务期限且企业已经达到特定业绩目标才可行权的条件,具体包括市场条件和非市场条件。

(一)市场条件和非市场条件及其处理

市场条件是指行权价格、可行权条件以及行权可能性与权益工具的市场价格相关的业绩条件,如股份支付协议中关于股价上升至何种水平职工可相应取得多少股份的规定。非市场条件是指除市场条件之外的其他业绩条件,如股份支付协议中关于达到最低盈利目标或销售目标才可行权的规定。

企业在确定权益工具在授予日的公允价值时,应考虑股份支付协议中规定的市场条件和非可行权条件的影响;市场条件和非可行权条件是否得到满足,不影响企业对预计可行权情况的估计。非可行权条件和可行权条件中的市场条件决定了权益工具的公允价值;可行权条件中的服务期限条件和非市场条件决定了所授予的权益工具的数量。

在权益结算的股份支付中,应确认的股份支付费用总额=可行权权益工具的数量×权

益工具授予日的公允价值。根据金融工具准则的规定,权益工具的后续公允价值变动不予确认,所以权益工具一旦被授予,即按照授予日的公允价值计量,后续公允价值变动不影响所确认的股份支付费用的总额。

当激励对象满足可行权条件中的服务期限条件和非市场条件之后,即被授予了既定数量的权益工具。即使没有满足市场条件或非可行权条件导致其后该权益工具的公允价值下降乃至变为零,不再对股份支付费用总额的计量产生影响,企业应当确认已得到服务相对应的成本费用,原先已确认的股份支付相关成本费用不能冲回,而且还要继续在原先的等待期内继续确认费用,原先确认的资本公积(其他资本公积)转入资本公积(股本溢价)。

如果由于未能满足服务期限条件或非市场条件导致不能行权的,则最终授予的权益工具数量为零,相应地应确认的股份支付费用总额也为零,此时原先已经确认的股份支付相关费用冲回。

在现金结算的股份支付中,应确认的股份支付费用总额=可行权权益工具的数量×权益工具资产负债表日公允价值。现金结算的股份支付,到期未满足行权条件的,原先累计确认的股权激励相关费用和累计公允价值变动损益可以转回。

【例4-1】 为奖励并激励高管,甲上市公司与其管理层成员签署股份支付协议,规定如果管理层成员在其后3年中都在公司中任职服务,并且公司股价每年均提高10%以上,管理层成员即可以低于市价的价格购买一定数量的本公司股票。

同时作为协议的补充,公司把全体管理层成员的年薪提高了10万元,但公司将这部分年薪按月存入公司专门建立的内部基金,3年后,管理层成员可用属于其个人的部分抵减未来行权时支付的购买股票款项。如果管理层成员决定退出这项基金,可随时全额提取。甲公司此项期权在授予日的公允价值为300万元。

在授予日,甲公司估计3年内管理层离职的比例为10%;第二年年末,甲公司调整其估计离职率为5%;到第三年年末,公司实际离职率为6%。在第一年中,公司股价提高了10.5%,第二年提高了11%,第三年提高了6%。公司在第一年年末、第二年年末均预计下年能实现当年股价增长10%以上的目标。

分析:如果不同时满足服务3年和公司股价年增长10%以上的要求,管理层成员就无权行使其股票期权,因此两者都属于可行权条件,其中服务满3年是一项服务期限条件,10%的股价增长要求是一项市场条件。虽然公司要求管理层成员将部分薪金存入统一账户保管,但不影响其可行权,因此统一账户条款不是可行权条件。

按照股份支付准则的规定相关计算如下:

第一年年末确认的服务费用=$3\,000\,000×1/3×90\% = 900\,000$(元)

第二年年末累计确认的服务费用=$3\,000\,000×2/3×95\%= 1\,900\,000$(元)

第二年应确认的费用=$1\,900\,000-900\,000=1\,000\,000$(元)

第三年年末累计应确认的服务费用=$3\,000\,000×94\%= 2\,820\,000$(元)

第三年应确认的费用=$2\,820\,000 -1\,900\,000=920\,000$(元)

最后,94%的管理层成员满足了市场条件之外的全部可行权条件。尽管股价年增长

10%以上的市场条件未得到满足,甲公司在3年的年末也均确认了收到的管理层提供的服务,并相应确认了费用。原先确认的资本公积(其他资本公积)转入资本公积(股本溢价)。

(二)可行权条件的修改

通常情况下,股份支付协议生效后,不应对其条款和条件随意修改。但在某些情况下,可能需要修改授予权益工具的股份支付协议中的条款和条件。例如,股票除权、除息或者其他原因需要调整行权价格或股票期权数量。此外,为取得更佳的激励效果,有关法规也允许企业依据股份支付协议的规定,调整行权价格或股票期权数量,但应当由董事会作出决议并经股东大会审议批准,或者由股东大会授权董事会决定。《上市公司股权激励管理办法(试行)》对此作出了严格的限定,必须按照批准股份支付计划的原则和方式进行调整。

在会计核算上,无论已授予的权益工具的条款和条件如何修改,甚至取消权益工具的授予或结算该权益工具,企业都应至少确认按照所授予的权益工具在授予日的公允价值来计量获取的相应服务,除非因不能满足权益工具的可行权条件(除市场条件外)而无法可行权。

1)条款和条件的有利修改

企业应当区别以下情况,确认导致股份支付公允价值总额升高以及其他对职工有利的修改的影响:

(1)如果修改增加了所授予的权益工具的公允价值,企业应按照权益工具公允价值的增加相应地确认取得服务的增加。

(2)如果修改增加了所授予的权益工具的数量,企业应将增加的权益工具的公允价值相应地确认为取得服务的增加。

(3)如果企业按照有利于职工的方式修改可行权条件,如缩短等待期、变更或取消业绩条件(非市场条件),企业在处理可行权条件时,应当考虑修改后的可行权条件。

2)条款和条件的不利修改

如果企业以减少股份支付公允价值总额的方式或其他不利于职工的方式修改条款和条件,企业仍应继续对取得的服务进行会计处理,如同该变更从未发生,除非企业取消了部分或全部已授予的权益工具。具体包括如下几种情况:

(1)如果修改减少了授予的权益工具的公允价值,企业应当继续以权益工具在授予日的公允价值为基础,确认取得服务的金额,而不应考虑权益工具公允价值的减少。

(2)如果修改减少了授予的权益工具的数量,企业应当将减少部分作为已授予的权益工具的取消来进行处理。

(3)如果企业以不利于职工的方式修改了可行权条件,如延长等待期、增加或变更业绩条件(非市场条件),企业在处理可行权条件时,不应考虑修改后的可行权条件。

3)取消或结算

如果企业在等待期内取消了所授予的权益工具或结算了所授予的权益工具(因未满

足可行权条件而被取消的除外),企业应当:

(1)将取消或结算作为加速可行权处理,立即确认原本应在剩余等待期内确认的金额。

如果没有满足服务期限条件或者非市场的业绩条件的会计处理,即作废。如果没有满足服务或者非市场的业绩条件,则实际可行权的权益工具的数量为零,即接受的服务累计确认的费用为零。无论是作废还是取消,职工都没有获得所授予的权益工具,但是两者的原因是不同的。取消往往源于企业的主动行为,为了防止企业随意取消股权激励计划,准则要求在等待期内如果取消了授予的权益工具,企业应当对取消所授予的权益性工具作为加速行权处理,将剩余等待期内应确认的金额立即计入当期损益,视同剩余等待期内的股权支付计划已经全部满足可行权条件。

(2)在取消或结算时支付给职工的所有款项均应作为权益的回购处理,回购支付的金额高于该权益工具在回购日公允价值的部分,计入当期费用。

(3)如果向职工授予新的权益工具,并在新权益工具授予日认定所授予的新权益工具是用于替代被取消的权益工具的,企业应以与处理原权益工具条款和条件修改相同的方式,对所授予的替代权益工具进行处理。如果企业未将新授予的权益工具认定为替代权益工具,则应将其作为一项新授予的股份支付进行处理。

企业如果回购其职工已可行权的权益工具,应当借记所有者权益,回购支付的金额高于该权益工具在回购日公允价值的部分,计入当期费用。

4.2.3　权益工具公允价值的确定

股份支付中权益工具的公允价值的确定,应当以市场价格为基础。一些股份和股票期权并没有一个活跃的交易市场,在这种情况下,应当考虑估值技术。通常情况下,企业应当按照《企业会计准则第22号——金融工具确认和计量》的有关规定确定权益工具的公允价值,并根据股份支付协议的条款的条件进行调整。

(一)股份

对于授予员工的股份,企业应按照其股份的市场价格计量。如果其股份未公开交易,则应考虑其条款和条件估计其市场价格。例如,如果股份支付协议规定了期权股票的禁售期,则会对可行权日后市场参与者愿意为该股票支付的价格产生影响,并进而影响该股票期权的公允价值。

(二)股票期权

对于授予职工的股票期权,因其通常受到一些不同于交易期权的条款和条件的限制,因而在许多情况下难以获得其市场价格。如果不存在条款和条件相似的交易期权,就应通过期权定价模型来估计所授予的期权的公允价值。估计授予职工的期权价格所应考虑的因素:期权定价模型的输入变量的估计;预计提早行权;预计波动率;预计股利;无风险利率;资本结构的影响。

4.2.4　股份支付的会计处理

股份支付的会计处理必须以完整、有效的股份支付协议为基础。

（一）授予日

授予日立即可行权的股份支付，借记"管理费用"等科目，贷记"资本公积（股本溢价）"或"应付职工薪酬"科目。除了立即可行权的股份支付外，无论权益结算的股份支付还是现金结算的股份支付，企业在授予日均不做会计处理。

（二）等待期内的每个资产负债表日

企业应当在等待期内的每个资产负债表日，将取得职工或其他方提供的服务计入成本费用，同时确认所有者权益或负债。对于附有市场条件的股份支付，只要职工满足了其他所有非市场条件，企业就应当确认已取得的服务。

在等待期内，业绩条件为非市场条件的，如果后续信息表明需要调整对可行权情况的估计的，应对前期估计进行修改。在等待期内每个资产负债表日，企业应将取得的职工提供的服务计入成本费用，计入成本费用的金额应当按照权益工具的公允价值计量。

对于权益结算的涉及职工的股份支付，应当按照授予日权益工具的公允价值计入成本费用和资本公积（其他资本公积），不确认其后续公允价值变动；对于现金结算的涉及职工的股份支付，应当按照每个资产负债表日权益工具的公允价值重新计量，确定成本费用和应付职工薪酬。

对于授予的存在活跃市场的期权等权益工具，应当按照活跃市场中的报价确定其公允价值。对于授予的不存在活跃市场的期权等权益工具，应当采用期权定价模型等估值技术确定其公允价值。

在等待期内每个资产负债表日，企业应当根据最新取得的可行权职工人数变动等后续信息作出最佳估计，修正预计可行权的权益工具数量。在可行权日，最终预计可行权权益工具的数量应当与实际可行权工具的数量一致。

根据上述权益工具的公允价值和预计可行权的权益工具数量，计算截至当期累计应确认的成本费用金额，再减去前期累计已确认金额作为当期应确认的成本费用金额。

（三）可行权日之后

（1）对于权益结算的股份支付，在可行权日之后不再对已确认的成本费用和所有者权益总额进行调整。企业应在行权日根据行权情况，确定股本和股本溢价，同时结转等待期内确认的资本公积（其他资本公积）。

企业以回购股份形式奖励本企业职工的，属于权益结算的股份支付。企业回购股份时，应按回购股份的全部支出作为库存股处理，同时进行备查登记。企业在等待期内按照权益工具在授予日的公允价值，将取得的职工服务计入成本费用，同时增加资本公积（其他资本公积）。在职工行权购买本企业股份时，企业应转销交付职工的库存股和等待期内确认的资本公积（其他资本公积），按照其差额调整资本公积（股本溢价）。

(2)对于现金结算的股份支付,企业在可行权日之后不再确认成本费用,负债(应付职工薪酬)公允价值的变动应当计入当期损益(公允价值变动损益)。

(四)限制性股票的股权激励计划

上市公司实施限制性股票的股权激励安排中,常见做法是上市公司以非公开发行的方式向激励对象授予一定数量的公司股票,并规定锁定期和解锁期,在锁定期和解锁期内,不得上市流通及转让。达到解锁条件,可以解锁;如果全部或部分股票未被解锁而失效或作废,通常由上市公司按照事先约定的价格立即进行回购。

(1)对于此类授予限制性股票的股权激励计划,向职工发行的限制性股票按有关规定履行了注册登记等增资手续的,上市公司应当根据收到职工缴纳的认股款确认股本和资本公积(股本溢价),按照职工缴纳的认股款,借记"银行存款"等科目,按照股本金额,贷记"股本"科目,按照其差额,贷记"资本公积——股本溢价"科目;同时,就回购义务确认负债(按收购库存股处理),按照发行限制性股票的数量以及相应的回购价格计算确定的金额,借记"库存股"科目,贷记"其他应付款——限制性股票回购义务"(包括未满足条件而须立即回购的部分)等科目。

上市公司应当综合考虑限制性股票锁定期和解锁期等相关条款,按照《企业会计准则第11号——股份支付》相关规定判断等待期,进行与股份支付相关的会计处理。对于因回购产生的义务确认的负债,应当按照《企业会计准则第22号——金融工具确认和计量》相关规定进行会计处理。①上市公司未达到限制性股票解锁条件而需回购的股票,按照应支付的金额,借记"其他应付款——限制性股票回购义务"等科目,贷记"银行存款"等科目;同时,按照注销的限制性股票数量相对应的股本金额,借记"股本"科目,按照注销的限制性股票数量相对应的库存股的账面价值,贷记"库存股"科目,按其差额,借记"资本公积——股本溢价"科目。②上市公司达到限制性股票解锁条件而无须回购的股票,按照解锁股票相对应的负债的账面价值,借记"其他应付款——限制性股票回购义务"等科目,按照解锁股票相对应的库存股的账面价值,贷记"库存股"科目,如有差额,则借记或贷记"资本公积——股本溢价"科目。

(2)上市公司在等待期内发放现金股利的会计处理,应视其发放的现金股利是否可撤销采取不同的方法:

第一,现金股利可撤销,即一旦未达到解锁条件,被回购限制性股票的持有者将无法获得(或需要退回)其在等待期内应收(或已收)的现金股利。

等待期内,上市公司在核算应分配给限制性股票持有者的现金股利时,应合理估计未来解锁条件的满足情况,该估计与进行股份支付会计处理时在等待期内每个资产负债表日对可行权权益工具数量进行的估计应当保持一致。

①对于预计未来可解锁限制性股票持有者,上市公司应分配给限制性股票持有者的现金股利应当作为利润分配进行会计处理,借记"利润分配——应付现金股利或利润"科目,贷记"应付股利——限制性股票股利"科目;同时,按分配的现金股利金额,借记"其他应付款——限制性股票回购义务"等科目,贷记"库存股"科目;实际支付时,借记"应付股

利——限制性股票股利"科目,贷记"银行存款"等科目。

②对于预计未来不可解锁限制性股票持有者,上市公司应分配给限制性股票持有者的现金股利应当冲减相关的负债,借记"其他应付款——限制性股票回购义务"等科目,贷记"应付股利——限制性股票股利"科目;实际支付时,借记"应付股利——限制性股票股利"科目,贷记"银行存款"等科目。

③后续信息表明不可解锁限制性股票的数量与以前估计不同的,应当作为会计估计变更处理,直到解锁日预计不可解锁限制性股票的数量与实际未解锁限制性股票的数量一致。

第二,现金股利不可撤销,即不论是否达到解锁条件,限制性股票持有者仍有权获得(或不得被要求退回)其在等待期内应收(或已收)的现金股利。

等待期内,上市公司在核算应分配给限制性股票持有者的现金股利时,应合理估计未来解锁条件的满足情况,该估计与进行股份支付会计处理时在等待期内每个资产负债表日对可行权权益工具数量进行的估计应当保持一致。

①对于预计未来可解锁限制性股票持有者,上市公司应分配给限制性股票持有者的现金股利应当作为利润分配进行会计处理,借记"利润分配——应付现金股利或利润"科目,贷记"应付股利——限制性股票股利"科目;实际支付时,借记"应付股利——限制性股票股利"科目,贷记"银行存款"等科目。

②对于预计未来不可解锁限制性股票持有者,上市公司应分配给限制性股票持有者的现金股利应当计入当期成本费用,借记"管理费用"等科目,贷记"应付股利——应付限制性股票股利"科目;实际支付时,借记"应付股利——限制性股票股利"科目,贷记"银行存款"等科目。

③后续信息表明不可解锁限制性股票的数量与以前估计不同的,应当作为会计估计变更处理,直到解锁日预计不可解锁限制性股票的数量与实际未解锁限制性股票的数量一致。

4.2.5 集团股份支付的处理

企业集团(由母公司和其全部子公司构成)内发生的股份支付交易,应当按照以下规定进行会计处理:

(1)结算企业以其本身权益工具结算的,应当将该股份支付交易作为权益结算的股份支付处理。除此之外,应当作为现金结算的股份支付处理。结算企业是接受服务企业的投资者的,应当按照授予日权益工具的公允价值或应承担负债的公允价值确认为对接受服务企业的长期股权投资,同时确认资本公积(其他资本公积)或负债。

(2)接受服务企业没有结算义务或授予本企业职工的是其本身权益工具的,应当将该股份支付交易作为权益结算的股份支付处理;接受服务企业具有结算义务且授予本企业职工的是企业集团内其他企业权益工具的,应当将该股份支付交易作为现金结算的股份支付处理。

集团内股份支付,包括集团内任何主体的任何股东,并未限定结算的主体为控股股东;非控股股东授予职工公司的权益工具满足股份支付条件时,也应当视同集团内股份支付进行处理。

根据税法规定,对于附有业绩条件或服务条件的股权激励计划,企业按照会计准则的相关规定确认的成本费用在等待期内不得税前抵扣,待股权激励计划可行权时方可抵扣,可抵扣的金额为实际行权时的股票公允价值与激励对象支付的行权金额之间的差额。

4.3 股份支付的会计处理

4.3.1 附服务年限条件的权益结算股份支付

【例4-2】 2×21年1月1日,甲上市公司向其200名管理人员每人授予100份股票期权,这些职员从2×21年1月1日起在该公司连续服务3年,即可以6元每股购买100股甲公司股票,从而获益。公司估计该期权在授予日的公允价值为18元。

第一年有20名职员离开甲公司,甲公司估计三年中离开的职员的比例将达到20%;第二年又有10名职员离开公司,公司将估计的职员离开比例修正为15%;第三年又有14名职员离开。

费用和资本公积计算过程如表4-1所示。

表4-1　　　　　　　　　　　　　　　　　　　　　　　　　　单位:元

年份	计　算	当期费用	累计费用
2×21	200×100×(1−20%)×18×1/3	96 000	96 000
2×22	200×100×(1−15%)×18×2/3−96 000	108 000	204 000
2×23	156×100×18−204 000	76 800	280 800

账务处理如下:

(1)2×21年1月1日:

授予日不做账务处理。

(2)2×21年12月31日:

借:管理费用　　　　　　　　　　　　　　　96 000

　　贷:资本公积——其他资本公积　　　　　　　　96 000

(3)2×22年12月31日:

借:管理费用　　　　　　　　　　　　　　　108 000

　　贷:资本公积——其他资本公积　　　　　　　　108 000

(4)2×23年12月31日:

借:管理费用　　　　　　　　　　　　　　　76 800

　　　　贷:资本公积——其他资本公积　　　　　　　　　76 800

　　(5)假设全部156名职员都在2×24年12月31日行权,甲公司股份面值为1元:

借:银行存款　　　　　　　　　　　　　　　　　　93 600

　　资本公积——其他资本公积　　　　　　　　　280 800

　　贷:股本　　　　　　　　　　　　　　　　　　15 600

　　　　资本公积——股本溢价　　　　　　　　　358 800

4.3.2　附非市场业绩条件的权益结算股份支付

　　【例4-3】　2×21年1月1日,甲公司为其100名管理人员每人授予100份股票期权:第一年年末的可行权条件为企业净利润增长率达到20%;第二年年末的可行权条件为企业净利润两年平均增长15%;第三年年末的可行权条件为企业净利润三年平均增长10%。每份期权在2×21年1月1日的公允价值为24元。按照股份支付会计准则,本例中的可行权条件是一项非市场业绩条件。

　　2×21年12月31日,权益净利润增长了18%,同时有8名管理人员离开,企业预计2×22年将以同样速度增长,因此预计将于2×22年12月31日可行权。企业预计2×22年12月31日又将有8名管理人员离开企业。虽然没能实现净利润增长20%的要求,但公司预计下年将以同样速度增长,因此能实现两年平均年增长15%的要求。所以公司将其预计等待期调整为2年。公司同时调整了期满(两年)后预计可行权期权的人数(100-8-8)。

　　2×22年12月31日,企业净利润仅增长了10%。实际有10名管理人员离开,预计第三年将有12名管理人员离开企业。虽然两年实现15%增长的目标再次落空,但公司仍然估计能够在第三年取得较理想的业绩,从而实现3年平均增长10%的目标。所以公司将其预计等待期调整为3年。公司同时调整了期满(三年)后预计可行权期权的人数(100-8-10-12)。

　　2×23年12月31日,企业净利润增长了8%,三年平均增长率为12%,目标实现,因此达到可行权状态。实际离开人数为10人。公司根据实际情况确定累计费用,并据此确认了第三年费用和调整。

　　费用和资本公积计算过程如表4-2所示。

表4-2　　　　　　　　　　　　　　　　　　　　单位:元

年份	计算	当期费用	累计费用
2×21	(100-8-8)×100×24×1/2	100 800	100 800
2×22	(100-8-10-12)×100×24×2/3-100 800	11 200	112 000
2×23	(100-8-10-10)×100×24-112 000	60 800	172 800

　　账务处理如下:

(1)2×21年1月1日：

授予日不做账务处理。

(2)2×21年12月31日：

借：管理费用   100 800

    贷：资本公积——其他资本公积   100 800

(3)2×22年12月31日：

借：管理费用   11 200

    贷：资本公积——其他资本公积   11 200

(4)2×23年12月31日：

借：管理费用   60 800

    贷：资本公积——其他资本公积   60 800

(5)假设全部72名职员在2×24年12月31日行权，每人以5元每股购买100股A公司股票都，A公司股份面值为1元：

借：银行存款   36 000

    资本公积——其他资本公积   172 800

    贷：股本   7 200

        资本公积——股本溢价   201 600

4.3.3 附服务年限条件和市场条件的权益结算股份支付

【例4-4】 甲公司为一上市公司。其股份支付协议资料如下：

(1)2×21年12月31日，经股东会批准，甲公司向其100名管理人员每人授予20份股票期权，这些职员从2×22年1月1日起在该公司连续服务3年且3年后股价达到35元/股，即可以5元每股购买20股甲公司普通股股票(面值为1元)，从而获益。2×21年12月31日，甲公司估计该期权公允价值为18元/股。

(2)截至2×22年12月31日，有12名管理人员离开B公司；公司估计3年中离开的人员的比例将达到20%。2×22年12月31日，该股票公允价值为20元/股，预计2年后股价达到35元/股。

(3)2×23年12月31日，本年又有3名管理人员离开B公司；公司将估计的人员离开比例修正为15%。2×23年12月31日，该股票公允价值为28元/股，预计1年后股价达到35元/股。

(4)2×24年12月31日，本年又有5名人员离开B公司。2×24年12月31日，该股票公允价值为35元/股。

分析：可行权条件有2个条件：连续服务3年为服务期限条件；3年后股价达到35元/股为市场条件。

甲公司管理费用和资本公积的计算过程如表4-3所示。

表4-3 甲公司管理费用和资本公积的计算过程 单位:元

年份	计算过程	当期费用	累计费用
2×22	100×(1−20%)×20×18×1/3	9 600	9 600
2×23	100×(1−15%)×20×18×2/3−9 600	10 800	20 400
2×24	(100−20)×20×18−20 400	8 400	28 800

甲公司相关的账务处理如下:

(1)2×21年12月31日:

授予日不做账务处理。

(2)2×22年12月31日:

借:管理费用 9 600
　　贷:资本公积——其他资本公积 9 600

(3)2×23年12月31日:

借:管理费用 10 800
　　贷:资本公积——其他资本公积 10 800

(4)2×24年12月31日:

借:管理费用 8 400
　　贷:资本公积——其他资本公积 8 400

(5)假设全部80名管理人员都在2×25年12月31日行权。

借:银行存款 (80×20×5)8 000
　　资本公积——其他资本公积(9 600+10 800+8 400)28 800
　　贷:股本 (80×20×1)1 600
　　　　资本公积——股本溢价 35 200

4.3.4 现金结算的股份支付

【例4-5】 2×21年年初,乙公司为其200名中层以上职员每人授予100份现金股票增值权,这些职员从2×21年1月1日起在该公司连续服务3年,即可按照当时股价的增长幅度获得现金,该增值权应在2×25年12月31日之前行使。乙公司估计,该增值权在负债结算之前的每一资产负债表日以及结算日的公允价值和可行权后的每份增值权现金支出额见表4-4。

表4-4 乙公司每份增值权现金支出额 单位:元

年 份	公允价值	支付现金
2×21	14	
2×22	15	
2×23	18	16
2×24	20	20
2×25		26

第一年有20名职员离开丙公司,乙公司估计3年中还将有15名职员离职;第二年又有10名职员离开丙公司,公司估计还将有10名职员离职;第三年又有15名职员离职。第三年年末,有70人行使股份增值权取得了现金。第四年年末,有50人行使了股份增值权。第五年年末,剩余35人也行使了股份增值权。

乙公司管理费用和应付职工薪酬计算过程见表4-5。

表4-5 乙公司管理费用和应付职工薪酬计算过程　　　　　　单位:元

年份	负债的计算(1)	支付现金计算(2)	当期费用(3)
	应付职工薪酬期末数	应付职工薪酬借方发生额	应付职工薪酬贷方发生额
2×21	(200-35)×100×14×1/3 =77 000		77 000
2×22	(200-40)×100×15×2/3 =160 000		160 000-77 000 =83 000
2×23	(200-45-70)×100×18 =153 000	70×100×16=112 000	153 000+112 000-160 000=105 000
2×24	(200-45-70-50)×100×20 =70 000	50×100×20=100 000	70 000+100 000-153 000=17 000
2×25	0	35×100×26=91 000	91 000-70 000=21 000
合计		303 000	303 000

乙公司相关的账务处理如下:

(1)2×21年12月31日:

借:管理费用　　　　　　　　　　　　　　　　77 000

　　贷:应付职工薪酬——股份支付　　　　　　　　77 000

(2)2×22年12月31日:

借:管理费用　　　　　　　　　　　　　　　　83 000

　　贷:应付职工薪酬——股份支付　　　　　　　　83 000

(3)2×23年12月31日:

借:应付职工薪酬——股份支付　　　　　　　112 000

　　贷:银行存款　　　　　　　　　　　　　　　112 000

借:管理费用　　　　　　　　　　　　　　　105 000

　　贷:应付职工薪酬——股份支付　　　　　　　105 000

(4)2×24年12月31日:

借:应付职工薪酬——股份支付　　　　　　　100 000

　　贷:银行存款　　　　　　　　　　　　　　　100 000

借:公允价值变动损益　　　　　　　　　　　　17 000

　　贷:应付职工薪酬——股份支付　　　　　　　　17 000

(5)2×25年12月31日：

借：应付职工薪酬——股份支付　　　　　　　91 000
　　贷：银行存款　　　　　　　　　　　　　　　　91 000
借：公允价值变动损益　　　　　　　　　　　21 000
　　贷：应付职工薪酬——股份支付　　　　　　　　21 000

4.3.5　集团股份支付

【例4-6】　甲上市公司为乙公司的母公司,有关附服务年限条件的权益结算股份支付的资料如下:①经股东会批准,甲公司2×21年1月1日实施股权激励计划,其主要内容为:甲公司向其子公司乙公司100名管理人员每人授予10万份股份期权,这些人员从2×21年1月1日起必须在该公司连续服务3年,服务期满时才能以每股4.5元购买10万股甲公司股票。公司估计该期权在授予日的公允价值为每股27元。2×21年12月31日止,有10名管理人员离开乙公司,甲公司估计乙公司未来有5名管理人员离开。②2×22年12月31日止,又有5名管理人员离开乙公司,甲公司估计乙公司未来有3名管理人员离开。③2×23年12月31日止,又有5名管理人员离开乙公司。④2×24年1月6日,80名管理人员全部行权,股票面值为每股1元,管理人员以每股4.5元购买。

(1)甲公司2×21年——2×24年：

借：长期股权投资[(100-15)×10×27×1/3]　　　7 650
　　贷：资本公积——其他资本公积　　　　　　　　7 650
借：长期股权投资[(100-18)×10×27×2/3-7 650]　7 110
　　贷：资本公积——其他资本公积　　　　　　　　7 110
借：长期股权投资[(100-20)×10×27×3/3-14 760]　6 840
　　贷：资本公积——其他资本公积　　　　　　　　6 840
借：银行存款　　　　　　　　　(80×10×4.5)3 600
　　资本公积——其他资本公积　　　　　　21 600
　　贷：股本　　　　　　　　　　　　(80×10×1)800
　　　　资本公积——股本溢价　　　　　　　　24 400

(2)乙公司2×21年——2×23年：

借：管理费用　　　　　　　　　　　　　　　7 650
　　贷：资本公积——其他资本公积　　　　　　　　7 650
借：管理费用　　　　　　　　　　　　　　　7 110
　　贷：资本公积——其他资本公积　　　　　　　　7 110
借：管理费用　　　　　　　　　　　　　　　6 840
　　贷：资本公积——其他资本公积　　　　　　　　6 840

练习题

一、选择题(前两题属于单选,后两题属于多选)

1.以现金结算的股份支付,企业应在可行权日之后的每个资产负债表日重新计量有关负债的公允价值,并将其与账面价值的差额列示在利润表中的项目为( )。

A.投资收益　　　B.管理费用　　　C.营业外收入　　　D.公允价值变动收益

2.关于现金结算的股份支付的计量,下列说法中正确的是( )。

A.应按资产负债表日当日权益工具的账面价值计量

B.应按授予日权益工具的公允价值计量,不考虑其后公允价值变动

C.应按资产负债表日当日权益工具的公允价值重新计量

D.应按授予日权益工具的账面价值计量

3.关于股份支付,下列说法中正确的有( )。

A.股份支付,是指企业为获取职工和其他方提供服务而授予权益工具或者承担以权益工具为基础确定的负债的交易

B.以权益结算的股份支付,是指企业为获取服务以股份或其他权益工具作为对价进行结算的交易

C.以现金结算的股份支付,是指企业为获取服务承担以股份或其他权益工具为基础计算确定的交付现金或其他资产义务的交易

D.市场条件是指行权价格、可行权条件以及行权可能性与权益工具的市场价格相关的业绩条件

4.下列有关股份支付表述正确的是( )。

A.股份支付交易的对价或其定价与企业自身权益工具未来的价值密切相关

B.除了立即可行权的股份支付外,无论权益结算的股份支付还是现金结算的股份支付,在授予日均不作会计处理

C.授予后立即可行权的权益结算的股份支付,应在授予日按权益工具的公允价值计入相关成本或费用,并增加应付职工薪酬

D.权益结算的股份支付在行权日,应根据实际行权的权益工具数量,计算确定应转入股本的金额

二、业务题

1.A公司为一上市公司。股份支付协议资料如下:2×22年1月1日,经股东会批准,A公司向其100名管理人员每人授予20万股股票期权,这些职员从2×22年1月1日起在该公司连续服务3年,即可以4元每股购买20万股A公司普通股股票(面值为1元),从而获益。2×22年1月1日公司估计该期权公允价值为15元/股。截至2×22年12月31日,有12名职员离开A公司;A公司估计三年中离开的职员的比例将达到20%。2×23年12月31日,本年又有3名职员离开公司;公司将估计的职员离开比例修正为15%。2×24年12月

31日,本年又有5名职员离开。假设全部80名职员都在2×25年行权。

　　要求:编制连续三年有关会计分录。

　　2.甲公司有关现金结算的股份支付资料如下:

　　(1)2×21年1月1日,甲公司为其120名销售人员每人授予10万份现金股票增值权,这些职员从2×21年1月1日起必须在该公司连续服务3年,即可自2×23年12月31日起根据甲公司股价的增长幅度获得现金,该增值权应在2×25年12月31日之前行使完毕。

　　(2)2×21年12月31日,每份现金股票增值权的公允价值为12元。本年有20名管理人员离开甲公司,甲公司估计还将有15名管理人员离开。

　　(3)2×22年12月31日,每份现金股票增值权的公允价值为15元。本年有10名管理人员离开公司,公司估计还将有8名管理人员离开。

　　(4)2×23年12月31日,有50人行使股票增值权取得了现金,每份增值权现金支出额为16元。2×23年12月31日,每份现金股票增值权的公允价值为18元。本年又有3名管理人员离开。

　　(5)2×24年12月31日(可行权日以后),剩余37人行使了股票增值权取得了现金,每份增值权现金支出额为20元。

　　要求:编制连续四年有关会计分录。

第5章　政府补助

学习目标

通过本章学习,要求了解政府补助的概念及特征,掌握与收益相关的政府补助和与资产相关的政府补助的会计处理。政府补助是企业从政府无偿取得的货币性资产或非货币性资产。政府补助体现了政策导向,说明企业在行业、地方发展战略中的地位和作用,表明了企业所拥有的可持续性发展的潜力。

5.1　政府补助的概述

5.1.1　政府补助的定义

政府向企业提供经济支持,以鼓励或扶持特定行业、地区或领域的发展,是政府进行宏观调控的重要手段,也是国际上通行的做法。政府补助是指企业从政府无偿取得货币性资产或非货币性资产。其主要形式包括政府对企业的无偿拨款、税收返还、财政贴息,以及无偿给予非货币性资产等。

通常情况下,直接减征、免征、增加计税抵扣额、抵免部分税额等不涉及资产直接转移的经济资源,不适用政府补助准则。但是,部分减免税款需要按照政府补助准则进行会计处理。例如,属于一般纳税人的加工型企业根据税法规定招用自主就业退役士兵,并按定额扣减增值税的,应当将减征的税额计入当期损益,借记“应交税费——应交增值税(减免税额)”科目,贷记“其他收益”科目。进项税额加计10%抵减应纳税额时,借记“应交税费——未交增值税”等科目,贷记“其他收益”科目。还需要说明的是,增值税出口退税不属于政府补助。根据税法规定,在对出口货物取得的收入免征增值税的同时,退付出口货物前道环节发生的进项税额,增值税出口退税实际上是政府退回企业事先垫付的进项税,所以不属于政府补助。

企业从政府取得的经济资源,如果与企业销售商品或提供服务等活动密切相关,且是企业商品或服务的对价或者是对价的组成部分,适用收入等相关会计准则。所得税减免,适用所得税准则。政府如以企业所有者身份向企业投入资本,享有相应的所有权权益,政府与企业之间是投资者与被投资者的关系,属于互惠交易。不适用本准则。

5.1.2 政府补助的特征

政府补助具有如下特征:

(1)政府补助是来源于政府的经济资源。政府主要是指行政事业单位及类似机构。对企业收到的来源于其他方的补助,如有确凿证据表明政府是补助的实际拨付者,其他方只是起到代收代付的作用,则该项补助也属于来源于政府的经济资源。例如,某集团公司母公司收到一笔政府补助款,有确凿证据表明该补助款实际的补助对象为该母公司下属子公司,母公司只是起到代收代付作用,在这种情况下,该补助款属于对子公司的政府补助。

(2)政府补助是无偿的,即企业取得来源于政府的经济资源,不需要向政府交付商品或服务等对价。无偿性是政府补助的基本特征。这一特征将政府补助与政府作为企业所有者投入的资本、政府购买服务等互惠性交易区别开来。政府采购与政府投资,均是企业自政府取得的资源但不具有无偿性,因此不作为政府补助处理。

政府补助通常附有一定条件,这与政府补助的无偿性并无矛盾,只是政府为了推行其宏观经济政策,对企业使用政府补助的时间、使用范围和方向进行了限制。

【例5-1】 ①甲公司收到当地政府追加的投资800万元,属于政府的资本性投入,不属于政府补助。②乙公司为新能源汽车整车生产销售企业,根据中央和地方执行的新能源汽车补贴标准计算,按每辆新能源轿车售价13万元(其中补贴9万元),乙公司新能源轿车销售量为4 000辆,全部货款已经收到,每辆新能源轿车成本12万元。乙公司自财政部门取得的款项不属于无偿从政府取得款项的情形,而是与销售商品活动密切相关的,属于商品对价的一部分,应按收入准则的相关规定,视同收到销售收入进行会计处理。③为实施"退城进园"技改搬迁,丙公司将其位于城区繁华地段的原址用地(按照所在地段工业用地基准地价评估为1亿元)移交给开发区政府收储,开发区政府为此向丙公司支付补偿资金1亿元。由于开发区政府对丙公司的搬迁补偿是基于公司原址用地的公允价值确定的,实质是政府按照相应资产的市场价格向企业购买资产,丙公司从政府取得的经济资源是企业让渡其资产的对价,双方的交易是互惠性交易,不符合政府补助无偿性的特点,所以丙公司收到的1亿元搬迁补偿资金不作为政府补助处理,而应作为处置非流动资产的收入。④丁公司是一家生产和销售重型机械的企业。为推动科技创新,丁公司所在地政府向丁公司拨付了3 000万元资金,要求丁公司将这笔资金用于技术改造项目研究,研究成果归丁公司享有。这项财政拨款具有无偿性,丁公司收到的3 000万元资金应当按照政府补助准则的规定进行会计处理。

政府补助是企业从政府无偿取得的经济资源,不属于增值税的征收范围,不征增值税。如果政府补助是明确补贴给购买方,对销售方而言,则属于向购买方收取的全部价款和价外费用,缴纳增值税。作为不征税收入处理的财政性资金,用于支出所形成的费用,不得在计算应纳税所得额时扣除;用于支出所形成的资产,其计算的折旧、摊销不得在计算应纳税所得额时扣除。计入应税收入总额的财政性资金发生的支出,允许在计算应纳税所得额时扣除。

5.1.3 政府补助的分类

根据政府补助准则规定,政府补助应当划分为与资产相关的政府补助和与收益相关的政府补助。与资产相关的政府补助,是指企业取得的、用于购建或以其他方式形成长期资产的政府补助。与收益相关的政府补助,是指除与资产相关的政府补助之外的政府补助。此类补助主要是用于补偿企业已发生或即将发生的费用或损失。

5.2 政府补助的会计处理

5.2.1 会计处理方法

根据政府补助准则的规定,政府补助同时满足下列条件的,才能予以确认:一是企业能够满足政府补助所附条件;二是企业能够收到政府补助。在计量方面,如果企业已经实际收到补助资金,应当按照实际收到的金额计量;如果资产负债表日企业尚未收到补助资金,但企业在符合了相关政策规定后就相应获得了收款权,且与之相关的经济利益很可能流入企业,企业应当在这项补助成为应收款时按照应收的金额计量。政府补助为非货币性资产的,应当按照公允价值计量;公允价值不能可靠取得的,按照名义金额(1元)计量。

政府补助的无偿性决定了其应当最终计入损益而非直接计入所有者权益。政府补助有两种会计处理方法:一是总额法,在确认政府补助时将政府补助全额确认为收益,而不是作为相关资产账面价值或者费用的扣减;二是净额法,将政府补助作为相关资产账面价值或所补偿成本费用的扣减。企业应当根据经济业务的实质,判断某一类政府补助业务应当采用总额法还是净额法,通常情况下,对同类或类似政府补助业务只能选用一种方法,同时,企业对该业务应当一贯地运用该方法,不得随意变更。

与企业日常活动相关的政府补助,应当按照经济业务实质,计入其他收益或冲减相关成本费用。与企业日常活动无关的政府补助,计入营业外收支。通常情况下,若政府补助补偿的成本费用是营业利润之中的项目,或该补助与日常销售等经营行为密切相关如增值税即征即退等,则认为该政府补助与日常活动相关。一般纳税人增值税即征即退采用总额法(计入其他收益)进行会计处理。企业选择总额法对与日常活动相关的政府补助进行会计处理的,应增设"其他收益"科目进行核算。"其他收益"科目核算总额法下与日常活动相关的政府补助以及其他与日常活动相关且应直接计入本科目的项目,属于损益类科目。对于总额法下与日常活动相关的政府补助,企业在实际收到或应收时,或者将先确认为"递延收益"的政府补助分摊计入损益时,借记"银行存款""其他应收款"

"递延收益"等科目,贷记"其他收益"科目。递延收益属于负债类科目。递延收益是指尚待确认的收入或收益,它是权责发生制在收益确认上的运用。

5.2.2　与资产相关的政府补助

企业在收到补助资金时,有两种会计处理方法可供选择:一是总额法,即按照补助资金的金额借记有关资产科目,贷记"递延收益"科目;然后在相关资产使用寿命内按合理、系统的方法分期计入损益。如果企业先收到补助资金,再购建长期资产,则应当在开始对相关资产计提折旧或摊销时开始将递延收益分期计入损益;如果企业先开始购建长期资产,再收到补助资金,则应当在相关资产的剩余使用寿命内按照合理、系统的方法将递延收益分期计入损益。企业对与资产相关的政府补助选择总额法后,为避免出现前后方法不一致的情况,结转递延收益时不得冲减相关成本费用,而是将递延收益分期转入其他收益或营业外收入,借记"递延收益"科目,贷记"其他收益"或"营业外收入"科目。相关资产在使用寿命结束时或结束前被处置(出售、转让、报废等),尚未分摊的递延收益余额应当一次性转入资产处置当期的损益,不再予以递延。报废计入"营业外收入"科目,出售计入"资产处置损益"科目。二是净额法,将补助冲减相关资产账面价值,企业按照扣减了政府补助后的资产价值对相关资产计提折旧或进行摊销。

实务中存在政府无偿给予企业长期非货币性资产的情况,如无偿给予的土地使用权和天然林等。对无偿给予的非货币性资产,企业在收到时,应当按照公允价值借记有关资产科目,贷记"递延收益"科目,在相关资产使用寿命内按合理、系统的方法分期计入损益,借记"递延收益"科目,贷记"其他收益"或"营业外收入"科目。对以名义金额计量的政府补助,在取得时计入当期损益。

【例 5-2】　丙企业于 2×20 年 1 月向政府有关部门提交了 210 万元的补助申请,作为对其购置环保设备的补贴。2×20 年 3 月 15 日,丙企业收到了政府补贴款 210 万元。2×20年 4 月 20 日,购入不需安装环保设备,实际成本为 480 万元,使用寿命 10 年,采用直线法计提折旧(不考虑净残值)。2×28 年 4 月,该设备发生毁损。不考虑相关税费。

方法一:丙企业选择总额法进行会计处理。

(1)2×20 年 3 月 15 日实际收到财政拨款,确认递延收益:

借:银行存款　　　　　　　　　　　　　　　　　　2 100 000
　　贷:递延收益　　　　　　　　　　　　　　　　　2 100 000

(2)2×20 年 4 月 20 日购入设备:

借:固定资产　　　　　　　　　　　　　　　　　　4 800 000
　　贷:银行存款　　　　　　　　　　　　　　　　　4 800 000

(3)自 2×20 年 5 月起计提折旧,分摊递延收益:

①计提折旧(假设折旧费用计入制造费用):

借:制造费用　　　　　　　　　　　(480÷10÷12)40 000
　　贷:累计折旧　　　　　　　　　　　　　　　　　40 000

②分摊递延收益(月末):

借:递延收益 　　　　　　　　　　　（210÷10÷12）17 500

　　贷:其他收益 　　　　　　　　　　　　　　　 17 500

（4）2×28年4月设备毁损,同时转销递延收益余额:

①设备毁损:

借:固定资产清理 　　　　　　　　　　　　 960 000

　累计折旧 　　　　　　　　　　　　　 3 840 000

　　贷:固定资产 　　　　　　　　　　　　 4 800 000

借:营业外支出 　　　　　　　　　　　　　 960 000

　　贷:固定资产清理 　　　　　　　　　　　 960 000

②转销递延收益余额:

借:递延收益 　　　　　　　　　　　　　　 420 000

　　贷:营业外收入 　　　　　　　　　　　　 420 000

方法二:丙企业选择净额法进行会计处理。

（1）2×20年3月15日实际收到财政拨款:

借:银行存款 　　　　　　　　　　　　　 2 100 000

　　贷:递延收益 　　　　　　　　　　　　 2 100 000

（2）2×20年4月20日购入设备:

借:固定资产 　　　　　　　　　　　　　 4 800 000

　　贷:银行存款 　　　　　　　　　　　　 4 800 000

借:递延收益 　　　　　　　　　　　　　 2 100 000

　　贷:固定资产 　　　　　　　　　　　　 2 100 000

（3）自2×20年5月起月末计提折旧:

借:制造费用 　　　　　　　　　　　（270÷10÷12）22 500

　　贷:累计折旧 　　　　　　　　　　　　　 22 500

（4）2×28年4月设备毁损:

借:固定资产清理 　　　　　　　　　　　　 540 000

　累计折旧 　　　　　　　　　　　　　 2 160 000

　　贷:固定资产 　　　　　　　　　　　　 2 700 000

借:营业外支出 　　　　　　　　　　　　　 540 000

　　贷:固定资产清理 　　　　　　　　　　　 540 000

5.2.3　与收益相关的政府补助

对于与收益相关的政府补助,选择总额法的,应当计入其他收益或营业外收入。选择净额法的,应当冲减相关成本费用或营业外支出。

用于补偿企业以后期间的相关成本费用或损失的,在收到时应当先判断企业能否满足政府补助所附条件。根据政府补助准则的规定,只有满足政府补助确认条件的才能予以确认。客观情况表明企业能够满足政府补助所附条件,企业应当将补助确认为递延收益,并在确认相关费用或损失的期间,计入当期损益或冲减相关成本。

【例5-3】　甲企业于2×22年3月15日与企业所在地方政府签订合作协议,根据协议约定,当地政府将向甲企业提供1 200万元奖励资金,用于企业的人才激励和人才引进奖励,甲企业必须按年向当地政府报送详细的资金使用计划并按规定用途使用资金。协议同时还约定,甲企业自获得奖励起10年内注册地址不迁离本区,否则政府有权追回奖励资金。甲企业于2×22年4月10日收到1 000万元补助资金,分别在2×22年12月、2×23年12月、2×24年12月使用了500万元、400万元和300万元,用于发放高管年度奖金。

甲企业应当在实际收到补助资金时应当先判断是否满足递延收益确认条件。 如果客观情况表明甲企业在未来10年内离开该地区的可能性很小,比如通过成本效益分析认为甲企业迁离该地区的成本大大高于收益,则甲企业在收到补助资金时应当计入"递延收益"科目,实际按规定用途使用补助资金时,再计入当期损益。

甲企业选择净额法对此类补助进行会计处理:

(1)2×22年4月10日甲企业实际收到补贴资金:

借:银行存款　　　　　　　　　　　　　　　　12 000 000
　　贷:递延收益　　　　　　　　　　　　　　　　　　12 000 000

(2)甲企业将补贴资金发放高管奖金,结转递延收益:

①2×22年12月:

借:递延收益　　　　　　　　　　　　　　　　　5 000 000
　　贷:管理费用　　　　　　　　　　　　　　　　　　5 000 000

②2×23年12月:

借:递延收益　　　　　　　　　　　　　　　　　4 000 000
　　贷:管理费用　　　　　　　　　　　　　　　　　　4 000 000

④2×24年12月:

借:递延收益　　　　　　　　　　　　　　　　　3 000 000
　　贷:管理费用　　　　　　　　　　　　　　　　　　3 000 000

如果甲企业在收到补助资金时暂时无法确定能否满足政府补助所附条件(即在未来10年内不得离开该地区),收到的补助资金先计入"其他应付款"科目,待满足政府补助所附条件后再转入"递延收益"科目。如果甲企业选择按总额法对此类政府补助进行会计处理,则应当在确认相关管理费用的期间,借记"递延收益"科目,贷记"其他收益"科目。

用于补偿企业已发生的相关成本费用或损失的,直接计入当期损益或冲减相关成本。

【例5-4】　乙公司是集芳烃技术研发、生产于一体的高新技术企业。石脑油按成品油项目在生产环节征消费税。根据国家有关规定,对企业购进并用于生产乙烯、芳烃类化工产品的石脑油、燃料油,按实际耗用数量退还所含消费税。假设乙公司购进石脑油单价为5 400元/吨(其中,消费税2 105元/吨)。本期110吨石脑油投入生产,生产乙烯芳烃100吨。乙公司根据当期产量及所购原料供应商的消费税证明,申请退还相应的消费税。当期应退消费税为110×2 105=231 550元,在期末结转存货成本和营业成本之前,账

务处理如下:

借:其他应收款   231 550

  贷:生产成本   231 550

5.2.4　政府补助的退回

已计入损益的政府补助需要退回的,应当在需要退回的当期分情况按照以下规定进行会计处理:①初始确认时冲减相关资产账面价值的,调整资产账面价值;②存在相关递延收益的,冲减相关递延收益账面余额,超出部分计入当期损益;③属于其他情况的,直接计入当期损益。此外,对于属于前期差错的政府补助退回,应当按照前期差错更正进行追溯调整。

【例5-5】　甲企业于2×21年11月与某开发区政府签订合作协议,在开发区内投资设立生产基地。协议约定,开发区政府自协议签订之日起6个月内向甲企业提供300万元产业补贴资金用于奖励该企业在开发区内投资,甲企业自获得补贴起5年内注册地址不迁离本区。如果甲企业在此期限内提前搬离开发区,开发区政府允许甲企业按照实际留在本区的时间保留部分补贴,并按剩余时间追回补贴资金。甲企业于2×22年1月3日收到补贴资金。

假设甲企业在实际收到补助资金时,客观情况表明甲企业在未来5年内搬离开发区的可能性很小,甲企业应当在收到补助资金时计入“递延收益”科目。由于协议约定如果甲企业提前搬离开发区,开发区政府有权追回部分补助,说明企业每留在开发区内一年,就有权取得与这一年相关的补助,所以甲企业应当将该补助在5年内平均摊销结转计入损益。甲企业选择总额法的账务处理如下:

(1)2×22年1月3日甲企业实际收到补贴资金:

借:银行存款   3 000 000

  贷:递延收益   3 000 000

(2)2×22年12月31日及以后年度,甲企业分期将递延收益结转入当期损益:

借:递延收益   600 000

  贷:其他收益   600 000

假设2×25年1月,因甲企业重大战略调整,搬离开发区,开发区政府根据协议要求甲企业退回补贴120万元:

借:递延收益   1 200 000

  贷:其他应付款   1 200 000

5.2.5　特定业务的会计处理

(一)综合性项目政府补助

综合性项目政府补助同时包含与资产相关的政府补助和与收益相关的政府补助,企业需要将其进行分解并分别进行会计处理;难以区分的,企业应当将其整体归类为与收益相关的政府补助进行处理。

【例5-6】　2×24年6月15日,某市科技创新委员会与乙企业签订了科技计划项目合同书,拟对乙企业的新药临床研究项目提供研究补助资金。该项目总预算为600万元,其中,市科技创新委员会资助200万元,A企业自筹400万元。政府资助的200万元用于补助设备费60万元,材料费20万元,测试化验加工费90万元,差旅费9万元,会议费6万元,专家咨询费8万元,管理费用7万元,除设备费外的其他各项费用都计入研究支出。市科技创新委员会应当在合同签订之日起30日内将资金拨付给A企业。根据双方约定,A企业应当按合同规定的开支范围,对市科技创新委员会资助的经费实行专款专用。项目实施期限为自合同签订之日起30个月,期满后A企业如未通过验收,在该项目实施期满后3年内不得再向市政府申请科技补贴资金。乙企业于2×24年7月10日收到补助资金,在项目期内按照合同约定的用途使用了补助资金,其中,乙企业于2×24年7月25日按项目合同书的约定购置了相关设备,设备成本150万元,其中使用补助资金60万元,该设备使用年限为10年,采用直线法计提折旧(不考虑净残值)。不考虑相关税费。

本例中,乙企业收到的政府补助是综合性项目政府补助,需要区分与资产相关的政府补助和与收益相关的政府补助并分别进行处理,假设乙企业对收到的与资产相关的政府补助选择净额法进行会计处理。乙企业的账务处理如下:

(1)2×24年7月10日乙企业实际收到补贴资金时:

借:银行存款　　　　　　　　　　　　　　　2 000 000
　　贷:递延收益　　　　　　　　　　　　　　　2 000 000

(2)2×24年7月25日购入设备:

借:固定资产　　　　　　　　　　　　　　　1 500 000
　　贷:银行存款　　　　　　　　　　　　　　　1 500 000
借:递延收益　　　　　　　　　　　　　　　600 000
　　贷:固定资产　　　　　　　　　　　　　　　600 000

(3)自2×24年8月起折旧费用计入研发支出:

借:研发支出　　　　　　　　　　　　　　　7 500
　　贷:累计折旧　　　　　　　　　　　　　　　7 500

(4)对其他与收益相关的政府补助,乙企业应当按照相关经济业务的实质确定是计入其他收益还是冲减相关成本费用,在企业按规定用途实际使用补助资金时计入损益,或者在实际使用的当期期末根据当期累计使用的金额计入损益,借记"递延收益"科目,贷记有关损益科目。

(二)政策性优惠贷款贴息

政策性优惠贷款贴息是政府为支持特定领域或区域发展,根据国家宏观经济形势和政策目标,对承贷企业的银行借款利息给予的补贴。企业取得政策性优惠贷款贴息的,应当区分财政将贴息资金拨付给贷款银行和财政将贴息资金直接拨付给企业两种情况,分别进行会计处理。

1)财政将贴息资金拨付给贷款银行

在财政将贴息资金拨付给贷款银行的情况下,由贷款银行以政策性优惠利率向企业提供贷款。这种方式下,受益企业按照优惠利率向贷款银行支付利息,没有直接从政府取得利息补助,企业可以选择下列方法之一进行会计处理:一是以实际收到的金额作为借款的入账价值,按照借款本金和该政策性优惠利率计算借款费用。通常情况下,实际收到的金额即为借款本金。二是以借款的公允价值作为借款的入账价值并按照实际利率法计算借款费用,实际收到的金额与借款公允价值之间的差额确认为递延收益,递延收益在借款存续期内采用实际利率法摊销,冲减相关借款费用。企业选择了上述两种方法之一后,应当一致地运用,不得随意变更。

在这种情况下,发放贷款的银行并不是受益主体,其仍然按照市场利率收取利息,只是一部分利息来自企业,另一部分利息来自财政贴息。所以金融企业发挥的是中介作用,并不需要确认与贷款相关的递延收益。

【例5-7】 2×24年1月1日,丙企业向银行贷款100万元,期限2年,按年付息,到期一次还本。由于这笔贷款资金将被用于国家扶持产业,符合财政贴息的条件,所以贷款利率显著低于丙企业取得同类贷款的市场利率。假设丙企业取得同类贷款的年市场利率为9%,丙企业与银行签订的贷款合同约定的年利率为3%,丙企业按年向银行支付贷款利息,财政按年向银行拨付贴息资金。贴息后实际支付的年利息率为3%,贷款期间的利息费用满足资本化条件,假定借款的公允价值为84.17万元。

方法一:以实际收到的金额入账。

2×24年1月1日,取得银行贷款100万元。

借:银行存款	1 000 000
贷:长期借款——本金	1 000 000

连续两年年末计提借款利息:

借:在建工程	30 000
贷:应付利息	30 000

方法二,以借款的公允价值入账。

2×24年1月1日,取得银行贷款100万元。

借:银行存款	1 000 000
长期借款——利息调整	158 300
贷:长期借款——本金	1 000 000
递延收益	158 300

连续两年年末计提借款利息:

841 700×9%=75 753元;841 700+45 753=887 453元;

借:在建工程	75 753(79 871)
贷:应付利息	30 000(30 000)

长期借款——利息调整　　　　　　　　45 753(49 871)

连续两年年末摊销递延收益:

借:递延收益　　　　　　　　　　　45 753(49 871)

　　贷:在建工程　　　　　　　　　　　45 753(49 871)

两种方法计入在建工程的利息支出均为3万元,所不同的是,初始取得贷款时,第一种方法长期借款在资产负债表中反映的账面价值为100万元,第二种方法长期借款在资产负债表中反映的账面价值为84.17万元,递延收益15.83万元,采用实际利率法摊销。

2)财政将贴息资金直接拨付给受益企业

财政将贴息资金直接拨付给受益企业,企业先按照同类贷款市场利率向银行支付利息,财政部门定期与企业结算贴息。在这种方式下,由于企业先按照同类贷款市场利率向银行支付利息,因此实际收到的借款金额通常就是借款的公允价值,企业应当将对应的贴息冲减相关借款费用。

【例5-8】　2×24年1月1日,丙企业向银行贷款100万元,期限2年,按月计息,按季度付息,到期一次还本。丙企业与银行签订的贷款合同约定的年利率为9%,丙企业按月计提利息,按季度向银行支付贷款利息,以付息凭证向财政申请贴息资金,财政按年与丙企业结算贴息资金。贴息后实际承担的年利率为3%,贷款期间的利息费用满足资本化条件,计入相关在建工程的成本。

2×24年1月1日,丙企业取得银行贷款100万元:

借:银行存款　　　　　　　　　　　1 000 000

　　贷:长期借款——本金　　　　　　　1 000 000

2×24年1月31日起每月月末,丙企业按月计提利息,应向银行支付的利息金额为7 500元,企业实际承担的利息支出为2 500元,应收政府贴息为5 000元:

借:在建工程　　　　　　　　　　　7 500

　　贷:应付利息　　　　　　　　　　　7 500

借:其他应收款　　　　　　　　　　5 000

　　贷:在建工程　　　　　　　　　　　5 000

练习题

一、选择题(前两题属于单选,后两题属于多选)

1.下列关于公司从政府获得进销差价弥补的会计处理中,正确的是(　　)。

　　A.确认为与销售相关的营业收入

　　B.确认为所有者的资本性投入计入所有者权益

　　C.确认为与收益相关的政府补助,直接计入当期营业外收入

D.确认为与资产相关的政府补助,计入其他收益

2.下列属于企业会计准则规定的政府补助的是( )。

    A.增值税的出口退税   B.免征的企业所得税

    C.减征的企业所得税   D.先征后返的增值税

3.关于政府补助相关的会计处理中,正确的有( )。

    A.净额法将政府补助作为相关成本费用的扣减

    B.与企业日常活动相关的政府补助,计入营业外收支

    C.政府补助分为与资产相关的政府补助和与收益相关的政府补助

    D.与企业日常活动无关的政府补助,应当计入其他收益

4.关于政府补助的确认和计量,下列项目中正确的是( )。

    A.政府补助为货币性资产的,应当按照收到或应收的金额计量

    B.政府补助为非货币性资产的,应当按照公允价值计量;公允价值不能可靠取得的,按照名义金额计量

    C.与资产相关的政府补助,应当确认为递延收益,不能冲减资产的账面价值

    D.与收益相关的政府补助,用于补偿企业已发生的相关成本费用或损失的,直接计入当期损益或冲减相关成本费用

二、业务题

1.2×20年4月20日丁企业购入不需要安装环保设备,实际成本为480万元,使用寿命10年,采用直线法计提折旧,不考虑净残值。2×21年4月20日,丁企业收到政府购置环保设备的补助216万元。2×28年4月丁企业出售了这台设备,取得价款120万元。不考虑相关税费。

要求:分别采用总额法和净额法核算。

2.甲企业2×20年3月15日,甲企业收到了政府补贴款180万元。作为对其购置环保设备的补贴。2×20年4月20日,购入不需安装环保设备,实际成本为300万元,使用寿命10年,采用直线法计提折旧(不考虑净残值)。2×28年4月,出售该设备,取得价款70万元。不考虑相关税费。

要求:分别采用总额法和净额法核算。

3.2×24年7月20日,甲公司取得当地财政部门拨款1 860万元,用于资助甲公司的一项研发项目的前期研究。该研发项目预计周期为两年,预计将发生研究支出3 000万元。项目自2×24年7月开始启动,至年末累计发生研究支出1 500万元(均为职工薪酬);假定该补贴全部符合政府补助所附条件。甲公司对与收益相关的政府补助采用总额法核算并按照已发生支出占预计发生支出总额的比例分摊。

要求:编制相关会计分录。

4.2×24年1月1日,A公司为建造一项环保工程向银行贷款500万元,期限2年。同类贷款的年市场利率为6%。同时A公司向当地政府申请财政贴息。当地政府于2×24年年

初起按照实际贷款额给予年利率3%的财政贴息,并于每年年末直接拨付给贷款银行。2×24年12月31日工程完工,该工程预计使用寿命为10年。A公司按照借款的公允价值472.50万元确认贷款金额,并采用实际利率法核算借款费用。假设工程完工前取得的财政贴息符合资本化条件。

要求:以借款的公允价值作为借款的入账价值并按照实际利率法计算借款费用。

第6章 借款费用

学习目标

通过本章学习,要求理解借款费用的范围、资本化期间,掌握专门借款和一般借款借款费用资本化金额的计量。资金成本包括资金筹集费用和资金占用费用两部分。一般来说,负债资金成本低于所有者权益资金成本,但是,负债的增加会增加企业的财务风险。企业要协调收益与风险之间的关系,选择适当的资金来源和筹资方式。

6.1 借款费用概述

6.1.1 借款费用的范围

借款费用是企业因借入资金所付出的代价,它包括借款利息、折价或者溢价的摊销、辅助费用以及因外币借款而发生的汇兑差额等。对于企业发生的权益性融资费用,不应包括在借款费用中。承租人根据租赁会计准则所确认的融资费用属于借款费用。

（一）因借款而发生的利息

因借款而发生的利息,包括企业向银行或者其他金融机构等借入资金发生的利息、发行公司债券发生的利息,以及为购建或者生产符合资本化条件的资产而发生的带息债务所承担的利息等。

（二）因借款而发生的折价或溢价的摊销

因借款而发生的折价或者溢价主要是指发行债券等所发生的折价或者溢价,折价或者溢价的摊销,其实质是对债券票面利息的调整(即将债券票面利率调整为实际利率),属于借款费用的范畴。例如,甲公司发行公司债券,每张公司债券票面价值为1 000元,票面年利率为6%,期限为4年,而同期市场利率为年利率8%,由于公司债券的票面利率低于市场利率,为成功发行公司债券,甲公司采取了折价发行的方式,折价金额实质上是用于补偿投资者在购入债券后所收到的名义利息上的损失,应当作为以后各期利息费用的调整额。

（三）因借款而发生的辅助费用

因借款而发生的辅助费用,是指企业在借款过程中发生的诸如手续费、佣金、印刷费等费用,由于这些费用是因安排借款而发生的,也属于借入资金所付出的代价,是借款费用的构成部分。

（四）因外币借款而发生的汇兑差额

因外币借款而发生的汇兑差额,是指由于汇率变动导致市场汇率与账面汇率出现差异,从而对外币借款本金及其利息的记账本位币金额所产生的影响金额。由于汇率的变化往往和利率的变化相联动,它是企业外币借款所需承担的风险,因此,因外币借款相关汇率变化所导致的汇兑差额属于借款费用的有机组成部分。

6.1.2　借款的范围

企业的借入资本主要是从企业外部取得的各种借款,包括银行借款和发行债券等。借款包括专门借款和一般借款。专门借款是指为购建或者生产符合资本化条件的资产而专门借入的款项。专门借款通常应当有明确的用途,即为购建或者生产某项符合资本化条件的资产而专门借入的,并通常应当具有标明该用途的借款合同。专门借款,其使用目的明确,而且其使用受与银行签订的相关合同限制。一般借款是指除专门借款之外的借款,相对于专门借款而言,一般借款在借入时,通常没有特指用于符合资本化条件的资产的购建或者生产。资本化的借款并未限定是长期借款,短期借款符合资本化条件的,也可以按规定计算资本化金额。

6.1.3　符合资本化条件的资产

符合资本化条件的资产是指需要经过相当长时间的购建或者生产活动才能达到预定可使用或者可销售状态的固定资产、投资性房地产和存货等资产。开发支出等在符合条件的情况下,也可以认定为符合资本化条件的资产。其中,"相当长时间"应当是指为资产的购建或者生产所必需的时间,通常为1年以上(含1年)。

符合资本化条件的存货,主要包括房地产开发企业开发的用于对外出售的房地产开发产品、企业制造的用于对外出售的大型机械设备等,这类存货通常需要经过相当长时间的建造或者生产过程,才能达到预定可销售状态。

在会计实务中,如果由于人为或者故意等非正常因素导致资产的购建或者生产时间相当长的,该资产不属于符合资本化条件的资产。购入即可使用的资产,或者购入后需要安装但所需安装时间较短的资产,或者需要建造或者生产但所需建造或者生产时间较短的资产,均不属于符合资本化条件的资产。

6.2 借款费用的确认

借款费用的确认主要解决的是将每期发生的借款费用资本化、计入相关资产的成本,还是将有关借款费用费用化、计入当期损益的问题。根据借款费用准则的规定,借款费用确认的基本原则是:企业发生的借款费用,可直接归属于符合资本化条件的资产的购建或者生产的,应当予以资本化,计入相关资产成本;其他借款费用,应当在发生时根据其发生额确认为费用,计入当期损益。符合资本化条件的计入"在建工程""研发支出""投资性房地产"和"存货"等资产;不符合资本化条件而且属于筹建期内发生的部分则计入"管理费用";既不符合资本化条件又未发生在筹建期内的部分则计入"财务费用"。

企业只有发生在资本化期间内的有关借款费用才允许资本化,资本化期间的确定是借款费用确认和计量的重要前提。资本化期间不同于借款期限。借款费用资本化期间,是指从借款费用开始资本化时点到停止资本化时点的期间,但不包括借款费用暂停资本化的期间。

税法规定,纳税人在生产、经营期间,向金融机构借款的利息支出,按照实际发生数扣除;向非金融机构借款的利息支出,不高于按照金融机构同类、同期贷款利率计算的数额以内的部分,准予扣除。企业为购置、建造固定资产、无形资产和经过12个月以上的建造才能达到预定可销售状态的存货而发生的借款,在有关资产购置、建造期间发生的合理的借款费用,应当作为资本性支出计入有关资产的成本,不得在企业所得税税前扣除,后期通过折旧的方式予以分期摊销。

6.2.1 借款费用开始资本化的时点

借款费用允许开始资本化必须同时满足三个条件,即资产支出已经发生、借款费用已经发生、为使资产达到预定可使用或者可销售状态所必要的购建或者生产活动已经开始。

(一)"资产支出已经发生"的界定

"资产支出已经发生",是指企业已经发生了支付现金、转移非现金资产或者承担带息债务形式所发生的支出。其中:

(1)支付现金,是指用货币资金支付符合资本化条件的资产的购建或者生产支出。

(2)转移非现金资产,是指企业将自己的非现金资产直接用于符合资本化条件的资产的购建或者生产。

(3)承担带息债务,是指企业为了购建或者生产符合资本化条件的资产所需用物资等而承担的带息应付款项(如带息应付票据)。企业以赊购方式购买这些物资所产生的债务可能带息,也可能不带息。如果企业赊购这些物资承担的是不带息债务,就不应当将购买价款计入资产支出,因为该债务在偿付前不需要承担利息,也没有占用借款资金。

企业只有等到实际偿付债务,发生了资源流出时,才能将其作为资产支出。如果企业赊购物资承担的是带息债务,则企业要为这笔债务付出代价,支付利息,与企业向银行借入款项用以支付资产支出在性质上是一致的。所以,企业为购建或者生产符合资本化条件的资产而承担的带息债务应当作为资产支出,当该带息债务发生时,视同资产支出已经发生。

(二)"借款费用已经发生"的界定

"借款费用已经发生",是指企业已经发生了因购建或者生产符合资本化条件的资产而专门借入款项的借款费用或者所占用的一般借款的借款费用。

(三)"为使资产达到预定可使用或者可销售状态所必要的购建或者生产活动已经开始"的界定

"为使资产达到预定可使用或者可销售状态所必要的购建或者生产活动已经开始",是指符合资本化条件的资产的实体建造或者生产工作已经开始,例如主体设备的安装、厂房的实际开工建造等。它不包括仅仅持有资产、但没有发生为改变资产形态而进行的实质上建造或者生产活动。

企业只有在上述三个条件同时满足的情况下,有关借款费用才可开始资本化,只要其中有一个条件没有满足,借款费用就不能开始资本化。

6.2.2　借款费用暂停资本化的时间

符合资本化条件的资产在购建或者生产过程中发生非正常中断、且中断时间连续超过 3 个月的,应当暂停借款费用的资本化。中断的原因必须是非正常中断,属于正常中断的,相关借款费用仍可资本化。在实务中,企业应当遵循"实质重于形式"等原则来判断借款费用暂停资本化的时间,如果相关资产购建或者生产的中断时间较长而且满足其他规定条件的,相关借款费用应当暂停资本化。

非正常中断,通常是由于企业管理决策上的原因或者其他不可预见的原因等所导致的中断。比如,企业因与施工方发生了质量纠纷,或者工程、生产用料没有及时供应,或者资金周转发生了困难,或者发生了安全事故,或者发生了与资产购建、生产有关的劳动纠纷等原因,导致资产购建或者生产活动发生中断,均属于非正常中断。

非正常中断与正常中断显著不同。正常中断通常仅限于因购建或者生产符合资本化条件的资产达到预定可使用或者可销售状态所必要的程序,或者事先可预见的不可抗力因素导致的中断。比如,某些工程建造到一定阶段必须暂停下来进行质量或者安全检查,检查通过后才可继续下一阶段的建造工作,这类中断是在施工前可以预见的,而且是工程建造必须经过的程序,属于正常中断。某些地区的工程在建造过程中,由于可预见的不可抗力因素(如雨季或冰冻季节等原因)导致施工出现停顿,也属于正常中断。

6.2.3　借款费用停止资本化的时点

购建或者生产符合资本化条件的资产达到预定可使用或者可销售状态时,借款费用应当停止资本化。在符合资本化条件的资产达到预定可使用或者可销售状态之后所发生的借款费用,应当在发生时根据其发生额确认为费用,计入当期损益。达到预定可使用或者可销售状态,可从下列几个方面进行判断:

(1)符合资本化条件的资产的实体建造(包括安装)或者生产工作已经全部完成或者实质上已经完成。

(2)所购建或者生产的符合资本化条件的资产与设计要求、合同规定或者生产要求相符或者基本相符,即使有极个别与设计、合同或者生产要求不相符的地方,也不影响其正常使用或者销售。

(3)继续发生在所购建或生产的符合资本化条件的资产上的支出金额很少或者几乎不再发生。

所购建或者生产的资产分别建造、分别完工的,企业应当区别情况界定借款费用停止资本化的时点。

所购建或者生产的符合资本化条件的资产的各部分分别完工,且每部分在其他部分继续建造或者生产过程中可供使用或者可对外销售,且为使该部分资产达到预定可使用或可销售状态所必要的购建或者生产活动实质上已经完成的,应当停止与该部分资产相关的借款费用的资本化,因为该部分资产已经达到了预定可使用或者可销售状态。如果企业购建或者生产的资产的各部分分别完工,但必须等到整体完工后才可使用或者对外销售的,应当在该资产整体完工时停止借款费用的资本化。在这种情况下,即使各部分资产已经完工,也不能够认为该部分资产已经达到了预定可使用或者可销售状态,企业只能在所购建固定资产整体完工时,才能认为资产已经达到了预定可使用或者可销售状态,借款费用方可停止资本化。

6.3　借款费用的计量

6.3.1　借款利息资本化金额的确定

债券或者借款存在折价或者溢价的,应当按照实际利率法确定每一会计期间应摊销的折价或溢价金额,调整每期利息金额。实际利率与合同利率差异较小的,也可以采用合同利率计算确定利息费用。在借款费用资本化期间内,每一会计期间的利息(包括折价或溢价的摊销)资本化金额,应当按照以下规定确定:

(1)为购建或者生产符合资本化条件的资产而借入专门借款的,应当以专门借款当期实际发生的利息费用,减去将尚未动用的借款资金存入银行取得的利息收入或进行暂时性投资取得的投资收益后的金额确定。

专门借款资本化金额=资本化期间的实际利息费用–资本化期间闲置资金的收益

专门借款费用化金额=费用化期间的实际利息费用–费用化期间闲置资金的收益

（2）为购建或者生产符合资本化条件的资产而占用了一般借款的,企业应当根据累计资产支出超过专门借款部分的资产支出加权平均数乘以所占用一般借款的资本化率,计算确定一般借款应予资本化的利息金额。企业占用一般借款资金购建或者生产符合资本化条件的资产时,一般借款的借款费用的资本化金额的确定应当与资产支出相挂钩。一般借款资金不限制用途、统筹安排,不需要考虑闲置资金收益问题。资产支出超过专门借款使用一般借款,超过一般借款使用自有资金,对于超过一般借款的支出视为自有资金,不需要计算利息资本化金额。企业在购建或者生产符合资本化条件的资产时,如果专门借款资金不足,占用了一般借款资金的,则企业应当根据为购建或者生产符合资本化条件的资产而发生的累计资产支出超过专门借款部分的资产支出加权平均数乘以所占用一般借款的资本化率,计算确定一般借款应予以资本化的利息金额。如果符合资本化条件的资产的购建或者生产没有专门借款,而占用的都是一般借款资金,则应以累计资产支出加权平均数为基础计算所占用的一般借款利息资本化金额。

资本化率应当根据一般借款加权平均利率计算确定。只占用一笔一般借款,资本化率为该项借款的实际利率,占用一笔以上的一般借款,资本化率为借款的加权平均利率。

一般借款资本化期间利息资本化金额=累计资产支出超过专门借款部分的资产支出加权平均数×占用一般借款的资本化率

占用一般借款的资本化率=占用一般借款加权平均利率=占用一般借款当期实际发生的利息之和÷占用一般借款本金加权平均数

占用一般借款本金加权平均数=∑（占用每笔一般借款本金×每笔一般借款在当期占用的天数÷当期天数）

一般借款资本化期间利息费用化金额=实际发生的利息费用–一般借款利息资本化金额

（3）每一会计期间的利息资本化金额,不应当超过当期相关借款实际发生的利息金额。企业在确定每期利息资本化金额时,应当首先判断符合资本化条件的资产在购建或者生产过程所占用的资金来源。对于专门借款,在资本化期间内,利息不计入财务费用,计算专门借款的利息资本化金额不要求与资产支出相挂钩,专门借款利息资本化金额等于实际利息总额扣除闲置资金的收益;对于一般借款,在资本化期间内,计算一般借款的利息资本化金额要求与资产支出相挂钩,不扣除闲置资金的收益,实际利息总额扣除一般借款利息资本化金额,得到利息费用化金额。

【例6-1】 甲公司于2×23年1月1日正式动工兴建一幢办公楼,工期预计为1年零6个月,工程采用出包方式,分别于2×23年1月1日、2×23年7月1日和2×24年1月1日支付工程进度款。

公司为建造办公楼于2×23年1月1日专门借款2 000万元,借款期限为3年,年利率为6%（无特别说明,名义利率与实际利率相等）。另外在2×23年7月1日又专门借款 4 000 万元,借款期限为 5 年,年利率为 7%。借款利息按年支付。闲置借款资金月收益率为 0.5%。办公楼于 2×24 年 6 月 30 日完工,达到预定可使用状态。

公司为建造该办公楼的支出金额如表 6-1 所示。

表6-1

单位:万元

日　　期	每期资产支出金额	累计资产支出金额	闲置借款资金用于短期投资金额
2×23 年 1 月 1 日	1 500	1 500	500
2×23 年 7 月 1 日	2 500	4 000	2 000
2×24 年 1 月 1 日	1 500	5 500	500
总　　计	5 500		

由于甲公司使用了专门借款建造办公楼,而且办公楼建造支出没有超过专门借款金额,因此公司 2×23 年、2×24 年为建造办公楼应予资本化的利息金额计算如下:

(1)确定借款费用资本化期间为 2×23 年 1 月 1 日至 2×24 年 6 月 30 日。

(2)计算在资本化期间内专门借款实际发生的利息金额:

2×23 年专门借款发生的利息金额=2 000×6%+4 000×7%×6/12=260(万元)

2×24 年 1 月 1 日—6 月 30 日

专门借款发生的利息金额=2 000×6%×6/12+4 000×7%×6/12=200(万元)

(3)计算在资本化期间内利用闲置的专门借款资金进行短期投资的收益:

2×23 年短期投资收益=500×0.5%×6+2 000×0.5%×6=75(万元)

2×24 年 1 月 1 日—6 月 30 日短期投资收益=500×0.5%×6=15(万元)

(4)由于在资本化期间内,专门借款利息费用的资本化金额应当以其实际发生的利息费用减去将闲置的借款资金进行短期投资取得的投资收益后的金额确定,因此:

公司 2×23 年的利息资本化金额=260-75=185(万元)

公司 2×24 年的利息资本化金额=200-15=185(万元)

有关账务处理如下:

2×23 年 12 月 31 日:

借:在建工程　　　　　　　　　　　　　　　　1 850 000

　　应收利息(或银行存款)　　　　　　　　　　750 000

　　贷:应付利息　　　　　　　　　　　　　　　　2 600 000

2×24 年 6 月 30 日:

借:在建工程　　　　　　　　　　　　　　　　1 850 000

　　应收利息(或银行存款)　　　　　　　　　　150 000

　　贷:应付利息　　　　　　　　　　　　　　　　2 000 000

【例 6-2】 沿用【例 6-1】,假定甲公司建造办公楼没有专门借款,占用的都是一般借款。

甲公司为建造办公楼占用的一般借款有两笔,具体如下:

（1）向 A 银行长期贷款 2 000 万元，期限为 2×22 年 12 月 1 日至 2×25 年 12 月 1 日，年利率为 6%，按年支付利息。

（2）按面值发行公司债券 8 000 元，于 2×22 年 1 月 1 日发行，期限为 5 年，年利率为 8%，按年支付利息。

假定这两笔一般借款除了用于办公楼建设外，没有用于其他符合资本化条件的资产的购建或者生产活动。

假定全年按 360 天计算，其他资料沿用【例 6-1】。

鉴于甲公司建造办公楼没有占用专门借款，而占用了一般借款，因此，公司应当首先计算所占用一般借款的加权平均利率作为资本化率，然后计算建造办公楼的累计资产支出加权平均数，将其与资本化率相乘，计算求得当期应予资本化的借款利息金额。具体如下：

（1）计算所占用一般借款资本化率：

一般借款资本化率（年）=（2 000×6%+8 000×8%）÷（2 000+8 000）=7.6%

（2）计算累计资产支出加权平均数：

2×23 年累计资产支出加权平均数=1 500×360/360+2 500×180/360=2 750（万元）

2×24 年累计资产支出加权平均数=（4 000+1 500）×180/360=2 750（万元）

（3）计算每期利息资本化金额：

2×23 年利息资本化金额=2 750×7.6%=209（万元）

2×23 年实际发生的一般借款利息费用=2 000×6%+8 000×8%=760（万元）

2×24 年利息资本化金额=2 750×7.6%=209（万元）

2×24 年 1 月 1 日—6 月 30 日

实际发生的一般借款利息费用=（2 000×6%+8 000×8%）×180/360=380（万元）

（4）根据上述计算结果，账务处理如下：

2×23 年 12 月 31 日：

借：在建工程　　　　　　　　　　　　　2 090 000

　　财务费用　　　　　　　　　　　　　5 510 000

　　贷：应付利息　　　　　　　　　　　　　　　7 600 000

2×24 年 6 月 30 日：

借：在建工程　　　　　　　　　　　　　2 090 000

　　财务费用　　　　　　　　　　　　　1 710 000

　　贷：应付利息　　　　　　　　　　　　　　　3 800 000

【例 6-3】　沿用【例 6-1】【例 6-2】，假定甲公司为建造办公楼于 2×23 年 1 月 1 日专门借款 2 000 万元，借款期限为 3 年，年利率为 6%。除此之外，没有其他专门借款。在办公楼建造过程中所占用的一般借款仍为两笔，一般借款有关资料沿用【例 6-2】。其他相关资料均同【例 6-1】和【例 6-2】。

在这种情况下，公司应当首先计算专门借款利息的资本化金额，然后计算所占用一般借款利息的资本化金额。具体如下：

（1）计算专门借款利息资本化金额：

2×23年专门借款闲置资金的收益=500×0.5%×6=15（万元）

2×23年专门借款利息资本化金额=2 000×6%−15=105（万元）

2×24年专门借款利息资本化金额=2 000×6%×180/360=60（万元）

（2）计算一般借款资本化金额：

在建造办公楼过程中，自2×23年7月1日起已经有2 000万元占用了一般借款，另外，2×24年1月1日支出的1 500万元也占用了一般借款。计算这两笔资产支出的加权平均数如下：

2×23年占用了一般借款的资产支出加权平均数=2 000×180/360=1 000（万元）

由于一般借款利息资本化率与【例6-2】相同，即为7.6%，因此：

2×23年应予资本化的一般借款利息金额=1 000×7.6%=76（万元）

2×24年占用了一般借款的资产支出平均数=（2 000+1 500）×180/360=1 750（万元）

则2×24年应予资本化的一般借款利息金额=1 750×7.6%=133（万元）

（3）公司建造办公楼应予资本化的利息金额如下：

2×23年实际借款利息=2 000×6%+2 000×6%+8 000×8%=880（万元）

2×23年利息资本化金额=105+76=181（万元）

2×24年1月1日至6月30日的实际借款利息=880/2=440（万元）

2×24年利息资本化金额=60+133=193（万元）

（4）有关账务处理如下：

2×23年12月31日：

借：在建工程	1 810 000	
财务费用	6 840 000	
应收利息（或银行存款）	150 000	
贷：应付利息		8 800 000

2×24年6月30日：

借：在建工程	1 930 000	
财务费用	2 470 000	
贷：应付利息		4 400 000

【例6-4】　乙公司在厂区内建造一幢新厂房，有关资料如下：

（1）2×23年1月1日，向银行专门借款5 000万元，期限为3年，年利率为6%，每年1月1日付息。

（2）除专门借款外，乙公司只有一笔一般借款，即2×22年12月1日借入的长期借款6 000万元，期限为5年，年利率为8%，每年12月1日付息。

（3）厂房于2×23年4月1日才开始动工兴建，当日支付工程款2 000万元。工程建设期间的支出情况如下：2×23年6月1日，1 000万元；2×23年7月1日，3 200万元；2×24年1月1日，800万元；2×24年4月1日，500万元；2×24年7月1日，500万元。

工程于2×24年9月30日完工，达到预定可使用状态。其中，由于施工质量问题工程于2×23年9月1日—12月31日停工4个月。

(4)专门借款中未支出部分全部存入银行,假定月利率为0.25%。假定全年按照360天算,每月按照30天算。

乙公司有关利息资本化金额的计算和利息的账务处理如下:

(1)计算2×23年、2×24年全年发生的专门借款和一般借款利息费用。

2×23年专门借款发生的利息金额=5 000×6%=300(万元)

2×23年一般借款发生的利息金额=6 000×8%=480(万元)

2×24年专门借款发生的利息金额=5 000×6%=300(万元)

2×24年一般借款发生的利息金额=6 000×8%=480(万元)

(2)2×23年资本化期间为4月1日—8月31日,2×24年资本化期限为1月1日—9月30日。

(3)计算2×23年利息资本化金额和费用化金额及其账务处理:

①计算2×23年专门借款应予资本化的利息金额。

专门借款费用化期间取得的利息收入=5 000×0.25%×3=37.5(万元)。

应予费用化的专门借款利息金额=5 000×6%×210 / 360-37.5=137.5(万元)

专门借款资本化期间取得的利息收入=3 000×0.25%×2+2 000×0.25%×1=20(万元)。

应予资本化的专门借款利息金额=5 000×6%×150 / 360-20=105(万元)

②计算2×23年一般借款应予以资本化的利息金额。

一般借款资金的资产支出加权平均数=1 200×60/360=200(万元)

一般借款应予资本化的利息金额=200×8%=16(万元)

应当计入当期损益的一般借款利息金额=480-16=464(万元)

③计算2×23年应予资本化和应计入当期损益的利息金额。

应予以资本化的借款利息金额=105+16=121(万元)

应当计入当期损益的借款利息金额=137.5+464=601.5(万元)

④2×23年有关的会计分录如下:

借:在建工程　　　　　　　　　　1 210 000
　　财务费用　　　　　　　　　　6 015 000
　　应收利息(或银行存款)　　　　575 000
　　贷:应付利息　　　　　　　　　　　7 800 000

(4)计算2×24年利息资本化金额和费用化金额及其账务处理:

①计算2×24年专门借款应予以资本化的利息金额:

应予资本化的专门借款利息金额=5 000×6%×270/360=225(万元)

应当计入当期损益的专门借款利息金额=300-225=75(万元)

②计算2×24年一般借款应予以资本化的利息金额。

占用一般借款资金的资产支出加权平均数=2 000×270/360+500×180/360+500×90/360=1 875(万元)

一般借款应予以资本化的利息金额=1 875×8%=150(万元)

应当计入当期损益的一般借款利息金额=480-150=330(万元)

③计算2×24年应予以资本化和应计入当期损益的利息金额。

应予资本化的借款利息金额=225+150=375(万元)

应当计入当期损益的借款利息金额=75+330=405(万元)

④2×24年有关的会计分录如下：

借：在建工程　　　　　　　　　　　　　　　3 750 000

　　财务费用　　　　　　　　　　　　　　　4 050 000

　　贷：应付利息　　　　　　　　　　　　　　　　　　7 800 000

6.3.2　借款辅助费用资本化金额的确定

辅助费用是企业为了安排借款而发生的必要费用，包括借款手续费、佣金等。企业不发生这些费用就无法取得借款，因此，辅助费用是企业借入款项所付出的一种代价，是借款费用的有机组成部分。

对于企业发生的专门借款或一般借款的辅助费用，在所购建或者生产的符合资本化条件的资产达到预定可使用或者可销售状态之前发生的，应当在发生时根据其发生额予以资本化；在所购建或者生产的符合资本化条件的资产达到预定可使用状态或者可销售状态之后所发生的，应当在发生时根据其发生额确认为费用，计入当期损益。

考虑到借款辅助费用与金融负债交易费用是一致的，其会计处理也应当保持一致。对于以公允价值计量且其变动计入当期损益的金融负债，相关交易费用应当直接计入当期损益；对于其他类别的金融负债，相关交易费用应当计入初始确认金额。为购建或者生产符合资本化条件的资产的专门借款或者一般借款，通常都属于除以公允价值计量且其变动计入当期损益的金融负债之外的其他类别的金融负债。因此，对于这些金融负债所发生的辅助费用需要计入借款的初始确认金额，即抵减相关借款的初始金额，从而影响以后各期实际利息的计算。换句话说，由于辅助费用的发生将导致相关借款实际利率的上升，从而需要对各期利息费用做相应调整，在确定借款辅助费用资本化金额时，可以结合借款利息资本化金额一起计算。

【例6-5】　2×23年1月2日，丙公司发行公司债券，专门用于生产线的建设。该公司债券为3年期分期付息、到期还本债券，面值为3 000万元，发行价格为3 069.75万元，票面利率为5%，另在发行过程中支付中介机构佣金150万元，实际募集资金净额为2 919.75万元。丙公司将闲置专门借款投资理财产品，年收益额为36万元，其中，前3个月为10万元，后9个月为26万元。次年无闲置资金。生产线改造工程于2×23年4月1日开工，并按期支付工程款，预计工期1年。已知：$(P/A,6\%,3)=2.673\,0$，$(P/F,6\%,3)=0.839\,6$。

（1）发行时：

借：银行存款　　　　　　　　　　　　　　　29 197 500

　　应付债券——利息调整　　　　　　　　　　　802 500

　　贷：应付债券——面值　　　　　　　　　　　　　　30 000 000

(2)计算实际利率：

3 000×5%×(*P*/*A*,6%,3)+3 000×(*P*/*F*,6%,3)=3 000×5%×2.673 0＋3 000×0.839 6=
2 919.75(万元)，

计算得出实际利率*r*=6%。

(3)2×23年末会计分录：

①实际利息费用=2 919.75×6%=175.19(万元)

费用化金额=175.19×3/12−10=43.8−10=33.8(万元)

资本化金额=175.19×9/12−26=131.39−26=105.39(万元)

②应付利息=3 000×5%=150(万元)

③利息调整的摊销金额=175.19−150=25.19(万元)

④相关分录为：

借:在建工程   1 052 900
　财务费用   339 000
　应收利息或银行存款   360 000
　　贷:应付利息   1 500 000
　　　应付债券——利息调整   251 900

(4)2×24年末会计分录：

①实际利息费用=(2 919.75+25.19)×6%=176.7(万元)

其中:资本化金额=176.7×3/12=44.18(万元)

费用化金额=176.7×9/12=132.52(万元)

②应付利息=3 000×5%=150(万元)

③利息调整的摊销金额=176.7−150=26.7(万元)

④相关分录为：

借:在建工程   441 800
　财务费用   1 325 200
　　贷:应付利息   1 500 000
　　　应付债券——利息调整   267 000

6.3.3 外币专门借款汇兑差额资本化金额的确定

当企业为购建或者生产符合资本化条件的资产所借入的专门借款为外币借款时,由于企业取得外币借款日、使用外币借款日和会计结算日往往并不一致,而外汇汇率又在随时发生变化,因此,外币借款会产生汇兑差额。相应地,在借款费用资本化期间内,为购建固定资产而专门借入的外币借款所产生的汇兑差额,是购建固定资产的一项代价,应当予以资本化,计入固定资产成本。出于简化核算的考虑,在资本化期间内,外币专门借款本金及其利息的汇兑差额,应当予以资本化,计入符合资本化条件的资产的成本。而除外币专门借款之外的其他外币借款本金及其利息所产生的汇兑差额应当作为财务费用,计入当期损益。

【例6-6】 甲公司于2×23年1月1日,为建造某工程项目专门以面值发行美元公司债券1 000万元,年利率为8%,期限为3年,假定不考虑与发行债券有关的辅助费用、未支出专门借款的利息收入或投资收益。合同约定,每年1月1日支付当年利息,到期还本。

工程于2×23年1月1日开始实体建造,2×24年6月30日完工,达到预定可使用状态,期间发生的资产支出如下:2×23年1月1日,支出500万美元;2×23年7月1日,支出300万美元;2×24年1月1日,支出200万美元。

公司的记账本位币为人民币,外币业务采用外币业务发生时当日的市场汇率折算。相关汇率如下:2×23年1月1日市场汇率为1美元=7.70元人民币;2×23年12月31日,市场汇率为1美元=7.75元人民币;2×24年1月1日,市场汇率为1美元=7.77元人民币;2×24年6月30日,市场汇率为1美元=7.80元人民币。公司计算外币借款汇兑差额资本化金额如下:

(1)计算2×23年汇兑差额资本化金额:

①年末计提债券利息=1 000×8%×7.75=80×7.75=620(万元)

借:在建工程　　　　　　　　　　　　　　6 200 000

　　贷:应付利息　　　　　　　　　　　　　　6 200 000

②外币债券本金汇兑差额=1 000×(7.75-7.70)=50(万元)

借:在建工程　　　　　　　　　　　　　　500 000

　　贷:应付债券　　　　　　　　　　　　　　500 000

(2)2×24年1月1日实际支付利息时,应当支付80万美元,折算成人民币为621.60万元。该金额与原账面金额620万元之间的差额1.60万元(利息的汇兑差额)应当予以资本化。

借:应付利息　　　　　　　　　　　　　　6 200 000

　　在建工程　　　　　　　　　　　　　　16 000

　　贷:银行存款　　　　　　　　　　　　　　6 216 000

(3)计算2×24年6月30日时的汇兑差额资本化金额:

①计提债券利息=1 000×8%×1/2×7.80=40×7.80=312(万元)

借:在建工程　　　　　　　　　　　　　　3 120 000

　　贷:应付利息　　　　　　　　　　　　　　3 120 000

②外币债券本金汇兑差额=1 000×(7.80-7.75)=50(万元)

借:在建工程　　　　　　　　　　　　　　500 000

　　贷:应付债券　　　　　　　　　　　　　　500 000

练习题

一、选择题(前两题属于单选,后两题属于多选)

1.生产经营期间,如果某项固定资产的购建发生非正常中断,并且中断时间连续超过3个月,则应将中断期间所发生的专门借款的借款费用,计入( )。

　　A.长期待摊费用　　B.在建工程　　　　C.营业外支出　　　D.财务费用

2.企业购建固定资产所发生的下列支出中,不符合"资产支出已经发生"情形的是( )。

　　A.赊购工程所需要的物资

　　B.用银行存款支付工程价款

　　C.领用企业自己生产的产成品

　　D.用带息商业汇票结算部分工程价款

3.关于借款费用,下列说法中正确的有( )。

　　A.资本化期间是指从借款费用开始资本化时点到停止资本化时点的期间,暂停资本化的期间不包括在内

　　B.资本化期间是指从借款费用开始资本化时点到停止资本化时点的全部期间,借款费用暂停资本化的期间也包括在内

　　C.在资本化期间内,每一会计期间的利息资本化金额,不应当超过当期相关借款实际发生的利息金额

　　D.在资本化期间内,每一会计期间的利息资本化金额等于当期相关借款实际发生的利息金额

4.下列符合资本化条件的资产所发生的借款费用在予以资本化时,不与资产支出相挂钩的有( )。

　　A.专门借款利息　　　　　　　　B.专门借款的溢价摊销

　　C.一般借款利息　　　　　　　　D.外币专门借款的汇兑差额

二、业务题

1.甲公司为兴建厂房:

(1)2×23年1月1日向银行专门借款5 000万元,期限为3年,年利率为6%,每年1月1日付息。

(2)除专门借款外一笔一般借款,2×22年12月1日借入的长期借款9 000万元,期限为3年,年利率为8%,按年付息。

(3)厂房于2×23年4月1日才开始动工兴建:2×23年资产支出如下:4月1日2 000万元、6月1日1 000万元、7月1日4 400万元、12月31日1 000万元。2×24年资产支出如下:4月1日3 500万元、7月1日2 800万元。工程于2×24年9月30日完工,达到预定可使用状态。其中,由于施工质量纠纷导致工程于2×23年9月1日～12月31日停工4个月。

(4)闲置资金月收益率为0.25%。

要求:计算2×23年和2×24年有关借款的利息资本化金额和费用化金额,并编制相关会计分录。

2.甲公司为建造一条生产线于2×22年12月31日借入一笔长期借款,本金为1 000万元,年利率为6%,期限为4年,每年末支付利息,到期还本。工程采用出包方式,于2×23年2月1日开工,2×23年相关资产支出如下:2月1日支付工程预付款200万元;5月1日支付工程进度款300万元;7月1日因工程事故一直停工至11月1日,11月1日支付了工程进度款300万元。2×24年3月1日支付工程进度款100万元,6月1日支付工程进度款100万元,工程于2×24年9月30日完工。闲置资金月收益率为0.1%。

要求:计算2×23年和2×24年利息资本化金额和费用化金额。

3.A公司为工程建设动用了于2×23年12月31日借入一笔一般借款1 000万元,年利率为10%,期限为5年,每年末付息,到期还本。工程开工日为2×24年1月1日,工程期为3年,2×24年有关支出如下:1月1日100万元、4月1日100万元、7月1日100万元、10月1日100万元。

要求:编制2×24年年末计息会计分录。

4.甲公司为建造厂房于2×23年1月1日专门借款3 000万元,借款期限为3年,年利率为5%。一般借款有两笔。2×22年12月1日长期贷款2 000万元,期限三年,年利率6%,按年支付利息。2×22年1月1日面值发行债券8 000万元,期限五年,年利率8%,按年支付利息。资产支出情况如下:2×23年1月1日1 500万元,7月1日3 500万元,2×24年1月1日3 500万元,厂房于2×24年6月30日完工。闲置资金月收益率为0.5%。

要求:计算2×23年和2×24年利息资本化金额和费用化金额,并编制相关会计分录。

第7章 所得税

学习目标

通过本章学习,要求理解资产、负债的计税基础及暂时性差异,掌握递延所得税负债及递延所得税资产的确认和计量,所得税费用的确认和计量。遵纪守法、拥有合规意识是开展各项工作的重要保证。依法纳税是每个企业和公民应尽的义务,会计人员应当廉洁自律,公私分明、不贪不占、遵纪守法、清正廉洁。

7.1 所得税会计概述

7.1.1 资产负债表债务法的理论基础

会计和税法的目标和原则不同是导致会计制度和税法出现差异的主要原因。所得税会计研究的是按照会计计算的税前会计利润与按照税法计算的应税所得之间的差异的会计处理方法。

利润总额是企业根据会计准则或者会计制度的规定,按照会计的核算方法计算出来的。具体的计算公式如下:

利润总额=营业利润+营业外收入-营业外支出

企业所得税的计税依据是应纳税所得额,是指纳税人每一纳税年度的收入总额减去准予扣除项目金额后的余额。应纳税所得额有两种计算方法:一是直接法,二是间接法。

应纳税所得额=收入总额-不征税收入-免税收入-各项扣除-以前年度亏损

应纳税所得额=利润总额±纳税调整项目

纳税人在计算应纳税所得额时,当企业财务、会计处理办法与有关税收法规不一致时,应当依照国家税收法规的规定计算缴纳所得税。凡没有超过税法的税前扣除范围和标准的,可按企业实际会计处理确认的支出,在企业所得税前扣除,计算其应纳税所得额。税收规定不明确的,在没有明确规定之前,暂按国家统一会计制度计算。

纳税调整包括财税差异调整与税收优惠调整,财税差异通过纳税调整项目明细表

（包括收入类、扣除类、资产类等）填报。税收优惠通过税收优惠明细表填报。

$$应纳税额=应纳税所得额×适用税率-减免税额-抵免税额$$

税法所称亏损，是指企业依照企业所得税法和本条例的规定将每一纳税年度的收入总额减除不征税收入、免税收入和各项扣除后小于零的数额。税法所指亏损的概念，不是企业财务报表中所反映的亏损额，而是企业财务报表中的亏损额经主管税务机关按税法规定调整后的金额。企业发生亏损，可以用次年度的税前利润弥补，次年度利润不足弥补的，可以在5年内延续弥补。企业发生的亏损，5年内的税前利润不足弥补时，用税后利润和盈余公积弥补，在计算应税所得时不能扣除。用盈余公积弥补，借记"盈余公积"科目，贷记"利润分配——盈余公积补亏"科目。高新技术企业或科技型中小企业，可以在10年内延续弥补。

税前会计利润与纳税所得之间的差异，会计核算可以采用"应付税款法"或"纳税影响会计法"。应付税款法是将本期税前会计利润与纳税所得之间的差异造成的影响纳税的金额直接计入当期损益，而不递延到以后各期。当期计入损益的所得税费用等于当期应缴的所得税。纳税影响会计法，是将本期税前会计利润总额与应纳税所得额之间的时间性差异造成的纳税影响额递延分配到以后期间的会计方法。纳税影响会计法可以分为递延法和债务法。债务法又分为资产负债表债务法和利润表债务法。

递延法是将本期时间性差异产生的纳税影响金额递延和分配到以后各期，并同时转回原已确认的时间性差异对本期所得税的影响金额。在税率变动或开征新税时，对递延税款的账面余额不作调整。本期发生的时间性差异所得税影响金额用现行税率计算，而本期转回以前发生的用原税率计算。债务法将本期由于时间性差异产生的纳税影响金额递延和分配到以后各期，并同时转回已确认的时间性差异的所得税影响金额，在税率变更或开征新税时，需要调整递延税款的账面余额。本期发生或转回时间性差异所得税影响金额均用现行税率计算。递延税款余额，递延法不能代表收款的权利或付款的义务，债务法代表未来应付税款的债务或预付未来税款的资产。

资产负债观和收入费用观是计量收益的不同理论。资产负债观基于资产负债的变动来计量收益，因此当资产的价值增加或是负债价值的减少时会产生收益；收入费用观则通过收入与费用的直接配比来计量收益，按照收入费用观，会计上通常是在产生收益后再计量资产的增加或负债的减少。简而言之，资产负债观关注资产和负债的变动来计量收益，而收入费用观则先计量收益然后再将之分摊计入到相应的资产和负债中去。

利润表债务法注重时间性差异。从收入费用观出发，认为首先应考虑与交易或事项相关的收入和费用的直接确认，从收入和费用的直接配比来计量企业的收益。首先计算所得税费用，然后再计算当期应交所得税额，最后倒挤出本期发生或转回的递延所得税。

资产负债表债务法从资产负债观出发，认为每一项交易或事项发生后，应首先关注其对资产负债的影响，然后再根据资产负债的变化来确认收益。首先确定资产负债表上期末递延所得税资产（负债），然后，倒挤出利润表项目当期所得税费用。

利润表债务法是由利润表项目推出资产负债表项目，而资产负债表债务法是由资产负债表项目推出利润表项目。暂时性差异包括所有的时间性差异和其他暂时性差异，在没有其他暂时性差异的情况下,资产负债表债务法与利润表债务法对时间性差异处理的方法相同,尽管二者的原理并不相同,但是会计处理的结果一般相同。

我国《小企业会计准则》所得税会计采用应付税款法,《企业会计准则》所得税会计采用资产负债表债务法。不同所得税会计处理方法对会计期间应交所得税的计算是一致的,而由于对暂时性差异的纳税影响的处理方法不同产生同一会计期间的所得税费用和净利润不同,但从一个周转期来观察,这种差异是不存在的。

7.1.2　资产负债表债务法的一般程序

采用资产负债表债务法核算所得税的情况下,企业一般应于每一资产负债表日进行所得税的核算。企业合并等特殊交易或事项发生时,在确认因交易或事项取得的资产、负债时即应确认相关的所得税影响。按税法要求正确计算当期所得税,按准则要求正确计算所得税费用。企业进行所得税核算一般应遵循以下程序:

(1)按照相关会计准则规定确定资产负债表中除递延所得税资产和递延所得税负债以外的其他资产和负债项目的账面价值。资产、负债的账面价值,是指企业按照相关会计准则的规定进行核算后在资产负债表中列示的金额。

(2)以适用的税收法规为基础,确定资产负债表中有关资产、负债项目的计税基础。

(3)比较资产、负债的账面价值与其计税基础,对于两者之间存在差异的,分析其性质,除准则中规定的特殊情况外,分别应纳税暂时性差异与可抵扣暂时性差异,确定资产负债表日递延所得税负债和递延所得税资产的应有金额,并与期初递延所得税资产和递延所得税负债的余额相比,确定当期应予进一步确认的递延所得税资产和递延所得税负债金额或应予转销的金额,作为递延所得税费用。

(4)就企业当期发生的交易或事项,按照适用的税法规定计算确定当期应纳税所得额,将应纳税所得额与适用的所得税税率计算的结果确认为当期应缴所得税,作为当期所得税费用。

(5)确定利润表中的所得税费用。利润表中的所得税费用包括当期所得税(当期应交所得税)和递延所得税两个组成部分,企业在计算确定了当期所得税和递延所得税后,两者之和(或之差),是利润表中的所得税费用。

7.2　会计和税法的差异

资产负债表债务法下,会计与税法之间的差异包括永久性差异和暂时性差异两种。

7.2.1　永久性差异

永久性差异是指某一会计期间由于会计与税法计算口径不同产生的利润与所得之

间的差异。这种差异在本期产生,不能在以后各期转回,即永久存在,故被称为永久性差异。永久性差异对本期有影响、对将来无影响,不会形成递延所得税。

永久性差异不会在将来产生应课税金额或可扣除金额,故不存在跨期分摊问题。即永久性差异只影响当期的应税所得,不会影响以后各期应税所得,因而,永久性差异不必作账务处理。在计算所得税费用和应付所得税时,均需将其调整税前会计利润。永久性差异对应的资产或负债其账面价值通常与计税基础一致。

永久性差异可分为以下四类:

(1)属会计收益,但不属应税收益。比如,国债利息收益、长期股权投资采用成本法核算分回的已税收益。

(2)属会计费用,但税法不允许扣除。这些项目主要有两种情况:一是范围不同,即会计上作为费用或损失的项目,在税法上不作为扣除项目处理,范围不同的项目主要有:违法经营的罚款和被没收财物的损失、各项税收的滞纳金和罚款、各种非救济公益性捐赠和赞助支出;二是标准不同,即有些在会计上作为费用或损失的项目,税法上可作为扣除项目,但规定了计税开支的标准限额,超限额部分在会上仍列为费用或损失,但税法不允许抵扣应税利润,标准不同的项目主要有:利息支出、工会经费、职工福利费、业务招待费。

(3)不属会计收益,但属应税收益。比如,某些视同销售行为、未取得合法凭证发生的销售退回或折让;企业与关联企业以不合理定价手段减少应纳税所得额。

(4)不属会计费用,但税法允许扣除。比如,研发费用加计扣除、残疾人工资加计扣除。

7.2.2　计税基础

所得税会计的关键在于确定资产、负债的计税基础。计税基础是指按照税法的规定,一项资产或负债的金额。在确定资产、负债的计税基础时,应严格遵循税收法规中对于资产的税务处理以及可税前扣除的费用的规定。

账面价值是指按照会计准则的规定,一项资产或负债的金额。账面价值与账面余额是两个不同的概念。账面余额是指某账户的账面实际余额。账面价值是指某账户的账面余额加减调整账户后的金额。

(一)资产的计税基础

资产的计税基础,是指企业收回资产账面价值过程中,计算应纳税所得额时按照税法规定可以自应税经济利益中抵扣的金额,即某一项资产在未来期间计税时按照税法规定可以税前扣除的金额。资产计税基础代表将来计算所得可以税前扣除金额。资产的账面价值是资产账户余额减去其所属调整账户余额。资产的账面价值代表的是企业在持续使用或最终出售该项资产时将取得的经济利益的总额。资产账面价值代表将来计算利润可以扣除的金额。

税法规定,企业的各项资产,包括固定资产、生物资产、无形资产、长期待摊费用、投资资产、存货等,以历史成本为计税基础。历史成本,是指企业取得该项资产时实际发生的支出。企业持有各项资产期间资产增值或者减值,除国务院财政、税务主管部门规定可以确认损益外,不得调整该资产的计税基础。资产在初始确认时,其计税基础一般为取得成本,即企业为取得某项资产支付的成本在未来期间准予税前扣除。在资产持续持有的过程中,其计税基础是指资产的取得成本减去以前期间按照税法规定已经税前扣除的金额后的余额。

　　资产的计税基础=未来可以税前列支的金额=取得成本-已税前列支的金额

1)固定资产

　　固定资产初始确认时按照会计准则规定确定的入账价值基本上是被税法认可的,即取得时其账面价值一般等于计税基础。固定资产在持有期间进行后续计量时,由于会计与税法在折旧方法、折旧年限以及固定资产减值准备的提取等处理的不同,可能造成固定资产的账面价值与计税基础的差异。除某些按照规定可以加速折旧的情况外,税法按照年限平均法计提折旧;税法对每一类固定资产的最低折旧年限作出了规定,税法规定企业计提的资产减值准备在发生实质性损失前不允许税前扣除。

　　账面价值=固定资产原值-会计累计折旧-固定资产减值准备

　　计税基础=固定资产原值-税法累计折旧

2)无形资产

　　除内部研究开发形成的无形资产以外,其他方式取得的无形资产,初始确认时按照会计准则规定确定的入账价值与按照税法规定确定的计税基础之间一般不存在差异。会计准则规定,研究阶段的支出应当费用化计入当期损益,开发阶段符合资本化条件以后至达到预定用途前发生的支出应当资本化作为无形资产。税法规定,制造业企业和科技型中小企业开展研发活动中实际发生的研发费用,未形成无形资产计入当期损益的,在按规定据实扣除的基础上,再按照实际发生额的100%在税前加计扣除;形成无形资产的,按照无形资产成本的200%在税前摊销。烟草制造业、住宿和餐饮业、批发和零售业、房地产业、租赁和商务服务业、娱乐业,不适用税前加计扣除政策。内部研发形成的无形资产,初始确认时既不影响会计利润也不影响应纳税所得额,不确认有关暂时性差异的所得税影响。

　　无形资产在后续计量时,会计与税法的差异主要产生于对无形资产是否需要摊销、无形资产摊销方法、摊销年限的不同及无形资产减值准备的提取。会计准则规定,对于使用寿命不确定的无形资产,不要求摊销,在期末进行减值测试。税法规定,无形资产的摊销采取直线法计算,无形资产的摊销不得低于10年,除外购商誉外所有的无形资产成本均应在一定期间内摊销。对于使用寿命确定的无形资产在持有期间,因摊销期限和方法不同,会造成其账面价值与计税基础的差异。在对无形资产计提减值准备的情况下,因所计提的减值准备不允许税前扣除,也会造成其账面价值与计税基础的差异。

使用寿命确定的无形资产的账面价值=无形资产原值-会计累计摊销-无形资产减值准备

使用寿命不确定的无形资产的账面价值=无形资产原值-无形资产减值准备

无形资产的计税基础=无形资产原值-税法累计摊销

3)公允价值计量的金融资产

会计准则规定,公允价值计量的金融资产的账面价值为其公允价值。交易性金融资产的公允价值变动计损益,其他债权投资和其他权益工具投资的公允价值变动计权益。税法规定,企业对外投资期间,投资资产的成本在计算应纳税所得额时不得扣除。企业在转让或者处置投资资产时,投资资产的成本,准予扣除。以公允价值计量的金融资产,持有期间公允价值的变动不计入应纳税所得额,在实际处置或结算时,处置取得的价款扣除其历史成本差额应计入处置或结算期间的应纳税所得额。金融资产在持有期间计税基础不变。

$$账面价值=期末的公允价值$$
$$计税基础=取得的历史成本$$

4)投资性房地产

企业持有的投资性房地产进行后续计量时,会计准则规定,可以采用两种模式:一种是成本模式,采用该种模式计量的投资性房地产,其账面价值与计税基础的确定与固定资产、无形资产相同;另一种是在符合规定条件的情况下,可以采用公允价值模式对投资性房地产进行后续计量。对于采用公允价值模式进行后续计量的投资性房地产,其计税基础的确定类似于固定资产或无形资产计税基础的确定。

5)采用权益法核算的长期股权投资

企业持有的长期股权投资,按照会计准则规定可能采用成本法或权益法进行核算。税法中对于投资资产的处理,要求按规定确定其成本后,在转让或处置投资资产时,其成本准予扣除。因此,税法中对于长期股权投资并没有权益法的概念。长期股权投资取得以后,如果按照会计准则规定采用权益法核算,则一般情况下在持有过程中随着应享有被投资单位可辨认净资产公允价值份额的变化,其账面价值与计税基础会产生差异。对于采用权益法核算的长期股权投资,其账面价值与计税基础产生的有关暂时性差异是否应确认相关的所得税影响,应当考虑该项投资的持有意图。

如果企业拟长期持有,则因初始投资成本的调整产生的暂时性差异预计未来期间不会转回,对未来期间没有所得税的影响;因确认投资收益产生的暂时性差异,如果在未来期间逐期分回现金股利或利润时免税,也不存在对未来期间的所得税影响;因确认应享有的被投资单位其他权益变动而产生的暂时性差异,在长期持有的情况下,预计未来期间也不会转回。因此,在准备长期持有的情况下,对于采用权益法核算的长期股权投资账面价值与计税基础之间的差异,投资企业一般不确认相关的所得税影响。

在投资企业改变持有意图拟对外出售的情况下,按照税法规定,企业在转让或处置投资资产时,投资资产的成本准予扣除。在持有意图由长期持有转变为拟近期出售的情况下,因长期股权投资的账面价值与计税基础不同产生的有关暂时性差异,均应确认相关的所得税影响。

6)其他资产

有关资产计提了减值准备以后,其账面价值会随之下降,而按照税法规定,资产的减值在转化为实质性损失之前,不允许税前扣除,从而造成资产的账面价值与其计税基础之间的差异。如果未计提减值准备,账面价值与其计税基础相等。

税法规定,债权投资的利息收入按会计口径(实际利率法)计算所得税。不考虑减值的情况下,计税基础和账面价值相等。具有融资性质的分期收款销售形成的长期应收款,税法规定,以分期收款方式销售货物的,按照合同约定的收款日期确认收入的实现。准则规定,合同中存在重大融资成分的,企业应当按照假定客户在取得商品控制权时即以现金支付的应付金额确定交易价格。

(二)负债的计税基础

负债的账面价值就是负债账户的贷方余额。负债的账面价值代表未来应支付的金额,即将来计算利润不能扣除金额。负债的计税基础等于账面价值减去未来期间税法规定可以抵扣的金额,即将来计算所得不能抵扣的金额。用公式表示为:

$$负债的计税基础=账面价值-未来期间可以税前扣除的金额$$
$$=未来期间不能税前扣除的金额$$

一般情况下,负债的确认与偿还不会影响企业的损益,也不会影响其应纳税所得额,未来期间计算应纳税所得额时按照税法规定可予抵扣的金额为零,计税基础即为账面价值。如企业的短期借款、应付账款等。但是,某些情况下,负债的确认可能会影响企业的损益,进而影响不同期间的应纳税所得额,使得其计税基础与账面价值之间产生差额。

1)预计负债

或有事项准则规定,企业应将预计提供售后服务发生的支出在销售当期确认为费用,同时确认预计负债。税法规定,有关的支出应于发生时税前扣除,因此会产生可抵扣暂时性差异。某些情况下,因有些事项确认的预计负债,如果税法规定其支出无论是否实际发生均不允许税前扣除,即未来期间按照税法规定可予抵扣的金额为零,其账面价值与计税基础相同。

2)合同负债

企业在收到客户预付的款项时,因不符合收入确认条件,会计上将其确认为负债。税法中对于收入的确认原则一般与会计规定相同,即会计上未确认收入时,计税时一般也不计入应纳税所得额,该部分经济利益在未来期间计税时可予税前扣除的金额为0,计税基础等于账面价值。房地产开发企业销售未完工开发产品取得的收入,应先按预计计税毛利率分季(或月)计算出预计毛利额,计入当期应纳税所得额。开发产品完工后,企业应及时结算其计税成本并计算此前销售收入的实际毛利额,同时将其实际毛利额与其对应的预计毛利额之间的差额,计入当年度企业本项目与其他项目合并计算的应纳税所得额。导致计税基础与账面价值不等,产生暂时性差异。

3)应付职工薪酬

会计准则规定,企业为获得职工提供的服务给予的各种形式的报酬以及其他相关支出均应作为企业的成本费用,在未支付之前确认为负债。税法中对于合理的职工薪酬基本允许税前扣除,如果规定了税前扣除标准的,按照会计准则规定计入成本费用支出的金额超过规定标准部分,应进行纳税调整。因超过部分在发生当期不允许税前扣除,在以后期间也不允许税前扣除,即该部分差异对未来期间计税不产生影响,应付职工薪酬的账面价值等于计税基础。职工工资(国有企业)、职工福利费、社会保险费、工会经费超标需要纳税调整,属于永久性差异。职工教育经费超标、辞退福利以及股份支付产生的差异,属于暂时性差异。

(三)特殊交易或事项中产生资产、负债计税基础

企业重组,是指企业在日常经营活动以外发生的法律结构或经济结构重大改变的交易,包括企业法律形式改变、债务重组、股权收购、资产收购、合并、分立等。企业重组的税务处理区分不同条件分别适用一般性税务处理规定和特殊性税务处理规定。

企业由法人转变为个人独资企业、合伙企业等非法人组织,或将登记注册地转移至中华人民共和国境外(包括中国港澳台地区),应视同企业进行清算、分配,股东重新投资成立新企业。企业的全部资产以及股东投资的计税基础均应以公允价值为基础确定。企业发生其他法律形式简单改变的,可直接变更税务登记,除另有规定外,有关企业所得税纳税事项(包括亏损结转、税收优惠等权益和义务)由变更后企业承继,但因住所发生变化而不符合税收优惠条件的除外。

企业债务重组确认的应纳税所得额占该企业当年应纳税所得额50%以上,可以在5个纳税年度的期间内,均匀计入各年度的应纳税所得额。企业发生债权转股权业务,对债务清偿和股权投资两项业务暂不确认有关债务清偿所得或损失,股权投资的计税基础以原债权的计税基础确定。企业的其他相关所得税事项保持不变。

股权收购,收购企业购买的股权不低于被收购企业全部股权的50%,且收购企业在该股权收购发生时的股权支付金额不低于其交易支付总额的85%;资产收购,受让企业收购的资产不低于转让企业全部资产的50%,且受让企业在该资产收购发生时的股权支付金额不低于其交易支付总额的85%;企业合并,企业股东在该企业合并发生时取得的股权支付金额不低于其交易支付总额的85%,以及同一控制下且不需要支付对价的企业合并;企业分立,被分立企业所有股东按原持股比例取得分立企业的股权,分立企业和被分立企业均不改变原来的实质经营活动,且被分立企业股东在该企业分立发生时取得的股权支付金额不低于其交易支付总额的85%,交易各方对其交易中的股权支付部分,可以选择按特殊性税务处理,计税基础不变。重组交易各方对交易中股权支付暂不确认有关资产的转让所得或损失的,其非股权支付仍应在交易当期确认相应的资产转让所得或损失,并调整相应资产的计税基础。

一般性税务处理:按公允价值确认所得或损失,按公允价值确认计税基础。特殊性税务处理:股权支付暂不确认有关资产的转让所得或损失的,计税基础不变。

例如,某项企业合并按照会计准则规定属于同一控制下企业合并,取得的有关资产、负债均按其原账面价值确认。假如该项合并不符合特殊性税务处理条件,取得的有关资产、负债的计税基础应当重新认定。账面价值与计税基础不同产生暂时性差异,从而需要确认的递延所得税资产或负债。因企业合并为同一控制下企业合并,在确认合并中产生的递延所得税资产或负债时,相关影响应计入所有者权益。

再如,某项企业合并按照会计准则规定属于非同一控制下的企业合并,取得的有关资产、负债应当按照公允价值确认。假如该项合并符合特殊性税务处理条件,取得的有关资产、负债的计税基础应承继其原有计税基础。账面价值与计税基础不同产生暂时性差异,从而需要确认的递延所得税资产或负债。因企业合并为非同一控制下企业合并,在确认合并中产生的递延所得税资产或负债时,将影响合并中确认的商誉。

7.2.3　暂时性差异

暂时性差异是指账面价值与其计税基础之间的差额,这种差异在本期发生,以后期间能够转回、对将来纳税有影响,形成递延所得税。暂时性差异是从资产负债表的角度分析会计利润和应税所得之间的差异,揭示的是某个时点上存在的此类差异。时间性差异是指税法与会计制度在确认收入或支出的时间不同而产生的税前会计利润与应纳税所得额的差异。时间性差异是从利润表的角度分析会计利润和应税利润之间的差异,反映的是某个会计期间内产生的此类差异。在一般情况下,如果税法与会计确认某项收入或支出的时间不同,则必然产生一项时间性差异,同时也会使资产或负债的账面价值与计税基础产生差额,即产生暂时性差异。暂时性差异的范围比时间性差异的范围更广泛。因资产、负债的账面价值与其计税基础不同,产生了在未来收回资产或清偿负债的期间内,应纳税所得额增加或减少并导致未来期间应缴所得税增加或减少的情况,形成企业的资产或负债,在有关暂时性差异发生当期,符合确认条件的情况下,应当确认相关的递延所得税负债或递延所得税资产。

资产的暂时性差异=账面价值−计税基础=账面价值−未来期间可税前扣除的金额

负债的暂时性差异=账面价值−计税基础=账面价值−(账面价值−未来期间可税前扣除的金额)

=未来期间可税前扣除的金额

暂时性差异产生时期和转回时期的会计处理和纳税调整相反。根据暂时性差异对未来期间应纳税所得额的影响,分为应纳税暂时性差异和可抵扣暂时性差异。

(一)应纳税暂时性差异

应纳税暂时性差异是指在确定未来收回资产或清偿负债期间的应纳税所得额时,将导致产生应税金额的暂时性差异。应纳税暂时性差异通常产生于以下情况:

(1)资产的账面价值大于其计税基础。资产的账面价值代表的是企业在持续使用或最终出售该项资产时将取得的经济利益的总额,而计税基础代表的是资产在未来期间可予税前扣除的金额。资产的账面价值大于其计税基础,该项资产未来期间产生的经济利益不能全部税前抵扣,两者之间的差额需要缴税,产生应纳税暂时性差异。符合有关条件时,应确认相关的递延所得税负债。

(2)负债的账面价值小于其计税基础。负债的账面价值为企业预计在未来期间清偿该项负债时的经济利益流出,而其计税基础代表的是账面价值在扣除税法规定未来期间允许税前扣除的金额之后的差额。负债的账面价值与其计税基础不同产生的暂时性差异,实质上是税法规定就该项负债在未来期间可以税前扣除的金额(即与该项负债相关的费用支出在未来期间可予税前扣除的金额）。负债的账面价值小于其计税基础,则意味着就该项负债在未来期间可以税前抵扣的金额为负数,即应在未来期间应纳税所得额的基础上调增,增加未来期间的应纳税所得额和应缴所得税金额,产生应纳税暂时性差异,符合有关条件时,应确认相关的递延所得税负债。

(二)可抵扣暂时性差异

可抵扣暂时性差异是指在确定未来收回资产或清偿负债期间的应纳税所得额时,将导致产生可抵扣金额的暂时性差异。该差异在未来期间转回时会减少转回期间的应纳税所得额,减少未来期间的应交所得税。可抵扣暂时性差异一般产生于以下情况:

1)资产的账面价值小于其计税基础

这意味着资产在未来期间产生的经济利益少,按照税法规定允许税前扣除的金额多,两者之间的差额可以减少企业在未来期间的应纳税所得额并减少应缴所得税,形成可抵扣暂时性差异。符合有关条件时,应当确认相关的递延所得税资产。

2)负债的账面价值大于其计税基础

这意味着未来期间按照税法规定与负债相关的全部或部分支出可以自未来应税经济利益中扣除,减少未来期间的应纳税所得额和应交所得税。符合有关确认条件时,应确认相关的递延所得税资产。

3)特殊项目产生的暂时性差异

(1)未作为资产负债确认的项目产生的暂时性差异

某些交易或事项发生以后,因为不符合资产、负债确认条件而未体现为资产负债表中的资产、负债,但是税法规定能够确定其计税基础,也会产生暂时性差异。企业发生的符合条件的广告费和业务宣传费支出,除国务院财政、税务主管部门另有规定外,不超过当年销售(营业)收入15%的部分,准予扣除;超过部分,准予在以后纳税年度结转扣除。企业发生的职工教育经费支出,不超过工资薪金总额8%的部分,准予扣除;超过部分,准予在以后纳税年度结转扣除。企业发生的公益性捐赠支出,在年度利润总额12%以内的部分,准予在计算应纳税所得额时扣除;超过年度利润总额12%的部分,准予结转以后3年内在计算应纳税所得额时扣除。该类费用在发生时按照会计准则规定即计入当期损益,不形成资产负债表中的资产,但按照税法规定可以确定其计税基础的,两者之间的差异也形成暂时性差异。如果将其视为资产,其账面价值为0。其计税基础为以后纳税年度结转扣除金额。

(2)可抵扣亏损及税款抵减产生的暂时性差异

对于按照税法规定可以结转以后年度的未弥补亏损及税款抵减,虽不是因资产、负债的账面价值与计税基础不同产生的,但本质上可抵扣亏损和税款抵减与可抵扣暂时性差异具有同样的作用,均能减少未来期间的应纳税所得额和应交所得税,将其视同可抵扣暂时性差异处理。符合有关确认条件时,应确认相关的递延所得税资产。企业纳税年度发生的亏损,准予向以后年度结转,用以后年度的所得弥补,但结转年限最长不得超过规定的年限。企业购置用于环境保护、节能节水、安全生产等专用设备的投资额,可以按一定比例从企业当年的应纳税额中抵免;当年不足抵免的,可以在以后5个纳税年度结转抵免。

7.3 递延所得税资产及负债的确认与计量

企业在计算确定了应纳税暂时性差异与可抵扣暂时性差异后,应当按照所得税会计准则规定的原则确认相关的递延所得税负债以及递延所得税资产。存在暂时性差异不一定确认递延所得税。

7.3.1 递延所得税负债的确认和计量

(一)递延所得税负债的确认

企业在确认因应纳税暂时性差异产生的递延所得税负债时,应遵循以下原则:

除所得税准则中明确规定可不确认递延所得税负债的情况以外,企业对于所有的应纳税暂时性差异均应确认相关的递延所得税负债。除直接计入所有者权益的交易或事项以及企业合并中取得资产、负债相关的以外,在确认递延所得税负债的同时,应增加利润表中的所得税费用。

【例7-1】 甲公司于2×20年12月底购入一台机器设备,成本为20万元,预计使用年限为4年,预计净残值为零。会计上按直线法计提折旧,因该设备符合税法规定的税收优惠条件,计税时可采用年数总和法计提折旧,假定税法规定的使用年限及净残值均与会计相同,该公司各会计期间均未对固定资产计提减值准备,除该项固定资产产生的会计与税法之间的差异外,不存在其他会计与税收的差异。假定每年利润总额30万元,税率25%,该公司每年因固定资产应予确认的递延所得税情况见表7-1。

表7-1 单位:万元

项目	2×21年	2×22年	2×23年	2×24年
会计本年折旧	5	5	5	5
累计会计折旧	5	10	15	20
账面价值	15	10	5	0
本年计税折旧	8	6	4	2
累计计税折旧	8	14	18	20
计税基础	12	6	2	0
期末暂时性差异	3	4	3	0
应税所得	27	29	31	33
应交税费	贷记6.75	贷记7.25	贷记7.75	贷记8.25

续表

项目	2×21年	2×22年	2×23年	2×24年
递延所得税负债余额	0.75	1	0.75	0
递延所得税负债发生额	贷记0.75	贷记0.25	借记0.25	借记0.75
所得税费用	借记7.5	借记7.5	借记7.5	借记7.5

有些情况下,虽然资产、负债的账面价值与其计税基础不同,产生了应纳税暂时性差异,但出于各方面考虑,所得税准则中规定不确认相应的递延所得税负债,主要包括:

(1)商誉的初始确认。

合并企业接受被合并企业资产和负债的计税基础,以被合并企业的原有计税基础确定。合并业务的一般性税务处理,合并企业应按公允价值确定接受被合并企业各项资产和负债的计税基础。

会计准则视参与合并各方在合并前后是否为同一方或相同的多方最终控制,分为同一控制下的企业合并与非同一控制下的企业合并两种类型。同一控制下的企业合并,合并中取得的有关资产、负债基本上维持其原账面价值不变,合并中不产生新的资产和负债;对于非同一控制下的企业合并,合并中取得的有关资产、负债应按其在购买日的公允价值计量,企业合并成本大于合并中取得可辨认净资产公允价值的份额部分确认为商誉,企业合并成本小于合并中取得可辨认净资产公允价值的份额部分计入合并当期损益。

一项合并业务按会计准则划分归属非同一控制下企业合并并确认商誉,按税法划分归属于特殊税务处理,商誉的计税基础为零,该项合并中所确认的商誉金额与其计税基础零之间产生的应纳税暂时性差异,按照准则中规定,不再进一步确认相关的所得税影响。若确认递延所得税负债,则减少被购买方可辨认净资产公允价值,增加商誉,由此进入不断循环状态。

【例7-2】 A企业以增发面值5 000万元、市场价值为15 000万元的普通股为对价购入B企业100%的净资产,对B企业进行吸收合并,合并前A企业与B企业不存在任何关联方关系,属于非同一控制下企业合并。该项合并符合特殊性税务处理条件,交易各方选择特殊性税务处理,购买日B企业各项可辨认资产、负债的公允价值及计税基础如表7-2所示。

表7-2　　　　　　　　　　　　　　　　　　　　　单位:万元

项目	公允价值	计税基础	暂时性差异
固定资产	5 000	4 000	1 000
应收账款	6 000	6 000	0
库存商品	4 000	4 200	(200)
应付账款	(3 000)	(3 000)	0

分析:B企业适用的所得税税率为25%,预期在未来期间不会发生变化,该项交易中应确认递延所得税及商誉的金额计算如下:

可辨认净资产公允价值=12 000(万元)

递延所得税资产=200×25%=50(万元)

递延所得税负债=1 000×25%=250(万元)

考虑递延所得税后可辨认净资产的公允价值=12 000+50-250=11 800(万元)

企业合并成本=15 000(万元)

商誉=15 000-11 800=3 200(万元)

借:固定资产	50 000 000	
应收账款	60 000 000	
库存商品	40 000 000	
商誉	30 000 000	
贷:应付账款		30 000 000
股本		50 000 000
资本公积——股本溢价		100 000 000
借:商誉	2 000 000	
递延所得税资产	500 000	
贷:递延所得税负债		2 500 000

本例中确认取得固定资产和库存商品账面价值与计税基础之间的暂时性差异产生的递延所得税影响商誉的账面价值。该项合并中所确认的商誉的账面价值3 200万元与其计税基础零之间产生的应纳税暂时性差异,按照准则中规定,不再进一步确认相关的所得税影响。如果合并成本小于可辨认净资产公允价值的份额则影响营业外收入。

需要说明的是,非同一控制下的企业合并形成的商誉,并且按照所得税法规定商誉在初始确认时计税基础等于账面价值的(即应税合并形成的商誉),该商誉在后续计量过程中因计提减值准备,使得商誉的账面价值小于计税基础,会产生可抵扣暂时性差异,应确认相关的所得税影响。

(2)除企业合并以外的其他交易或事项,如果该项交易或事项发生时既不影响会计利润,也不影响应纳税所得额,则所产生的资产、负债的初始确认金额与其计税基础不同,形成应纳税暂时性差异的,交易或事项发生时不确认相应的递延所得税负债。该规定主要是考虑到由于交易发生时既不影响会计利润,也不影响应纳税所得额,确认递延所得税负债的直接结果是增加有关资产的账面价值或是降低所确认负债的账面价值,使得资产、负债在初始确认时,违背历史成本原则,影响会计信息的可靠性。

(3)与子公司、联营企业、合营企业投资等相关的应纳税暂时性差异,一般应确认相应的递延所得税负债,但同时满足以下两个条件的除外:一是投资企业能够控制暂时性差异转回的时间;二是该暂时性差异在可预见的未来很可能不会转回。满足上述条件时,投资企业可以运用自身的影响力决定暂时性差异的转回,如果不希望其转回,则在可预见的未来该项暂时性差异即不会转回,对未来期间的计税不产生影响,从而无须确认相应的递延所得税负债。

对联营企业和合营企业等的投资产生的应纳税暂时性差异,主要产生于权益法下被投资单位盈利时,投资企业按照持股比例确认应予承担的部分相应增加长期股权投资的账面价值,但税法规定长期股权投资的成本在持有期间不发生变化,造成长期股权投资的账面价值大于其计税基础,产生应纳税暂时性差异。

(二)递延所得税负债的计量

资产负债表日,对于递延所得税负债,应当根据适用税法规定,按照预期收回该资产或清偿该负债期间的适用税率计量。即递延所得税负债应以相关应纳税暂时性差异转回期间按照税法规定适用的所得税税率计量。无论应纳税暂时性差异的转回期间如何,相关的递延所得税负债不要求折现。

7.3.2　递延所得税资产的确认和计量

(一)递延所得税资产的确认

1)确认的一般原则

递延所得税资产产生于可抵扣暂时性差异。确认因可抵扣暂时性差异产生的递延所得税资产应以未来期间可能取得的应纳税所得额为限。在可抵扣暂时性差异转回的未来期间内,企业无法产生足够的应纳税所得额用以利用可抵扣暂时性差异的影响,使得与可抵扣暂时性差异相关的经济利益无法实现的,不应确认递延所得税资产;企业有明确的证据表明其于可抵扣暂时性差异转回的未来期间能够产生足够的应纳税所得额,进而利用可抵扣暂时性差异的,则应以可能取得的应纳税所得额为限,确认相关的递延所得税资产。

在判断企业于可抵扣暂时性差异转回的未来期间是否能够产生足够的应纳税所得额时,应考虑企业在未来期间通过正常的生产经营活动能够实现的应纳税所得额以及以前期间产生的应纳税暂时性差异在未来期间转回时将增加的应纳税所得额。

(1)对与子公司、联营企业、合营企业的投资相关的可抵扣暂时性差异,同时满足下列条件的,应当确认相关的递延所得税资产:一是暂时性差异在可预见的未来很可能转回;二是未来很可能获得用来抵扣可抵扣暂时性差异的应纳税所得额。

对联营企业和合营企业等的投资产生的可抵扣暂时性差异,主要产生于权益法下被投资单位发生亏损时,投资企业按照持股比例确认应予承担的部分相应减少长期股权投资的账面价值,但税法规定长期股权投资的成本在持有期间不发生变化,造成长期股权投资的账面价值小于其计税基础,产生可抵扣暂时性差异。投资企业对有关投资计提减值准备的情况下,也会产生可抵扣暂时性差异。

(2)对于按照税法规定可以结转以后年度的未弥补亏损和税款抵减,应视同可抵扣暂时性差异处理。在有关的亏损或税款抵减金额得到税务部门的认可或预计能够得到税务部门的认可且预计可利用未弥补亏损或税款抵减的未来期间内能够取得足够的应纳税所得额时,除准则中规定不予确认的情况外,应当以很可能取得的应纳税所得额为限,确认相应的递延所得税资产,同时减少确认当期的所得税费用。

2)不确认递延所得税资产的特殊情况

某些情况下,如果企业发生的某项交易或事项不是企业合并,并且交易发生时既不影响会计利润也不影响应纳税所得额,且该项交易中产生的资产、负债的初始确认金额与其计税基础不同,产生可抵扣暂时性差异的,所得税准则中规定在交易或事项发生时不确认相应的递延所得税资产。比如符合资本化条件的开发支出确认无形资产,该项无形资产并非产生于企业合并,同时在初始确认时既不影响会计利润也不影响应纳税所得额,确认其账面价值与计税基础之间产生暂时性差异的所得税影响需要调整该项资产的历史成本,准则规定该种情况下不确认相关的递延所得税资产。

（二）递延所得税资产的计量

同递延所得税负债的计量原则相一致,确认递延所得税资产时,应当以预期收回该资产期间的适用税率计算确定。无论相关的可抵扣暂时性差异转回期间如何,递延所得税资产均不要求折现。企业在确认了递延所得税资产以后,资产负债表日,应当对递延所得税资产的账面价值进行复核。如果未来期间很可能无法取得足够的应纳税所得额用以利用可抵扣暂时性差异带来的利益,应当减记递延所得税资产的账面价值。减记的递延所得税资产,除原确认时计入所有者权益的,其减记金额也应计入所有者权益外,其他的情况均应增加所得税费用。因无法取得足够的应纳税所得额利用可抵扣暂时性差异减记递延所得税资产账面价值的,以后期间根据新的环境和情况判断能够产生足够的应纳税所得额利用可抵扣暂时性差异,使得递延所得税资产包含的经济利益能够实现的,应相应恢复递延所得税资产的账面价值。

7.3.3　特殊交易或事项中涉及递延所得税的确认

（一）与直接计入所有者权益的交易或事项相关的所得税

某项交易或事项按照会计准则规定应计入所有者权益的,由该交易或事项产生的递延所得税资产或递延所得税负债及其变化也应计入所有者权益,不构成利润表中的递延所得税费用(或收益)。直接计入所有者权益的交易或事项主要有:会计政策变更采用追溯调整法或对前期差错更正采用追溯重述法调整期初留存收益、其他债权投资和其他权益工具投资的公允价值变动计入其他综合收益、自用房地产转换为采用公允价值模式计量的投资性房地产公允价值大于账面价值的差额计入其他综合收益、同时包含负债及权益成分的金融工具在初始确认时计入其他权益工具等。

（二）与企业合并相关的递延所得税

企业合并中取得的资产、负债,其账面价值与计税基础不同,应确认相关递延所得税的,该递延所得税的确认影响合并中产生的商誉或是计入当期损益的金额,不影响所得税费用。

在企业合并中,购买方取得的可抵扣暂时性差异,按照税法规定可以用于抵减以后年度应纳税所得额,但在购买日不符合递延所得税资产确认条件而不予以确认。购买日后12个月内,如取得新的或进一步信息表明购买日的相关情况已经存在,预期被购买方在购买日可抵扣暂时性差异带来的经济利益能够实现的,应当确认相关的递延所得税资产,同时减少商誉,商誉不足冲减的,差额部分确认为当前损益;除上述情况以外,确认与企业合并相关的递延所得税资产,应当计入当期损益。

(三)与股份支付相关的递延所得税

与股份支付相关的支出在按照会计准则规定确认为成本费用时,其相关的所得税影响应区别于税法的规定进行处理:如果税法规定与股份支付相关的支出不允许税前扣除,则不形成暂时性差异;如果税法规定与股份支付相关的支出允许税前扣除,在按照会计准则规定确认成本费用的期间内,企业应当根据会计期末取得的信息估计可税前扣除的金额计算确定其计税基础及由此产生的暂时性差异,符合确认条件的情况下应当确认相关的递延所得税。

根据相关税法规定,对于附有业绩条件或服务条件的股权激励计划,企业按照会计准则的相关规定确认的成本费用在等待期内不得税前抵扣,待股权激励计划可行权时方可抵扣,可抵扣的金额为实际行权时的股票公允价值与激励对象支付的行权金额之间的差额。因此,企业未来可以在税前抵扣的金额与等待期内确认的成本费用金额很可能存在差异。企业应根据期末的股票价格估计未来可以税前抵扣的金额,以未来期间很可能取得的应纳税所得额为限确认递延所得税资产。此外,如果预计未来期间可抵扣的金额超过等待期内确认的成本费用,超出部分形成的递延所得税资产应直接计入所有者权益,而不是计入当期损益。

7.3.4 税率变化对已确认递延所得税资产和递延所得税负债的影响

因税收法规的变化,导致企业在某一会计期间适用的所得税税率发生变化的,企业应对已确认的递延所得税资产和递延所得税负债按照新的税率进行重新计量。递延所得税资产和递延所得税负债的金额代表的是有关可抵扣暂时性差异或应纳税暂时性差异于未来期间转回时,导致企业应缴所得税金额的减少或增加的情况。适用税率变动的情况下,应对原已确认的递延所得税资产及递延所得税负债的金额进行调整,反映税率变化带来的影响。

除直接计入所有者权益的交易或事项产生的递延所得税资产及递延所得税负债,相关的调整金额应计入其他综合收益以外,其他情况下因税率变化产生的调整金额应确认为税率变化当期的所得税费用(或收益)。

7.4 所得税费用的确认和计量

采用资产负债表债务法核算所得税的情况下,利润表中的所得税费用由两个部分组成:当期所得税和递延所得税。计入当期损益的所得税费用或收益不包括企业合并和直接在所有者权益中确认的交易或事项产生的所得税影响。所得税费用核算企业确认的应从当期利润总额中扣除的所得税费用。企业按"当期所得税费用""递延所得税费用"进行明细核算。

7.4.1　当期所得税费用

当期所得税,是指企业按照税法规定计算确定的针对当期发生的交易和事项,应交纳给税务部门的所得税金额,即当期应交所得税,应以适用的税收法规为基础计算确定。

企业在确定当期所得税时,对于当期发生的交易或事项,会计处理与税收处理不同的,应在会计利润的基础上,按照适用税收法规的要求进行调整,计算当期应缴所得税。核算时,借记所得税费用,贷记应交税费。

企业所得税按年计算,企业所得税分月或者分季预缴。企业所得税征收方式有两种:查账征收和核定征收。查账征收企业分月或者分季度预缴企业所得税时,应当按照月度或者季度的实际利润额(根据利润总额调整计算)预缴;按照月度或者季度的实际利润额预缴有困难的,可以按照上一纳税年度应纳税所得额的月度或者季度平均额预缴,或者按照经税务机关认可的其他方法预缴。预缴方法一经确定,该纳税年度内不得随意变更。

企业应当自月份或者季度终了之日起十五日内,向税务机关报送预缴企业所得税纳税申报表,预缴税款。企业应当自年度终了之日起五个月内,向税务机关报送年度企业所得税纳税申报表,并汇算清缴,结清应缴应退税款。纳税人在纳税年度内预缴企业所得税税款少于应缴企业所得税税款的,应在汇算清缴期内结清应补缴的企业所得税税款;纳税人在纳税年度内预缴企业所得税税款超过汇算清缴应纳税款的,纳税人应及时申请退税,主管税务机关应及时按有关规定办理退税,不再抵缴其下一年度应缴企业所得税税款。

利润总额是会计概念,实际利润额与应纳税所得额是税法概念,需要在利润总额的基础上调整得出。实际利润额是查账征收企业预缴企业所得税的依据。应纳税所得额是查账征收企业汇算清缴企业所得税的依据。实际利润额是在利润总额的基础上进行局部调整后得出,而应纳税所得额是进行全面调整后的结果。

核定征收方式包括定额征收和核定应税所得率征收两种办法。税务机关应根据纳税人具体情况,对核定征收企业所得税的纳税人,核定应税所得率或者核定应纳所得额。实行核定定额征收企业所得税的纳税人,不进行汇算清缴。核定征收企业预缴和汇算清缴均以应纳税所得额为依据,以收入或成本费用为基数,按照税务机关核定的应税所得率计算应纳税所得额。

7.4.2　递延所得税费用

递延所得税,是指企业在某一会计期间确认的递延所得税资产及递延所得税负债的综合结果。它是按照企业会计准则规定应予确认的递延所得税资产和递延所得税负债在期末应有的金额相对于原已确认金额之间的差额,即递延所得税资产及递延所得税负债的当期发生额,但不包括计入所有者权益的交易或事项及企业合并的所得税影响。核算时,借记或者贷记所得税费用,贷记或者借记递延所得税资产(或负债)。递延所得税不一定会影响所得税费用。

递延所得税费用=递延所得税负债的增加+递延所得税资产的减少

【例7-3】 某企业利润总额100万元,行政罚款支出3万元;营业收入1 000万元,发生招待费10万元;国债利息3万元;存货年初账面价值200万元,计税基础210万元,本年计提跌价准备20万元,年末账面价值180万元,计税基础210万元;固定资产年初账面价值75万元,计税基础60万元,本年会计计提折旧25万元,税法计提折旧30万元,年末账面价值50万元,计税基础30万元,税率25%,不考虑所得税预缴和汇算清缴问题。

永久性差异:罚款3万元、国债利息3万元、业务招待费超支5万元;存货可抵扣暂时性差异增加20万元,固定资产应纳税暂时性差异增加5万元。

当期所得税=(100+3+5-3+20-5)×25%=30(万元)

借:所得税费用　　　　　　　　　　　　262 500
　　递延所得税资产　　　　　　　　　　　50 000
　　贷:递延所得税负债　　　　　　　　　　　　12 500
　　　　应交税费——应交企业所得税　　　　　300 000

【例7-4】 甲企业年初取得某项交易性金融资产成本为18万元,年末公允价值为20万元,年初取得其他权益工具投资成本为20万元,年末公允价值为25万元,全年业务招待费超支10万元,年初应收账款账户250万元;年初坏账准备10万元;本年发生坏账4万元,满足税法扣除条件;以前发生坏账重新收回3万元;年末应收账款账户350万元;估计坏账损失比例为4%;年末计提坏账准备5万元;年末坏账准备14万元。年终研究开发项目达到预定用途形成无形资产10万元,不符合确认条件,次年开始摊销,本年不需纳税调整。该企业适用的所得税税率为25%。利润总额为200万元,该企业不存在其他会计与税收法规之间的差异,甲公司预计未来期间能够产生足够的应纳税所得额用于抵扣可抵扣暂时性差异,且递延所得税资产期初余额2.5万元,递延所得税负债不存在期初余额。不考虑所得税预缴和汇算清缴问题。

当期所得税=(200-2+10-4+3+5)×25%=53(万元)。

借:其他综合收益　　　　　　　　（50 000×25%）12 500
　　贷:递延所得税负债　　　　　　　　　　　　12 500
借:所得税费用　　　　　　　　　　　　　525 000
　　递延所得税资产　　　　　　　（40 000×25%）10 000
　　贷:递延所得税负债　　　　　　（20 000×25%）5 000
　　　　应交税费——应交企业所得税　　　　　530 000

【例7-5】 甲公司适用的企业所得税税率为25%。甲公司申报年度企业所得税时,涉及以下事项:①应收账款年初余额4 000万元,坏账准备年初余额为400万元,对应的递延所得税资产年初余额100万元;应收账款年末余额24 000万元,坏账准备年末余额2 400万元。②甲公司年初以2 400万元购入某公司股票,作为其他权益工具投资处理。至12月31日,该股票尚未出售,公允价值为2 600万元。③甲公司对乙公司的长期股权投资的初始投资成本为2 800万元,采用成本法核算。本年从乙公司分得现金股利200万元,计入投资收益。④甲公司当年发生广告费4 800万元。甲公司当年实现销售收入30 000万元。税法规定,企业发生的业务宣传费支出,不超过当年销售收入15%的部分,准予税前扣除;超过部分,准予结转以后年度税前扣除。⑤甲公司年初存在可税前弥补的亏损2 600万元,对这部分未弥补亏损上年末已确认递延所得税资产650万元。不考虑所得税预缴和汇算清缴问题。

甲公司本年实现利润总额3 000万元。除上述各项外,甲公司会计处理与税务处理不存在其他差异。甲公司预计未来期间能够产生足够的应纳税所得额用于抵扣可抵扣暂时性差异。

其他权益工具投资产生应纳税暂时性差异200万元。

借:其他综合收益　　　　　　　　　　　　　500 000
　　贷:递延所得税负债　　　　　　　　　　　　　500 000

应收账款可抵扣暂时性差异增加2 000万元;亏损形成的可抵扣暂时性差异转回2 600万元;广告费产生可抵扣暂时性差异300万元。

本期可抵扣暂时性差异减少300万元。

递延所得税资产=(2 400+300)×25%-(650+100)=-75(万元)

递延所得税费用为75(万元)

甲公司应纳税所得额=3 000+计提坏账准备2 000-分得现金股利200+广告费300-弥补的亏损2 600=2 500(万元)

应交所得税=2 500×25%=625(万元)

借:所得税费用　　　　　　　　　　　　　　7 000 000
　　贷:应交税费——应交企业所得税　　　　　　　6 250 000
　　　　递延所得税资产　　　　　　　　　　　　　750 000

【例7-6】　乙公司全年利润总额300万元。其中招待费超标4万元,本年计提坏账准备12万元,采用成本法核算的长期股权投资,本年收到被投资单位分配现金股利20万元。按照月度或者季度的实际利润额预缴企业所得税。乙公司盈余公积提取比例为10%。

(1)全年实际利润额=300-20=280(万元),累计预缴所得税:280×25%=70(万元)。

借:所得税费用　　　　　　　　　　　　　　700 000
　　贷:应交税费——应交企业所得税　　　　　　　700 000

借:本年利润　　　　　　　　　　　　　　　700 000
　　贷:所得税费用　　　　　　　　　　　　　　700 000

借:应交税费——应交企业所得税　　　　　　700 000
　　贷:银行存款　　　　　　　　　　　　　　　700 000

(2)年终确认递延所得税:

借:递延所得税资产　　　　　　　　　　　　30 000
　　贷:所得税费用　　　　　　　　　　　　　　30 000

（3）第二年汇算清缴的处理：（300+4+12−20）×25%−70=4（万元）

借：以前年度损益调整	40 000	
贷：应交税费——应交企业所得税		40 000
借：利润分配——未分配利润	36 000	
盈余公积	4 000	
贷：以前年度损益调整		40 000
借：应交税费——应交企业所得税	40 000	
贷：银行存款		40 000

练习题

一、选择题（前三题属于单选，后三题属于多选）

1. 下列项目属于永久性差异是（　　）。

　　A. 计提资产减值准备　　　　　　　　B. 残疾人员加计扣除

　　C. 职工教育经费超支　　　　　　　　D. 符合资本化条件的开发费用

2. 下列有关资产和负债的计税基础的说法中，不正确的有（　　）。

　　A. 资产的计税基础是指某一项资产在未来期间计税时按照税法规定可以税前扣除的金额

　　B. 负债的计税基础是指某一项负债在未来期间计税时按照税法规定可以税前扣除的金额

　　C. 负债的计税基础是指负债的账面价值减去未来期间计税时按照税法规定可以抵扣的金额

　　D. 负债的计税基础是指某一项负债在未来期间计税时按照税法规定不能税前扣除的金额

3. 下列项目中，产生可抵扣暂时性差异的有（　　）。

　　A. 权益法核算长期股权投资账面价值大于计税基础

　　B. 其他权益工具投资期末公允价值上涨

　　C. 国债利息收入

　　D. 无形资产计提减值准备

4. 应纳税暂时性差异通常产生于以下情况（　　）。

　　A. 资产的账面价值大于其计税基础

　　B. 资产的账面价值小于其计税基础

　　C. 负债的账面价值大于其计税基础

　　D. 负债的账面价值小于其计税基础

5.下列会计科目,属于递延所得税对应的科目有(　　)。

  A.所得税费用　　　　　　　　　B.商誉

  C.应交税费　　　　　　　　　　D.其他综合收益

6.下列说法正确的有(　　)。

  A.永久性差异需要纳税调整

  B.暂时性差异不一定确认递延所得税

  C.会计利润与应税所得不同

  D.递延所得税不一定对应所得税费用

二、业务题

1.甲公司适用的所得税税率为25%,该公司利润总额为6 000万元。甲公司预计未来期间能够产生足够的应纳税所得额用以抵扣可抵扣暂时性差异。会计与税法存在差异的项目如下:

(1)年末对应收账款计提了500万元坏账准备。

(2)当年确认国债利息收入200万元。

(3)甲公司年初购入基金,作为交易性金融资产核算,取得成本为2 000万元,年末该基金的公允价值为4 100万元。

要求:计算甲公司应纳税所得额、应交所得税、递延所得税费用和所得税费用;编制甲公司确认所得税费用的会计分录。

2.甲公司适用的所得税税率为25%;递延所得税资产和递延所得税负债年初无余额。假定在未来期间能产生足够的应纳税所得额用以利用可抵扣暂时性差异形成的所得税影响。甲公司实现利润总额3 750万元,当年度发生的部分交易或事项如下:

(1)本年研发一项新技术。支付研发支出共计680万元,其中符合资本化条件后的支出400万元。研发活动年底仍在进行中。税法规定加计100%扣除。

(2)本年以每股5.7元的价格购入20万股乙公司股票,作为其他权益工具投资核算。年末股票收盘价为每股8元。

(3)发生广告费2 000万元,年度销售收入9 800万元。税法规定,当年销售(营业)收入的15%扣除,超过部分向以后结转。

要求:编制所得税相关的会计分录。

3.A公司利润总额1 000万元,所得税税率为25%。

(1)A公司全年实现销售收入10 000万元,发生广告费支出2 000万元。税法规定,该类支出不超过当年销售收入15%的部分允许当期税前扣除,超过部分允许向以后年度结转税前扣除。

(2)职工福利费超支2万元,工会经费超支2万元,职工教育经费超支4万元。

(3)A公司当年营业外支出中有12万元为税收滞纳金。

要求:根据上述资料计算应交所得税和所得税费用。

4.甲公司适用的所得税税率为25%。递延所得税资产和递延所得税负债年初无余额。利润总额为5 000万元,涉及所得税的交易或事项如下:

(1)上年末,甲公司购入一台不需安装管理用设备,价款1 500万元。甲公司预计该设备使用年限为5年,预计净残值为零,采用年数总和法计提折旧。税法规定,采用直线法计提折旧,折旧年限为5年。

(2)甲公司因违反税收规定被处以10万元罚款。全年招待费超支10万。

(3)甲公司被乙公司提起诉讼,甲公司预计负债100万元。税法规定,该诉讼损失在实际发生时允许在税前扣除。

(4)年末计提产品质量保证150万元,本年发生保修费用70万元。

要求:计算应纳税所得额并编制所得税会计分录。

5.甲公司2×20年年底购入一台机器设备,成本为20万元,预计使用年限为4年,预计净残值为零。会计上采用年数总和法,税法采用直线法,税法使用年限及净残值均与会计相同。除该项固定资产产生的会计与税法之间的差异外,不存在其他会计与税收的差异。利润总额每年10万元。

要求:编制连续四年(2×21—2×24)的会计分录。

6.甲公司利润总额1 000万元,所得税税率为25%,当年发生如下业务:

(1)库存商品年初账面余额为200万元,跌价准备80万元;年末账面余额为350万元,跌价准备为110万元。

(2)无形资产自上年年初开始摊销,原价为90万元,直线法摊销,会计5年期摊销,税法10年摊销,无形资产上年末的可收回金额为40万元。

(3)上年年初购入股票,初始成本为80万元,甲公司作为交易性金融资产,上年末的公允价值为110万元。甲公司本年出售股票,卖价为120万元。

(4)应收账款年初账面余额为50万元,坏账准备为10万元,年末账面余额为30万元,坏账准备为5万元。

要求:计算应纳税所得额并编制所得税会计分录。

7.某企业为居民企业,2×24年取得营业收入2 500万元,营业成本1 050万元。销售费用680万元(其中广告费和业务宣传费385万元);管理费用480万元(其中业务招待费15万元);财务费用60万元。税金及附加40万元。营业外支出10万元(支付税收滞纳金4万元)。

要求:计算该企业2×24年利润总额、应纳企业所得税和所得税费用。

8.某公司企业所得税税率为25%,按季度申报预缴企业所得税,年终汇算清缴。2×24年有关情况如下:前三季度累计实现利润总额为180万元,累计实际利润额180万元。第四季度实现利润总额为120万元,其中,被工商部门罚款3万元,国债利息收入4万元,全年招待费超支5万元,公司按实际利润额预缴所得税。

要求:编制第四季度计提所得税和次年汇算清缴的会计分录。

三、简答题

1.比较利润总额、实际利润额和应纳税所得额。

2.简述资产负债表债务法的核算程序。

第8章 外币折算

学习目标

通过本章学习,要求了解记账本位币的确定,掌握外币兑换、外币购销、外币借款、接受外币投资、外币货币性项目期末汇兑损益的会计处理以及外币财务报表折算。进口征税可以增加进口产品的成本,保护本国同类产品在国内市场的竞争力;出口退税则可以增强本国出口企业商品的国际竞争力。人民币是我国的法定货币,是我国综合国力的体现。人民币在全球支付市场的占有率呈现上升趋势,但上升的速度缓慢,想要跟美元平起平坐,还有很长的路要走。

8.1 记账本位币的确定

8.1.1 记账本位币的定义

记账本位币是指企业经营所处的主要经济环境中的货币。主要经济环境,通常是指企业主要产生和支出现金的环境,使用该环境中的货币最能反映企业的主要交易的经济结果。例如,我国大多数企业主要产生和支出现金的环境在国内。因此,一般以人民币作为记账本位币。记账本位币是指企业所选定的记账货币,而外币则是记账本位币之外的货币。

8.1.2 企业记账本位币的确定

我国《会计法》规定,业务收支以人民币以外的货币为主的单位,可以选定其中一种货币作为记账本位币,但是编报的财务会计报告应当折算为人民币。企业记账本位币的选定,应当考虑下列因素:

一是从日常活动收入现金的角度看,所选择的货币能够对企业商品和劳务销售价格起主要作用,通常以该货币进行商品和劳务销售价格的计价和结算。

二是从日常活动支出现金的角度看,所选择的货币能够对商品和劳务所需人工、材料和其他费用产生主要影响,通常以该货币进行这些费用的计价和结算。

三是融资活动获得的资金以及保存从经营活动中收取款项时所使用的货币。即视融资活动获得的资金在其生产经营活动中的重要性,或者企业通常留存销售收入的货币而定。

在确定企业的记账本位币时,上述因素的重要程度因企业具体情况不同而不同,需要企业管理当局根据实际情况进行判断。一般情况下,综合考虑前两项即可确定企业的记账本位币,第三项为参考因素,视其对企业收支现金的影响程度而定。在综合考虑前两项因素仍不能确定企业记账本位币的情况下,第三项因素对企业记账本位币的确定起重要作用。

需要强调的是,企业管理当局根据实际情况确定的记账本位币只有一种,该货币一经确定,不得改变,除非与确定记账本位币相关的企业经营所处的主要经济环境发生重大变化。

8.1.3　境外经营记账本位币的确定

(一)境外经营的含义

境外经营是指企业在境外的子公司、合营企业、联营企业、分支机构。区分某实体是否为该企业的境外经营的关键有两项:一是该实体与企业的关系,是否为企业的子公司、合营企业、联营企业、分支机构;二是该实体的记账本位币是否与企业记账本位币相同,而不是以该实体是否在企业所在地的境外作为标准。当企业在境内的子公司、联营企业、合营企业或者分支机构选定的记账本位币不同于企业的记账本位币时,也应当视同境外经营。

(二)境外经营记账本位币的确定

境外经营也是一个企业,在确定其记账本位币时也应当考虑企业选择确定记账本位币需要考虑的上述因素。同时,由于境外经营是企业的子公司、联营企业、合营企业或者分支机构,因此,境外经营记账本位币的选择还应当考虑该境外经营与企业的关系:

(1)境外经营对其所从事的活动是否拥有很强的自主性。如果境外经营所从事的活动是视同企业经营活动的延伸,该境外经营应当选择与企业记账本位币相同的货币作为记账本位币,如果境外经营所从事的活动拥有极大的自主性,应根据所处的主要经济环境选择记账本位币。

(2)境外经营活动中与企业的交易是否在境外经营活动中占有较大比重。如果境外经营与企业的交易在境外经营活动中所占的比例较高,境外经营应当选择与企业记账本位币相同的货币作为记账本位币;反之,应根据所处的主要经济环境选择记账本位币。

(3)境外经营活动产生的现金流量是否直接影响企业的现金流量、是否可以随时汇回。如果境外经营活动产生的现金流量直接影响企业的现金流量,并可随时汇回,境外经营应当选择与企业记账本位币相同的货币作为记账本位币;反之,应根据所处的主要经济环境选择记账本位币。

（4）境外经营活动产生的现金流量是否足以偿还其现有债务和可预期的债务。如果境外经营活动产生的现金流量在企业不提供资金的情况下，难以偿还其现有债务和正常情况下可预期的债务，境外经营应当选择与企业记账本位币相同的货币作为记账本位币；反之，应根据所处的主要经济环境选择记账本位币。

8.1.4　记账本位币变更的会计处理

企业因经营所处的主要经济环境发生重大变化，确需变更记账本位币的，应当采用变更当日的即期汇率将所有项目折算为变更后的记账本位币，折算后的金额作为新的记账本位币的历史成本。由于采用同一即期汇率进行折算，因此，不会产生汇兑差额。当然，企业需要提供确凿的证据证明企业经营所处的主要经济环境确实发生了重大变化，并应当在附注中披露变更的理由。

企业记账本位币发生变更的，其比较财务报表应当以可比当日的即期汇率折算所有资产负债表和利润表项目。

8.2　外币交易的会计处理

外币交易由于交易日与款项结算日的不同，折算所用的汇率可能不同，相同金额的外币折算为记账本位币的金额可能不同。对此的处理有两种观点：一是历史上曾出现的一项交易观，另一种是目前普遍为我国及其他国家或地区所采用的两项交易观。未实现汇兑差额与已实现汇兑差额均在当期确认。

8.2.1　汇率

汇率是指两种货币相兑换的比率，是一种货币用另一种货币单位所表示的价格。常用的标价方法包括直接标价法、间接标价法。直接标价法是指以一定单位的外国货币为基准，将其折合为一定数额的本国货币的标价方法，目前大多数国家采用这种标价法；间接标价法是指以一定单位的本国货币为基准，将其折合为一定数额的外国货币的标价方法。我们通常在银行见到的汇率有 3 种表示方式：买入价、卖出价和中间价。买入价指银行买入其他货币的价格，卖出价指银行出售其他货币的价格，中间价是银行买入价与卖出价的平均价。银行的卖出价一般高于买入价，以获取其中的差价。

（一）即期汇率

即期汇率是指某货币目前在现货市场上进行交易的价格。无论买入价还是卖出价均是立即交付的结算价格，都是即期汇率。即期汇率是相对于远期汇率而言的，远期汇率是在未来某一日交付时的结算价格。为方便核算，准则中企业用于记账的即期汇率一般指当日中国人民银行公布的人民币汇率的中间价。但是，在企业发生单纯的货币兑换交易或涉及货币兑换的交易时，仅用中间价不能反映货币买卖的损益，需要使用买入价或卖出价折算。

企业发生的外币交易只涉及人民币与美元、欧元、日元、港元之间折算的,可直接采用中国人民银行每日公布的人民币汇率的中间价作为即期汇率进行折算;企业发生的外币交易涉及人民币与其他货币之间折算的,应当按照国家外汇管理局公布的各种货币对美元折算率采用套算的方法进行折算;发生的外币交易涉及人民币以外的货币之间折算的,可直接采用国家外汇管理局公布的各种货币对美元折算率进行折算。

(二)即期汇率的近似汇率

在汇率变动不大时,为简化核算,企业在外币交易日或外币报表的某些项目进行折算时,也可以选择即期汇率的近似汇率折算。即期汇率的近似汇率是"按照系统合理的方法确定的、与交易发生日即期汇率近似的汇率",通常是指当期平均汇率或加权平均汇率等。加权平均汇率需要采用外币交易的外币金额作为权重进行计算。

确定即期汇率的近似汇率的方法应在前后各期保持一致。如果汇率波动使得采用即期汇率的近似汇率折算不适当时,应当采用交易发生日的即期汇率折算。至于何时不适当,需要企业根据汇率变动情况及计算近似汇率的方法等进行判断。

8.2.2 外币交易的记账方法

外币是企业记账本位币以外的货币。外币交易是指企业发生以外币计价或者结算的交易。包括:①买入或者卖出以外币计价的商品或者劳务。例如,以人民币为记账本位币的国内A公司向国外B公司销售商品,货款以美元结算;A公司购买S公司发行的H股股票,A公司从境外以美元购买固定资产或原材料等。②借入或者借出外币资金;例如,以人民币为记账本位币的甲公司从中国银行借入欧元、经批准向海外发行美元债券等。③其他以外币计价或者结算的交易。指除上述①②外,以记账本位币以外的货币计价或结算的其他交易。例如,接受外币现金捐赠等。

外币交易的记账方法有外币统账制和外币分账制两种。外币统账制是指企业在发生外币交易时,即折算为记账本位币入账。外币分账制是指企业在日常核算时分别币种记账,资产负债表日,分别货币性项目和非货币性项目进行调整:非货币性项目按交易日即期汇率折算;货币性项目按资产负债表日即期汇率折算,产生的汇兑差额计入当期损益。

分账制记账方法下,为保证不同币种借贷方金额合计相等,需要设置"货币兑换"科目进行核算。外币统账制方法下,对外币交易的核算不单独设置科目,对外币交易金额因汇率变动而产生的差额在"财务费用"科目下设置二级科目"汇兑差额"反映。外币交易的核算,应设置外币账户。不允许开立现汇账户的企业,可以设置外币现金和外币银行存款以外的其他外币账户。

从我国目前的情况看,绝大多数企业采用外币统账制,只有银行等少数金融企业由于外币交易频繁,涉及外币币种较多,采用分账制记账方法进行日常核算。无论是采用分账制记账方法,还是采用统账制记账方法,只是账务处理程序不同,但产生的结果应当相同,即计算出的汇兑差额相同;相应的会计处理也相同,即均计入当期损益。

8.2.3 外币交易的会计处理

(一)初始确认

企业发生外币交易的,应在初始确认时采用交易日的即期汇率或即期汇率的近似汇率将外币金额折算为记账本位币金额。这里的即期汇率可以是外汇牌价的买入价或卖出价,也可以是中间价。在与银行不进行货币兑换的情况下,一般以中间价作为即期汇率。

【例8-1】 甲公司的记账本位币是人民币。对外币交易采用交易日即期汇率折算。2×24 年 4 月 1 日,从中国银行借入 2 000 000 港元,期限为 6 个月,借入的港元暂存银行。借入当日的即期汇率为 1 港元=1.10 元人民币。相关会计分录如下:

借:银行存款——港元　　　　　　(2 000 000×1.10)2 200 000

　　贷:短期借款——港元　　　　　(2 000 000×1.10)2 200 000

企业收到投资者以外币投入的资本,无论是否有合同约定汇率,均不采用合同约定汇率和即期汇率的近似汇率折算,而是采用交易日即期汇率折算。这样,外币投入资本与相应的货币性项目的记账本位币金额相等,不产生外币资本折算差额。

【例8-2】 乙公司的记账本位币为人民币,对外币交易采用交易日的即期汇率折算。根据其与外商签订的投资合同,外商将投入外币资本,投资合同约定的汇率是 1 美元=8.00 元人民币。2×24 年 7 月 1 日,乙股份有限公司收到外商投入资本 1000 000 美元,当日即期汇率为 1 美元=7.8 元人民币。相关会计分录如下:

借:银行存款——美元　　　　　(1 000 000×7.8)7 800 000

　　贷:实收资本　　　　　　　　　　　　7 800 000

货币兑换业务中:银行存款——外币账户,记账所用的汇率为中间价;银行存款——人民币账户,兑换所用的汇率为银行买入价或卖出价,企业产生的汇兑损失计入当期财务费用。

【例8-3】 甲股份有限公司以人民币为记账本位币,对外币交易采用交易日的即期汇率折算。2×24 年 6 月 1 日,将 80 000 美元到银行兑换为人民币,银行当日的美元买入价为 1 美元=7.55 元人民币,中间价为 1 美元=7.60 元人民币。相关会计分录如下:

借:银行存款——人民币　　　　　(80 000×7.55)604 000

　　财务费用——汇兑损失　　　　　　　　4 000

　　贷:银行存款——美元　　　　　(80 000×7.6)608 000

【例8-4】 乙公司以人民币为记账本位币,对外币交易采用交易日的即期汇率折算。2×24 年 6 月 1 日,因外币支付需要,从银行购入 20 000 欧元,银行当日的欧元卖出价为 1 欧元=11 元人民币,当日的中间价为 1 欧元=10.7 元人民币。相关会计分录如下:

借:银行存款——欧元　　　　　　(20 000×10.7)214 000

　　财务费用——汇兑损失　　　　　　　　6 000

　　贷:银行存款——人民币　　　　(20 000×11)220 000

(二)期末调整或结算

期末,企业应当分别对外币货币性项目和外币非货币性项目进行处理。

1)货币性项目

货币性项目是企业持有的货币和将以固定或可确定金额的货币收取的资产或者偿付的负债。其特点是其价值大小受汇率波动的影响。货币性项目分为货币性资产和货币性负债,货币性资产包括现金、银行存款、应收账款、其他应收款、长期应收款等,货币性负债包括应付账款、其他应付款、短期借款、应付债券、长期借款、长期应付款等。期末或结算货币性项目时,应以当日即期汇率折算外币货币性项目,该项目因当日即期汇率不同于该项目初始入账时或前一期末即期汇率而产生的汇兑差额计入当期损益。为购建或者生产符合资本化条件的资产而借入的专门借款为外币借款时,在借款费用资本化期间,由于外币借款取得日、使用日及结算日的汇率不同而产生的汇兑差额,应当资本化,计入相关资产成本。

【例8-5】 甲股份有限公司属于增值税一般纳税企业,人民币为记账本位币,其外币交易采用交易日即期汇率折算。按月计算汇兑损益。2×24年3月12日,从美国乙公司购入某种工业原料50吨,每吨价格为40美元,当日的即期汇率为1美元=7.6元人民币,进口关税为1 520元人民币,支付进口增值税2 173.6元人民币,货款尚未支付,进口关税及增值税由银行存款支付。

(1)3月12日(交易日):

借:原材料	(50×40×7.6+1 520)16 720	
应交税费——应交增值税(进项税额)	2 173.6	
贷:应付账款——美元		15 200
银行存款——人民币		3 693.6

(2)3月31日的即期汇率为1美元=7.55元人民币。

应付账款汇兑差额=50×40×(7.55-7.6)=100(元)

借:应付账款——美元	100	
贷:财务费用——汇兑损失		100

(3)假定4月3日,甲公司以美元存款付清所有货款(即结算日)。当日的即期汇率为1美元=7.56元人民币。

借:应付账款——美元【账面余额】	(2 000×7.55)15 100	
财务费用——汇兑损失	20	
贷:银行存款—美元		(2 000×7.56)15 120

(4)假定4月3日,甲公司以人民币存款付清所有货款。当日的银行卖出价为1美元=7.58元人民币。

借:应付账款——美元【账面余额】	(2 000×7.55)15 100	
财务费用——汇兑损失	60	
贷:银行存款——人民币		(2 000×7.58)15 160

【例 8-6】　A 公司按季计算汇兑损益。2×24 年 3 月 3 日,向 B 公司出口销售商品 1 000 万欧元,当日的即期汇率为 1 欧元=8.15 元人民币。货款尚未收到。3 月 31 日, A 公司仍未收到 B 公司的销售货款,当日的即期汇率为 1 欧元=8.13 元人民币。

(1)3 月 3 日(交易日):

借:应收账款——欧元　　　　　　　　　　　　　　　　8 150

　　贷:主营业务收入　　　　　　　　　　　　(1 000×8.15)8 150

(2)3 月 31 日(资产负债表日):

应收账款汇兑差额=1 000×(8.13−8.15)=−20(万元)

借:财务费用——汇兑损失　　　　　　　　　　　　　　　20

　　贷:应收账款——欧元　　　　　　　　　　　　　　　　20

(3)5 月 20 日收到上述货款 1 000 万欧元存入银行。假定 5 月 20 日即期汇率为 1 欧元= 8.16 元人民币。

借:银行存款——欧元　　　　　　　　　　(1 000×8.16)8 160

　　贷:应收账款——欧元【账面余额】　　　　(1 000×8.13)8 130

　　　　财务费用——汇兑损失　　　　　　　　　　　　　　30

(4)假定 5 月 20 日收到上述货款,兑换成人民币后直接存入银行,当日银行的欧元买入价为 1 欧元=8.14 元人民币,5 月 20 日即期汇率为 1 欧元=8.16 元人民币。

借:银行存款——人民币　　　　　　　　　(1 000×8.14)8 140

　　贷:应收账款——欧元【账面余额】　　　　　　　　　8 130

　　　　财务费用——汇兑损失　　　　　　　　　　　　　　10

2)非货币性项目

非货币性项目是货币性项目以外的项目,如预付账款、预收账款、存货、长期股权投资、交易性金融资产(股票、基金)、固定资产、无形资产等。

(1)对于以历史成本计量的外币非货币性项目,已在交易发生日按当日即期汇率折算,资产负债表日不应改变其原记账本位币金额,不产生汇兑差额。

(2)对于以成本与可变现净值孰低计量的存货,如果其可变现净值以外币确定,则在确定存货的期末价值时,应先将可变现净值折算为记账本位币,再与以记账本位币反映的存货成本进行比较。

【例 8-7】　甲公司以人民币为记账本位币。2×24 年 11 月 2 日,从英国乙公司采购国内市场尚无的 A 商品 10 000 件,每件价格为 1 000 英镑,当日即期汇率为 1 英镑=15 元人民币。2×24 年 12 月 31 日,尚有 2 000 件 A 商品未销售出去,国内市场仍无 A 商品供应,A 商品在国际市场的价格降至 900 英镑。12 月 31 日的即期汇率为 1 英镑=15.5 元人民币。假定不考虑增值税等相关税费。

由于存货在资产负债表日采用成本与可变现净值孰低计量,因此,在以外币购入存货并且该存货在资产负债表日获得可变现净值以外币反映时,计提存货跌价准备时应当

考虑汇率变动的影响。因此,该公司应作为会计分录如下:

11月2日,购入A商品:

借:库存商品——A　　　　　　　(10 000×1 000×15)150 000 000
　　贷:银行存款——英镑　　　　　　　　　　　　　150 000 000

12月31日,计提存货跌价准备:

借:资产减值损失(2 000×1 000×15−2 000×900×15.5) 2 100 000
　　贷:存货跌价准备　　　　　　　　　　　　　　　　2 100 000

(3)对于以公允价值计量且其变动计入当期损益的外币非货币性金融资产,汇率的变动和公允价值的变动不进行区分,计入公允价值变动损益。处置时对汇率的变动和处置损益不进行区分,计入投资收益。需要注意的是,债权投资属于外币货币性项目,汇率的变动计入财务费用。

【例8-8】 乙公司的记账本位币为人民币。2×24年12月10日以每股1.5美元的价格购入乙公司B股10 000股作为交易性金融资产,当日汇率为1美元=7.6元人民币,款项已付。2×24年12月31日,由于市价变动,当月购入的乙公司B股的市价变为每股1美元,当日汇率为1美元=7.65元人民币。假定不考虑相关税费的影响。2×24年12月31日,该公司应对上述交易应作以下处理:

借:交易性金融资产　　　　　　　(1.5×10 000×7.6)114 000
　　贷:银行存款——美元　　　　　　　　　　　　　114 000
借:公允价值变动损益　　　(114 000−1×10 000×7.65)37 500
　　贷:交易性金融资产　　　　　　　　　　　　　　37 500

2×25年1月10日,乙公司将所购乙公司B股股票按当日市价每股1.2美元全部售出,所得价款为12 000美元,按当日汇率1美元=7.7元人民币折算为人民币金额为92 400元,对于汇率的变动和股票市价的变动不进行区分,均作为投资收益进行处理。因此,售出当日,乙公司应作会计分录如下:

借:银行存款——美元　　　　　　　(1.2×10 000×7.7)92 400
　　投资收益　　　　　　　　　　　　　　　　　　　15 900
　　贷:交易性金融资产　　　　　　　(114 000−37 500)76 500

(4)以公允价值计量且其变动计入其他综合收益的外币货币性金融资产形成的汇兑差额,应当计入当期损益;以公允价值计量且其变动计入其他综合收益的外币非货币性金融资产形成的汇兑差额,与其公允价值变动一并计入其他综合收益。但是,外币利息和外币现金股利产生的汇兑差额,应当计入当期损益。非交易性权益工具投资处置时对于汇率的变动和处置损益不进行区分,计入留存收益。

【例8-9】 甲公司以人民币作为记账本位币,其外币交易采用交易日即期汇率折算,按月计算汇兑损益。甲公司在银行开设有欧元账户。有关外币账户2×24年5月31日的余额如表8-1所示。

表8-1　甲公司外币账户

项目	外币账户余额（欧元）	汇率	人民币账户余额（人民币元）
银行存款	800 000	9.6	7 680 000
应收账款	400 000	9.6	3 840 000
应付账款	200 000	9.6	1 920 000

甲公司2×24年6月份发生的有关外币交易或事项如下：

(1)6月5日，以人民币向银行买入200 000欧元。当日即期汇率为1欧元=9.68元人民币，当日卖出价为1欧元=9.74元人民币。

借：银行存款——欧元　　　　　　(200 000×9.68)1 936 000

　　财务费用——汇兑损失　　　　　　　　　　12 000

　　贷：银行存款——人民币　　　(200 000×9.74)1 948 000

(2)6月12日，从国外购入一批原材料，总价款为400 000欧元。该原材料已验收入库存，货款尚未支付。当日即期汇率为1欧元=9.64元人民币。另外，以银行存款支付该原材料的进口关税385 600元人民币，增值税551 408元人民币。

借：原材料　　　　(400 000×9.64+385 600)4 241 600

　　应交税费——应交增值税(进项税额)　　　　551 408

　　贷：应付账款——欧元　　　　(400 000×9.64)3 856 000

　　　　银行存款——人民币　　　　　　　　　937 008

(3)6月16日，出口销售一批商品，销售价款为600 000欧元，货款尚未收到。当日即期汇率为1欧元=9.5元人民币。

借：应收账款——欧元　　　　　　(600 000×9.5)5 700 000

　　贷：主营业务收入　　　　　　　　　　　5 700 000

(4)6月25日，收到应收账款300 000欧元，款项已存入银行。当日即期汇率为1欧元=9.54元人民币。该应收账款是5月份出口销售发生的。

借：银行存款——欧元　　　　　　(300 000×9.54)2 862 000

　　财务费用——汇兑损失　　　　　　　　　　18 000

　　贷：应收账款——欧元　　　　(300 000×9.6)2 880 000

(5)6月30日，即期汇率为1欧元=9.65元人民币。2019年6月30日，计算期末产生的汇兑差额。

银行存款欧元户余额=800 000+200 000+300 000=1 300 000(欧元)

汇兑差额=1 300 000×9.65-(7 680 000+1 936 000+2 862 000)=67 000(元人民币)(汇兑收益)

应收账款欧元户余额=400 000+600 000-300 000=700 000(欧元)

汇兑差额=700 000×9.65-(3 840 000+5 700 000-2 880 000)=95 000(元人民币)(汇兑收益)

应付账款欧元户余额=200 000+400 000=600 000(欧元)

汇兑差额=600 000×9.65-(1 920 000+3 856 000)=14 000(元人民币)(汇兑损失)

应计入当期损益的汇兑差额=67 000+95 000-14 000=148 000(元人民币)(汇兑收益)

借:银行存款——欧元　　　　　　　　　　　　67 000

　　应收账款——欧元　　　　　　　　　　　　95 000

　　贷:应付账款——欧元　　　　　　　　　　　　　14 000

　　　　财务费用——汇兑损失　　　　　　　　　　　148 000

8.3　外币财务报表折算

在将企业的境外经营通过合并、权益法核算等纳入到企业的财务报表中时,需要将企业境外经营的财务报表折算为以企业记账本位币反映的财务报表,这一过程就是外币财务报表的折算。可见,境外经营及其记账本位币的确定是进行财务报表折算的关键。

企业的子公司、合营企业、联营企业和分支机构如果采用与企业相同的记账本位币,无论是否在境外,其财务报表不存在折算问题。如果不同于企业的记账本位币,通过合并报表、权益法核算等纳入到企业的财务报表中时,需要将其财务报表折算为以企业记账本位币反映的财务报表。

8.3.1　境外经营财务报表的折算

(一)折算方法

外币报表的折算方法共有四种:流动与非流动法、货币与非货币法、时态法和现时汇率法。为与我国合并财务报表所采用的实体理论保持一致,我国外币折算准则基本采用现时汇率法。

在对企业境外经营财务报表进行折算前,应当调整境外经营的会计期间和会计政策,使之与企业会计期间和会计政策相一致,根据调整后会计政策及会计期间编制相应货币(记账本位币以外的货币)的财务报表。我国按照以下方法对境外经营财务报表进行折算:

(1)资产负债表中的资产和负债项目,采用资产负债表日的即期汇率折算,所有者权益项目除"未分配利润"项目外,其他项目采用发生时的即期汇率折算。

(2)利润表中的收入和费用项目,采用交易发生日的即期汇率或即期汇率的近似汇率折算。

(3)产生的外币财务报表折算差额,在编制合并会计报表时,应在合并资产负债表中"其他综合收益"项目列示。

比较财务报表的折算比照上述规定处理。

【例8-10】　国内甲公司的记账本位币为人民币,该公司在境外有一子公司乙公司,乙公司确定的记账本位币为美元。根据合同约定,甲公司拥有乙公司70%的股权,并能够对乙公司实施控制。甲公司采用当期平均汇率折算乙公司利润表项目。当期的盈余公积和未分配利润采用当期平均汇率折算,乙公司的有关资料如下:

2×24年12月31日的汇率为1美元=7.7元人民币,2×24年的平均汇率为1美元=7.5元人民币,2×23年12月31日的股本为500万美元,发生日的即期汇率为1美元=8元人民币,折算为人民币为4 000万元;累计盈余公积为50万美元,折算为人民币为405万元,累计未分配利润为120万美元,折算为人民币为972万元。2×24年乙公司计提盈余公积为70万美元,折算为人民币为525万元,年末累计盈余公积为120万美元,折算为人民币为930万元,乙公司未分配利润增加为210万美元,折算为人民币为1 575万元。年末未分配利润为330万美元,折算为人民币为2 547万元。

报表折算见表8-2、表8-3和表8-4。

表8-2 利润表

2×24年度 单位:万元

项 目	期末数(美元)	折算汇率	折算为人民币金额
一、营业收入	2 000	7.5	15 000
减:营业成本	1 500	7.5	11 250
税金及附加	40	7.5	300
管理费用	100	7.5	750
财务费用	10	7.5	75
加:投资收益	30	7.5	225
二、营业利润	380	-	2 850
加:营业外收入	40	7.5	300
减:营业外支出	20	7.5	150
三、利润总额	400	-	3 000
减:所得税费用	120	7.5	900
四、净利润	280	-	2 100
五、每股收益			
六、其他综合收益			
七、综合收益总额			

表8-3 所有者权益变动表

2×24年度 单位：万元

项目	实收资本			其他综合收益	盈余公积			未分配利润		股东权益合计
	美元	折算汇率	人民币	人民币	美元	折算汇率	人民币	美元	人民币	人民币
一、本年年初余额	500	8	4 000		50		405	120	972	5 377
二、本年增减变动金额										
（一）净利润								280	2 100	2 100
（二）其他综合收益				−162						−162
其中:外币报表折算差额				−162						−162
（三）利润分配										
提取盈余公积					70	7.5	525	−70	−525	0
三、本年年末余额	500	8	4 000	−162	120		930	330	2 547	7 315

表8-4 资产负债表

2×24年12月31日 万元

资产	期末数（美元）	折算汇率	折算为人民币金额	负债和股东权益	期末数（美元）	折算汇率	折算为人民币金额
流动资产：				流动负债：			
货币资金	190	7.7	1 463	短期借款	45	7.7	346.5
应收账款	190	7.7	1 463	应付账款	285	7.7	2 194.5
存货	240	7.7	1 848	其他流动负债	110	7.7	847
其他流动资产	200	7.7	1 540	流动负债合计	440		3 388
流动资产合计	670		6 314	非流动负债：			
非流动资产：				长期借款	140	7.7	1 078
长期应收款	120	7.7	924	应付债券	80	7.7	616
固定资产	550	7.7	4 235	其他非流动负债	90	7.7	693
在建工程	80	7.7	616	非流动负债合计	310		2 387
无形资产	100	7.7	770	负债合计	750		5 775
其他非流动资产	30	7.7	231	股东权益：			

续表

资　产	期末数（美元）	折算汇率	折算为人民币金额	负债和股东权益	期末数（美元）	折算汇率	折算为人民币金额
非流动资产合计	830		6 776	股本	500	8	4 000
				其他综合收益			−162
				盈余公积	120		930
				未分配利润	330		2 547
				股东权益合计	950		7315
资产总计	1 700		13 090	负债和股东权益总计	1 700		13 090

外币报表折算差额为以记账本位币反映的净资产减去以记账本位币反映的实收资本、累计盈余公积及累计未分配利润后的余额。

外币报表折算差额=净资产−所有者权益其他项目

$$=(13\ 090-5\ 775)-(4\ 000+930+2\ 547)=-162(万元)$$

(二)特殊项目的处理

1)少数股东应分担的外币报表折算差额

在企业境外经营为其子公司的情况下,企业在编制合并财务报表时,应按少数股东在境外经营所有者权益中所享有的份额计算少数股东应分担的外币报表折算差额,并入少数股东权益列示于合并资产负债表。

2)实质上构成对境外经营净投资的外币货币性项目产生的汇兑差额的处理

母公司含有实质上构成对子公司(境外经营)净投资的外币货币性项目的情况下,在编制合并财务报表时,应分别以下两种情况编制抵销分录:

(1)实质上构成对子公司净投资的外币货币性项目以母公司或子公司的记账本位币反映,则应在抵销长期应收应付项目的同时,将其产生的汇兑差额转入"其他综合收益"项目。即借记或贷记"财务费用——汇兑差额"科目,贷记或借记"其他综合收益"。

(2)实质上构成对子公司净投资的外币货币性项目以母、子公司的记账本位币以外的货币反映,则应将母、子公司此项外币货币性项目产生的汇兑差额相互抵销,差额转入"其他综合收益"。

如果合并财务报表中各子公司之间也存在实质上构成对另一子公司(境外经营)净投资的外币货币性项目,在编制合并财务报表时应比照上述编制相应的抵销分录。

8.3.2　境外经营的处置

企业可能通过出售、清算、返还股本或放弃全部或部分权益等方式处置其在境外经营中的利益。在境外经营为子公司的情况下,企业处置境外经营应当按照合并财务报表处置子公司的原则进行相应的处理。在包含境外经营的财务报表中,将已列入所有者权益的其他综合收益中与该境外经营相关部分,自所有者权益项目中转入处置当期损益;如果是部分处置境外经营,应当按处置的比例计算处置部分的外币财务报表折算差额,转入处置当期损益。

练习题

一、选择题(前两题属于单选,后两题属于多选)

1.企业将收到的投资者以外币投入的资本折算为记账本位币时,应采用的折算汇率是( )。

    A.投资合同约定的汇率   B.投资合同签订时的即期汇率

    C.收到投资款时的即期汇率   D.收到投资款当月的平均汇率

2.外币会计报表折算产生的差额在报表中的列示方法是( )。

    A.在损益表中以"折算损益"项目反映

    B.在损益表中以"报表折算差额"项目反映

    C.在资产负债表中以"其他综合收益"项目反映

    D.在资产负债表中以"递延损益"项目反映

3.下列关于外币财务报表折算的表述中,正确的是( )。

    A.资产和负债项目应当采用发生时的即期汇率进行折算

    B.所有者权益项目,除"未分配利润"项目外,其他项目均应采用发生时的即期汇率进行折算

    C.利润表中的收入和费用项目,应当采用交易发生日的即期汇率折算,也可以采用与交易发生日即期汇率近似的汇率进行折算

    D.产生的外币财务报表折算差额,在编制合并会计报表时,应在合并资产负债表中所有者权益项目下单独作为"其他综合收益"项目列示。

4.企业对境外经营的财务报表进行折算时,下列项目中可用资产负债表日的即期汇率折算的有( )。

    A.存货   B.固定资产   C.应交税费   D.盈余公积

二、业务题

1.甲公司按月计算汇兑损益。2×24年3月3日,向乙公司出口销售商品1 000万欧元,当日的即期汇率为1欧元=8.15元人民币。假设不考虑相关税费,货款尚未收到。3月31日,甲公司仍未收到乙公司的销售货款,当日的即期汇率为1欧元=8.13元人民币。4月20日收到上述货款,兑换成人民币后直接存入银行,当日银行的欧元买入价为1欧元=8.14元人民币,即期汇率为1欧元=8.16元人民币。

要求:编制有关分录。

2.甲公司2×24年12月10日以每股3美元的价格购入乙公司B股100万股作为交易

性金融资产,当日汇率为 1 美元=6.03 元人民币,款项已付。2×24 年 12 月 31 日,由于市价变动,乙公司 B 股的市价变为每股 2.5 美元,当日汇率为 1 美元=6.04 元人民币。2×25 年 1 月 10 日,甲公司将所购乙公司 B 股股票每股 2.6 美元全部售出,当日汇率为 1 美元=6.05 元人民币。

要求:编制相关会计分录。

3.甲公司以人民币作为记账本位币,采用交易日即期汇率折算,按月计算汇兑损益。甲公司在银行开设有欧元账户。2×24 年 5 月 31 日外币账户:银行存款 800 000 欧元,应收账款 400 000 欧元,应付账款 200 000 欧元,汇率 1 欧元=9.55 元人民币。甲公司 2×24 年 6 月份发生的有关外币交易如下:

(1)6 月 5 日,以人民币向银行买入 200 000 欧元。当日汇率为 1 欧元=9.69 元人民币,当日银行卖出价为 1 欧元=9.75 元人民币。

(2)6 月 12 日,从国外购入一批原材料,总价款为 400 000 欧元。该原材料已验收入库存,货款尚未支付。当日汇率为 1 欧元=9.64 元人民币。另外,以银行存款支付该原材料的进口关税 385 600 元人民币,增值税 551 408 元人民币。

(3)6 月 16 日,出口销售一批商品,销售价款为 600 000 欧元,货款尚未收到。当日汇率为 1 欧元=9.41 元人民币。假设不考虑相关税费。

(4)6 月 25 日,收到应收账款 300 000 欧元,款项已存入银行。当日即期汇率为 1 欧元=9.54 元人民币。该应收账款系 5 月份出口销售发生的。

(5)6 月 30 日,即期汇率为 1 欧元=9.64 元人民币。

要求:编制有关分录,计算期末汇兑损益。

4.甲公司 2×24 年 12 月 1 日外币账户:银行存款 20 万美元,应付账款 30 万美元,汇率为 1:8。12 月 5 日接受外币投资 40 万美元,合同汇率为 1:8.1,当日市场汇率为 1:8.3;12 月 10 日将 10 万美元兑换成人民币,买入汇率为 1:8.15,当日市场汇率为 1:8.2;12 月 20 日,从境外购入一台设备,价格 50 万美元,当日市场汇率为 1:8.5,款项未付。12 月 31 日市场汇率为 1:8.4。该公司采用业务发生时市场汇率折算。

要求:编制有关分录,计算期末汇兑损益。

第9章 租 赁

学习目标

通过本章学习,要求了解租赁的相关概念;理解并掌握承租人、出租人以及特殊租赁业务的会计处理。资金的时间价值就是指当前所持有的一定量货币比未来获得的等量货币具有更高的价值,也可被看成是资金的使用成本。资金时间价值是财务管理中必须考虑的重要因素。时间就是金钱,要求财务人员树立时间价值观念。会计人员应当提高技能,增强提高专业技能的自觉性和紧迫感,勤学苦练,刻苦钻研,不断进取,提高业务水平。

9.1 租赁概述

租赁,是指在一定期间内,出租人将资产的使用权让与承租人以获取对价的合同。本准则适用于所有租赁,但下列各项除外:一是承租人通过许可使用协议取得的电影、录像、剧本、文稿等版权、专利等项目的权利,以及以出让、划拨或转让方式取得的土地使用权,适用无形资产准则;二是出租人授予的知识产权许可,适用收入准则;三是勘探或使用矿产、石油、天然气及类似不可再生资源的租赁,承租人承租生物资产,采用建设经营移交等方式参与公共基础设施建设、运营的特许经营权合同,不适用本准则。投资性房地产的租金收入与售后租回,适用租赁准则。租赁有别于资产购置和使用权不转移的服务性合同。

9.1.1 租赁的识别

(一)租赁的定义

在合同开始日,企业应当评估合同是否为租赁或者包含租赁。如果合同中一方让渡了在一定期间内控制一项或多项已识别资产使用的权利以换取对价,则该合同为租赁或者包含租赁。企业应当就合同进行评估,判断其是否为租赁或包含租赁。除非合同条款或条件发生变化,企业无需重新评估合同是否为租赁或者是否包含租赁。

一项合同要被分类为租赁,必须要满足三要素:一是存在一定期间;二是存在已识别资产;三是资产供应方向客户转移对已识别资产使用权的控制。

在合同中,"一定期间"也可以表述为已识别资产的使用量,例如,某项设备的产出量。

(二)已识别资产

已识别资产通常由合同明确指定,也可以在资产可供客户使用时隐性指定。

如果资产的部分产能在物理上可区分(例如,建筑物的一层),则该部分产能属于已识别资产。如果资产的某部分产能与其他部分在物理上不可区分(例如,光缆的部分容量),则该部分不属于已识别资产,除非其实质上代表该资产的全部产能,从而使客户获得因使用该资产所产生的几乎全部经济利益的权利。

即使合同已对资产进行指定,如果资产的供应方在整个使用期间拥有对该资产的实质性替换权,则该资产不属于已识别资产。同时符合下列条件时,表明资产供应方拥有资产的实质性替换权:①资产供应方拥有在整个使用期间替换资产的实际能力。②资产供应方通过行使替换资产的权利将获得经济利益。

需要注意的是,如果合同仅赋予资产供应方在特定日期或者特定事件发生日或之后拥有替换资产的权利或义务,考虑到资产供应方没有在整个使用期间替换资产的实际能力,资产供应方的替换权不具有实质性。企业在评估资产供应方的替换权是否为实质性权利时,应基于合同开始日的事实和情况,而不应考虑在合同开始日企业认为不可能发生的未来事件。资产供应方在资产运行结果不佳或者进行技术升级的情况下,因修理和维护而替换资产的权利或义务不属于实质性替换权。企业难以确定资产供应方是否拥有实质性替换权的,应视为资产供应方没有对该资产的实质性替换权。

【例9-1】 甲公司与乙公司签订合同,合同要求乙公司在5年内按照约定的时间表使用6节指定型号的火车车厢为甲公司运输约定数量的货物。合同规定了所运输货物的性质。乙公司有大量类似的车厢可以满足合同要求。车厢不用于运输货物时存放在乙公司处。

乙公司在整个使用期间有替换每节车厢的实际能力,乙公司可通过替换车厢获得经济利益。因此,乙公司拥有车厢的实质性替换权,合同中用于运输甲公司货物的车厢不属于已识别资产。

(三)客户是否控制已识别资产使用权的判断

为确定合同是否让渡了在一定期间内控制已识别资产使用的权利,企业应当评估合同中的客户是否有权获得在使用期间因使用已识别资产所产生的几乎全部经济利益,并有权在该使用期间主导已识别资产的使用。

在评估是否有权获得因使用已识别资产所产生的几乎全部经济利益时,企业应当在约定的客户可使用资产的权利范围内考虑其所产生的经济利益。

存在下列情况之一的,可视为客户有权主导对已识别资产在整个使用期间内的使用:①客户有权在整个使用期间主导已识别资产的使用目的和使用方式。②已识别资产的使用目的和使用方式在使用期开始前已预先确定,并且客户有权在整个使用期间自行或主导他人按照其确定的方式运营该资产;或者客户设计了已识别资产并在设计时已预先确定了该资产在整个使用期间的使用目的和使用方式。

9.1.2 租赁的分拆和合并

（一）租赁的分拆

合同中同时包含多项单独租赁的,承租人和出租人应当将合同予以分拆,并分别各项单独租赁进行会计处理。

合同中同时包含租赁和非租赁部分的,承租人和出租人应当将租赁和非租赁部分进行分拆,除非企业适用简化处理。分拆时,各租赁部分应当分别按照租赁准则进行会计处理,非租赁部分应当按照其他适用的企业会计准则进行会计处理。

同时符合下列条件的,使用已识别资产的权利构成合同中的一项单独租赁:

(1)承租人可从单独使用该资产或将其与易于获得的其他资源一起使用中获利。

(2)该资产与合同中的其他资产不存在高度依赖或高度关联关系。

在分拆合同包含的租赁和非租赁部分时,承租人应当按照各租赁部分单独价格及非租赁部分的单独价格之和的相对比例分摊合同对价。为简化处理,承租人可以按照租赁资产的类别选择是否分拆合同包含的租赁和非租赁部分。承租人选择不分拆的,应当将各租赁部分及与其相关的非租赁部分分别合并为租赁,按照租赁准则进行会计处理。但是,对于按照金融工具准则应分拆的嵌入衍生工具,承租人不应将其与租赁部分合并进行会计处理。

出租人应当分拆租赁部分和非租赁部分,根据《收入》关于交易价格分摊的规定分摊合同对价。

（二）租赁的合并

企业与同一交易方或其关联方在同一时间或相近时间订立的两份或多份包含租赁的合同,在符合下列条件之一时,应当合并为一份合同进行会计处理:

(1)该两份或多份合同基于总体商业目的而订立并构成一揽子交易,若不作为整体考虑则无法理解其总体商业目的。

(2)该两份或多份合同中的某份合同的对价金额取决于其他合同的定价或履行情况。

(3)该两份或多份合同让渡的资产使用权合起来构成一项单独租赁。

两份或多份合同合并为一份合同进行会计处理的,仍然需要区分该一份合同中的租赁部分和非租赁部分。

9.1.3 租赁期

租赁期是指承租人有权使用租赁资产且不可撤销的期间;承租人有续租选择权,即有权选择续租该资产,且合理确定将行使该选择权的,租赁期还应当包含续租选择权涵盖的期间;承租人有终止租赁选择权,即有权选择终止租赁该资产,但合理确定将不会行使该选择权的,租赁期应当包含终止租赁选择权涵盖的期间。

租赁期自租赁期开始日起计算。租赁期开始日,是指出租人提供租赁资产使其可供承租人使用的起始日期。如果承租人在租赁协议约定的起租日或租金起付日之前,已获得对租赁资产使用权的控制,则表明租赁期已经开始。租赁协议中对起租日或租金支付时间的约定,并不影响租赁期开始日的判断。

在确定租赁期和评估不可撤销租赁期间时,企业应根据租赁条款约定确定可强制执行合同的期间。如果承租人和出租人双方均有权在未经另一方许可的情况下终止租赁,且罚款金额不重大,则该租赁不再可强制执行。如果只有承租人有权终止租赁,则在确定租赁期时,企业应将该项权利视为承租人可行使的终止租赁选择权予以考虑。如果只有出租人有权终止租赁,则不可撤销的租赁期包括终止租赁选择权所涵盖的期间。

在租赁期开始日,企业应当评估承租人是否合理确定将行使续租或购买标的资产的选择权,或者将不行使终止租赁选择权。在评估时,企业应当考虑对承租人行使续租选择权或不行使终止租赁选择权带来经济利益的所有相关事实和情况,包括自租赁期开始日至选择权行使日之间的事实和情况的预期变化。购买选择权的评估方式应与续租选择权或终止租赁选择权的评估方式相同,购买选择权在经济上与将租赁期延长至租赁资产剩余经济寿命的续租选择权类似。

发生承租人可控范围内的重大事件或变化,且影响承租人是否合理确定将行使相应选择权的,承租人应当对其是否合理确定将行使续租选择权、购买选择权或不行使终止租赁选择权进行重新评估,并根据重新评估结果修改租赁期。如果不可撤销的租赁期间发生变化,企业应当修改租赁期。

9.2 承租人的会计处理

承租人使用的会计科目:"使用权资产"核算承租人持有的使用权资产的原价;"使用权资产累计折旧"核算使用权资产的累计折旧;"使用权资产减值准备"核算使用权资产的减值准备;"租赁负债"核算承租人尚未支付的租赁付款额的现值,可分别设置"租赁付款额""未确认融资费用"等进行明细核算。

9.2.1 初始计量

在租赁期开始日,承租人应当对租赁确认使用权资产和租赁负债,应用租赁准则进行简化处理的短期租赁和低价值资产租赁除外。

（一）租赁负债的初始计量

租赁负债应当按照租赁期开始日尚未支付的租赁付款额的现值进行初始计量。识别应纳入租赁负债的相关付款项目是计量租赁负债的关键。租赁付款额，是指承租人向出租人支付的与在租赁期内使用租赁资产的权利相关的款项。

租赁付款额包括以下5项内容：

（1）固定付款额及实质固定付款额，存在租赁激励的，扣除租赁激励相关金额。实质固定付款额，是指在形式上可能包含变量但实质上无法避免的付款额。

租赁激励，是指出租人为达成租赁向承租人提供的优惠，包括出租人向承租人支付的与租赁有关的款项、出租人为承租人偿付或承担的成本等。存在租赁激励的，承租人在确定租赁付款额时，应扣除租赁激励相关金额。

（2）取决于指数或比率的可变租赁付款额。

可变租赁付款额，是指承租人为取得在租赁期内使用租赁资产的权利，而向出租人支付的因租赁期开始日后的事实或情况发生变化（而非时间推移）而变动的款项。

需要注意的是，可变租赁付款额中，仅取决于指数或比率的可变租赁付款额纳入租赁负债的初始计量中，包括与消费者价格指数挂钩的款项、与基准利率挂钩的款项和为反映市场租金费率变化而变动的款项等。此类可变租赁付款额应当根据租赁期开始日的指数或比率确定。除了取决于指数或比率的可变租赁付款额之外，其他可变租赁付款额均不纳入租赁负债的初始计量中。

（3）购买选择权的行权价格，前提是承租人合理确定将行使该选择权。

（4）行使终止租赁选择权需支付的款项，前提是租赁期反映出承租人将行使终止租赁选择权。

（5）根据承租人提供的担保余值预计应支付的款项。资产余值是指在租赁开始日估计的租赁期届满时租赁资产的公允价值。资产余值包括担保余值和未担保余值。担保余值，是指与出租人无关的一方向出租人提供担保，保证在租赁结束时租赁资产的价值至少为某指定的金额。未担保余值，是指租赁资产余值中，出租人无法保证能够实现或仅由与出租人有关的一方予以担保的部分。如果承租人提供了对余值的担保，则租赁付款额应包含该担保下预计应支付的款项，它反映了承租人预计将支付的金额，而不是承租人担保余值下的最大敞口。

在计算租赁付款额的现值时，承租人应当采用租赁内含利率作为折现率；无法确定租赁内含利率的，应当采用承租人增量借款利率作为折现率。

租赁内含利率，是指使出租人的租赁收款额的现值与未担保余值的现值之和等于租赁资产公允价值与出租人的初始直接费用之和的利率。初始直接费用，是指为达成租赁所发生的增量成本。增量成本是指若企业不取得该租赁，则不会发生的成本，如佣金、印花税等。无论是否实际取得租赁都会发生的支出，不属于初始直接费用，例如为评估是否签订租赁而发生的差旅费、法律费用等，此类费用应当在发生时计入当期损益。承租人增量借款利率,是指承租人在类似经济环境下为获得与使用权资产价值接近的资产,在类似期间以类似抵押条件借入资金须支付的利率。

复利是指在每经过一个计息期后,都要将所生利息加入本金,以计算下期的利息,复利既对本金计算利息,也对前期的利息计算利息。现值和终值是一定量资金在前后两个不同时点上对应的价值,其差额即为资金的时间价值。终值,又称将来值或本利和,是指现在一定量的资金在未来某一时点上的价值,通常记作 F。现值,是指未来某一时点上的一定量资金折合到现在的价值,俗称本金,通常记作 P。

复利现值,指未来一定时间的特定资金按复利计算的现在价值,即: $P=F\times(1+i)^{-n}$,其中: $(1+i)^{-n}$ 称为复利现值系数,用符号 $(P/F,i,n)$ 表示。

年金是指每隔一定相等的时期收到或付出相同数量的款项,年金按其每次收付款项发生的时点不同,可以分为普通年金、即付年金、递延年金、永续年金等类型。普通年金又称后付年金,是指每期期末有等额的收付款项的年金。普通年金现值是指一定时期内每期期末等额的系列收付款项的现值之和,即:

$$P_A=A(1+i)^{-1}+A(1+i)^{-2}+A(1+i)^{-3}+A(1+i)^{-4}+\cdots+A(1+i)^{-n}=A[1-(1+i)^{-n}]/i$$

其中,$[1-(1+i)^{-n}]/i$ 称为年金现值系数,用符号 $(P/A,i,n)$ 表示。

(二)使用权资产的初始计量

使用权资产,是指承租人可在租赁期内使用租赁资产的权利。使用权资产应当按照成本进行初始计量。该成本包括:①租赁负债的初始计量金额;②在租赁期开始日或之前支付的租赁付款额,存在租赁激励的,扣除已享受的租赁激励相关金额;③承租人发生的初始直接费用;④承租人为拆卸及移除租赁资产、复原租赁资产所在场地或将租赁资产恢复至租赁条款约定状态预计将发生的成本。前述成本属于为生产存货而发生的,适用存货准则。承租人应当按照或有事项准则对第④项所述成本进行确认和计量。

承租人发生的租赁资产改良支出不属于使用权资产,应当记入"长期待摊费用"科目。承租人如发生与标的资产建造或设计相关的成本,应适用其他相关准则进行会计处理。同时,需要注意的是与标的资产建造或设计相关的成本不包括承租人为获取标的资产使用权而支付的款项,此类款项无论在何时支付,均属于租赁付款额。

在租赁期开始日,承租人应按使用权资产的成本,借记"使用权资产"科目;按未确认融资费用,借记"租赁负债——未确认融资费用"科目;按租赁付款额,贷记"租赁负债——租赁付款额"科目;按发生的初始直接费用,贷记"银行存款"科目。

9.2.2 后续计量

(一)租赁负债的后续计量

在租赁期开始日后,承租人应当按以下原则对租赁负债进行后续计量:确认租赁负债的利息时,增加租赁负债的账面金额;支付租赁付款额时,减少租赁负债的账面金额;因重估或租赁变更等原因导致租赁付款额发生变动时,重新计量租赁负债的账面价值。

承租人应当按照固定的周期性利率计算租赁负债在租赁期内各期间的利息费用,并计入当期损益。按照借款费用等其他准则规定应当计入相关资产成本的,从其规定。

此处的周期性利率,是指承租人对租赁负债进行初始计量时所采用的折现率,或者因租赁付款额发生变动或因租赁变更而需按照修订后的折现率对租赁负债进行重新计量时,承租人所采用的修订后的折现率。利息费用=期初本金×实际利率。

承租人向出租人支付的租金中,包含本金和利息两部分。按照支付的租金,借记"租赁负债——租赁付款额"科目;贷记"银行存款"科目。按照实际利率法计提的利息,借记"财务费用"科目;贷记"租赁负债——未确认融资费用"科目。

未纳入租赁负债计量的可变租赁付款额应当在实际发生时计入当期损益,但按照存货等其他准则规定应当计入相关资产成本的,从其规定。

在租赁期开始日后,当发生下列四种情形时,承租人应当按照变动后的租赁付款额的现值重新计量租赁负债,并相应调整使用权资产的账面价值。使用权资产的账面价值已调减至零,但租赁负债仍需进一步调减的,承租人应当将剩余金额计入当期损益。

(1)实质固定付款额发生变动。承租人采用的折现率不变。

(2)担保余值预计的应付金额发生变动。承租人采用的折现率不变。

(3)用于确定租赁付款额的指数或比率发生变动。

在租赁期开始日后,因浮动利率的变动而导致未来租赁付款额发生变动的,承租人应当按照变动后租赁付款额的现值重新计量租赁负债。在该情形下,承租人应采用反映利率变动的修订后的折现率进行折现。在租赁期开始日后,因用于确定租赁付款额的指数或比率(浮动利率除外)的变动而导致未来租赁付款额发生变动的,承租人应当按照变动后租赁付款额的现值重新计量租赁负债。在该情形下,承租人采用的折现率不变。

(4)购买选择权、续租选择权或终止租赁选择权的评估结果或实际行使情况发生可控范围内的变化。

租赁期开始日后,发生下列两种情形的,承租人应采用修订后的折现率对变动后的租赁付款额进行折现,以重新计量租赁负债:

①续租择权或终止租赁选择权:发生承租人可控范围内的重大事件或变化,且影响承租人是否合理确定将行使续租择权或终止租赁选择权的,承租人应当对其是否合理确定将行使相应选择权进行重新评估。②购买选择权:发生承租人可控范围内的重大事件或变化,且影响承租人是否合理确定将行使购买选择权的,承租人应当对其是否合理确定将行使购买选择权进行重新评估。

上述两种情形下,承租人在计算变动后租赁付款额的现值时,应当采用剩余租赁期间的租赁内含利率作为折现率;无法确定剩余租赁期间的租赁内含利率的,应当采用重估日的承租人增量借款利率作为折现率。

(二)使用权资产的后续计量

在租赁期开始日后,承租人应当采用成本模式对使用权资产进行后续计量,即,以成本减累计折旧及累计减值损失计量使用权资产。承租人重新计量租赁负债的,应当相应调整使用权资产的账面价值。

承租人应当参照《固定资产》有关折旧规定,自租赁期开始日起对使用权资产计提折旧。使用权资产通常应自租赁期开始的当月计提折旧,当月计提确有困难的,为便于实务操作,企业也可以选择自租赁期开始的下月计提折旧,但应对同类使用权资产采取相同的折旧政策。应根据使用权资产的用途,计入相关资产的成本或者当期损益。

承租人在确定使用权资产的折旧方法时,应当根据与使用权资产有关的经济利益的预期实现方式做出决定。通常,承租人按直线法对使用权资产计提折旧,其他折旧方法更能反映使用权资产有关经济利益预期实现方式的,应采用其他折旧方法。

承租人能够合理确定租赁期届满时取得租赁资产所有权的,应当在租赁资产剩余使用寿命内计提折旧。无法合理确定租赁期届满时能够取得租赁资产所有权的,应当在租赁期与租赁资产剩余使用寿命两者孰短的期间内计提折旧。如果使用权资产的剩余使用寿命短于前两者,则应在使用权资产的剩余使用寿命内计提折旧。借记"管理费用"等科目;贷"使用权资产累计折旧"科目。

承租人应当按照资产减值准则的规定,确定使用权资产是否发生减值,并对已识别的减值损失进行会计处理。使用权资产发生减值的,按应减记的金额,借记"资产减值损失"科目,贷记"使用权资产减值准备"科目。使用权资产减值准备一旦计提,不得转回。承租人应当按照扣除减值损失之后的使用权资产的账面价值,进行后续折旧。

【例9-2】 2×24年12月20日,A公司向B公司租入办公设备一台,租期为4年。全新设备价值为90万元,预计使用年限为5年。租赁合同规定,每年年末支付租金25万元,承租人合理确定将行使该选择权,购买选择权的行权价格5万元,假定A公司在年末确认租金费用,不存在租金逾期支付的情况。出租人的内含报酬率为6%。利率6%期数4的年金现值系数为3.465 1,利率6%期数4年的复利现值系数为0.792 1,承租人支付初始直接费用0.3万元。出租人支付初始直接费用0.588万元。

承租人会计处理如下:

(1)租入固定资产:

租赁负债现值=250 000×3.465 1+50 000×0.792 1=905 880(元)

借:使用权资产　　　　　　　　　　　(905 880+3 000)908 880

　　租赁负债——未确认融资费用　　　　　　144 120

　　贷:租赁负债——租赁付款额　　　　　　　1 050 000

　　银行存款　　　　　　　　　　　　　　　　3 000

(2)按每年支付的租金,借记"租赁负债——租赁付款额"科目,贷记"银行存款"科目。按每年分摊的利息,借记"财务费用"科目,贷记"租赁负债——未确认融资费用"科目。

分摊利息计算如下:第一年,905 880×6%=54 352.8;第二年,【905 880-(250 000-54 352.8)】×6%=42 613.97;第三年,【905 880-(500 000-54 352.8-42 613.97)】×6%=30 170.8;第四年,(1 050 000-905 880)-54 352.8-42 613.97-30 170.8=16 982.43。

(3)每年计提折旧:

借:管理费用(908 880÷5)　　　　　　　181 776

　　贷:使用权资产累计折旧　　　　　　　　181 776

(4)期满支付买价:

借:租赁负债——租赁付款额   50 000
 贷:银行存款   50 000
借:固定资产   908 880
 使用权资产累计折旧   727 104
 贷:使用权资产   908 880
  累计折旧   727 104

【例9-3】 2×24年12月25日,A公司向B公司租入办公设备一台,租期为3年。全新设备价值为100万元,预计使用年限为10年。租赁合同规定,每年年末支付租金15万元,租赁期届满后B公司收回设备。假定A公司在年末确认租金费用,不存在租金逾期支付的情况。出租人的内含报酬率为6%。利率6%期数3的年金现值系数为2.673,承租人支付初始直接费用0.18万元。

承租人会计处理如下:

(1)租入固定资产:

租赁负债现值=150 000×2.673=400 950(元)

借:使用权资产(400 950+1 800)   402 750
 租赁负债——未确认融资费用   49 050
 贷:租赁负债——租赁付款额   450 000
  银行存款   1 800

(2)按每年支付的租金,借记"租赁负债——租赁付款额"科目,贷记"银行存款"科目。按每年分摊的利息,借记"财务费用"科目,贷记"租赁负债——未确认融资费用"科目。

分摊利息计算如下:第一年,400 950×6%=24 057;第二年,[400 950-(150 000-24 057)]×6%=16 500.42;第三年,(450 000-400 950)-24 057-16 500.42=8 492.58。

(3)每年计提折旧:

借:管理费用(402 750÷3)   134 250
 贷:使用权资产累计折旧   134 250

(4)返还租赁资产:

借:使用权资产累计折旧   402 750
 贷:使用权资产   402 750

(三)租赁变更的会计处理

租赁变更,是指原合同条款之外的租赁范围、租赁对价、租赁期限的变更,包括增加或终止一项或多项租赁资产的使用权,延长或缩短合同规定的租赁期等。租赁变更生效日,是指双方就租赁变更达成一致的日期。

租赁发生变更且同时符合下列条件的,承租人应当将该租赁变更作为一项单独租赁进行会计处理:①该租赁变更通过增加一项或多项租赁资产的使用权而扩大了租赁范围;②增加的对价与租赁范围扩大部分的单独价格按该合同情况调整后的金额相当。

租赁变更未作为一项单独租赁进行会计处理的,在租赁变更生效日,承租人应当按照租赁分拆的规定对变更后合同的对价进行分摊;按照准则规定重新确定租赁期;并按照变更后租赁付款额和修订后的折现率计算的现值重新计量租赁负债。在计算变更后租赁付款额的现值时,承租人应当采用剩余租赁期间的租赁内含利率作为修订后的折现率;无法确定剩余租赁期间的租赁内含利率的,应当采用租赁变更生效日的承租人增量借款利率作为修订后的折现率。

【例9-4】　承租人甲公司与出租人乙公司就5 000平方米的办公场所签订了一项为期10年的租赁。年租赁付款额为10万元,在每年年末支付。甲公司无法确定租赁内含利率。甲公司在租赁期开始日的增量借款利率为6%。在第7年年初,甲公司和乙公司同意对原租赁合同进行变更,即,将租赁期延长4年。每年的租赁付款额不变。甲公司在第7年年初的增量借款利率为7%。

在租赁变更生效日(即第7年年初),甲公司基于下列情况对租赁负债进行重新计量:①剩余租赁期为8年;②年付款额为10万元;③采用修订后的折现率7%进行折现。计算租赁变更后的租赁负债为597 130元,即597 130=100 000×(P/A,7%,8)。租赁变更前的租赁负债为346 510元,即346 510=100 000×(P/A, 6%,4)。甲公司将变更后租赁负债的账面价值与变更前的账面价值之间的差额为250 620元(即597 130−346 510),相应调整使用权资产的账面价值。

9.2.3　短期租赁和低价值资产租赁

对于短期租赁和低价值资产租赁,承租人可以选择不确认使用权资产和租赁负债。作出该选择的,承租人应当将短期租赁和低价值资产租赁的租赁付款额,在租赁期内各个期间按照直线法或其他系统合理的方法计入相关资产成本或当期损益。其他系统合理的方法能够更好地反映承租人的受益模式的,承租人应当采用该方法。

(一)短期租赁

短期租赁,是指在租赁期开始日,租赁期不超过12个月的租赁。包含购买选择权的租赁不属于短期租赁。对于短期租赁,承租人可以按照租赁资产的类别作出采用简化会计处理的选择。如果承租对某类租赁资产作出了简化会计处理的选择,未来该类资产下所有的短期租赁都应采用简化会计处理。

按照简化会计处理的短期租赁发生租赁变更或者其他原因导致租赁期发生变化的,承租人应当将其视为一项新租赁,重新按照上述原则判断该项新租赁是否可以选择简化会计处理。

(二)低价值资产租赁

低价值资产租赁,是指单项租赁资产为全新资产时价值较低的租赁。承租人在判断是否是低价值资产租赁时,应基于租赁资产的全新状态下的价值进行评估,不应考虑资产已被使用的年限。对于低价值资产租赁,承租人可根据每项租赁的具体情况作出简化会计处理选择。低价值资产租赁的标准应该是一个绝对金额,即仅与资产全新状态下的绝对价值有关,不受承租人规模、性质等影响,也不考虑该资产对于承租人或相关租赁交易的重要性。常见的低价值资产的例子包括平板电脑、普通办公家具、电话等小型资产。但是,如果承租人已经或者预期要把相关资产进行转租赁,则不能将原租赁按照低价值资产租赁进行简化会计处理。值得注意的是,符合低价值资产租赁的,也并不代表承租人若采取购入方式取得该资产时该资产不符合固定资产确认条件。

【例9-5】 2×24年1月1日,A公司向B公司租入办公设备一台,租期为1年。租赁合同规定,年初支付全年租金3.6万元。承租人选择不确认使用权资产和租赁负债。承租人会计处理如下:

借:预付账款	36 000	
贷:银行存款		36 000
借:管理费用	3 000	
贷:预付账款		3 000

9.3 出租人的会计处理

9.3.1 出租人的租赁分类

出租人应当在租赁开始日将租赁分为融资租赁和经营租赁。租赁开始日,是指租赁合同签署日与租赁各方就主要租赁条款作出承诺日中的较早者。租赁开始日可能早于租赁期开始日,也可能与租赁期开始日重合。

一项租赁属于融资租赁还是经营租赁取决于交易的实质,而不是合同的形式。如果一项租赁实质上转移了与租赁资产所有权有关的几乎全部风险和报酬,出租人应当将该项租赁分类为融资租赁。出租人应当将除融资租赁以外的其他租赁分类为经营租赁。

一项租赁存在下列一种或多种情形的,通常分类为融资租赁:

(1)在租赁期届满时,租赁资产的所有权转移给承租人。

(2)承租人有购买租赁资产的选择权,所订立的购买价款预计将远低于行使选择权时租赁资产的公允价值,因而在租赁开始日就可以合理确定承租人将行使该选择权。

(3)资产的所有权虽然不转移,但租赁期占租赁资产使用寿命的大部分。这里的“大部分”通常掌握在租赁期占租赁开始日租赁资产使用寿命的75%以上(含75%)。需要注意的是,这条标准强调的是租赁期占租赁资产使用寿命的比例,而非租赁期占该项资产全部可使用年限的比例。如果租赁资产是旧资产,在租赁前已使用年限超过资产自全新时起算可使用年限的75%以上时,则这条判断标准不适用,不能使用这条标准确定租赁的分类。

(4)在租赁开始日,租赁收款额的现值几乎相当于租赁资产的公允价值。这里的“几乎相当于”通常掌握在90%(含90%)以上。

(5)租赁资产性质特殊,如果不作较大改造,只有承租人才能使用。

一项租赁存在下列一项或多项迹象的,也可能分类为融资租赁:

(1)若承租人撤销租赁,撤销租赁对出租人造成的损失由承租人承担。

(2)资产余值的公允价值波动所产生的利得或损失归属于承租人。

(3)承租人有能力以远低于市场水平的租金继续租赁至下一期间。

出租人租赁开始日后,除非发生租赁变更,出租人无需对租赁的分类进行重新评估。租赁资产预计使用寿命、预计余值等会计估计变更或发生承租人违约等情况变化的,出租人不对租赁进行重分类。租赁合同可能包括因租赁开始日与租赁期开始日之间发生的特定变化而需对租赁付款额进行调整的条款与条件。在此情况下,出于租赁分类目的,此类变动的影响均视为在租赁开始日已发生。

9.3.2　出租人对融资租赁的会计处理

融资租赁出租人使用的会计科目:“融资租赁资产”核算出租人为开展融资租赁业务取得资产的成本。租赁业务不多的企业,也可通过“固定资产”等科目核算。对于融资租赁资产在未融资租赁期间的会计处理遵循固定资产准则或其他适用的会计准则。“应收融资租赁款”核算出租人融资租赁产生的租赁投资净额。可分别设置“租赁收款额”“未实现融资收益”“未担保余值”等进行明细核算。“应收融资租赁款减值准备”核算应收融资租赁款的减值准备。“租赁收入”核算出租人确认的融资租赁和经营租赁的租赁收入。一般企业可以通过“其他业务收入”等核算科目。

(一)初始计量

在租赁期开始日,出租人应当对融资租赁确认应收融资租赁款,并终止确认融资租赁资产。

出租人对应收融资租赁款进行初始计量时,应当以租赁投资净额作为应收融资租赁款的入账价值。租赁投资净额为未担保余值和租赁期开始日尚未收到的租赁收款额按照租赁内含利率折现的现值之和。租赁内含利率,是指使出租人的租赁收款额的现值与未担保余值的现值之和等于租赁资产公允价值与出租人的初始直接费用之和的利率。

$$租赁投资净额=租赁收款额的现值+未担保余值的现值$$
$$=出租人发生的初始直接费用+租赁资产的公允价值$$

租赁收款额,是指出租人因让渡在租赁期内使用租赁资产的权利而应向承租人收取的款项,包括:

(1)承租人需支付的固定付款额及实质固定付款额,存在租赁激励的,扣除租赁激励相关金额;

(2)取决于指数或比率的可变租赁付款额,该款项在初始计量时根据租赁期开始日的指数或比率确定;

(3)购买选择权的行权价格,前提是合理确定承租人将行使该选择权;

(4)承租人行使终止租赁选择权需支付的款项,前提是租赁期反映出承租人将行使终止租赁选择权;

(5)由承租人、与承租人有关的一方以及有经济能力履行担保义务的独立第三方向出租人提供的担保余值。

在租赁期开始日,出租人按租赁收款额,借记"应收融资租赁款——租赁收款额"科目;按未担保余值,借记"应收融资租赁款——未担保余值"科目;按租赁资产的账面价值,贷记"融资租赁资产"科目;租赁资产公允价值与其账面价值的差额,借记或贷记"资产处置损益"科目,按发生的初始直接费用,贷记"银行存款"科目,借方与贷方的差额贷记"应收融资租赁款——未实现融资收益"科目。

若融资租赁合同必须以收到租赁保证金为生效条件,出租人收到承租人交来的租赁保证金,借记"银行存款"科目,贷记"其他应收款——租赁保证金"科目。承租人到期不交租金,以保证金抵作租金时,借记"其他应收款——租赁保证金"科目,贷记"应收融资租赁款"科目。承租人违约,按租赁合同或协议规定没收保证金时,借记"其他应收款——租赁保证金"科目,贷记"营业外收入"等科目。

(二)融资租赁的后续计量

出租人应当按照固定的周期性利率计算并确认租赁期内各个期间的利息收入。该周期性利率,是计算租赁投资净额时所采用的折现率或者修订后的折现率。

出租人每期收到租金时,按收到的租金,借记"银行存款"科目;贷记"应收融资租赁款——租赁收款额"科目。每期采用实际利率法分配未实现融资收益时,按当期应确认的融资收入金额,借记"应收融资租赁款——未实现融资收益"科目;贷记"租赁收入"等科目。

纳入出租人租赁投资净额的可变租赁付款额只包含取决于指数或比率的可变租赁付款额。在初始计量时,应当采用租赁期开始日的指数或比率进行初始计量。出租人应定期复核计算租赁投资总额时所使用的未担保余值。若预计未担保余值降低,出租人应修改租赁期内的收益分配,并立即确认预计的减少额。

出租人取得的未纳入租赁投资净额计量的可变租赁付款额,如与资产的未来绩效或使用情况挂钩的可变租赁付款额,应当在实际发生时计入当期损益。借记"银行存款"科目,贷记"租赁收入"等科目。

出租人应当按照金融工具准则的规定,对应收融资租赁款的终止确认和减值进行会计处理。应收融资租赁款的预期信用损失,按应减记的金额,借记"信用减值损失"科目,贷记本科目。转回已计提的减值准备时,做相反的会计分录。

【例9-6】 沿用【例9-2】的资料,该项租赁认定为融资租赁。出租人会计处理如下:
(1)出租设备:

租赁收款额=25×4+5=105(万元)

租赁投资净额=25×3.465 1+5×0.792 1=90.588(万元)

借:应收融资租赁款——租赁收款额	1 050 000
贷:融资租赁资产	900 000
应收融资租赁款——未实现融资收益	144 120
银行存款	5 880

(2)每年收到租金:

借:银行存款　　　　　　　　　　　　　　　　　　250 000

　　贷:应收融资租赁款——租赁收款额　　　　　　　　　250 000

(3)分摊未实现融资收益,借记"应收融资租赁款——未实现融资收益"科目;贷记"租赁收入"科目。金额计算同【例9-2】。

(4)期满收到买价:

借:银行存款　　　　　　　　　　　　　　　　　　50 000

　　贷:应收融资租赁款——租赁收款额　　　　　　　　　50 000

(三)融资租赁变更的会计处理

(1)融资租赁发生变更且同时符合下列条件的,出租人应当将该变更作为一项单独租赁进行会计处理:

①该变更通过增加一项或多项租赁资产的使用权而扩大了租赁范围。

②增加的对价与租赁范围扩大部分的单独价格按该合同情况调整后的金额相当。

(2)融资租赁的变更未作为一项单独租赁进行会计处理的,出租人应当分别下列情形对变更后的租赁进行处理:

①假如变更在租赁开始日生效,该租赁会被分类为经营租赁的,出租人应当自租赁变更生效日开始将其作为一项新租赁进行会计处理,并以租赁变更生效日前的租赁投资净额作为租赁资产的账面价值。

②假如变更在租赁开始日生效,该租赁会被分类为融资租赁的,出租人应当按照金融工具准则关于修改或重新议定合同的规定进行会计处理。即修改或重新议定租赁合同,未导致应收融资租赁款终止确认,但导致未来现金流量发生变化的,应当重新计算该应收融资租赁款的账面余额,并将相关利得或损失计入当期损益。

【例9-7】　承租人就某套机器设备与出租人签订了一项为期5年的租赁,构成融资租赁。合同规定,每年末承租人向出租人支付租金10 000元,租赁期开始日,出租资产公允价值为37 908元。按照公式10 000×$(P/A, r, 5)$=37 908(元),计算得出租赁内含利率10%,租赁收款额为50 000元,未确认融资收益为12 092元。在第二年年初,承租人和出租人同意对原租赁进行修改,缩短租赁期限到第三年年末,每年支付租金时点不变,租金总额从50 000元变更到33 000元。假设不涉及未担保余值、担保余值、终止租赁罚款等。

分析:如果原租赁期限设定为3年,在租赁开始日,租赁类别被分类为经营租赁,那么,在租赁变更生效日,即第二年年初,出租人将租赁投资净额余额31 699元(37 908+37 908×10%-10 000)作为该套机器设备的入账价值,并从第二年年初开始,作为一项新的经营租赁(2年租赁期,每年末收取租金11 500元)进行会计处理。

第二年年初会计分录如下:

借:固定资产　　　　　　　　　　　　　　　　　　31 699

　　应收融资租赁款——未确认融资收益　　　　　　　　8 301

　　贷:应收融资租赁款——租赁收款额　　　　　　　　　40 000

9.3.3 出租人对经营租赁的会计处理

在租赁期内各个期间,出租人应当采用直线法或其他系统合理的方法,将经营租赁的租赁收款额确认为租金收入。其他系统合理的方法能够更好地反映因使用租赁资产所产生经济利益的消耗模式的,出租人应当采用该方法。

出租人提供免租期的,整个租赁期内,按直线法或其他合理的方法进行分配,免租期内应当确认租金收入。出租人承担了承租人某些费用的,出租人应将该费用自租金收入总额中扣除,按扣除后的租金收入余额在租赁期内进行分配。

确认各期租金收入时,借记"应收账款""其他应收款"等科目,贷记"租赁收入"(租赁公司)、"其他业务收入"(其他公司)、"应交税费"科目。实际收到租金时,借记"银行存款"等科目,贷记"应收账款""其他应收款"等科目。

【例9-8】 沿用【例9-3】的资料,此项租赁未满足融资租赁的任何一条标准,应作为经营租赁处理。出租人会计处理如下:

(1)每年租金收入:

借:银行存款	150 000	
贷:其他业务收入		150 000

(2)每年计提折旧:

借:其他业务成本	100 000	
贷:累计折旧		100 000

出租人发生的与经营租赁有关的初始直接费用应当资本化至租赁标的资产的成本,在租赁期内按照与租金收入相同的确认基础分期计入当期损益。

对于经营租赁资产中的固定资产,出租人应当采用类似资产的折旧政策计提折旧;对于其他经营租赁资产,应当根据该资产适用的企业会计准则,采用系统合理的方法进行摊销。出租人应当按照《资产减值》的规定,确定经营租赁资产是否发生减值,并对已识别的减值损失进行会计处理。

出租人取得的与经营租赁有关的可变租赁付款额,如果是与指数或比率挂钩的,应在租赁期开始日计入租赁收款额;除此之外的,应当在实际发生时计入当期损益。

经营租赁发生变更的,出租人应自变更生效日开始,将其作为一项新的租赁进行会计处理,与变更前租赁有关的预收或应收租赁收款额视为新租赁的收款额。

9.4 特殊租赁业务的会计处理

(一)转租赁

转租情况下,原租赁合同和转租赁合同通常都是单独协商的,交易对手也是不同的企业,准则要求转租出租人对原租赁合同和转租赁合同分别根据承租人和出租人会计处理要求,进行会计处理。

承租人在对转租赁进行分类时,转租出租人应基于原租赁中产生的使用权资产,而不是租赁资产(如作为租赁对象的不动产或设备)进行分类。转租出租人应基于其控制的资产(即使用权资产)进行会计处理。原租赁为短期租赁,且转租出租人作为承租人已采用简化会计处理方法的,应将转租赁分类为经营租赁。

(二)生产商或经销商出租人的融资租赁会计处理

生产商或经销商通常为客户提供购买或租赁其产品或商品的选择。如果生产商或经销商出租其产品或商品构成融资租赁,则该交易产生的损益应相当于按照考虑适用的交易量或商业折扣后的正常售价直接销售标的资产所产生的损益。构成融资租赁的,生产商或经销商出租人在租赁期开始日应当按照租赁资产公允价值与租赁收款额按市场利率折现的现值两者孰低确认收入,并按照租赁资产账面价值扣除未担保余值的现值后的余额结转销售成本,收入和销售成本的差额作为销售损益。

由于取得融资租赁所发生的成本主要与生产商或经销商赚取的销售利得相关,生产商或经销商出租人应当在租赁期开始日将其计入损益。即与其他融资租赁出租人不同,生产商或经销商出租人取得融资租赁所发生的成本不属于初始直接费用,不计入租赁投资净额。

【例9-9】 2×24年1月1日,A公司将自己生产的办公设备一台出租给B公司,预计使用年限为5年,租期为5年。设备账面价值为90万元,公允价值106万元,租赁收款额按市场利率折现的现值105万元。每年年末支付租金250 000元,在租赁期届满时,租赁资产的所有权转移给承租人。取得该租赁发生的相关成本5 000元。

按照租赁资产公允价值与租赁收款额按市场利率折现的现值两者孰低的原则,确认收入为105万元。如果在确定营业收入和租赁投资净额时,是基于租赁资产的公允价值,需要根据租赁收款额、未担保余值和租赁资产公允价值重新计算租赁内含利率。

借:应收融资租赁款——租赁收款额　　　　　　1 250 000
　　贷:主营业务收入　　　　　　　　　　　　　1 050 000
　　　　应收融资租赁款——未实现融资收益　　　 200 000
借:主营业务成本　　　　　　　　　　　　　 900 000
　　贷:库存商品　　　　　　　　　　　　　　　 900 000
借:销售费用　　　　　　　　　　　　　　　　 5 000
　　贷:银行存款　　　　　　　　　　　　　　　　 5 000

(三)售后租回交易

若企业(卖方兼承租人)将资产转让给其他企业(买方兼出租人),并从买方兼出租人租回该项资产,则卖方兼承租人和买方兼出租人均应按照售后租回交易的规定进行会计处理。

如果承租人在资产转移给出租人之前已经取得对标的资产的控制,则该交易属于售后租回交易。如果承租人未能在资产转移给出租人之前取得对标的资产的控制,即便承租人在资产转移给出租人之前先获得标的资产的法定所有权,该交易也不属于售后租回交易。企业应当按照《收入》的规定,评估确定售后租回交易中的资产转让是否属于销售,并区别进行会计处理。

1)售后租回交易中的资产转让不属于销售

卖方兼承租人不终止确认所转让的资产,而应当将收到的现金作为金融负债,借记银行存款,贷记长期应付款。买方兼出租人不确认被转让资产,而应当将支付的现金作为金融资产,借记长期应收款,贷记银行存款。

2)售后租回交易中的资产转让属于销售

卖方兼承租人应当按原资产账面价值中与租回获得的使用权有关的部分,计量售后租回所形成的使用权资产,并仅就转让至买方兼出租人的权利确认相关利得或损失。买方兼出租人根据其他适用的企业会计准则对资产购买进行会计处理,并根据本准则对资产出租进行会计处理。

如果销售对价的公允价值与资产的公允价值不同,或者出租人未按市场价格收取租金,企业应当进行以下调整:销售对价低于市场价格的款项作为预付租金进行会计处理;销售对价高于市场价格的款项作为买方兼出租人向卖方兼承租人提供的额外融资进行会计处理。同时,承租人按照公允价值调整相关销售利得或损失,出租人按市场价格调整租金收入。在进行上述调整时,企业应当按以下二者中较易确定者进行:① 销售对价的公允价值与资产的公允价值的差异;② 合同付款额的现值与按市场租金计算的付款额的现值的差异。

【例9-10】 2×24年末,甲公司将其作为固定资产核算的塑钢机按70万元的价格销售给乙公司,资产的公允价值70万元,销售对价的公允价值与资产的公允价值相同。该塑钢机的原值为80万元,累计折旧16万元。同时又签订了一份租赁协议将塑钢机租回,租赁期为5年。资产尚可使用年限8年,租赁付款额为50万元(每年10万元),租赁付款额的现值为40万元,折现率8%。售后租回交易中的资产转让属于销售。

(1)甲公司租赁期开始日会计处理如下:

塑钢机的账面价值=80-16=64(万元)

使用权资产=(80-16)×40÷70=365 714(元)

转让利得=(70-64)×(70-40)÷70=25 714(元)

借:银行存款	700 000
使用权资产	365 714
累计折旧	160 000
租赁负债——未确认融资费用	100 000
贷:固定资产	800 000
租赁负债——租赁付款额	500 000
资产处置损益	25 714

(2)乙公司将固定资产租赁分类为经营租赁。租赁期开始日会计处理如下:

借:固定资产	700 000
贷:银行存款	700 000

练习题

一、选择题(前两题属于单选,后两题属于多选)

1.下列关于租赁期的说法中,不正确的是(　　)。

　　A.承租人有续租选择权,且合理确定行使该选择权的,租赁期应当包含续租选择权涵盖的期间

　　B.承租人有终止租赁选择权,且合理确定将会行使该选择权的,租赁期应当包含终止租赁选择权涵盖的期间

　　C.在确定租赁期和评估不可撤销租赁期间时,企业应根据租赁条款约定确定可强制执行合同的期间

　　D.如果不可撤销的租赁期间发生变化,企业应当修改租赁期

2.下列项目中,不构成出租人的融资租赁收款额的是(　　)。

　　A.租赁期内,承租人需支付的租金

　　B.合理确定承租人将行使购买选择权的行权价格

　　C.有经济能力履行担保义务的独立第三方向出租人提供的担保余值

　　D.出租人替承租人承担的费用

3.下列各项中,属于承租人初始直接费用的有(　　)。

　　A.租赁合同的印花税

　　B.租赁谈判人员的差旅费

　　C.租赁谈判人员的佣金

　　D.评估是否签订租赁合同发生的法律费用

4.下列情形中,出租人可能将租赁分类为融资租赁的有(　　)。

　　A.若承租人撤销租赁,撤销租赁对出租人造成的损失由承租人承担

　　B.承租人有能力以远低于市场水平的租金继续租赁至下一期间

　　C.资产余值的公允价值波动所产生的利得或损失归属于出租人

　　D.承租人拥有续约选择权,并很可能在租赁期结束时行使

二、业务题

1.2×24年12月10日,甲公司向B公司租入办公设备一台,租期为4年。全新设备价值为96万元,预计使用年限为5年。租赁合同规定,每年年末支付租金25万元。承租人提供的担保余值预计应支付的款项2万元,未担保余值10万元,出租人的内含报酬率为6%。利率6%期数4年的年金现值系数为3.465 1,利率6%期数4年的复利现值系数为0.792 1,承租人支付初始直接费用0.288 3万元。

　　要求:编制承租人租入设备及每年支付租金并分摊融资费用的会计分录。

2.2×24年12月10日,A公司向B公司租入办公设备一台,租期为4年。全新设备价值为96万元,预计使用年限为5年。租赁合同规定,每年年末支付租金25万元。承租人

提供的担保余值2万元,未担保余值10万元,出租人的内含报酬率为6%。利率6%期数4年的年金现值系数为3.465 1,利率6%期数4年的复利现值系数为0.792 1,出租人支付初始直接费用0.132 7万元。

要求:编制出租人租出设备及每年收到租金并分摊融资收益的会计分录。

3.2×24年12月10日,甲公司向乙公司租入办公设备一台,租期为3年。设备价值为100万元,预计使用年限为10年。租赁合同规定,每年年末支付租金15万元,租赁期届满后B公司收回设备。甲公司在年末确认租金费用,不存在租金逾期支付的情况。出租人的内含报酬率为6%。利率6%期数3年的年金现值系数为2.673,等额租金15万元的年金现值为40.095万元。承租人支付初始直接费用0.195万元。

要求:编制承租人租入设备及每年支付租金并分摊融资费用的会计分录。

4.2×24年12月10日,A公司向B公司租入办公设备一台,租期为3年。设备价值为100万元,预计使用年限为10年。租赁合同规定,开始3个月免租金,以后每月租金1万元租金,租赁期届满后B公司收回设备。及时支付租金给予减少租金4%的奖励。不存在租金逾期支付的情况。

要求:编制出租人2×25年有关会计分录。

第10章 持有待售的非流动资产、处置组和终止经营

学习目标

通过本章学习,要求了解持有待售类别的认定、终止经营的定义和列报,掌握持有待售类别的不同时点计量。净利润包括持续经营净利润和终止经营净利润。企业应当牢固树立和贯彻落实创新、协调、绿色、开放、共享的发展理念,实现更高质量、更有效率、更加公平、更可持续的发展。

10.1 持有待售的非流动资产和处置组

10.1.1 持有待售类别的分类

(一)持有待售类别分类的基本要求

1)分类原则

企业主要通过出售(包括具有商业实质的非货币性资产交换)而非持续使用一项非流动资产或处置组收回其账面价值的,应当将其划分为持有待售类别。处置组,是指在一项交易中作为整体通过出售或其他方式一并处置的一组资产,以及在该交易中转让的与这些资产直接相关的负债。处置组中可能包含企业的任何资产和负债。

对于符合持有待售类别划分条件但仍在使用的非流动资产或处置组,由于通过该资产或处置组的使用收回的价值相对于通过出售收回的价值是微不足道的,资产的账面价值仍然主要通过出售收回,因此企业不应当因持有待售的非流动资产或处置组仍在产生零星收入而不将其划分为持有待售类别。

非流动资产或处置组划分为持有待售类别,应当同时满足两个条件:

(1)可立即出售。根据类似交易中出售此类资产或处置组的惯例,在当前状况下即可立即出售。为满足该条件,企业应当具有在当前状态下出售该非流动资产或处置组的意图和能力。为了符合类似交易中出售此类资产或处置组的惯例,企业应当在出售前做

149

好相关准备,例如,按照惯例允许买方在报价和签署合同前对资产进行尽职调查等。

(2)出售极可能发生。出售极可能发生,即企业已经就一项出售计划作出决议且获得确定的购买承诺,预计出售将在一年内完成。有关规定要求企业相关权力机构或者监管部门批准后方可出售的,应当已经获得批准。具体来说,"出售极可能发生"应当包含以下几层含义:一是企业出售非流动资产或处置组的决议一般需要由企业相应级别的管理层作出,如果有关规定要求企业相关权力机构或者监管部门批准后方可出售,应当已经获得批准。二是企业已经获得确定的购买承诺,确定的购买承诺是企业与其他方签订的具有法律约束力的购买协议,该协议包含交易价格、时间和足够严厉的违约惩罚等重要条款,使协议出现重大调整或者撤销的可能性极小。三是预计自划分为持有待售类别起一年内,出售交易能够完成。

2)延长一年期限的例外条款

有些情况下,由于发生一些企业无法控制的原因,可能导致出售未能在一年内完成。如果涉及的出售是关联方交易,不允许放松一年期限条件。如果涉及的出售不是关联方交易,且有充分证据表明企业仍然承诺出售非流动资产或处置组,允许放松一年期限条件,企业可以继续将非流动资产或处置组划分为持有待售类别。企业无法控制的原因包括:

(1)意外设定条件。买方或其他方意外设定导致出售延期的条件,企业针对这些条件已经及时采取行动,且预计能够自设定导致出售延期的条件起一年内顺利化解延期因素。即企业在初始对非流动资产或处置组进行分类时,能够满足划分为持有待售类别的所有条件,但此后买方或是其他方提出一些意料之外的条件,且企业已经采取措施应对这些条件,预计能够自设定这些条件起一年内满足条件并完成出售,那么即使出售无法在最初一年内完成,企业仍然可以维持原持有待售类别的分类。

【例10-1】 企业E计划将厂房和设备出售给企业F,E和F不存在关联关系,双方已于2×24年9月16日签订了转让合同。因该厂区的污水排放系统存在缺陷,对周边环境造成污染。

情形一:企业E不知晓土地污染情况,2×24年11月6日,企业F在对生产厂房和设备进行检查过程中发现污染,并要求企业E进行补救。企业E立即着手采取措施,预计至2×25年10月底环境污染问题能够得到成功整治。

情形二:企业E知晓土地污染情况,在转让合同中附带条款,承诺将自2×24年10月1日起开展污染清除工作,清除工作预计将持续8个月。

分析:情形一,在签订转让合同前,买卖双方并不知晓影响交易进度的环境污染问题,属于符合延长一年期限的例外事项,在2×24年11月6日发现延期事项后,企业E预计将在一年内消除延期因素,因此仍然可以将处置组划分为持有待售类别。

情形二,买卖双方已经签订协议,但在污染得到整治前,该处置组在当前状态下不可立即出售,不符合划分为持有待售类别的条件。

(2)发生罕见情况。发生罕见情况,导致持有待售的非流动资产或处置组未能在一年内完成出售,企业在最初一年内已经针对这些新情况采取必要措施且重新满足了持有待售类别的划分条件。即非流动资产或处置组在初始分类时满足了持有待售类别的所有条件,但在最初一年内,出现罕见情况导致出售将被延迟至一年之后。如果企业针对这些新情况在最初一年内已经采取必要措施,而且该非流动资产或处置组重新满足了持有待售类别的划分条件,也就是在当前状况下可立即出售且出售极可能发生,那么即使原定的出售计划无法在最初一年内完成,企业仍然可以维持原持有待售类别的分类。这里的"罕见情况"主要指因不可抗力引发的情况、宏观经济形势发生急剧变化等不可控情况。

【例10-2】 A公司拟将一栋原自用的写字楼转让,于2×24年12月6日与B公司签订了房产转让协议,预计将于10个月内完成转让,假定该写字楼于签订协议当日符合划分为持有待售类别的条件。2×25年发生全球金融危机,市场状况迅速恶化,房地产价格大跌,B公司认为原协议价格过高,决定放弃购买,并于2×25年9月21日按照协议约定缴纳了违约金。A公司决定在考虑市场状况变化的基础上降低写字楼售价,并积极开展市场营销,于2×25年12月1日与C公司重新签订了房产转让协议,预计将于9个月内完成转让,A公司和B公司不存在关联关系。

分析:A公司与B公司之间的房产转让交易未能在一年内完成,原因是发生市场恶化、买方违约的罕见事件。在将写字楼划分为持有待售类别的最初一年内,A公司已经重新签署转让协议,并预计将在2×25年12月1日开始的一年内完成,使写字楼重新符合了持有待售类别的划分条件。因此,A公司仍然可以将该资产继续划分为持有待售类别。

3)不再继续符合划分条件的处理

持有待售的非流动资产或处置组不再继续满足持有待售类别划分条件的,企业不应当继续将其划分为持有待售类别。部分资产或负债从持有待售的处置组中移除后,如果处置组中剩余资产或负债新组成的处置组仍然满足持有待售类别划分条件,企业应当将新组成的处置组划分为持有待售类别,否则应当将满足持有待售类别划分条件的非流动资产单独划分为持有待售类别。

(二)某些特定持有待售类别分类的具体应用

1)专为转售而取得的非流动资产或处置组

对于企业专为转售而新取得的非流动资产或处置组,如果在取得日满足"预计出售将在一年内完成"的规定条件,且短期(通常为3个月)内很可能满足划分为持有待售类别的其他条件,企业应当在取得日将其划分为持有待售类别。这些"其他条件"包括:根据类似交易中出售此类资产或处置组的惯例,在当前状况下即可立即出售;企业已经就一项出售计划作出决议且获得确定的购买承诺。有关规定要求企业相关权力机构或者监管部门批准后方可出售的,应当已经获得批准。

2)持有待售的长期股权投资

有些情况下,企业因出售对子公司的投资等原因导致其丧失对子公司的控制权,出售后企业可能保留对原子公司的部分权益性投资,也可能丧失所有权益。无论企业是否保留非控制的权益性投资,应当在拟出售的对子公司投资满足持有待售类别划分条件时,在母公司个别财务报表中将对子公司投资整体划分为持有待售类别,而不是仅将拟处置的投资划分为持有待售类别;在合并财务报表中将子公司所有资产和负债划分为持有待售类别,而不是仅将拟处置的投资对应的资产和负债划分为持有待售类别。但是,无论对子公司的投资是否划分为持有待售类别,企业始终应当按照规定确定合并范围,编制合并财务报表。

企业出售对子公司投资后保留的部分权益性投资,应当区分以下情况处理:如果企业对被投资企业施加共同控制或重大影响,在编制母公司个别财务报表时,应当按照长期股权投资有关成本法转权益法的规定进行会计处理,在编制合并财务报表时,应当按照合并财务报表的有关规定进行会计处理;如果企业对被投资企业不具有控制、共同控制或重大影响,应当按照金融工具进行会计处理。

对联营企业或合营企业的权益性投资全部或部分分类为持有待售资产的应当停止权益法核算,对于未划分为持有待售资产的剩余权益性投资,应当在划分为持有待售的那部分权益性投资出售前继续采用权益法进行会计处理。

3)拟结束使用而非出售的非流动资产或处置组

非流动资产或处置组可能因为种种原因而结束使用,且企业并不会将其出售,或仅获取其残值。例如,因已经使用至经济寿命期结束而将某机器设备报废,因技术进步而将某子公司关停或转产。由于对该非流动资产或处置组的使用几乎贯穿其整个经济使用寿命期,其账面价值并非主要通过出售收回,企业不应当将其划分为持有待售类别。对于暂时停止使用的非流动资产,不应当认为其拟结束使用,也不应当将其划分为持有待售类别。

10.1.2 持有待售类别的计量

对于持有待售的非流动资产(包括处置组中的非流动资产)的计量,应当区分不同情况:

(1)采用公允价值模式进行后续计量的投资性房地产,适用投资性房地产准则。

(2)采用公允价值减去出售费用后的净额计量的生物资产,适用生物资产准则。

(3)职工薪酬形成的资产,适用职工薪酬准则。

(4)递延所得税资产,适用所得税准则。

(5)由金融工具相关会计准则规范的金融资产,适用金融工具相关会计准则。

(6)由保险合同相关会计准则规范的保险合同所产生的权利,适用保险合同相关会计准则。

(7)除上述各项外的其他持有待售的非流动资产,按照下文所述的方法计量。

对于持有待售的处置组的计量,只要处置组中包含了上述第(7)项所述的非流动资产(以下简称适用本章计量规定的非流动资产),就应当采用下文所述的方法计量整个处置组。处置组中的流动资产、上述第(1)至(6)项所述的非流动资产(以下简称适用其他准则计量规定的非流动资产)和所有负债的计量适用相关会计准则。

（一）划分为持有待售类别前的计量

企业将非流动资产或处置组首次划分为持有待售类别前,应当按照相关会计准则规定计量非流动资产或处置组中各项资产和负债的账面价值。例如,按照《固定资产》准则的规定,对固定资产计提折旧;按照《无形资产》准则的规定,对无形资产进行摊销。对于拟出售的非流动资产或处置组,企业应当在划分为持有待售类别前考虑进行减值测试。

（二）划分为持有待售类别时的计量

（1）对于持有待售的非流动资产或处置组,企业在初始计量时,应当按照相关会计准则规定计量流动资产、适用其他准则计量规定的非流动资产和负债。

如果持有待售的非流动资产或处置组整体的账面价值低于其公允价值减去出售费用后的净额,企业不需要对账面价值进行调整;如果账面价值高于其公允价值减去出售费用后的净额,企业应当将账面价值减记至公允价值减去出售费用后的净额,减记的金额确认为资产减值损失,计入当期损益,同时计提持有待售资产减值准备。

企业应当按照《公允价值计量》的有关规定确定非流动资产或处置组的公允价值。具体来说,企业应当参考所获得的确定的购买承诺中的交易价格,确定持有待售的非流动资产或处置组的公允价值,交易价格应当考虑可变对价、合同中存在的重大融资成分、非现金对价、应付客户对价等因素的影响。如果企业尚未获得确定的购买承诺,例如对于专为转售而取得的非流动资产或处置组,企业应当对其公允价值做出估计,优先使用市场报价等可观察输入值。

出售费用是企业发生的可以直接归属于出售资产或处置组的增量费用,出售费用直接由出售引起,并且是企业进行出售所必需的,如果企业不出售资产或处置组,该费用将不会产生。出售费用包括为出售发生的特定法律服务、评估咨询等中介费用,也包括相关的消费税、城市维护建设税、土地增值税和印花税等,但不包括财务费用和所得税费用。有些情况下,公允价值减去出售费用后的净额可能为负值,持有待售的非流动资产或处置组中资产的账面价值应当以减记至零为限。是否需要确认相关预计负债,应当按照或有事项的规定进行会计处理。

（2）对于取得日划分为持有待售类别的非流动资产或处置组,企业应当在初始计量时比较假定其不划分为持有待售类别情况下的初始计量金额和公允价值减去出售费用后的净额,以两者孰低计量。非同一控制下的企业合并中新取得的非流动资产或处置组划分为持有待售类别的,应当按照公允价值减去出售费用后的净额计量;同一控制下的企业合并中非流动资产或处置组划分为持有待售类别的,应当按照合并日在被合并方的账面价值与公允价值减去出售费用后的净额孰低计量。除企业合并中取得的非流动资产或处置组外,由以公允价值减去出售费用后的净额作为非流动资产或处置组初始计量金额而产生的差额,应当计入当期损益（资产减值损失）。

(三)划分为持有待售类别后的计量

1)持有待售的非流动资产的后续计量

持有待售的非流动资产不应计提折旧或摊销。企业在资产负债表日重新计量持有待售的非流动资产时,如果其账面价值高于公允价值减去出售费用后的净额,应当将账面价值减记至公允价值减去出售费用后的净额,减记的金额确认为资产减值损失,计入当期损益,同时计提持有待售资产减值准备。

如果后续资产负债表日持有待售的非流动资产公允价值减去出售费用后的净额增加,以前减记的金额应当予以恢复,并在划分为持有待售类别后非流动资产确认的资产减值损失金额内转回,转回金额计入当期损益,划分为持有待售类别前确认的资产减值损失不得转回。

【例10-3】 2×24年3月1日,A公司购入B公司全部股权,支付价款1 600万元。购入该股权之前,A公司的管理层已经做出决议,一旦购入B公司将在一年内将其出售给C公司,B公司当前状况下即可立即出售。预计A公司为出售该子公司支付12万元的出售费用。A公司与C公司计划于2×24年3月31日签署股权转让合同。A公司与C公司初步议定股权转让价格为1 620万元。2×24年3月31日,A公司与C公司签订合同,转让所持有B公司的全部股权,转让价格为1 607万元,A公司预计支付8万元的出售费用。

分析:B公司是专为转售而取得的子公司,其不划分为持有待售类别情况下的初始计量金额应当为1 600万元,当日公允价值减去出售费用后的净额为1 608万元,按照二者孰低计量。A公司2×24年3月1日的账务处理如下:

借:持有待售资产——长期股权投资　　　　　　16 000 000

　　贷:银行存款　　　　　　　　　　　　　　　16 000 000

2×24年3月31日,A公司持有的B公司的股权公允价值减去出售费用后的净额为

1 599万元,账面价值为1 600万元,以两者孰低计量:

借:资产减值损失　　　　　　　　　　　　　　10 000

　　贷:持有待售资产减值准备——长期股权投资　　10 000

2)持有待售的处置组的后续计量

企业在资产负债表日重新计量持有待售的处置组时,应当首先按照相关会计准则规定计量处置组中的流动资产、适用其他准则计量规定的非流动资产和负债的账面价值。在进行上述计量后,企业应当比较持有待售的处置组整体账面价值与公允价值减去出售费用后的净额,如果账面价值高于其公允价值减去出售费用后的净额,应当将账面价值减记至公允价值减去出售费用后的净额,减记的金额确认为资产减值损失,计入当期损益,同时计提持有待售资产减值准备。

对于持有待售的处置组确认的资产减值损失金额,如果该处置组包含商誉,应当先抵减商誉的账面价值,再根据处置组中适用本章计量规定的各项非流动资产账面价值所占比重,按比例抵减其账面价值。确认的资产减值损失金额应当以处置组中包含的适用本章计量规定的各项资产的账面价值为限,不应分摊至处置组中包含的流动资产或适用

其他准则计量规定的非流动资产。

如果后续资产负债表日持有待售的处置组公允价值减去出售费用后的净额增加,以前减记的金额应当予以恢复,并在划分为持有待售类别后适用本章计量规定的非流动资产确认的资产减值损失金额内转回,转回金额计入当期损益,且不应当重复确认适用其他准则计量规定的非流动资产和负债按照相关准则规定已经确认的利得。已抵减的商誉账面价值,以及适用本章计量规定的非流动资产在划分为持有待售类别前确认的资产减值损失不得转回。对于持有待售的处置组确认的资产减值损失后续转回金额,应当根据处置组中除商誉外适用本章计量规定的各项非流动资产账面价值所占比重,按比例增加其账面价值。

持有待售的处置组中的非流动资产不应计提折旧或摊销,持有待售的处置组中的负债和适用其他准则计量规定的非流动资产的利息或租金收入、支出以及其他费用应当继续予以确认。

【例 10-4】　A 企业拥有一个销售门店,2×24 年 6 月 15 日,A 企业与 B 企业签订转让协议,将该门店整体转让,转让价格为 154 万元。假设该门店满足划分为持有待售类别的条件,但不符合终止经营的定义。持有待售前,处置组包括:库存商品 20 万元,固定资产原值 110 万元,累计折旧 3 万元,减值 1.5 万元,无形资产原值 100 万元,累计摊销 1.4 万元,减值 0.5 万元,商誉 20 万元,应付账款 60 万元。至 2×24 年 6 月 15 日,固定资产还应当计提折旧 0.5 万元,无形资产还应当计提摊销 0.1 万元,固定资产可收回金额降至 102 万元,计提减值 3 万元。调整后处置组账面价值(资产 240-负债 60)180 万元。预计为转让门店还需支付律师和专业咨询费共计 7 万元。

2×24 年 6 月 30 日,该门店尚未完成转让,门店资产轻微破损,A 企业同意修理,预计修理费用为 0.5 万元,A 企业还将律师和咨询费预计金额调整至 4 万元。

(1)2×24 年 6 月 15 日,A 企业将该门店处置组划分为持有待售类别时,其账务处理如下:

借:持有待售资产——库存商品	200 000	
——固定资产	1 020 000	
——无形资产	980 000	
——商誉	200 000	
累计折旧	35 000	
固定资产减值准备	45 000	
累计摊销	15 000	
无形资产减值准备	5 000	
贷:库存商品		200 000
固定资产		1 100 000
无形资产		1 000 000
商誉		200 000
借:应付账款	600 000	

贷:持有待售负债——应付账款 600 000

（2）2×24年6月15日,由于该处置组的账面价值180万元高于公允价值减去出售费用后的净额154-7=147（万元）,计提持有待售资产减值准备180-147=33（万元）计入当期损益。持有待售资产的减值损失应当先抵减处置组中商誉的账面价值20万元,剩余金额13万元再根据固定资产、无形资产账面价值所占比重,抵减其账面价值。

13×102÷（102+98）=6.63;13×98÷（102+98）=6.37（万元）

借:资产减值损失 330 000

  贷:持有待售资产减值准备——固定资产 66 300

                        ——无形资产 63 700

                        ——商誉 200 000

（3）2×24年6月30日,该处置组的账面价值为147万元,公允价值减去出售费用后的净额为154-4.5=149.5（万元）,高于账面价值。换回金额以13万元为限。A企业可转回已经确认的持有待售资产减值损失149.5-147=2.5（万元）,根据固定资产、无形资产账面价值所占比重,按比例转回其账面价值。

2.5×95.37÷（95.37 + 91.63）=1.275（万元）

2.5×91.63÷（95.37 + 91.63）=1.225（万元）

借:持有待售资产减值准备——固定资产 12 750

                        ——无形资产 12 250

  贷:资产减值损失 25 000

A企业在2×24年6月30日的资产负债表中应当分别以"持有待售资产"和"持有待售负债"列示209.5万元和60万元。由于处置组不符合终止经营定义,持有待售资产确认的资产减值损失应当在利润表中以持续经营损益列示。同时在附注中进一步披露该持有待售处置组的相关信息。

（四）不再继续划分为持有待售类别的计量

非流动资产或处置组因不再满足持有待售类别划分条件而不再继续划分为持有待售类别或非流动资产从持有待售的处置组中移除时,应当按照以下两者孰低计量:①划分为持有待售类别前的账面价值,按照假定不划分为持有待售类别情况下本应确认的折旧、摊销或减值等进行调整后的金额。②可收回金额。这样处理的结果是,原来划分为持有待售的非流动资产或处置组在重新分类后的账面价值,与其从未划分为持有待售类别情况下的账面价值相一致。由此产生的差额计入当期损益,通过"资产减值损失"科目进行会计处理。

（五）终止确认

持有待售的非流动资产或处置组在终止确认时,企业应当将尚未确认的利得或损失计入当期损益。

【例10-5】 承【例10-3】,2×24年6月25日,A公司为转让C公司的股权支付律师费5万元。6月29日,A公司完成对C公司的股权转让,收到价款1 607万元。

A公司2×24年6月25日支付出售费用的账务处理如下：

借：投资收益 50 000

　　贷：银行存款 50 000

A公司2×24年6月29日的账务处理如下：

借：持有待售资产减值准备——长期股权投资 10 000

　　银行存款 16 070 000

　　贷：持有待售资产——长期股权投资 16 000 000

　　　　投资收益 80 000

【例10-6】 承【例10-4】，2×24年9月19日，该门店完成转让，A企业以银行存款分别支付维修费用5 000元和律师、专业咨询费37 000元。B企业以银行存款支付所有转让价款1 540 000元。

借：资产处置损益 42 000

　　贷：银行存款 42 000

借：银行存款 1 540 000

　　持有待售资产减值准备——固定资产 53 550

　　　　　　　　　　　　　——无形资产 51 450

　　　　　　　　　　　　　——商誉 200 000

　　持有待售负债——应付账款 600 000

　　贷：持有待售资产——库存商品 200 000

　　　　　　　　　　——固定资产 1 020 000

　　　　　　　　　　——无形资产 980 000

　　　　　　　　　　——商誉 200 000

　　　　资产处置损益 45 000

10.2　终止经营

10.2.1　终止经营的定义

终止经营，是指企业满足下列条件之一的、能够单独区分的组成部分，且该组成部分已经处置或划分为持有待售类别：

(1)该组成部分代表一项独立的主要业务或一个单独的主要经营地区。

(2)该组成部分是拟对一项独立的主要业务或一个单独的主要经营地区进行处置的一项相关联计划的一部分。

(3)该组成部分是专为转售而取得的子公司。

终止经营的定义包含以下3方面含义：

1)终止经营应当是企业能够单独区分的组成部分

该组成部分的经营和现金流量在企业经营和编制财务报表时是能够与企业的其他部分清楚区分的。企业组成部分可能是一个资产组,也可能是一组资产组组合,通常是企业的一个子公司、一个事业部或事业群。

2)终止经营应当具有一定的规模

终止经营应当代表一项独立的主要业务或一个单独的主要经营地区,或者是拟对一项独立的主要业务或一个单独的主要经营地区进行处置的一项相关联计划的一部分。专为转售而取得的子公司也是企业的组成部分,但不要求具有一定规模。

并非所有处置组都符合终止经营的定义,企业需要运用职业判断确定终止经营。如果企业主要经营一项业务或主要在一个地理区域内开展经营,企业的一个主要产品或服务线也可能满足终止经营定义中的规模条件。有些专为转售而取得的重要的合营企业或联营企业,也可能符合终止经营的定义。

3)终止经营应当满足一定的时点要求

符合终止经营定义的组成部分应当属于以下两种情况之一:

(1)组成部分在资产负债表日之前已经处置,包括已经出售、结束使用(如关停或报废等)。多数情况下,如果组成部分的所有资产和负债均已处置,产生收入和发生成本的来源消失,这时确定组成部分"处置"的时点是较为容易的。但在有些情况下,组成部分的资产仍处于出售或报废过程中,仍可能发生清理费用,企业需要根据实际情况判断组成部分是否已经处置,从而符合终止经营的定义。

(2)组成部分在资产负债表日之前已经划分为持有待售类别。企业对一项独立的主要业务或一个单独的主要经营地区进行处置的一项相关联计划持续数年,并非组成部分中所有的资产组或资产组组合能够同时满足持有待售类别的划分条件。随着处置计划的进行,组成部分中的一些资产组或资产组组合可能先满足持有待售类别划分条件且构成企业的终止经营,其他资产组或资产组组合可能在未来满足持有待售类别的划分条件,应当适时将其作为终止经营处理。

10.2.2 终止经营的列报

企业应当在利润表中分别列示持续经营损益和终止经营损益。下列不符合终止经营定义的持有待售的非流动资产或处置组所产生的相关损益,应当在利润表中作为持续经营损益列报:

(1)企业初始计量或在资产负债表日重新计量持有待售的非流动资产或处置组时,因账面价值高于其公允价值减去出售费用后的净额而确认的资产减值损失。

(2)后续资产负债表日持有待售的非流动资产或处置组公允价值减去出售费用后的净额增加,因恢复以前减记的金额而转回的资产减值损失。

(3)持有待售的非流动资产或处置组的处置损益。

终止经营的相关损益应当作为终止经营损益列报,列报的终止经营损益应当包含整个报告期间,而不仅包含认定为终止经营后的报告期间。相关损益具体包括:

（1）终止经营的经营活动损益，如销售商品、提供服务的收入、相关成本和费用等。

（2）企业初始计量或在资产负债表日重新计量符合终止经营定义的持有待售的处置组时，因账面价值高于其公允价值减去出售费用后的净额而确认的资产减值损失。

（3）后续资产负债表日符合终止经营定义的持有待售处置组的公允价值减去出售费用后的净额增加，因恢复以前减记的金额而转回的资产减值损失。

（4）终止经营的处置损益。

（5）终止经营处置损益的调整金额，可能引起调整的情形包括：最终确定处置条款，如与买方商定交易价格调整额和补偿金；消除与处置相关的不确定因素，如确定卖方保留的环保义务或产品质量保证义务；履行与处置相关的职工薪酬支付义务等。

企业在处置终止经营的过程中可能附带产生一些增量费用，如果不进行该项处置就不会产生这些费用，企业应当将这些增量费用作为终止经营损益列报。

拟结束使用而非出售的处置组满足终止经营定义中有关组成部分的条件的，应当自停止使用日起作为终止经营列报。如果因出售对子公司的投资等原因导致企业丧失对子公司的控制权，且该子公司符合终止经营定义的，应当在合并利润表中列报相关终止经营损益。

从财务报表可比性出发，对于当期列报的终止经营，企业应当在当期财务报表中，将原来作为持续经营损益列报的信息重新作为可比会计期间的终止经营损益列报。这意味着对于可比会计期间的利润表，作为终止经营列报的不仅包括在可比会计期间即符合终止经营定义的处置组，还包括在当期首次符合终止经营定义的处置组。由于后者的存在，处置组在可比会计期间错售商品、提供劳务的收入和相关成本、费用，以及相关资产按照的规定确认的资产减值损失等也应当作为终止经营损益列报。

企业应当在附注中披露终止经营的相关信息。终止经营不再满足持有待售类别划分条件的，企业应当在当期财务报表中，将原来作为终止经营损益列报的信息重新作为可比会计期间的持续经营损益列报，并在附注中说明这一事实。

10.2.3　特殊事项的列报

（1）企业专为转售而取得的持有待售子公司的列报。在合并资产负债表中，允许采用简便方法处理，将企业专为转售而取得的持有待售子公司的全部资产和负债分别作为持有待售资产和持有待售负债项目列示。在合并利润表中，企业专为转售而取得的持有待售子公司的列示要求与其他终止经营一致，即将该子公司净利润与其他终止经营净利润合并列示在"终止经营净利润"项目中。企业在附注中披露的信息也可以更为简化。

（2）不再继续划分为持有待售类别的列报。对于非流动资产或处置组，如果其不再继续划分为持有待售类别或非流动资产从持有待售的处置组中移除，在资产负债表中，企业应当将原来分类为持有待售类别的非流动资产或处置组重新作为固定资产、无形资产等列报，并调整其账面价值。在当期利润表中，企业应当将账面价值调整金额作为持续经营损益列报。企业还应在附注中披露相关信息。

持有待售的对联营企业或合营企业的权益性投资不再符合持有待售类别划分条件

的,应当自划分为持有待售类别日起采用权益法进行追溯调整。持有待售的对子公司、共同经营的权益性投资不再符合持有待售类别划分条件的,同样应当自划分为持有待售类别日起追溯调整。划分为持有待售类别期间的财务报表应当作相应调整。

练习题

一、选择题(前两题属于单选,后两题属于多选)

1.关于持有待售资产,以下表述中,不正确的是( )。

  A.对于拟出售的非流动资产或处置组,企业在划分为持有待售类别前不考虑进行减值测试

  B.持有待售的非流动资产不应计提折旧或摊销

  C.如果后续资产负债表日持有待售资产公允价值减去出售费用后的净额增加,在转为持有待售资产后确认的资产减值损失金额内转回以前减记的金额

  D.持有待售资产和负债不应当相互抵销

2.不考虑其他因素,下列各项中应划分为持有待售资产的有( )。

  A.拟于近期出售的以公允价值计量且变动计入其他综合收益的金融资产

  B.已签订不可撤销转让合同拟于近期出售并采用成本模式进行后续计量的投资性房地产

  C.董事会已作出决议将出售的固定资产,但目前尚未找到意向购买者

  D.董事会已作出决议将予以报废的固定资产

3.非流动资产或处置组划分为持有待售类别,应当同时满足两个条件:( )。

  A.可立即出售   B.未来一年内可出售

  C.出售极可能发生   D.出售很可能发生

4.关于持有待售资产的初始计量,以下表述中,正确的有( )。

  A.对于持有待售的处置组中的非流动资产的计量,应当区分不同情况进行处理

  B.如果资产已经或者将被闲置、终止使用或者计划提前处置,表明资产可能发生了减值

  C.对于持有待售的处置组中的其他权益工具投资,适用金融工具相关会计准则

  D.对于拟出售的非流动资产或处置组,企业应当在划分为持有待售类别前考虑进行减值测试

二、业务题

1.2×24年9月30日,甲公司与乙公司签订转让协议,将该销售机构整体转让,转让价格为3 780万元。预计出售费用140万元。假设该销售机构满足划分为持有待售类别的条件。该销售机构在2×24年9月30日,固定资产原值2 200万元;累计折旧160万元;无形资产原值1 900万元;累计摊销40万元;商誉400万元。该处置组在划分为持有待售前

的账面价值4 300万元。

（1）2×24年10月31日，该销售机构尚未完成转让，预计出售费用调整至90万元。

（2）2×24年11月8日，该销售机构完成转让，甲公司以银行存款分别支付出售费用84万元。乙公司以银行存款支付所有转让价款3 780万元。

要求：编制甲公司有关会计分录。

2.甲公司2×23年3月31日与乙公司签订一项不可撤销的销售合同，将其不再使用的厂房转让给乙公司。合同约定转让价格为1 720万元，估计处置费用20万元。该厂房所有权的转移手续将于2×24年2月10日前办理完毕。厂房2×18年9月投入使用，成本为3 240万元，预计使用年限为10年，预计净残值为40万元，直线法计提折旧，至2×23年3月31日签订销售合同，未计提减值准备。2×24年处置时发生处置费用12万元。

要求：编制甲公司有关会计分录。

第11章　会计政策、会计估计变更和差错更正

学习目标

通过本章学习,要求会区分会计政策变更与会计估计变更,掌握追溯调整法、未来适用法、追溯重述法的会计处理。会计依赖大量的主观判断与估计,管理者应坚持公允原则,不夸大或缩小事实。重要性原则在会计核算中的具体运用主要表现在会计账户的设置、会计处理方法的选择和会计信息的披露3个方面。会计人员应当爱岗敬业,忠于职守,尽心尽力,尽职尽责。

11.1　会计政策变更和会计估计变更概述

11.1.1　会计政策及其变更

(一)会计政策的概述

会计政策,是指企业在会计确认、计量和报告中所采用的原则、基础和会计处理方法。会计政策包括的会计原则、基础和处理方法,是指导企业进行会计确认和计量的具体要求。其中,原则,是指按照企业会计准则规定的、适合于企业会计核算所采用的具体会计原则;基础,是指为了将会计原则应用于交易或者事项而采用的基础,主要是计量基础(即计量属性),包括历史成本、重置成本、可变现净值、现值和公允价值等;会计处理方法,是指企业在会计核算中按照法律、行政法规或者国家统一的会计制度等规定采用或者选择的、适合于本企业的具体会计处理方法。会计政策具有以下特点:

第一,会计政策的选择性。会计政策是在允许的会计原则、计量基础和会计处理方法中作出指定或具体选择。由于企业经济业务的复杂性和多样化,某些经济业务在符合会计原则和计量基础的要求下,可以有多种会计处理方法,即存在不止一种可供选择的会计政策。例如,确定发出存货的实际成本时可以在先进先出法、加权平均法或者个别计价法中进行选择。

第二,会计政策应当在会计准则规定的范围内选择。在我国,会计准则和会计制度属于行政法规,会计政策所包括的具体会计原则、计量基础和具体会计处理方法由会计准则或会计制度规定,具有一定的强制性。企业必须在法规所允许的范围内选择适合本企业实际情况的会计政策。即企业在发生某项经济业务时,必须从允许的会计原则、计量基础和会计处理方法中选择出适合本企业特点的会计政策。

第三,会计政策的层次性。会计政策包括会计原则、计量基础和会计处理方法3个层次。其中,会计原则是指导企业会计核算的具体原则,例如,《企业会计准则第13号——或有事项》规定的以该义务是企业承担的现实义务、履行该义务很可能导致经济利益流出企业、该义务的金额能够可靠地计量作为预计负债的确认条件就是预计负债确认的具体会计原则;会计基础是为将会计原则体现在会计核算而采用的基础,例如,《企业会计准则第8号——资产减值》中涉及的公允价值就是计量基础;会计处理方法是按照会计原则和计量基础的要求,由企业在会计核算中采用或者选择的、适合于本企业的具体会计处理方法,例如,企业按照《企业会计准则第2号——长期股权投资》规定的后续计量方法就是会计处理方法。会计原则、计量基础和会计处理方法三者之间是一个具有逻辑性的、密不可分的整体,通过这个整体,会计政策才能得以应用和落实。

企业应当披露重要的会计政策,不具有重要性的会计政策可以不予披露。判断会计政策是否重要,应当考虑与会计政策相关项目的性质和金额。企业应当披露的重要会计政策包括:

(1)发出存货成本的计量,是指企业确定发出存货成本所采用的会计处理。例如,企业发出存货成本的计量是采用先进先出法,还是采用其他计量方法。

(2)长期股权投资的后续计量,是指企业取得长期股权投资后的会计处理。例如,企业对被投资单位的长期股权投资是采用成本法,还是采用权益法核算。

(3)投资性房地产的后续计量,是指企业在资产负债表日对投资性房地产进行后续计量所采用的会计处理。例如,企业对投资性房地产的后续计量是采用成本模式,还是公允价值模式。

(4)固定资产的初始计量,是指对取得的固定资产初始成本的计量。例如,企业取得的固定资产初始成本是以购买价款,还是以购买价款的现值为基础进行计量。

(5)生物资产的初始计量,是指对取得的生物资产初始成本的计量。例如,企业为取得生物资产而产生的借款费用,应当予以资本化,还是计入当期损益。

(6)无形资产的确认,是指对无形项目的支出是否确认为无形资产。例如,企业内部研究开发项目开发阶段的支出是确认为无形资产,还是在发生时计入当期损益。

(7)非货币性资产交换的计量,是指非货币性资产交换事项中对换入资产成本的计量。例如,非货币性资产交换是以换出资产的公允价值作为确定换入资产成本的基础,还是以换出资产的账面价值作为确定换入资产成本的基础。

(8)借款费用的处理,是指借款费用的会计处理方法,即是采用资本化,还是采用费用化。

(9)合并政策,是指编制合并财务报表所采用的原则。例如,母公司与子公司的会计年度不一致的处理原则;合并范围的确定原则等。

（10）其他重要会计政策。

（二）会计政策变更的概述

会计政策变更,是指企业对相同的交易或者事项由原来采用的会计政策改用另一会计政策的行为。为保证会计信息的可比性使财务报表使用者在比较企业一个以上期间的财务报表时,能够正确判断企业的财务状况、经营成果和现金流量的趋势,一般情况下,企业采用的会计政策,在每一会计期间和前后各期应当保持一致,不得随意变更。否则,势必削弱会计信息的可比性。但是,在下述两种情形下,企业可以变更会计政策:

第一,法律、行政法规或者国家统一的会计制度等要求变更。这种情况是指,按照法律、行政法规以及国家统一的会计制度的规定,要求企业采用新的会计政策,则企业应当按照法律、行政法规以及国家统一的会计制度的规定改变原会计政策,执行新的会计政策。例如,《企业会计准则第1号——存货》对发出存货实际成本的计价取消了后进先出法,这就要求执行企业会计准则的企业按照新规定,将原来以后进先出法核算发出存货成本改为准则规定可以采用的会计政策。

第二,会计政策变更能够提供更可靠、更相关的会计信息。由于经济环境、客观情况的改变,使企业原采用的会计政策所提供的会计信息,已不能恰当地反映企业的财务状况、经营成果和现金流量等情况。在这种情况下,应改变原有会计政策,按变更后新的会计政策进行会计处理,以便对外提供更可靠、更相关的会计信息。例如,企业一直采用成本模式对投资性房地产进行后续计量,如果企业能够从房地产交易市场上持续地取得同类或类似房地产的市场价格及其他相关信息,从而能够对投资性房地产的公允价值作出合理的估计。此时,企业可以将投资性房地产的后续计量方法由成本模式变更为公允价值模式。

对会计政策变更的认定,直接影响会计处理方法的选择。因此,在会计实务中,企业应当正确认定属于会计政策变更的情形。下列两种情况不属于会计政策变更:

（1）本期发生的交易或者事项与以前相比具有本质差别而采用新的会计政策。这是因为,会计政策是针对特定类型的交易或事项,如果发生的交易或事项与其他交易或事项有本质区别,那么企业实际上是为新的交易或事项选择适当的会计政策,并没有改变原有的会计政策。例如,将自用的办公楼改为出租,不属于会计政策变更,而是采用新的会计政策。

（2）对初次发生的或不重要的交易或者事项采用新的会计政策。对初次发生的某类交易或事项采用适当的会计政策,并未改变原有的会计政策。至于对不重要的交易或事项采用新的会计政策,不按会计政策变更作出会计处理,并不影响会计信息的可比性,所以也不作为会计政策变更。例如,企业原在生产经营过程中使用少量的低值易耗品,并且价值较低,故企业在领用低值易耗品时一次计入费用;该企业于近期投产新产品,所需低值易耗品比较多,且价值较大,企业对领用的低值易耗品处理方法改为分次摊销。该企业低值易耗品在企业生产经营中所占的费用比例并不大,改变低值易耗品处理方法后,对损益的影响也不大,属于不重要的事项,会计政策在这种情况下的改变不属于会计政策变更。

11.1.2　会计估计及其变更

(一)会计估计的概述

会计估计,是指企业对结果不确定的交易或者事项以最近可利用的信息为基础所作的判断。会计估计具有如下特点:

第一,会计估计的存在是由于经济活动中内在的不确定性因素的影响。在会计核算中,企业总是力求保持会计核算的准确性,但有些经济业务本身具有不确定性。例如,坏账、固定资产折旧年限、固定资产残余价值、无形资产摊销年限等,因而需要根据经验作出估计。在进行会计核算和相关信息披露的过程中,会计估计是不可避免的。

第二,进行会计估计时,往往以最近可利用的信息或资料为基础。企业在会计核算中,由于经营活动中内在的不确定性,不得不经常进行估计。一些估计的主要目的是确定资产或负债的账面价值,例如,坏账准备、担保责任引起的负债;另一些估计的主要目的是确定将在某一期间记录的收益或费用的金额,例如,某一期间的折旧、摊销的金额。企业在进行会计估计时,通常应根据当时的情况和经验,以一定的信息或资料为基础进行。但是,随着时间的推移、环境的变化,进行会计估计的基础可能会发生变化。因此,进行会计估计所依据的信息或者资料不得不经常发生变化。由于最新的信息是最接近目标的信息,以其为基础所作的估计最接近实际,因此进行会计估计时,应以最近可利用的信息或资料为基础。

第三,进行会计估计并不会削弱会计确认和计量的可靠性。企业为了定期、及时地提供有用的会计信息,将延续不断的经营活动人为划分为一定的期间并在权责发生制的基础上对企业的财务状况和经营成果进行定期确认和计量。例如,在会计分期的情况下,许多企业的交易跨越若干会计年度,以至于需要在一定程度上作出决定:某一年度发生的开支,哪些可以合理地预期能够产生其他年度以收益形式表示的利益,从而全部或部分向后递延,哪些可以合理地预期在当期能够得到补偿,从而确认为费用。由于会计分期和货币计量的前提,在确认和计量过程中,不得不对许多尚在延续中、其结果尚未确定的交易或事项予以估计入账。

企业应当披露重要的会计估计,不具有重要性的会计估计可以不披露。判断会计估计是否重要,应当考虑与会计估计相关项目的性质和金额。企业应当披露的重要会计估计包括:

(1)存货可变现净值的确定。

(2)采用公允价值模式下的投资性房地产公允价值的确定。

(3)固定资产的预计使用寿命与净残值;固定资产的折旧方法。

(4)生物资产的预计使用寿命与净残值;各类生产性生物资产的折旧方法。

(5)使用寿命有限的无形资产的预计使用寿命与净残值。

(6)可收回金额按照资产的公允价值减去处置费用后的净额确定的,确定公允价值减去处置费用后的净额的方法。可收回金额按照资产的预计未来现金流量的现值确定的,预计未来现金流量的确定。

(7)合同履约进度的确定。

(8)权益工具公允价值的确定。

(9)债务重组涉及的债权、重组债权、债务、重组债务的公允价值的确定。

(10)预计负债初始计量的最佳估计数的确定。

(11)金融资产公允价值的确定。

(12)承租人对未确认融资费用的分摊;出租人对未实现融资收益的分配。

(13)探明矿区权益、井及相关设施的折耗方法。与油气开采活动相关的辅助设备及设施的折旧方法。

(14)非同一控制下企业合并成本的公允价值的确定。

(15)其他重要会计估计。

(二)会计估计变更的概述

会计估计变更,是指由于资产和负债的当前状况及预期经济利益和义务发生了变化,从而对资产或负债的账面价值或者资产的定期消耗金额进行调整。

由于企业经营活动中内在的不确定因素,许多财务报表项目不能准确地计量,只能加以估计,估计过程涉及以最近可以得到的信息为基础所作的判断。但是,估计毕竟是就现有资料对未来所作的判断,随着时间的推移,如果赖以进行估计的基础发生变化,或者由于取得了新的信息、积累了更多的经验或后来的发展可能不得不对估计进行修正,即发生会计估计变更。会计估计变更的依据应当真实、可靠。会计估计变更的情形包括:

第一,赖以进行估计的基础发生了变化。企业进行会计估计,总是依赖于一定的基础。如果其所依赖的基础发生了变化,则会计估计也应相应发生变化。例如,企业的某项无形资产摊销年限原定为10年,以后发生的情况表明,该资产的受益年限已不足10年,相应调减摊销年限。

第二,取得了新的信息、积累了更多的经验。企业进行会计估计是就现有资料对未来所做的判断,随着时间的推移,企业有可能取得新的信息、积累更多的经验,在这种情况下,企业可能不得不对会计估计进行修正,即发生会计估计变更。例如,企业原根据当时能够得到的信息,对应收账款每年按其余额的5%计提坏账准备。现在掌握了新的信息,判定不能收回的应收账款比例已达15%,企业改按15%的比例计提坏账准备。

每一资产负债表日,企业应当对履约进度进行重新估计,如有变化,应当作为会计估计变更进行会计处理。附有销售退回条款的销售,每一资产负债表日,企业应当重新估计未来销售退回情况,如有变化,应当作为会计估计变更进行会计处理。

会计估计变更,并不意味着以前期间会计估计是错误的,只是由于情况发生变化,或者掌握了新的信息,积累了更多的经验,使得变更会计估计能够更好地反映企业的财务状况和经营成果。如果以前期间的会计估计是错误的,则属于会计差错,按前期差错更正的会计处理办法进行处理。

11.1.3 会计政策变更与会计估计变更的划分

企业应当在符合会计准则的前提下,正确选择和确定本企业采用的会计政策与会计估计,并应当正确划分会计政策变更与会计估计变更,并按照不同的方法进行相关会计处理。企业应当以变更事项的会计确认、计量基础和列报项目是否发生变更作为判断该变更是会计政策变更,还是会计估计变更的划分基础。

第一,以会计确认和列报项目是否发生变更作为判断基础。会计要素的确认标准,是会计处理的首要环节。一般地,对会计确认的指定或选择是会计政策,其相应的变更是会计政策变更。同时以列报项目是否发生变更作为判断基础,一般地,对列报项目的指定或选择是会计政策,其相应的变更是会计政策变更。会计确认的变更一般会引起列报项目的变更。例如,企业在前期将某项内部研究开发项目开发阶段的支出计入当期损益,而当期按照《企业会计准则第6号——无形资产》的规定,该项支出符合无形资产的确认条件,应当确认为无形资产。该事项的会计确认发生变更,即前期将研发费用确认为一项费用,而当期将其确认为一项资产。该事项中会计确认发生了变化,列报项目发生了改变,所以该变更是会计政策变更。

第二,以计量基础是否发生变更作为判断基础。《企业会计准则——基本准则》规定了历史成本、重置成本、可变现净值、现值和公允价值等5项会计计量属性,是会计处理的计量基础。一般地,对计量基础的判定或选择是会计政策,其相应的变更是会计政策变更。例如,企业在前期对购入的价款超过正常信用条件延期支付的固定资产初始计量采用历史成本,而当期按照《企业会计准则第4号——固定资产》的规定,该类固定资产的初始成本应以购买价款的现值为基础确定。该事项的计量基础发生了变化,所以该变更是会计政策变更。

第三,根据会计确认、计量基础和列报项目所选择的、为取得与资产负债表项目有关的金额或数值(如预计使用寿命、净残值等)所采用的处理方法,不是会计政策,而是会计估计,其相应的变更是会计估计变更。例如,企业需要对某项资产采用公允价值进行计量,而公允价值的确定需要根据市场情况选择不同的处理方法。相应地,当企业面对的市场情况发生变化时,其采用的确定公允价值的方法变更是会计估计变更,不是会计政策变更。

企业可以采用以下具体方法划分会计政策变更与会计估计变更:分析并判断该事项是否涉及会计确认、计量基础选择或列报项目的变更,当至少涉及上述一项划分基础变更时,该事项是会计政策变更;不涉及上述划分基础变更时,该事项可以判断为会计估计变更。例如,企业在前期将购建固定资产相关的一般借款利息计入当期损益,当期根据会计准则的规定,将其予以资本化,企业因此将对该事项进行变更。该事项的计量基础未发生变更,即都是以历史成本作为计量基础;该事项的会计确认发生变更,即前期将借款费用确认为一项费用,而当期将其确认为一项资产;同时,会计确认的变更导致该事项在资产负债表和利润表相关项目的列报也发生变更。该事项涉及会计确认和列报的变更,所以属于会计政策变更。又如,企业原采用双倍余额递减法计提固定资产折旧,根据固定资产使用的实际情况,企业决定改用直线法计提固定资产折旧。该事项前后采用的两种计提折旧方法都是以历史成本作为计量基础,对该事项的会计确认和列报项目也未发生变更,只是固定资产折旧、固定资产净值等相关金额发生了变化。因此,该事项属于会计估计变更。

11.2　会计政策变更和会计估计变更的会计处理

11.2.1　会计政策变更的会计处理

发生会计政策变更时,有两种会计处理方法,即追溯调整法和未来适用法,两种方法适用于不同情形。

(一)追溯调整法

追溯调整法,是指对某项交易或事项变更会计政策,视同该项交易或事项初次发生时即采用变更后的会计政策,以此对财务报表相关项目进行调整的方法。采用追溯调整法时,对于比较财务报表期间的会计政策变更,应调整各期间净损益各项目和财务报表其他相关项目,视同该政策在比较财务报表期间上一直采用。对于比较财务报表可比期间以前的会计政策变更的累积影响数,应调整比较财务报表最早期间的期初留存收益,财务报表其他相关项目的数字也应一并调整。

追溯调整法通常由以下步骤构成:

第一步,计算会计政策变更的累积影响数。

第二步,编制相关项目的调整分录。

第三步,调整列报前期最早期初财务报表相关项目及其金额。

第四步,附注说明。

其中,会计政策变更累积影响数,是指按照变更后的会计政策对以前各期追溯计算的列报前期最早期初留存收益应有金额与现有金额之间的差额。根据上述定义的表述,会计政策变更的累积影响数可以分解为以下两个金额之间的差额:

(1)在变更会计政策当期,按变更后的会计政策对以前各期追溯计算,所得到的列报前期最早期初留存收益金额。

(2)在变更会计政策当期,列报前期最早期初留存收益金额。

上述留存收益金额,包括盈余公积和未分配利润等项目,不考虑由于损益的变化而应当补分的利润或股利。例如,由于会计政策变化,增加了以前期间可供分配的利润,该企业通常按净利润的20%分派股利。但在计算调整会计政策变更当期期初的留存收益时,不应当考虑由于以前期间净利润的变化而需要分派的股利。

在财务报表只提供列报项目上一个可比会计期间比较数据的情况下,上述第(2)项,在变更会计政策当期,列报前期最早期初留存收益金额,即为上期资产负债表所反映的期初留存收益,可以从上年资产负债表项目中获得;需要计算确定第(1)项,即按变更后的会计政策对以前各期追溯计算,所得到的上期期初留存收益金额。

累积影响数通常可以通过以下各步计算获得:

第一步,根据新会计政策重新计算受影响的前期交易或事项。

第二步,计算两种会计政策下的差异。

第三步,计算差异的所得税影响金额(此处指递延所得税影响)。

第四步,确定前期中的每一期的税后差异。

第五步,计算会计政策变更的累积影响数。

编制调整分录。由于会计政策的变更是会计行为而不是税务行为,不影响当期所得税,可能影响递延所得税,递延所得税影响源于暂时性差异的变化。涉及损益直接调整留存收益,不必通过"以前年度损益调整"科目。无论是会计政策变更、会计差错更正,还是资产负债表日后事项,其处理的本质都是要将以前的业务追溯调整成最新口径,所以先考虑当初的会计分录是怎么编制的,再考虑应当达到什么目的,最后将其差额冲销或者补上即为调整分录。

通常,期初余额是上期账户结转至本期账户的余额,在数额上与相应账户的上期期末余额相等。但是,由于受会计政策变更、前期会计差错更正等因素的影响,上期期末余额结转至本期时,有时需经过调整或重新表述。

需要注意的是,对以前年度损益进行追溯调整或追溯重述的,应当重新计算各列报期间的每股收益。

【例 11-1】　甲公司 2×24 年以前执行《小企业会计准则》,由于甲公司公开将发行股票、债券;同时因经营规模或企业性质变化而成为大中型企业,按照准则规定应当从 2×24 年 1 月 1 日起转为执行《企业会计准则》。甲公司 2×22 年以 560 万元的价格从股票市场购入以交易为目的的 A 股票,假定不考虑相关税费。按照原《小企业会计准则》确认为"短期投资"并采用成本法对该股票进行初始和后续计量。按照《企业会计准则》的规定,对其以交易为目的购入的股票由原成本法改为公允价值计量。假设所得税税率为 25%,公司按净利润的 10% 提取法定盈余公积,按净利润的 5% 提取任意盈余公积。A 股票 2×22 年年末的公允价值为 620 万元,A 股票 2×23 年年末的公允价值为 640 万元。根据上述资料,甲公司的会计处理如下:

(1)计算改变金融资产计量方法后的累积影响数见表 11-1。

表 11-1　改变计量方法后的积累影响数　　　　单位:元

时间	新政策 公允价值	原来政策 成本	税前 差异	所得税 影响	税后 差异
2×22 年末	6 200 000	5 600 000	600 000	150 000	450 000
2×23 年末	6 400 000	5 600 000	200 000	50 000	150 000

甲公司2×24年12月31日的比较财务报表列报前期最早期初为2×23年1月1日。

甲公司在2×22年年末按公允价值计量的账面价值为6 200 000元,按成本计量的账面价值为5 600 000元,两者的所得税影响为150 000元,两者差异的税后净影响额为450 000元,即为该公司2×23年期初由成本改为公允价值的累积影响数。

甲公司在2×23年年末按公允价值计量的账面价值为6 400 000元,按成本计量的账面价值为5 600 000元,两者的所得税影响为200 000元,两者差异的税后净影响额为600 000元,其中,450 000元是调整2×22年累积影响数,150 000元是调整2×23年当期金额。

交易性金融资产的账面价值640万元大于计税基础560万元,形成应纳税的暂时性差异80万元,确认递延所得税负债20万元。

(2)编制有关项目的调整分录:

借:交易性金融资产——公允价值变动　　　　　800 000
　　贷:利润分配——未分配利润　　　(600 000×85%)510 000
　　　　盈余公积　　　　　　　　　(600 000×15%)90 000
　　　　递延所得税负债　　　　　　(800 000×25%)200 000

(3)财务报表调整和重述(财务报表略)。

甲公司在列报2×24年财务报表时,应调整2×24年资产负债表有关项目的年初余额、利润表有关项目的上年金额及所有者权益变动表有关项目的上年金额和本年金额。

①资产负债表项目的调整:

调增交易性金融资产年初余额800 000元;调增递延所得税负债年初余额200 000元;调增盈余公积年初余额90 000元;调增未分配利润年初余额510 000元。

②利润表项目的调整:

调增公允价值变动收益上年金额200 000元;调增所得税费用上年金额50 000元;调增净利润上年金额150 000元;调增净利润上年金额150 000元。

③所有者权益变动表项目的调整:

调增盈余公积上年年初金额90 000元,未分配利润上年年初金额510 000元,所有者权益合计上年年初金额600 000元。

调增盈余公积上年金额22 500元,未分配利润上年金额127 500元,所有者权益合计上年金额150 000元。

调增盈余公积本年年初金额112 500元,未分配利润本年年初金额637 500元,所有者权益合计本年年初金额750 000元。

【例11-2】　A公司为上市公司。该公司按净利润的10%计提盈余公积。2×24年1月1日A公司董事会决定将投资性房地产后续计量模式从成本模式转换为公允价值模式。该房地产为2×20年12月外购一栋写字楼,支付价款50 000万元,预计使用年限为50年,净残值为零,采用直线法计提折旧。同日将该写字楼租赁给B公司使用。2×24年以前,A公司对投资性房地产采用成本模式进行后续计量。所得税税率为25%,税法规定该投资性房地产作为固定资产处理,折旧年限、净残值和折旧方法与会计相同。公允价值变动损益不得计入应纳税所得额。该项投资性房地产2×20—2×23年各年末公允价值依次为50 000万元、55 000万元、58 000万元、60 500万元。

（1）计算累积影响数。

表11-2 计算累积影响数   单位：万元

年度末	旧政策 确认损益	新政策 确认损益	税前差异	所得税 影响	税后差异
2×21	−1 000	5 000	6 000	1 500	4 500
2×22	−1 000	3 000	4 000	1 000	3 000
2×23	−1 000	2 500	3 500	875	2 625
合计	−3 000	10 500	13 500	3 375	10 125

（2）编制相关会计分录。

投资性房地产的账面价值60 500万元大于计税基础47 000万元，形成应纳税的暂时性差异13 500万元，确认递延所得税负债3 375万元。

借：投资性房地产——成本　　　　　　　　　500 000 000
　　　　　　　　——公允价值变动　　　　　105 000 000
　　投资性房地产累计折旧　　　　　　　　　 30 000 000
　贷：投资性房地产　　　　　　　　　　　　　　500 000 000
　　　递延所得税负债　　　　　　　　　　　　　 33 750 000
　　　盈余公积　　　　　　　　　　　　　　　　 10 125 000
　　　利润分配——未分配利润　　　　　　　　　 91 125 000

（3）财务报表调整和重述（略）。

（二）未来适用法

未来适用法，是指将变更后的会计政策应用于变更日及以后发生的交易或者事项，或者在会计估计变更当期和未来期间确认会计估计变更影响数的方法。会计政策变更、会计估计变更及前期差错更正均可采用未来适用法。

在未来适用法下，不需要计算会计政策变更产生的累积影响数，也无须重编以前年度的财务报表。账簿记录及财务报表上反映的金额，变更之日仍保留原有的金额，不因会计政策变更而改变以前年度的既定结果，只是在现有金额的基础上再按新的会计政策进行核算。

【例11-3】 甲公司原对发出存货采用后进先出法，由于采用新会计准则，按其规定，公司从20×7年1月1日起改用先进先出法。20×7年1月1日存货的价值为250万元，公司当年购入存货的实际成本为1 800万元。20×7年12月31日，按先进先出法计算确定的存货价值为450万元，当年销售额为2 500万元，假设该年度其他费用为120万元，所得税税率为25%。20×7年12月31日，按后进先出法计算的存货价值为350万元。甲公司由于法律环境变化而改变会计政策，假定对其采用未来适用法进行处理，即对存货采用先进先出法核算从20×7年及以后才适用,不需要计算20×7年1月1日以前按先进先出法计算存货应有的余额,以及对留存收益的影响金额。

采用先进先出法的销售成本为:期初存货+购入存货实际成本−期末存货=250+1 800−450=1 600万元;采用后进先出法的销售成本为:期初存货+购入存货实际成本−期末存货=250+1 800−350=1 700万元。

先进先出法下的净利润585[(2 500−1 600−120)×75%]万元,后进先出法下的净利润510[(2 500−1 700−120)×75%]万元,会计政策变更使当年净利润增加75万元。

(三)会计政策变更的会计处理方法的选择

对于会计政策变更,企业应当根据具体情况,分别采用不同的会计处理方法:

(1)法律、行政法规或者国家统一的会计制度等要求变更的情况下,企业应当分别以下情况进行处理:①国家发布相关的会计处理办法,则按照国家发布的相关会计处理规定进行处理;②国家没有发布相关的会计处理办法,则采用追溯调整法进行会计处理。

例如,投资方因处置部分权益性投资等原因丧失了对被投资方的控制权,处置后的剩余股权能够对被投资方实施共同控制或施加重大影响的,长期股权投资由成本法转化为权益法,采用追溯调整法。

(2)会计政策变更能够提供更可靠、更相关的会计信息的情况下,企业应当采用追溯调整法进行会计处理,将会计政策变更累积影响数调整列报前期最早期初留存收益,其他相关项目的期初余额和列报前期披露的其他比较数据也应当一并调整。

例如,为保证会计信息的可比性,企业对投资性房地产的计量模式一经确定,不得随意变更。只有在房地产市场比较成熟,能够满足采用公允价值模式条件的情况下,才允许企业对投资性房地产从成本模式计量变更为公允价值模式计量,采用追溯调整法。

(3)确定会计政策变更对列报前期影响数不切实可行的,应当从可追溯调整的最早期间期初开始应用变更后的会计政策;在当期期初确定会计政策变更对以前各期累积影响数不切实可行的,应当采用未来适用法处理。

其中,不切实可行是指企业在采取所有合理的方法后,仍然不能获得采用某项规定所必需的相关信息,而导致无法采用该项规定,则该项规定在此时是不切实可行的。

对于以下特定前期,对某项会计政策变更应用追溯调整法或进行追溯重述以更正一项前期差错是不切实可行的:

(1)应用追溯调整法或追溯重述法的累积影响数不能确定。

(2)应用追溯调整法或追溯重述法要求对管理层在该期当时的意图做出假定。

(3)应用追溯调整法或追溯重述法要求对有关金额进行重大估计,并且不可能将提供有关交易发生时存在状况的证据和该期间财务报表批准报出时能够取得的信息与其他信息客观地加以区分。

在某些情况下,调整一个或者多个前期比较信息以获得与当期会计信息的可比性是不切实可行的。例如,企业因账簿、凭证超过法定保存期限而销毁,或因不可抗力而毁坏、遗失,如火灾、水灾等,或因人为因素,如盗窃、故意毁坏等,可能使当期期初确定会计政策变更对以前各期累积影响数无法计算,即不切实可行,此时,会计政策变更应当采用未来适用法进行处理。

对根据某项交易或者事项确认、披露的财务报表项目应用会计政策时常常需要进行估计。本质上,估计是根据现有状况所做出的最佳判断,而且可能在资产负债表日后才做出。当追溯调整会计政策变更或者追溯重述前期差错更正时,要做出切实可行的估计更加困难,因为有关交易或者事项已经发生较长一段时间,要获得做出切实可行的估计所需要的相关信息往往比较困难。

当在前期采用一项新会计政策或者更正前期金额时,不论是对管理层在某个前期的意图作出假定,还是估计在前期确认、计量或者披露的金额,都不应当使用"后见之明"。例如,按照《企业会计准则第22号——金融工具确认和计量》的规定,企业对原先划归为以摊余成本计量的金融资产的前期差错,即便管理层随后决定不将这些投资划归为以摊余成本计量,也不能改变它们在前期的计量基础,即该项金融资产应当仍然按照摊余成本进行计量。

企业应当在附注中披露与会计政策变更有关的下列信息:

(1)会计政策变更的性质、内容和原因。包括:对会计政策变更的简要阐述、变更的日期、变更前采用的会计政策和变更后所采用的新会计政策及会计政策变更的原因。

(2)当期和各个列报前期财务报表中受影响的项目名称和调整金额。包括:采用追溯调整法时,计算出的会计政策变更的累积影响数;当期和各个列报前期财务报表中需要调整的净损益及其影响金额,以及其他需要调整的项目名称和调整金额。

(3)无法进行追溯调整的,说明该事实和原因以及开始应用变更后的会计政策的时点、具体应用情况。包括:无法进行追溯调整的事实,确定会计政策变更对列报前期影响数不切实可行的原因,在当期期初确定会计政策变更对以前各期累积影响数不切实可行的原因;开始应用新会计政策的时点和具体应用情况。

需要注意的是,在以后期间的财务报表中,不需要重复披露在以前期间的附注中已披露的会计政策变更的信息。

11.2.2　会计估计变更的会计处理

企业对会计估计变更应当采用未来适用法处理。即在会计估计变更当期及以后期间采用新的会计估计,不改变以前期间的会计估计,也不调整以前期间的报告结果。

第一,会计估计变更仅影响变更当期的,其影响数应当在变更当期予以确认。例如,企业原按应收账款余额的5%提取坏账准备,由于企业不能收回应收账款的比例已达10%,则企业改按应收账款余额的10%提取坏账准备。这类会计估计的变更,只影响变更当期,因此,应于变更当期确认。

第二,既影响变更当期又影响未来期间的,其影响数应当在变更当期和未来期间予以确认。例如,企业的某项可计提折旧的固定资产,其有效使用年限或预计净残值的估计发生的变更,常常影响变更当期及资产以后使用年限内各个期间的折旧费用,这类会计估计的变更,应于变更当期及以后各期确认。

会计估计变更的影响数应计入变更当期与前期相同的项目中。为了保证不同期间的财务报表具有可比性,如果以前期间的会计估计变更的影响数计入企业日常经营活动损益,则以后期间也应计入日常经营活动损益;如果以前期间的会计估计变更的影响数计入特殊项目中,则以后期间也应计入特殊项目。

第三,企业应当正确划分会计政策变更和会计估计变更,并按不同的方法进行相关会计处理。企业通过判断会计政策变更和会计估计变更划分基础仍然难以对某项变更进行区分的,应当将其作为会计估计变更处理。

【例11-4】 A公司适用的所得税税率为25%。A公司董事会决定将其无形资产的摊销年限由10年调整为6年,该项变更自2×24年1月1日起执行。上述无形资产系2×22年1月购入,成本为1 000万元,采用直线法摊销,预计净残值为零。税法规定该无形资产的计税年限为10年。变更日该无形资产的计税基础与其账面价值相同。

上述变更属于会计估计变更。按原估计,每年摊销额为100万元,已经摊销2年,共计200万元,无形资产净值为800万元,改变估计使用寿命后,2×24年1月1日起每年摊销额为200万元[800÷(6-2)]。2×24年度无形资产增加摊销100(200-100)万元,2×24年确认递延所得税资产=100×25%=25(万元),会计估计变更对当年净利润的影响=-(200-100)×(1-25%)=-75(万元)。

企业应当在附注中披露与会计估计变更有关的下列信息:

(1)会计估计变更的内容和原因。包括变更的内容、变更日期以及为什么要对会计估计进行变更。

(2)会计估计变更对当期和未来期间的影响数。包括会计估计变更对当期和未来期间损益的影响金额,以及对其他各项目的影响金额。

(3)会计估计变更的影响数不能确定的,披露这一事实和原因。

11.3 会计差错及其更正

11.3.1 会计差错概述

为了保证经营活动的正常进行,企业应当建立健全内部稽核制度,保证会计资料的真实、完整。

会计差错是指在会计核算时,由于确认、计量、记录等方面出现的错误。如,会计政策使用上的差错、会计估计上的差错、其他差错等。会计差错按发现及归属期间分为本期发现的属于本期的会计差错、本期发现的属于以前期间的会计差错、资产负债表日后期间发现的报告期或报告期以前期间的会计差错,前者称为当期差错,后两者统称为前期差错。根据重要性,可以分为重大会计差错和非重大会计差错。会计差错更正是指对企业在会计核算中由于确认、计量、记录等方面出现的错误进行的纠正。

会计差错的更正方法从技术角度看包括：红字更正法，已经登记入账的记账凭证，在年内发现填制错误时，可以用红字填写一张与原内容相同的记账凭证，同时再用蓝字重新填制一张正确的记账凭证。补充登记法，如果会计科目没有错误，只是金额错误，可以将正确数字与错误数字之间的差额，另编一张调整的记账凭证，调增金额用蓝字，调减金额用红字。综合调整法，对应该使用而未使用的会计科目采用补充登记，对不应该使用而使用了的会计科目采用反方向冲销进行调整。

会计差错更正按是否追溯到差错发生的当期或尽可能的早期，分为追溯重述法和未来适用法。追溯重述法，是指在发现前期差错时，视同该项前期差错从未发生过，从而对财务报表相关项目进行更正的方法。未来适用法，是指不追溯而视同当期差错一样更正。

11.3.2　当期差错及其更正

当期的会计差错（无论重大还是非重大），应当立即调整当期相关项目。这样处理的原因在于：当年度的会计报表尚未编制，无论会计差错是否重大，均可直接调整当期有关科目。

【例 11-5】　甲公司内审部门在年底发现：2×24 年 8 月 1 日，甲公司与丁公司签订产品销售合同。合同约定，甲公司向丁公司销售最近开发的 C 商品 1 000 件，售价为 500 万元，增值税额为 65 万元；甲公司于合同签订之日起 10 日内将所售 C 商品交付丁公司，丁公司于收到 C 商品当日支付全部款项；丁公司有权于收到 C 商品之日起 6 个月内无条件退还 C 商品。2×24 年 8 月 5 日，甲公司将 1 000 件 C 商品交付丁公司并开出增值税专用发票，同时收到丁公司支付的款项 565 万元。该批 C 商品的成本为 400 万元。估计退货率为 4%。

甲公司对上述交易或事项的会计处理为：

借：银行存款　　　　　　　　　　　　　　5 650 000
　　贷：主营业务收入　　　　　　　　　　　　　5 000 000
　　　　应交税费——应交增值税（销项税额）　　　650 000
借：主营业务成本　　　　　　　　　　　　4 000 000
　　贷：库存商品　　　　　　　　　　　　　　　4 000 000

假定甲公司采用综合调整法，相关更正分录如下：

借：主营业务收入　　　　　　　　　　　　200 000
　　贷：预计负债　　　　　　　　　　　　　　　200 000
借：应收退货成本　　　　　　　　　　　　160 000
　　贷：主营业务成本　　　　　　　　　　　　　160 000

11.3.3　前期差错及其更正

前期差错，是指由于没有运用或错误运用下列两种信息，而对前期财务报表造成省略或错报：

（1）编报前期财务报表时预期能够取得并加以考虑的可靠信息。

（2）前期财务报告批准报出时能够取得的可靠信息。

前期差错通常包括计算以及账户分类差错、应用会计政策错误、疏忽或曲解事实以及舞弊产生的影响等。比如，盘盈的固定资产，作为前期差错处理。需要注意的是，就会计估计的性质来说，它是个近似值，随着更多信息的获得，估计可能需要进行修正，但是会计估计变更不属于前期差错更正。

如果财务报表项目的遗漏或错误表述可能影响财务报表使用者根据财务报表所作出的经济决策，则该项目的遗漏或错误是重要的。重要的前期差错，是指足以影响财务报表使用者对企业财务状况、经营成果和现金流量作出正确判断的前期差错。不重要的前期差错，是指不足以影响财务报表使用者对企业财务状况、经营成果和现金流量作出正确判断的会计差错。

前期差错的重要性取决于在相关环境下对遗漏或错误表述的规模和性质的判断。前期差错所影响的财务报表项目的金额或性质，是判断该前期差错是否具有重要性的决定性因素。一般来说，前期差错所影响的财务报表项目的金额越大、性质越严重，其重要性水平越高。

（一）不重要的前期差错的会计处理

对于不重要的前期差错，采用未来适用法更正。对于不重要的前期差错应视同当期差错进行更正。对于不重要的前期差错，企业不需调整财务报表相关项目的期初数，但应调整发现当期与前期相同的相关项目。属于影响损益的，应直接计入本期与上期相同的净损益项目。属于不影响损益的，应调整本期与前期相同的相关项目。

（二）重要的前期差错的会计处理

对于重要的前期差错，应当采用追溯重述法更正，但确定前期差错累积影响数不切实可行的除外。对于重要的前期差错，企业应当在其发现当期的财务报表中，调整前期比较数据。具体地说，企业应当在重要的前期差错发现当期的财务报表中，通过下述处理对其进行追溯更正：

（1）追溯重述差错发生期间列报的前期比较金额。

（2）如果前期差错发生在列报的最早前期之前，则追溯重述列报的最早前期的资产、负债和所有者权益相关项目的期初余额。

"以前年度损益调整"属于损益类科目，由于其核算的是以前年度的损益调整，不影响本年利润。根据企业会计准则的规定，该科目余额，在期末不能结转入"本年利润"科目，而应当结转入"利润分配——未分配利润"科目，并相应调整"盈余公积"科目。结转后，该科目期末余额为零。

当期发现的以前年度的重大会计差错，涉及损益的，应通过"以前年度损益调整"科目过渡，调整发现年度的期初留存收益，会计报表其他相关项目的期初数或上年数也应一并调整。如果不影响损益，则调整发现年度会计报表的相关项目的期初数。如果差错影响应税所得，则应调整"应交税费——应交所得税"科目；如果差错影响暂时性差异，则应调整"递延所得税资产或负债"科目。

在编制比较财务报表时,对于比较财务报表期间的重要的前期差错,应调整各该期间的净损益和其他相关项目,视同该差错在产生的当期已经更正;对于比较财务报表期间以前的重要的前期差错,应调整比较财务报表最早期间的期初留存收益,财务报表其他相关项目的数字也应一并调整。

确定前期差错影响数不切实可行的,可以从可追溯重述的最早期间开始调整留存收益的期初余额,财务报表其他相关项目的期初余额也应当一并调整,也可以采用未来适用法。

值得关注的是,在实务中,会计估计变更与前期差错更正有时难以区分,尤其是难以区分会计估计变更和由于会计估计错误导致的前期差错更正。企业不应简单将会计估计与实际结果对比认定存在差错。如果企业前期作出会计估计时,未能合理使用报表编报时已经存在且能够取得可靠信息,导致前期会计估计结果未恰当反映当时情况,则应属于前期差错,应当适用前期差错更正的会计处理方法;反之,如果企业前期的会计估计是以当时存在且预期能够取得的可靠信息为基础作出的,随后因资产和负债的当前状况及预期经济利益和义务发生了变化而变更会计估计的,则属于会计估计变更,应当适用会计估计变更的会计处理方法。

对于年度资产负债表日至财务报告批准报出日之间发现的报告年度的会计差错及报告年度以前不重要的前期差错,应按照《企业会计准则第29号——资产负债日后事项》的规定进行处理。

【例11-6】 B公司在2×24年12月发现,2×23年公司漏记一项固定资产的折旧费用150 000元,所得税申报表中未扣除该项费用。适用所得税税率为25%,无其他纳税调整事项。该公司按净利润的15%提取盈余公积。公司发行股票份额为1 800 000股。

(1)分析前期差错的影响数:

2×23年少计折旧费用150 000元;多计所得税费用37 500(150 000×25%)元;多计净利润112 500元;多计应交税费37 500(150 000×25%)元;多提法定盈余公积和任意盈余公积11 250(112 500×10%)元和5 625(112 500×5%)元。

(2)编制有关项目的调整分录:

①补提折旧:

| 借:以前年度损益调整 | 150 000 | |
| 贷:累计折旧 | | 150 000 |

②调整应交所得税:

| 借:应交税费——应交所得税 | 37 500 | |
| 贷:以前年度损益调整 | | 37 500 |

③将"以前年度损益调整"科目余额转入利润分配:

| 借:利润分配——未分配利润 | 112 500 | |
| 贷:以前年度损益调整 | | 112 500 |

④调整利润分配有关数字:

借:盈余公积   16 875
 贷:利润分配——未分配利润   16 875

（3）财务报表调整和重述（财务报表略）。

B公司在列报2×24年财务报表时,应调整2×24年资产负债表有关项目的年初余额、利润表有关项目及所有者权益变动表的上年金额也应进行调整。

（1）资产负债表项目的调整：

调减固定资产150 000元;调减应交税费37 500元;调减盈余公积16 875元;调减未分配利润95 625元。

（2）利润表项目的调整：

调减管理费用上年金额150 000元;调减所得税费用上年金额37 500元;调减净利润上年金额112 500元;调减基本每股收益上年金额0.0625元。

（3）所有者权益变动表项目的调整：

调减前期差错更正项目中盈余公积上年金额16 875元,未分配利润上年金额95 625元,所有者权益合计上年金额112 500元。

（三）前期差错更正的披露

企业应当在附注中披露与前期差错更正有关的下列信息：

（1）前期差错的性质。

（2）各个列报前期财务报表中受影响的项目名称和更正金额。

（3）无法进行追溯重述的,说明该事实和原因以及对前期差错开始进行更正的时点、具体更正情况。

在以后期间的财务报表中,不需要重复披露在以前期间的附注中已披露的前期差错更正的信息。

练习题

一、选择题(前两题属于单选,后两题属于多选)

1.下列关于会计政策及其变更的表述中,不正确的是( )。

 A.会计政策涉及会计原则、会计基础和具体会计处理方法

 B.变更会计政策表明以前会计期间采用的会计政策存在错误

 C.变更会计政策能够更好地反映的企业的财务状况和经营成果

 D.本期发生的交易或事项与前期相比具有本质差别而采用新的会计政策,不属于会计政策变更

2.甲公司董事会决定的下列事项中,属于会计政策变更的是( )。

 A.将自行研发无形资产的摊销年限由8年调整为6年

 B.将发出存货计价方法由先进先出法变为移动加权平均法

  C.账龄在1年内的应收账款坏账计提比例由5%调整至8%

  D.折旧方法从年限平均法改为年数总和法

 3.下列关于会计政策、会计估计及其变更的表述中,正确的有( )。

  A.会计政策是企业在会计确认、计量和报告中所采用的原则、基础和会计处理方法

  B.会计估计以最近可利用的信息或资料为基础,不会削弱会计确认和计量的可靠性

  C.企业应当在会计准则允许的范围内选择适合本企业情况的会计政策,但一经确定,不得随意变更

  D.按照会计政策变更和会计估计变更划分原则难以对某项变更进行区分的,应将该变更作为会计政策变更处理

 4.下列关于会计估计变更的说法中,正确的是( )。

  A.会计估计变更应采用未来适用法进行会计处理

  B.会计估计变更应采用追溯调整法进行会计处理

  C.如果会计估计变更仅影响变更当期,有关估计变更的影响应予当期确认

  D.如果以前期间的会计估计是错误的,则属于会计差错

二、业务题

 1.甲公司按照准则规定应当从2×24年1月1日起转为执行《企业会计准则》。甲公司2×22年以500万元的价格从股票市场购入以交易为目的的A股票。按照准则规定,对其以交易为目的购入的股票由原成本法改为公允价值计量。假设甲公司适用的所得税税率为25%,公司按净利润的15%提取盈余公积。A股票2×22年年末公允价值为580万元,2×23年年末公允价值为600万元。

 要求:编制有关的会计分录。

 2.2×24年A公司董事会决定将其固定资产的折旧年限由10年调整为7年,该项变更自2×24年1月1日起执行。该管理用固定资产系2×21年12月购入,成本为1 000万元,采用直线法计提折旧,预计净残值为零。税法规定该固定资产的折旧年限为10年,所得税税率为25%。

 要求:计算2×24年会计估计变更影响净利润的金额。

 3.甲公司对经营租赁方式租出办公楼的后续计量由成本模式改为公允价值模式。该办公楼原值为6 800万元,已计提折旧800万元,变更日的公允价值为8 000万元。该办公楼在变更日的计税基础与其原账面价值相同。公司按净利润的10%提取盈余公积。所得税税率为25%。

 要求:编制有关的会计分录。

 4.甲公司2×21年初开始对某无形资产进行摊销,原价为100万元,摊销期为5年(税务的摊销口径为10年),2×21年末该无形资产的可收回金额为72万元,2×23年末的可收回金额为30万元,假定2×24年8月发现企业2×23年未进行无形资产的摊销和减值准备的计提,所得税申报表中未扣除该项费用。企业的所得税率为25%,采用资产负债表债

务法进行所得税处理。盈余公积提取比例为10%。

要求:编制有关的会计分录。

5.甲公司2×23年初购得乙公司100%的股份,初始成本为7 000万元,当日乙公司可辨认净资产公允价值为6 000万元。乙公司2×23年实现公允净利润500万元,2×23年乙公司其他综合收益增加100万元,2×24年第一季度实现公允净利润40万元。2×24年4月1日,甲公司出售了乙公司60%的股份,售价为6 600万元。剩余股份能够保证甲公司对乙公司的重大影响能力。

要求:编制有关会计分录。

6.甲公司在2×24年年底发现,2×23年公司多记一项固定资产的折旧费用300 000元,所得税申报表中多扣除该项费用。2×23年适用所得税税率为25%,无其他纳税调整事项。该公司按净利润的10%、5%提取法定盈余公积和任意盈余公积。假定税法允许调整应交所得税。

要求:编制有关项目的调整分录。

三、简答题

1.比较追溯调整法和追溯重述法。

2.比较会计政策变更和会计估计变更。

第12章 资产负债表日后事项

学习目标

通过本章学习,要求理解资产负债表日后事项的概念及分类,掌握调整事项与非调整事项的会计处理。离开了诚信,会计的可靠性也就无从谈起。诚实守信是会计学科的根本理念,是会计行业得以健康发展的基本保证。会计人员应当诚实守信,执业谨慎,信誉至上,不为利益所诱惑,不弄虚作假,不泄露秘密。

12.1 资产负债表日后事项概述

财务会计报告是反映企业某一特定日期(资产负债表日)财务状况和某一会计期间经营成果、现金流量等会计信息的文件。在实际工作中,某些交易或事项是在资产负债表日后、财务报告批准报出日之前发生的,这些交易或事项可能会对企业的财务状况、经营成果和现金流量产生重要影响,为使企业提供的会计信息更加准确、全面,便于报告使用者作出经济决策,需要对这些事项或交易进行认真分析,以确定是否需要调整报告期财务报表,或仅在附注中说明。

12.1.1 资产负债表日后事项的定义

资产负债表日后事项,是指资产负债表日至财务报告批准报出日之间发生的有利或不利事项。

(一)资产负债表日

资产负债表日是指会计年度末和会计中期期末。中期是指短于一个完整的会计年度的报告期间,包括半年度、季度和月度。按照《会计法》规定,我国会计年度采用公历年度,即1月1日至12月31日。因此,年度资产负债表日是指每年的12月31日,中期资产负债表日是指各会计中期期末。

如果母公司或者子公司在国外,无论该母公司或子公司如何确定会计年度和会计中期,其向国内提供的财务报告都应根据我国《会计法》和会计准则的要求确定资产负债表日。

(二)财务报告批准报出日

财务报告批准报出日是指董事会或类似机构批准财务报告报出的日期,通常是指对财务报告的内容负有法律责任的单位或个人批准财务报告对外公布的日期。

财务报告的批准者包括所有者、所有者中的多数、董事会或类似的管理单位、部门和个人。根据我国《公司法》规定,董事会有权制订公司的年度财务预算方案、决算方案、利润分配方案和弥补亏损方案,因此,公司制企业的财务报告批准报出日是指董事会批准财务报告报出的日期。对于非公司制企业,财务报告批准报出日是指经理(厂长)会议或类似机构批准财务报告报出的日期。

(三)有利事项和不利事项

资产负债表日后事项包括有利事项和不利事项。"有利或不利事项"的含义是指,资产负债表日后事项对企业财务状况和经营成果具有一定影响(既包括有利影响,也包括不利影响)的事项。如果某些事项的发生对企业并无任何影响,那么,这些事项既不是有利事项,也不是不利事项,就不属于这里所说的资产负债表日后事项。

不是发生在资产负债表日后期间的所有事项都是资产负债表日后事项,而是那些与资产负债表日存在状况有关的事项或对企业财务状况具有重大影响的事项。

12.1.2 资产负债表日后事项涵盖的期间

资产负债表日后事项涵盖的期间是自资产负债表日次日起至财务报告批准报出日止的一段时间。对上市公司而言,这一期间内涉及几个日期,包括完成财务报告编制日、注册会计师出具审计报告日、董事会批准财务报告可以对外公布日、实际对外公布日等。具体而言,资产负债表日后事项涵盖的期间应当包括:

(1)报告期间下一期间的第一天至董事会或类似机构批准财务报告对外公布的日期。

(2)财务报告批准报出以后、实际报出之前又发生与资产负债表日后事项有关的事项,并由此影响财务报告对外公布日期的,应以董事会或类似机构再次批准财务报告对外公布的日期为截止日期。如果公司管理层由此修改了财务报表,注册会计师应当根据具体情况实施必要的审计程序并针对修改后的财务报表出具新的审计报告。

审计报告日是指注册会计师完成审计工作的日期。在实务中,注册会计师在正式签署审计报告前,通常把审计报告草稿和已审计财务报表草稿一同提交给管理层。如果管理层批准并签署已审计财务报表,注册会计师即可签署审计报告。注册会计师签署审计报告的日期通常与管理层签署已审计财务报表的日期为同一天,或晚于管理层签署已审计财务报表的日期。

【例12-1】 某上市公司2×23年的年度财务报告于2×24年2月20日编制完成,注册会计师完成年度财务报表审计工作并签署审计报告的日期为2×24年4月18日,董事会批准财务报告对外公布的日期为 2×24 年 4 月 18 日,财务报告实际对外公布的日期为 2×24 年 4 月 25 日,股东大会召开日期为 2×24 年 5 月 10 日。

根据资产负债表日后事项涵盖期间的规定,本例中,该公司 2×23 年年报资产负债表日后事项涵盖的期间为 2×24 年 1 月 1 日至 2×24 年 4 月 18 日。如果在 4 月 18 日至 25 日之间发生了重大事项,需要调整财务报表相关项目的数字或需要在财务报表附注中披露,经调整或说明后的财务报告再经董事会批准报出的日期为 2×24 年 4 月 28 日,实际报出的日期为 2×24 年 4 月 30 日,则资产负债表日后事项涵盖的期间为 2×24 年 1 月 1 日至 2×24 年 4 月 28 日。

月度中期财务会计报告应当于月度终了后 6 天内对外提供;季度中期财务会计报告应当于季度终了后 15 天内对外提供;半年度中期财务会计报告应当于年度中期结束后 60 天内对外提供;年度财务会计报告应当于年度终了后 4 个月内对外提供。

资产负债表日后事项涵盖的期间与企业所得税汇算清缴的期间不同。纳税人 12 月份或者第四季度的企业所得税预缴纳税申报,应在纳税年度终了后 15 日内完成,预缴申报后进行当年企业所得税汇算清缴。纳税人应当自纳税年度终了之日起 5 个月内进行汇算清缴,结清应缴应退企业所得税税款。汇算清缴不能早于最后一月或者一季度的预缴申报。大部分企业是在 5 月份进行企业所得税汇算清缴。纳税人办理企业所得税年度纳税申报时,应如实填写和报送企业所得税年度纳税申报表及其附表和财务报表。纳税人在汇算清缴期内发现当年企业所得税申报有误的,可在汇算清缴期内重新办理企业所得税年度纳税申报。

12.1.3　资产负债表日后事项的内容

资产负债表日后事项包括资产负债表日后调整事项(以下简称调整事项)和资产负债表日后非调整事项(以下简称非调整事项)。

(一)调整事项

资产负债表日后调整事项,是指对资产负债表日已经存在的情况提供了新的或进一步证据的事项。调整事项的特点是:在资产负债表日已经存在,资产负债表日后得以证实的事项;对按资产负债表日存在状况编制的财务报表产生重大影响的事项。

如果资产负债表日及所属会计期间已经存在某种情况,但当时并不知道其存在或者不能知道确切结果,资产负债表日后发生的事项能够证实该情况的存在或者确切结果,则该事项属于资产负债表日后事项中的调整事项。如果资产负债表日后事项对资产负债表日的情况提供了进一步证据,证据表明的情况与原来的估计和判断不完全一致,则需要对原来的会计处理进行调整。

企业发生的资产负债表日后调整事项,通常包括下列各项:

(1)资产负债表日后诉讼案件结案,法院判决证实了企业在资产负债表日已经存在现时义务,需要调整原先确认的与该诉讼案件相关的预计负债,或确认一项新负债。

(2)资产负债表日后取得确凿证据,表明某项资产在资产负债表日发生了减值或者需要调整该项资产原先确认的减值金额。

（3）资产负债表日后进一步确定了资产负债表日前购入资产的成本或售出资产的收入。

（4）资产负债表日后发现了财务报表舞弊或差错。

【例12-2】 甲公司因产品质量问题被消费者起诉。2×23年12月31日法院尚未判决，考虑到消费者胜诉要求甲公司赔偿的可能性较大，甲公司为此确认了900万元的预计负债。2×24年2月20日，在甲公司2×23年度财务报告对外报出之前，法院判决消费者胜诉，要求甲公司支付赔偿款800万元。

本例中，甲公司在2×23年12月31日结账时已经知道消费者胜诉的可能性较大，但不能知道法院判决的确切结果，因此确认了900万元的预计负债。2×24年2月20日法院判决结果为甲公司预计负债的存在提供了进一步的证据。此时，按照2×23年12月31日存在状况编制的财务报表所提供的信息已不能真实反映企业的实际情况，应据此对财务报表相关项目的数字进行调整。

（二）非调整事项

资产负债表日后非调整事项，是指表明资产负债表日后发生的情况的事项。资产负债表日后非调整事项虽然不影响资产负债日的存在情况，但不加以说明将会影响财务报告使用者作出正确估计和决策。非调整事项的发生不影响资产负债表日企业的财务报表数字，只说明资产负债表日后发生了某些情况。对于财务报告使用者而言，非调整事项说明的情况有的重要，有的不重要。其中重要的非调整事项虽然不影响资产负债表日的财务报表数字，但可能影响资产负债表以后的财务状况和经营成果，不加以说明将会影响财务报告使用者作出正确估计和决策，因此需要适当披露。企业发生的资产负债表日后非调整事项，通常包括资产负债表日后发生重大诉讼、仲裁、承诺；资产负债表日后资产价格、税收政策、外汇汇率发生重大变化等。

【例12-3】甲公司2×23年度财务报告于2×24年3月20日经董事会批准对外公布。2×24年2月27日，甲公司与银行签订了6 000万元的贷款合同，用于生产项目的技术改造，贷款期限自2×24年3月1日起至2×26年2月28日止。

本例中，甲公司向银行贷款的事项发生在2×24年度，且在公司2×23年度财务报告尚未批准对外公布的期间内，即该事项发生在资产负债表日后事项所涵盖的期间内。该事项在2×23年12月31日尚未发生，与资产负债表日存在的状况无关，不影响资产负债表日企业的财务报表数字。但是，该事项属于重要事项，会影响公司以后期间的财务状况和经营成果，因此，需要在附注中予以披露。

（三）调整事项与非调整事项的区别

资产负债表日后发生的某一事项究竟是调整事项还是非调整事项，取决于该事项表明的情况在资产负债表日或资产负债表日以前是否已经存在。若该情况在资产负债表日或之前已经存在，则属于调整事项；反之，则属于非调整事项。

在理解资产负债表日后事项的会计处理时，还需要明确以下两个问题：

第一，如何确定资产负债表日后某一事项是调整事项还是非调整事项，是对资产负债表日后事项进行会计处理的关键。调整和非调整事项是一个广泛的概念，就事项本身而言可以有各种各样的性质，只要符合企业会计准则中对这两类事项的判断原则即可。另外，同一性质的事项可能是调整事项，也可能是非调整事项，这取决于该事项表明的情况是在资产负债表日或资产负债表日以前已经存在或发生，还是在资产负债表日后才发生的。

第二，企业会计准则以列举的方式说明了资产负债表日后事项中，哪些属于调整事项，哪些属于非调整事项，但并没有列举详尽。实务中，会计人员应按照资产负债表日后事项的判断原则，确定资产负债表日后发生的事项中哪些属于调整事项，哪些属于非调整事项。

【例 12-4】　甲公司 2×23 年 10 月销售给乙公司产品 2 000 万元，根据销售合同，乙公司应在收到货物后 3 个月内付款。至 2×23 年 12 月 31 日，乙公司尚未付款。假定甲公司在编制 2×23 年度财务报告时有两种情况：

（1）2×23 年 12 月 31 日甲公司根据掌握的资料判断，乙公司有可能破产清算，估计该应收账款将有 20% 无法收回，故按 20% 的比例计提坏账准备；2×24 年 1 月 20 日，甲公司收到通知，乙公司已被宣告破产清算，甲公司估计有 70% 的债权无法收回。

（2）2×23 年 12 月 31 日乙公司的财务状况良好，甲公司预计应收账款可按时收回；2×24 年 1 月 20 日，乙公司发生重大火灾，导致甲公司 50% 的应收账款无法收回。2×24 年 3 月 15 日，甲公司的财务报告经批准对外公布。

本例中，（1）导致甲公司应收账款无法收回的事实是乙公司财务状况恶化，该事实在资产负债表日已经存在，乙公司被宣告破产只是证实了资产负债表日乙公司财务状况恶化的情况，因此，乙公司破产导致甲公司应收款项无法收回的事项属于调整事项。（2）导致甲公司应收账款损失的因素是火灾，火灾是不可预计的，应收账款发生损失这一事实在资产负债表日以后才发生，因此乙公司发生火灾导致甲公司应收款项发生坏账的事项属于非调整事项。

12.2　资产负债表日后调整事项的会计处理

12.2.1　资产负债表日后调整事项的处理原则

企业发生的资产负债表日后调整事项，应当调整资产负债表日的财务报表。对于年度财务报告而言，由于资产负债表日后事项发生在报告年度的次年，报告年度的有关账目已经结转，特别是损益类科目在结账后已无余额。因此，年度资产负债表日后发生的调整事项，应具体分以下情况进行处理：

（1）涉及损益的事项，通过"以前年度损益调整"科目核算。调整增加以前年度利润或调整减少以前年度亏损的事项,计入"以前年度损益调整"科目的贷方;调整减少以前年度利润或调整增加以前年度亏损的事项,计入"以前年度损益调整"科目的借方。

涉及损益的调整事项,如果发生在资产负债表日所属年度(即报告年度)所得税汇算清缴前的,应调整报告年度应纳税所得额、应纳所得税税额;发生在报告年度所得税汇算清缴后的,应调整本年度(即报告年度的次年)应纳所得税税额。

由于以前年度损益调整增加的所得税费用,计入"以前年度损益调整"科目的借方,同时贷记"应交税费——应交所得税"或"递延所得税资产或负债"等科目;由于以前年度损益调整减少的所得税费用,计入"以前年度损益调整"科目的贷方,同时借记"应交税费——应交所得税"或"递延所得税资产或负债"等科目。

调整完成后,将"以前年度损益调整"科目的贷方或借方余额,转入"利润分配——未分配利润"科目。

(2)涉及利润分配调整的事项,直接在"利润分配——未分配利润"科目核算。

(3)不涉及损益及利润分配的事项,调整相关科目。

(4)通过上述账务处理后,还应同时调整财务报表相关项目的数字,包括:①资产负债表日编制的财务报表相关项目的期末数或本年发生数。②当期编制的财务报表相关项目的期初数或上年数。③经过上述调整后,如果涉及报表附注内容的,还应当作出相应调整。

资产负债表日后调整事项如涉及现金收支项目,不调整报告年度资产负债表的货币资金项目和现金流量表正表各项目数字,涉及现金流量表补充资料的相关项目的,应进行调整。

12.2.2 资产负债表日后调整事项的具体会计处理方法

为简化处理,如无特殊说明,本章所有的例子均假定如下:财务报告批准报出日是次年3月31日,所得税税率为25%,按净利润的10%提取法定盈余公积,提取法定盈余公积后不再作其他分配,涉及递延所得税资产的,均假定未来期间很可能取得用来抵扣暂时性差异的应纳税所得额,不考虑报表附注中有关现金流量表项目的数字。

(一)资产负债表日后诉讼案件结案,法院判决证实了企业在资产负债表日已经存在现时义务,需要调整原先确认的与该诉讼案件相关的预计负债,或确认一项新负债

这一事项是指导致诉讼的事项在资产负债表日已经发生,但尚不具备确认负债的条件而未确认,资产负债表日后至财务报告批准报出日之间获得了新的或进一步的证据(法院判决结果),表明符合负债的确认条件,因此应在财务报告中确认为一项新负债;或者在资产负债表日虽已确认,但需要根据判决结果调整已确认负债的金额。

日后未决诉讼判决,一般实际支出允许税前扣除的,涉及应交税费和递延所得税的调整。企业为其他独立纳税人提供的与本身应纳税收入无关的贷款担保等,因被担保方还不清贷款而由该担保人承担的本息等,不得申报扣除,涉及此类担保的预计负债,实际

支付时税法也不允许扣除,所以在资产负债表日不产生暂时性差异,不确认递延所得税资产,在日后期间,不涉及应交税费与递延所得税的调整。

【例12-5】　甲公司与乙公司签订一项销售合同,合同中订明甲公司应在2×23年8月销售给乙公司一批产品。由于甲公司未能按照合同发货,致使乙公司发生重大经济损失。2×23年12月,乙公司将甲公司告上法庭,要求甲公司赔偿450万元。2×23年12月31日法院尚未判决,甲公司按或有事项准则对该诉讼事项确认预计负债300万元。2×24年2月10日,经法院判决甲公司应赔偿乙公司400万元,甲、乙双方均服从判决。判决当日,甲公司向乙公司支付赔偿款400万元。甲、乙两公司2×23年所得税汇算清缴均在2×24年3月28日完成,该项损失不允许在预计时税前抵扣,只有在损失实际发生时,才允许税前抵扣。

分析:本例中,2×24年2月10日的判决证实了甲、乙两公司在资产负债表日(即2×23年12月31日)分别存在现实赔偿义务和获赔权利,因此两公司都应将"法院判决"这一事项作为调整事项进行处理。甲公司和乙公司2×23年所得税汇算清缴均在2×24年3月20日完成,因此,应根据法院判决结果调整报告年度应纳税所得额和应纳所得税税额。

1)甲公司的账务处理

(1)2×23年年末,A公司编制的会计分录:

借:营业外支出　　　　　　　　　　　　　　　3 000 000

　　贷:预计负债　　　　　　　　　　　　　　　　　3 000 000

借:递延所得税资产　　　　　　(3 000 000×25%)750 000

　　贷:所得税费用　　　　　　　　　　　　　　　　750 000

(2)2×24年,A公司编制的会计分录:

①2×24年2月10日,记录赔款,并调整递延所得税资产:

借:以前年度损益调整　　　　　　　　　　　　1 000 000

　　贷:其他应付款　　　　　　　　　　　　　　　　1 000 000

借:应交税费——应交所得税　　(4 000 000×25%)1000 000

　　贷:以前年度损益调整　　　　　　　　　　　　　1 000 000

借:以前年度损益调整　　　　　　　　　　　　750 000

　　贷:递延所得税资产　　　　　　　　　　　　　　750 000

借:预计负债　　　　　　　　　　　　　　　　3 000 000

　　贷:其他应付款　　　　　　　　　　　　　　　　3 000 000

借:其他应付款　　　　　　　　　　　　　　　4 000 000

　　贷:银行存款　　　　　　　　　　　　　　　　　4 000 000

②将"以前年度损益调整"科目余额转入未分配利润:

借:利润分配——未分配利润　　　　　　　　　750 000

　　贷:以前年度损益调整　　　　　　　　　　　　　750 000

③因净利润变动,调整盈余公积:

借:盈余公积——法定盈余公积　　　　　　　　75 000

  贷：利润分配——未分配利润　　　　　（750 000×10%）75 000

  (3)调整报告年度财务报表相关项目的数字(财务报表略)：

  ①资产负债表项目的年末数调整：调减递延所得税资产75万元；调增其他应付款400万元，调减应交税费100万元，调减预计负债300万元；调减盈余公积7.5万元，调减未分配利润67.5万元。

  ②利润表项目的调整：调增营业外支出100万元，调减所得税费用25万元，调减净利润75万元。

  ③所有者权益变动表项目的调整：调减净利润75万元，提取盈余公积项目中盈余公积一栏调减7.5万元，未分配利润一栏调减67.5万元。

  (4)调整当期编制的财务报表相关项目的年初数或上年数。

  如果甲公司不服并提出上诉，但甲公司的法律顾问认为二审判决很可能维持一审判决。上述预计负债产生的损失仅允许在实际支出时于税前扣除，则不能确认"其他应付款"，也不能调整相关的"应交所得税"，应调整原已确认的递延所得税资产。甲公司的会计处理：

  借：以前年度损益调整——营业外支出　　　　　1 000 000

   贷：预计负债　　　　　　　　　　　　　　　　　1 000 000

  借：递延所得税资产　　　　　（1 000 000×25%）250 000

   贷：以前年度损益调整——调整所得税费用　　　　250 000

  结转以前年度损益调整会计分录省略。

  2)乙公司的账务处理

  (1)2×23年年末，乙公司不需确认或有资产，只是披露。

  (2)2×24年的会计处理如下：

  ①2×24年2月10日，记录收到的赔款，并调整应交所得税：

  借：其他应收款　　　　　　　　　　　　　　　　4 000 000

   贷：以前年度损益调整　　　　　　　　　　　　　4 000 000

  借：以前年度损益调整　　　（4 000 000×25%）1 000 000

   贷：应交税费——应交所得税　　　　　　　　　　1 000 000

  借：银行存款　　　　　　　　　　　　　　　　　4 000 000

   贷：其他应收款　　　　　　　　　　　　　　　　4 000 000

  ②将"以前年度损益调整"科目余额转入未分配利润：

  借：以前年度损益调整　　　　　　　　　　　　　3 000 000

   贷：利润分配——未分配利润　　　　　　　　　　3 000 000

  ③因净利润增加，补提盈余公积：

  借：利润分配——未分配利润　　（3 000 000×10%）300 000

   贷：盈余公积——法定盈余公积　　　　　　　　　300 000

  (3)调整报告年度财务报表相关项目的数字(财务报表略)：

  资产负债表项目的年末数调整：调增其他应收款400万元，调增应交税费100万元，调增盈余公积30万元,调增未分配利润270万元。利润表项目的调整:调增营业外收入400万元,调增所得税费用100万元,调增净利润300万元。所有者权益变动表项目的调整:调增净利润300万元,提取盈余公积项目中盈余公积一栏调增30万元,未分配利润一栏调增270万元。

(4)调整当期编制的财务报表相关项目的年初数或上年数。

如果甲公司不服判决并提出上诉,同样属于乙公司的或有资产不需确认。

(二)资产负债表日后取得确凿证据,表明某项资产在资产负债表日发生了减值或者需要调整该项资产原先确认的减值金额

这一事项是指在资产负债表日,根据当时的资料判断某项资产可能发生了损失或减值,但没有最后确定是否会发生,因而按照当时的最佳估计金额反映在财务报表中;但在资产负债表日至财务报告批准报出日之间,所取得的确凿证据能证明该事实成立,即某项资产已经发生了损失或减值,则应对资产负债表日所作的估计予以修正。

【例12-6】 甲公司2×23年5月销售给乙公司一批产品,货款为100万元(含增值税)。乙公司于6月份收到所购物资并验收入库。按合同规定,乙公司应于收到所购物资后两个月内付款。由于乙公司财务状况不佳,到2×23年12月31日仍未付款。甲公司于12月31日编制2×23年财务报表时,已为该项应收账款提取坏账准备5万元。甲公司于2×24年1月30日(所得税汇算清缴前)收到法院通知,乙公司已宣告破产清算,无力偿还所欠部分货款。甲公司预计可收回应收账款的60%。

本例中,根据资产负债表日后事项的判断原则,甲公司在收到法院通知后,首先可判断该事项属于资产负债表日后调整事项。甲公司原对应收乙公司账款提取了5万元的坏账准备,按照新的证据应提的坏账准备为40万元(100×40%),差额35万元应当调整2×23年度财务报表相关项目的数字。

2×23年甲公司的账务处理如下:

(1)计提坏账准备:

借:信用减值损失　　　　　　　　　　　　　　　50 000

　　贷:坏账准备　　　　　　　　　　　　　　　　　50 000

(2)确认递延所得税资产:

借:递延所得税资产　　　　　　　　(50 000×25%)12 500

　　贷:所得税费用　　　　　　　　　　　　　　　　12 500

2×24年甲公司的账务处理如下:

(1)补提坏账准备:

应补提的坏账准备=1 000 000×40%-50 000=350 000(元)

借:以前年度损益调整　　　　　　　　　　　　　350 000

　　贷:坏账准备　　　　　　　　　　　　　　　　　350 000

(2)调整递延所得税资产:

借:递延所得税资产　　　　　　　　　　　　　　　87 500

贷:以前年度损益调整　　　　　　　　　　（350 000×25%）87 500

（3）将"以前年度损益调整"科目的余额转入利润分配：

借:利润分配——未分配利润　　　　　　　　262 500

　　贷:以前年度损益调整　　　　　　　　　　262 500

（4）调整利润分配有关数字：

借:盈余公积——法定盈余公积　　　　　　　26 250

　　贷:利润分配——未分配利润　　　　　　（262 500×10%）26 250

（5）调整报告年度财务报表相关项目的数字（财务报表略）：

①资产负债表项目的调整：调减应收账款350 000元，调增递延所得税资产87 500元；调减盈余公积26 250元，调减未分配利润236 250元。

②利润表项目的调整：调增资产减值损失350 000元，调减所得税费用87 500元，调减净利润262 500元。

③所有者权益变动表项目的调整：调减净利润262 500元，提取盈余公积项目中盈余公积一栏调减26 250元，未分配利润一栏调增236 250元。

（6）调整当期编制的财务报表相关项目的年初数或上年数。

（三）资产负债表日后进一步确定了资产负债表日前购入资产的成本或售出资产的收入

这类调整事项包括两方面的内容：

（1）若资产负债表日前购入的资产已经按暂估金额等入账，资产负债表日后获得证据，可以进一步确定该资产的成本，则应对已入账的资产成本进行调整。例如，购建固定资产已经达到预定可使用状态，但尚未办理竣工决算，企业已办理暂估入账；资产负债表日后办理决算，此时应根据竣工决算的金额调整暂估入账的固定资产成本。

（2）企业在资产负债表日已根据收入确认条件确认资产销售收入，但资产负债表日后获得关于资产收入的进一步证据，如发生销售退回、销售折让等，此时也应调整财务报表相关项目的金额。资产负债表日后发生的销售退回，既包括报告年度或报告中期销售的商品在资产负债表日后发生的销售退回，也包括以前期间销售的商品在资产负债表日后发生的销售退回。

资产负债表所属期间或以前期间所售商品在资产负债表日后退回的，应作为资产负债表日后调整事项处理。发生于资产负债表日后至财务报告批准报出日之间的销售退回事项，可能发生于年度所得税汇算清缴之前，也可能发生于该企业年度所得税汇算清缴之后，其会计处理分别为：

（1）涉及报告年度所属期间的销售退回发生于报告年度所得税汇算清缴之前的，应调整报告年度利润表的收入、成本等，并相应调整报告年度的应纳税所得额以及报告年度应缴的所得税等。

（2）资产负债表日后事项中涉及报告年度所属期间的销售退回发生于报告年度所得税汇算清缴之后的，应调整报告年度利润表的收入、成本等，但按照税法规定，在此期间的销售退回所涉及的应缴所得税,应作为本年的纳税调整事项。

【例12-7】　甲公司2×23年11月8日销售一批商品给乙公司,取得不含税收入150万元,增值税税率13%。甲公司发出商品后,按照正常情况已确认收入,并结转成本120万元(假定该公司销售商品不附退回条款)。2×23年12月31日,该笔货款尚未收到,甲公司未对应收账款计提坏账准备。2×24年1月12日,由于产品质量问题,本批货物被退回。甲公司于2×24年3月28日完成2×23年所得税汇算清缴。

分析:本例中,销售退回业务发生在资产负债表日后事项涵盖的期间内,属于资产负债表日后调整事项。由于销售退回发生在甲公司报告年度所得税汇算清缴之前,因此在所得税汇算清缴时,应扣除该部分销售退回所实现的应纳税所得额。

1)2×23年甲公司的账务处理

借:应收账款　　　　　　　　　　　　　　　1 695 000
　　贷:主营业务收入　　　　　　　　　　　　　1 500 000
　　　　应交税费——应交增值税(销项税额)　　　195 000
借:主营业务成本　　　　　　　　　　　　　1 200 000
　　贷:库存商品　　　　　　　　　　　　　　1 200 000

2)2×24甲公司的账务处理

(1)2×24年1月12日,调整销售收入。

借:以前年度损益调整　　　　　　　　　　　1 500 000
　　应交税费——应交增值税(销项税额)　　　195 000
　　贷:应收账款　　　　　　　　　　　　　　1 695 000

(2)调整销售成本。

借:库存商品　　　　　　　　　　　　　　　1 200 000
　　贷:以前年度损益调整　　　　　　　　　　1 200 000

(3)调整应缴纳的所得税。

借:应交税费——应交所得税　　　　　　　　75 000
　　贷:以前年度损益调整　　　　　　　　　　75 000

(4)将"以前年度损益调整"科目的余额转入利润分配。

借:利润分配——未分配利润　　　　　　　　225 000
　　贷:以前年度损益调整　　　　　　　　　　225 000

(5)调整盈余公积。

借:盈余公积——法定盈余公积　　　　　　　22 500
　　贷:利润分配——未分配利润　　　　　　　22 500

(6)调整相关财务报表(略)。

(四)资产负债表日后发现了财务报表舞弊或差错

日后期间发现的报告年度的会计差错,由于该会计差错发生于报告年度,无论是重大差错还是非重大差错,都应当按照资产负债表日后事项中的调整事项进行处理。日后期间发现的报告年度以前的非重大会计差错,视同日后期间发现的报告年度的会计差错。日后期间发现的报告年度以前的重大会计差错,由于不是发生在报告年度,因此不能作为资产负债表日后调整事项处理,而是将差错的累积影响数调整发现年度的年初留存收益以及调整相关项目的年初数。

【例12-8】 甲公司自2×20年初开始对管理部门用设备计提折旧,该设备原价60万元,采用直线法5年期计提折旧费用,假定无残值,税务上采用直线法10年期认定折旧费用。2×21年末设备的可收回金额为30万元,减值后折旧年限和折旧方法不变。注册会计师于2×24年2月10日发现甲公司2×23年因工作疏忽未对此管理部门用设备作相关会计处理和申报扣除。甲公司于2×24年3月28日完成2×23年所得税汇算清缴。

(1)2×22年末账面价值20万元,计税基础42万元,暂时性差异22万元;2×23年末账面价值10万元,计税基础36万元,暂时性差异26万元。甲公司有关的会计分录如下:

借:以前年度损益调整   100 000
 贷:累计折旧   100 000
借:应交税费——应交所得税 (60 000×25%)15 000
 贷:以前年度损益调整   15 000
借:递延所得税资产   (40 000×25%)10 000
 贷:以前年度损益调整   10 000
借:利润分配——未分配利润   67 500
  盈余公积——法定盈余公积 7 500
 贷:以前年度损益调整   75 000
(2)调整相关财务报表(略)

12.3 资产负债表日后非调整事项的会计处理

12.3.1 资产负债表后非调整事项的处理原则

资产负债表日后发生的非调整事项,是资产负债表日后才发生或存在的事项,不影响资产负债表日存在状况,不应当调整资产负债表日的财务报表。但有的非调整事项对财务报告使用者具有重大影响,如不加以说明,将不利于财务报告使用者做出正确估计和决策,因此,应在附注中加以披露。

12.3.2 资产负债表日后非调整事项的具体会计处理办法

资产负债表日后发生的非调整事项,应当在报表附注中披露每项重要的资产负债表日后非调整事项的性质、内容及其对财务状况和经营成果的影响。无法作出估计的,应当说明原因。

资产负债表日后非调整事项的主要例子如下。

（一）资产负债表日后发生重大诉讼、仲裁、承诺

资产负债表日后发生的重大诉讼等事项，对企业影响较大，为防止误导投资者及其他财务报告使用者，应当在报表附注中披露。

（二）资产负债表日后资产价格、税收政策、外汇汇率发生重大变化

资产负债表日后发生的资产价格、税收政策和外汇汇率的重大变化，虽然不会影响资产负债表日财务报表相关项目的数据，但对企业资产负债表日后期间的财务状况和经营成果有重大影响，应当在报表附注中予以披露。

（三）资产负债表日后因自然灾害导致资产发生重大损失

自然灾害导致资产发生重大损失对企业资产负债表日后财务状况的影响较大，如果不加以披露，有可能使财务报告使用者做出错误的决策，因此应作为非调整事项在财务报表附注中进行披露。

（四）资产负债表日后发行股票和债券以及其他巨额举债

企业发行股票、债券以及向银行或非银行金融机构举借巨额债务都是比较重大的事项，虽然这一事项与企业资产负债表日的存在状况无关，但这一事项的披露能使财务报告使用者了解与此有关的情况及可能带来的影响，因此应当在报表附注中进行披露。

（五）资产负债表日后资本公积转增资本

企业以资本公积转增资本将会改变企业的资本（或股本）结构，影响较大，应当在报表附注中进行披露。

（六）资产负债表日后发生巨额亏损

企业资产负债表日后发生巨额亏损将会对企业报告期以后的财务状况和经营成果产生重大影响，应当在报表附注中及时披露该事项，以便为投资者或其他财务报告使用者做出正确决策提供信息。

（七）资产负债表日后发生企业合并或处置子公司

企业合并或者处置子公司的行为可以影响股权结构、经营范围等方面，对企业未来的生产经营活动能产生重大影响，应当在报表附注中进行披露。

（八）资产负债表日后，企业利润分配方案中拟分配的以及经审议批准宣告发放的股利或利润

资产负债表日后，企业制订利润分配方案，拟分配或经审议批准宣告发放股利或利润的行为，该股利分配预案尚待股东大会批准，并不会导致企业在资产负债表日形成现时义务，虽然该事项的发生可导致企业负有支付股利或利润的义务，但支付义务在资产负债表日尚不存在，不应该调整资产负债表日的财务报告，因此，该事项为非调整事项。不过，该事项对企业资产负债表日后的财务状况有较大影响，可能导致现金大规模流出、

企业股权结构变动等。为便于财务报告使用者更充分了解相关信息,企业需要在财务报告中适当披露该信息。利润分配方案中提取盈余公积属于调整事项,其他的利润分配事项属于非调整事项。

练习题

一、选择题(前两题属于单选,后两题属于多选)

1.下列各项目中,在"以前年度损益调整"账户的借方反映的是(　　)。

　　A.因调整损益而相应增加的所得税

　　B.因调整损益而相应减少的所得税

　　C.因调整增加以前年度收益的事项

　　D.因调整减少以前年度亏损的事项

2.下列有关资产负债表日后事项的表述中,不正确的是(　　)。

　　A.调整事项是对报告年度资产负债表日已经存在的情况提供了进一步证据的事项

　　B.非调整事项是报告年度资产负债表日及之前其状况不存在的事项

　　C.调整事项均应通过"以前年度损益调整"科目进行账务处理

　　D.重要的非调整事项只需在报告年度财务报表附注中披露

3.资产负债表日至财务报告批准报出日之间发生的下列事项中,属于资产负债表日后调整事项的有(　　)。

　　A.发生了巨额亏损　　　　　　　　B.以资本公积转增股本

　　C.发现了财务报表舞弊　　　　　　D.发现了资产减值损失计提严重不足

4.关于资产负债表日后事项,下列说法中不正确的有(　　)。

　　A.资产负债表日后事项中的调整事项,涉及损益调整的,直接通过"利润分配——未分配利润"科目核算

　　B.在资产负债表日已确认预计负债的或有事项在日后期间转化为确定事项时,应依据资产负债表日后事项准则做出相应处理

　　C.资产负债表日后事项的调整事项,虽然已经调整了相关报表项目,但仍应在财务报告附注中进行披露

　　D.资产负债表日后事项是指所有发生在资产负债表日后期间的不利事项

二、业务题

1.甲公司适用的所得税税率为25%。甲公司按当年实现净利润的10%提取法定盈余公积。甲公司2×23年度财务报告于2×24年3月31日经董事会批准对外报出。2×24年3月5日,注册会计师发现甲公司2×23年12月1日甲公司与乙公司签订产品销售合同。乙公司于收到商品当日支付全部款项,乙公司有权于收到商品之日起6个月内无条件退

还商品。商品售价500万元，成本350万元，货款已经收到，当日开出增值税专用发票，增值税率为13%。估计退货率为10%。甲公司作了如下账务处理：借记银行存款565万元，贷记主营业务收入500万元，贷记应交税费——应交增值税（销项税额）65万元；借记主营业务成本350万元，贷记库存商品350万元。

要求：编制有关调整会计分录。

2.A公司2×23年12月10日销售给B公司的产品，价款300万元，产品成本230万元，开出增值税发票，适用的增值税税率为13%，并确认收入和结转成本。货款尚未收到。2×24年3月10日收到B公司反映产品存在质量问题，要求折让10%；A公司经过调查确认存在质量问题，同意折让10%。销售折让发生于财务报告批准报出日和报告年度所得税汇算清缴之前。

要求：编制有关会计分录。

3.甲公司2×23年财务报告批准报出日及所得税汇算清缴日均为2×24年4月30日。甲公司按净利润的10%提取法定盈余公积。所得税率为25%。甲公司于2×23年10月1日销售给乙公司的一批商品于2×24年3月1日发生了退货，该商品的售价为100万元，商品成本为80万元，增值税率为13%，消费税率为5%。款项一直未收到，甲公司于2×23年末针对此应收账款提取了5%的坏账准备。甲公司2×24年3月10日收到乙公司退货的产品。

要求：编制有关会计分录。

4.A公司为增值税一般纳税企业，适用的所得税税率为25%。2×23年所得税汇算清缴将于2×24年4月30日完成。2×23年的财务报告于2×24年4月30日批准报出。2×23年1月1日，A公司将管理用设备的折旧年限由10年变更为5年。该设备于2×21年12月投入使用，原价为600万元，预计使用年限为10年，预计净残值为零，采用年限平均法计提折旧。折旧年限折旧方法符合税法规定。A公司2×23年对该设备仍按10年计提折旧，当年借记管理费用60万元，贷记累计折旧60万元。

要求：编制2×23年12月31日本年发现当年差错以及日后期间发现报告年度差错的会计更正分录。

5.甲公司2×23年的年报于2×24年4月25日批准报出。甲公司按净利润的10%提取法定盈余公积，所得税率为25%。甲公司于2×23年10月1日被乙公司以侵犯专利权为由告上法庭，索赔200万元，预计赔付的可能性为70%，最可能的赔付额为170万元，甲公司认定了170万元的预计负债。2×24年3月6日法院最终判决甲公司赔付200万元，甲公司对此判决未提出异议，于2×24年4月2日结清。

要求：编制甲公司有关会计分录。

6.甲公司2×23年的年报于2×24年4月25日批准报出。甲公司按净利润的10%提取法定盈余公积，所得税率为25%。甲公司于2×23年10月1日被乙公司以侵犯专利权为由告上法庭，索赔200万元，预计赔付的可能性为70%，但赔付金额不能可靠计量。2×24年3月6日法院最终判决甲公司赔付160万元，甲公司对此判决未提出异议，于2×24年4月2日结清。

要求：编制甲公司有关会计分录。

第13章 企业合并

学习目标

通过本章学习,要求理解企业合并的概念和分类,掌握同一控制下企业合并与非同一控制下企业合并的会计处理。企业并购作为一种重要的投资活动,产生的动力主要来源于追求资本增值,追求协同效应。会计人员应当参与管理,在做好本职工作的同时,努力钻研相关业务,全面熟悉本单位经营活动和业务流程,主动提出合理化建议,协助领导决策,积极参与管理。会计人员应当强化服务,树立服务意识,提高服务质量,努力维护和提升会计职业的良好社会形象。

13.1 企业合并概述

13.1.1 企业合并的界定

企业合并是将两个或两个以上单独的企业(主体)合并形成一个报告主体的交易或事项。从会计角度,交易是否构成企业合并,进而是否能够按照企业合并准则进行会计处理,主要应关注两个方面:

(一)被购买方是否构成业务

企业合并本质上是一种购买行为,但其不同于单项资产的购买,而是一组有内在联系、为了某一既定的生产经营目的存在的多项资产组合或是多项资产、负债构成的净资产的购买。企业合并的结果通常是一个企业取得了对一个或多个业务的控制权。企业合并的前提是被购买的资产或资产负债组合要形成"业务"。如果一个企业取得了对另一个或多个企业的控制权,而被购买方(或被合并方)并不构成业务,则该交易或事项不形成企业合并。

(1)业务的判断。业务是指企业内部某些生产经营活动或资产负债的组合,该组合具有投入、加工处理过程和产出能力,能够独立计算其成本费用或所产生的收入。构成业务不需要有关资产、负债的组合一定构成一个企业,或是具有某一具体法律形式。为保持业务判断的客观性,对一组资产或资产、负债的组合是否构成业务,要看正常的市场条件下,从一定的商业常识和行业惯例等出发,看有关的资产或资产、负债的组合能否被作为具有内在关联度的生产经营目的整合起来使用。

有关资产、负债的组合要形成一项业务,通常应具备以下要素:①投入,指原材料、人工、必要的生产技术等无形资产以及构成生产能力的机器设备等其他长期资产的投入;②加工处理过程,指具有一定的管理能力、运营过程,能够组织投入形成产出;③产出,如生产出产成品,或是通过为其他部门提供服务来降低企业整体的运行成本等其他带来经济利益的方式。

合并方在合并中取得的组合应当至少同时具有一项投入和一项实质性加工处理过程,且二者相结合对产出能力有显著贡献,该组合才构成业务。合并方在合并中取得的组合是否有实际产出并不是判断其构成业务的必要条件。企业在判断组合是否构成业务时,应当从市场参与者角度考虑可以将其作为业务进行管理和经营,而不是根据合并方的管理意图或被合并方的经营历史来判断。

集中度测试是非同一控制下企业合并的购买方在判断取得的组合是否构成一项业务时,可以选择采用的一种简化判断方式。进行集中度测试时,如果购买方取得的总资产的公允价值几乎相当于其中某一单独可辨认资产或一组类似可辨认资产的公允价值的,则该组合通过集中度测试,应判断为不构成业务,且购买方无须按照上述构成业务的规定进行判断;如果该组合未通过集中度测试,购买方仍应按照上述构成业务的规定进行判断。

(2)业务购买和资产购买的会计处理。构成企业合并的业务购买与不构成企业合并的资产或资产负债组合的购买,会计处理方式存在实质上的差异:

①企业取得了不形成业务的一组资产或资产、负债的组合时,不按照企业合并准则进行处理。应识别并确认所取得的单独可辨认资产及承担的负债,并将购买成本基于购买日所取得各项可辨认资产、负债的相对公允价值,在各单独可辨认资产和负债间进行分配,分配的结果是取得的有关资产、负债的初始入账价值有可能不同于购买时点的公允价值(但若资产的初始确认金额高于其公允价值,需考虑是否存在资产减值),资产或资产、负债打包购买中多付或少付的部分均需要分解到取得的资产、负债项目中,不会产生商誉或购买利得。被购买资产构成业务,购买日(合并日)的确定,合并中取得资产、负债的计量,合并差额的处理等均需要按照企业合并准则的有关规定进行处理。如在构成非同一控制下企业合并的情况下,合并中自被购买方取得的各项可辨认资产、负债应当按照其在购买日的公允价值计量,合并成本大于取得的可辨认净资产公允价值份额的差额应当确认为单独的一项资产(商誉),合并成本小于取得的可辨认净资产公允价值份额的情况下(廉价购买),将该差额确认计入当期损益。

②交易费用在购买资产交易中通常作为转让对价的一部分,并根据适用的准则资本化为所购买的资产成本的一部分;而在企业合并中,交易费用应被费用化。

③非业务合并,且既不影响会计利润也不影响应纳税所得额或可抵扣亏损,资产购

买中因账面价值与计税基础不同形成的暂时性差异不应确认递延所得税资产或负债;而业务合并中购买的资产和承担的债务因账面价值与计税基础不同形成的暂时性差异应确认递延所得税资产或负债。

(二)交易发生前后是否涉及业务控制权的转移

从企业合并的定义看,是否形成企业合并,除要看取得的企业是否构成业务之外,关键还要看有关交易或事项发生前后,是否引起报告主体的变化。报告主体的变化产生于控制权的变化。在交易事项发生以后,投资方拥有对被投资方的权力,通过参与被投资方的相关活动享有可变回报,且有能力运用对被投资方的权力影响其回报金额的,投资方对被投资方具有控制,形成母子公司关系,涉及控制权的转移,该交易或事项发生以后,子公司需要纳入到母公司合并财务报表的范围中,从合并财务报告角度形成报告主体的变化;交易事项发生以后,一方能够控制另一方的全部净资产,被合并的企业在合并后失去其法人资格,也涉及控制权及报告主体的变化,形成企业合并。

13.1.2 企业合并的方式

企业合并从合并方式划分,包括控股合并、吸收合并和新设合并。企业所得税法中,企业合并只包括新设合并和吸收合并,不包括会计上的控股合并。

(一)控股合并

合并方(或购买方,下同)通过企业合并交易或事项取得对被合并方(或被购买方,下同)的控制权,企业合并后能够通过所取得的股权等主导被合并方的生产经营决策并自被合并方的生产经营活动中获益,被合并方在企业合并后仍维持其独立法人资格继续经营的,为控股合并。

该类企业合并中,因合并方通过企业合并交易或事项取得了对被合并方的控制权,被合并方成为其子公司,在企业合并发生后,被合并方应当纳入合并方合并财务报表的编制范围,从合并财务报表角度,形成报告主体的变化。

(二)吸收合并

合并方在企业合并中取得被合并方的全部净资产,并将有关资产、负债并入合并方自身的账簿和报表进行核算。企业合并后,注销被合并方的法人资格,由合并方持有合并中取得的被合并方的资产、负债,在新的基础上继续经营,该类合并为吸收合并。

吸收合并中,因被合并方(或被购买方)在合并发生以后被注销,从合并方(或购买方)的角度需要解决的问题是,其在合并日(或购买日)取得的被合并方有关资产、负债入账价值的确定,以及为了进行企业合并支付的对价与所取得被合并方资产、负债的入账价值之间存在差额的处理。企业合并继后期间,合并方应将合并中取得的资产、负债作为本企业的资产、负债核算。

(三)新设合并

参与合并的各方在企业合并后法人资格均被注销,重新注册成立一家新的企业,由新注册成立的企业持有参与合并各企业的资产、负债在新的基础上经营,为新设合并。

只有控股合并形成长期股权投资,涉及合并财务报表的编制。吸收合并和新设合并在合并后都是一个法律主体,所不同的是:吸收合并后被合并方解散,由合并方进行业务处理;新设合并后合并前双方均解散,由第三方进行业务处理。

13.1.3　企业合并类型的划分

我国的企业合并准则中,将企业合并按照一定的标准划分为两大基本类型:同一控制下的企业合并与非同一控制下的企业合并。企业合并有两种核算方法:在权益结合法下,将企业合并看成是一种企业股权结合而不是购买交易;在购买法下,企业合并被看成是一个企业购买另一个企业的交易行为。企业合并的类型划分不同,所遵循的会计处理原则也不同。同一控制下的企业合并采用权益结合法核算,而对于非同一控制下的企业合并应当采用购买法核算。

（一）同一控制下的企业合并

同一控制下的企业合并,是指参与合并的企业在合并前后均受同一方或相同的多方最终控制且该控制并非暂时性的。

（1）能够对参与合并各方在合并前后均实施最终控制的一方通常指企业集团的母公司。同一控制下的企业合并一般发生于企业集团内部,如集团内母子公司之间、子公司与子公司之间等。因为该类合并从本质上是集团内部企业之间的资产或权益的转移,不涉及自集团外购入子公司或是向集团外其他企业出售子公司的情况,能够对参与合并企业在合并前后均实施最终控制的一方为集团的母公司。

（2）能够对参与合并的企业在合并前后均实施最终控制的相同多方,是指根据合同或协议的约定,拥有最终决定参与合并企业的财务和经营政策,并从中获取利益的投资者群体。

（3）实施控制的时间性要求,是指参与合并各方在合并前后较长时间内为最终控制方所控制。具体是指在企业合并之前(即合并日之前),参与合并各方在最终控制方的控制时间一般在1年以上(含1年),企业合并后所形成的报告主体在最终控制方的控制时间也应达到1年以上(含1年)。

（4）企业之间的合并是否属于同一控制下的企业合并,按照实质重于形式的原则进行判断。通常情况下,同一控制下的企业合并是指发生在同一企业集团内部企业之间的合并。同受国家控制的企业之间发生的合并,不应仅仅因为参与合并各方在合并前后均受国家控制而将其作为同一控制下的企业合并。

（二）非同一控制下的企业合并

非同一控制下的企业合并,是指参与合并各方在合并前后不受同一方或相同的多方最终控制的合并交易,即除判断属于同一控制下企业合并的情况以外其他的企业合并。

13.1.4 企业合并发生的有关费用的处理

合并方为进行企业合并发生的有关费用,指合并方为进行企业合并发生的各项直接相关费用,如为进行企业合并支付的审计费用、进行资产评估的费用以及有关的法律咨询费用等增量费用。企业合并进行过程中发生的各项直接相关的费用,应于发生时费用化计入当期损益。借记"管理费用"科目,贷记"银行存款"科目。

但以下两种情况除外:①以发行债券方式进行的企业合并,与发行债券相关的佣金、手续费应当冲减债务性工具的初始计量金额。②发行权益性证券作为合并对价的,与发行权益性证券相关的佣金、手续费应当冲减溢价,无溢价或溢价不足以扣减的情况下,应当冲减盈余公积和未分配利润。

13.1.5 合并日或购买日如何确定

合并日或购买日是指合并方或购买方实际取得对被合并方或被购买方控制权的日期,即被合并方或被购买方的净资产或生产经营决策的控制权转移给合并方或购买方的日期。

同时满足下列条件的,通常可认为实现了控制权的转移:

(1)企业合并合同或协议已获股东大会等通过。

(2)企业合并事项需要经过国家有关主管部门审批的,已获得批准。

(3)参与合并各方已办理了必要的财产权转移手续。

(4)合并方或购买方已支付了合并价款的大部分(一般应超过50%),并且有能力、有计划支付剩余款项。

(5)合并方或购买方实际上已经控制了被合并方或被购买方的财务和经营政策,并享有相应的利益,承担相应的风险。

13.2 同一控制下企业合并的处理

合并方是指取得对其他参与合并企业控制权的一方,合并日是指合并方实际取得对被合并方控制权的日期。

13.2.1 同一控制下企业合并的处理原则

同一控制下的企业合并,采用权益结合法核算,取得净资产按被合并方账面价值计量,不确认非现金资产对价的处置损益。合并方应遵循以下原则进行相关的处理:

(1)合并方在合并中确认取得的被合并方的资产、负债仅限于被合并方账面上原已确认的资产和负债,合并中不产生新的资产和负债。同一控制下企业合并中,考虑到构成同一控制下企业合并的有关条件,即交易发生前后合并方、被合并方均在相同的最终控制方控制之下。从能够以参与合并各方在合并前及合并后均实施最终控制的一方来看，最终控制方在企业合并前及合并后能够控制的净资产并没有发生变化，只是由于合并方的加入，其所控制子公司相互的层级、直接或间接关系的变化。即便是在合并过程中，取得的净资产入账价值与支付的合并对价账面价值之间存在差额，同一控制下的企业合并中也不确认新的资产和负债。

（2）合并方在合并中取得的被合并方各项资产、负债应维持其在被合并方的原账面价值不变。合并方在同一控制下企业合并中取得的有关资产和负债不应因该项合并而改变其账面价值，从最终控制方的角度，其在企业合并交易或事项发生前控制的资产、负债，在该交易或事项发生后仍在其控制之下，因此该交易或事项原则上不应引起所涉及资产、负债的计价基础发生变化。在确定合并中取得各项资产、负债的入账价值时，应予注意的是，被合并方在企业合并前采用的会计政策与合并方不一致的，应基于重要性原则，首先统一会计政策，即合并方应当按照本企业会计政策对被合并方资产、负债的账面价值进行调整，并以调整后的账面价值作为有关资产、负债的入账价值。

（3）合并方在合并中取得的净资产的入账价值相对于为进行企业合并支付的对价账面价值之间的差额，不作为资产的处置损益，不影响合并当期利润表，有关差额应调整所有者权益相关项目。合并方在企业合并中取得的价值量相对于所放弃价值量之间存在差额的，应当调整所有者权益。合并中取得的价值量大于所放弃价值量，调增资本公积（资本溢价或股本溢价）；合并中取得的价值量小于所放弃价值量，调减资本公积（资本溢价或股本溢价），资本公积（资本溢价或股本溢价）的余额不足冲减的，应冲减留存收益。

13.2.2　同一控制下的控股合并

（1）同一控制下企业合并形成的长期股权投资，是合并方在该项交易后在其个别财务报表中应当确认的资产，其成本代表的是在被合并方所有者权益中享有的份额。同一控制下企业合并，合并方通过交易取得对被合并方的长期股权投资即应按照通过该项交易取得的被合并方账面净资产的份额确认。应予关注的是，该账面净资产并非是指被合并方个别财务报表中体现的有关资产、负债的价值，而是从最终控制方的角度，被合并方自其被最终控制方开始控制时开始，其所持有的资产、负债确定对于最终控制方的价值持续计算至合并日的账面价值。如果被合并方本身编制合并财务报表，被合并方的账面所有者权益应当以其在最终控制方合并财务报表中的账面价值为基础确定。

【例 13-1】　甲公司为某一集团母公司，分别控制着乙公司和丙公司。2×22 年 1 月 1 日，甲公司从本集团外部购入丁公司 80% 股权（属于非同一控制下企业合并）并能够控制丁公司。购买日丁公司可辨认净资产的公允价值为 5 000 万元，账面价值为 4 000 万元。2×24 年 1 月 1 日，乙公司购入甲公司所持有丁公司的 80% 股权，形成同一控制下的企业合并。2×22 年 1 月至 2×23 年 12 月 31 日，丁公司按照购买日净资产的公允价值计算的净利润为 1 000 万元；按照购买日净资产的账面价值的净利润为 1 500 万元，无其他所有者权益变动。

2×24 年 1 月 1 日合并日，丁公司的所有者权益相对于甲公司而言的账面价值为：2×22 年

1月1日丁公司净资产公允价值5 000万元持续计算至2×23年12月31日的账面价值6 000万元(5 000+1 000)。乙公司购入丁公司投资成本为4 800万元[(5 000+1 000)×80%]。

(2)同一控制下企业合并形成的长期股权投资,合并方应以合并日应享有被合并方账面所有者权益的份额作为形成长期股权投资的初始投资成本,借记"长期股权投资"科目,按享有被投资单位已宣告但尚未发放的现金股利或利润,借记"应收股利"科目,合并方以支付现金、转让非现金资产或承担债务方式作为合并对价的,按支付的合并对价的账面价值,贷记有关科目。长期股权投资的初始投资成本与支付的现金、转让的非现金资产及所承担债务账面价值之间的差额,应当调整资本公积(资本溢价或股本溢价);资本公积(资本溢价或股本溢价)的余额不足冲减的,依次冲减盈余公积和未分配利润。合并方以发行权益性工具作为合并对价的,应按发行股份的面值总额作为股本,贷记股本科目,长期股权投资的初始投资成本与所发行股份面值总额之间的差额,应当调整资本公积(资本溢价或股本溢价);资本公积(资本溢价或股本溢价)不足冲减的,依次冲减盈余公积和未分配利润。

编制合并日的合并财务报表时,一般包括合并资产负债表、合并利润表及合并现金流量表。

【例13-2】 A公司和B公司分别为甲公司控制下的两家子公司。A公司以1 280万元自母公司购入B公司60%的股份,同时支付审计费10万元。合并日,B公司所有者权益账面价值总额为2 000万元,可辨认净资产的公允价值为2 400万元。A公司投资当日的"资本公积——资本溢价"科目为100万元。

借:管理费用　　　　　　　　　　　　　　　　100 000
　　贷:银行存款　　　　　　　　　　　　　　　　100 000

甲公司应确认的长期股权投资的初始投资成本=2 000×60%=1 200(万元),相关的账务处理如下:

借:长期股权投资　　　　　　　　　　　　　　12 000 000
　　资本公积——资本溢价　　　　　　　　　　　800 000
　　贷:银行存款　　　　　　　　　　　　　　　12 800 000

如果A公司支付账面价值为1 180万元的固定资产,小于长期股权投资的初始投资成本1200万元。

借:长期股权投资　　　　　　　　　　　　　　12 000 000
　　贷:固定资产清理　　　　　　　　　　　　　11 800 000
　　　资本公积——资本溢价　　　　　　　　　　200 000

【例13-3】 A公司和B公司分别为甲公司控制下的两家子公司。A公司自母公司取得B公司80%的股权,合并后B公司仍维持其独立法人资格继续经营。为进行该项企业合并,A公司发行了1 500万股普通股(每股面值1元)作为对价。假定A公司和B公司采用的会计政策相同。合并日,A公司资本公积2 500万元,B公司的所有者权益账面价值5 000万元。A公司在合并日应进行的账务处理如下:

借:长期股权投资　　　　　　(50 000 000×80%)40 000 000

　　贷:股本　　　　　　　　　　　　　　　　　15 000 000

　　　资本公积——股本溢价　　　　　　　　　25 000 000

　　假如 A 公司发行了 4 200 万股普通股(每股面值 1 元)作为对价。小于长期股权投资的初始投资成本 4 000 万元。

　　借:长期股权投资　　　　　　(50 000 000×80%)40 000 000

　　　资本公积——股本溢价　　　　　　　　　　2 000 000

　　　贷:股本　　　　　　　　　　　　　　　　42 000 000

　　(3)形成同一控制下控股合并的长期股权投资,如果子公司按照改制时确定的资产、负债经评估确认的价值调整资产、负债账面价值的,合并方应当按照取得子公司经评估确认的净资产的份额,作为长期股权投资的初始投资成本。

　　(4)同一控制下企业合并形成的长期股权投资初始确认时可能存在或有对价。在这种情况下,同一控制下企业合并方式形成的长期股权投资,初始投资时,应按照或有事项准则的规定,判断是否应就或有对价确认预计负债或者确认资产,以及应确认的金额;确认预计负债或资产的,该预计负债或资产金额与后续或有对价结算金额的差额不影响当期损益,而应当调整资本公积(资本溢价或股本溢价),资本公积(资本溢价或股本溢价)不足冲减的,调整留存收益。

　　(5)企业通过多次交易分步取得同一控制下被投资单位的股权,最终形成企业合并的,应当判断多次交易是否属于“一揽子交易”。一揽子交易的各交易步骤是作为一个整体一并筹划和确定下来的,旨在实现同一交易目的、互为前提和条件。属于一揽子交易的,合并方应当将各项交易作为一项取得控制权的交易进行会计处理。不属于“一揽子交易”的,取得控制权日,个别财务报表应进行如下会计处理:

　　通过多次交易分步实现同一控制下企业合并,合并日,按照取得被合并方所有者权益账面价值的份额作为长期股权投资的初始投资成本,合并日长期股权投资初始投资成本,与达到合并前的股权投资账面价值加上合并日取得进一步股份新支付对价的账面价值之和的差额,调整资本公积(资本溢价或股本溢价),资本公积不足冲减的,冲减留存收益。购买日之前所持被购买方的股权投资账面价值指购买日应有的账面价值。合并日之前持有的股权投资,因采用权益法核算或金融工具确认和计量准则核算而确认的其他综合收益,暂不进行会计处理,直至处置该项投资时采用与被投资单位直接处置相关资产或负债相同的基础进行会计处理;因采用权益法核算而确认的被投资单位净资产中除净损益、其他综合收益和利润分配以外的所有者权益其他变动,暂不进行会计处理,直至处置该项投资时转入当期损益。其中,处置后的剩余股权根据本准则采用成本法或权益法核算的,其他综合收益和其他所有者权益应按比例结转,处置后的剩余股权改按金融工具确认和计量准则进行会计处理的,其他综合收益和其他所有者权益应全部结转。

　　【例 13-4】　W 公司为母公司,其子公司包括甲公司、乙公司。有关投资业务如下:

　　(1)2×23 年 1 月 1 日,甲公司自母公司 W 公司处取得同一控制下的乙公司 25%的股份,实际支付款项 6 000 万元,能够对乙公司施加重大影响。相关手续于当日办理完毕。当日,乙公司可辨认净资产账面价值为 22 000 万元(假定与公允价值相等)。初始投资成本6 000万元大于乙公司可辨认净资产公允价值的份额5 500万元(22 000×25%),不需要对初始投资成本调整。

借:长期股权投资——投资成本　　　　　　　60 000 000
　　贷:银行存款　　　　　　　　　　　　　　　　60 000 000

(2)2×23年乙公司实现净利润1 000万元。

借:长期股权投资——损益调整　　　　　　　2 500 000
　　贷:投资收益　　　　　　　　　(10 000 000×25%)2 500 000

(3)2×24年1月1日,甲公司以定向增发2 000万股普通股(每股面值为1元,每股公允价值为4.5元)购买同一控制下W公司所持有的乙公司40%股权,相关手续于当日完成。进一步取得投资后,甲公司能够对乙公司实施控制。当日,乙公司在最终控制方合并财务报表中的净资产的账面价值为23 000万元。假定上述交易不属于一揽子交易。不考虑相关税费等其他因素影响。

①合并日,甲公司享有乙公司在最终控制方合并财务报表中净资产的账面价值份额=23 000×65%=14 950(万元)

②合并对价账面价值为8 250(6 250+2 000)万元。长期股权投资初始投资成本与合并对价账面价值之间的差额为6 700(14 950-8 250)万元调整资本公积(股本溢价)。

借:长期股权投资　　　　　　　　　　149 500 000
　　贷:长期股权投资——投资成本　　　　　　　60 000 000
　　　　　　　　　　——损益调整　　　　　　　　2 500 000
　　股本　　　　　　　　　　　　　　　　　20 000 000
　　资本公积——股本溢价　　　　　　　　　67 000 000

13.2.3　同一控制下的吸收合并

同一控制下的吸收合并中,合并方主要涉及合并日取得被合并方资产、负债入账价值的确定,以及合并中取得有关净资产的入账价值与支付的合并对价账面价值之间差额的处理。

合并方对同一控制下吸收合并中取得的资产、负债应当按照相关资产、负债在被合并方的原账面价值入账。合并方在确认了合并中取得的被合并方的资产和负债的入账价值后,以支付现金、非现金资产方式进行的合并,所确认的净资产入账价值与支付的现金、非现金资产账面价值的差额,相应调整资本公积(资本溢价或股本溢价),资本公积(资本溢价或股本溢价)的余额不足冲减的,应冲减盈余公积和未分配利润;以发行权益性证券方式进行的合并,所确认的净资产入账价值与发行股份面值总额的差额,应记入资本公积(资本溢价或股本溢价),资本公积(资本溢价或股本溢价)的余额不足冲减的,相应冲减盈余公积和未分配利润。如果通过多次交易分步实现同一控制下吸收合并,按照同一控制下吸收合并相同原则进行会计处理。

13.3　非同一控制下企业合并的处理

非同一控制下的企业合并,主要涉及购买方及购买日的确定、企业合并成本的确定、合并中取得各项可辨认资产、负债的确认和计量以及合并差额的处理等。

13.3.1　非同一控制下企业合并的处理原则

非同一控制下的企业合并,是参与合并的一方购买另一方或多方的交易,采用购买法核算。企业合并成本包括购买方为进行企业合并支付的现金或非现金资产、发行或承担的债务、发行的权益性证券等在购买日的公允价值。确认非现金资产对价的处置损益。

购买方是指在企业合并中取得对另一方或多方控制权的一方。购买日是指购买方实际取得对被购买方控制权的日期,即从购买日开始,被购买方净资产或生产经营决策的控制权转移给了购买方。

企业合并取得对被购买方净资产的控制权。视合并方式的不同,控股合并的情况下,购买方在其个别财务报表中应确认所形成的对被购买方的长期股权投资,该长期股权投资所代表的是购买方对合并中取得的被购买方各项资产、负债享有的份额,具体体现在合并财务报表中应列示的有关资产、负债;吸收合并的情况下,合并中取得的被购买方各项可辨认资产、负债等直接体现为购买方账簿及个别财务报表中的资产、负债项目。

(1)非同一控制下企业合并本质上为市场化购买,由于在交易价格形成过程中购买方与出售方之间议价等因素的影响,交易的最终价格与通过交易取得可辨认净资产公允价值份额一般会存在差异。

(2)企业合并成本大于合并中取得的被购买方可辨认净资产公允价值份额的差额应确认为商誉。控股合并该差额是指在合并财务报表中应予列示的商誉;吸收合并该差额是购买方在其账簿及个别财务报表中应确认的商誉。企业合并成本小于合并中取得的被购买方可辨认净资产公允价值份额的部分,应计入合并当期损益。在控股合并的情况下,上述差额应体现在购买方合并当期的合并利润表中,不影响购买方的个别利润表;在吸收合并的情况下,上述差额,应计入购买方合并当期的个别利润表。

商誉分为外购商誉和自创商誉。由于商誉属于不可辨认资产,因此不属于无形资产,可辨认净资产是不包含自创商誉的。可辨认净资产为可辨认资产与负债的差额,企业确认外购商誉,不确认自创商誉,外购商誉确认后,持有期间不再摊销,应当在每年年度终了进行减值测试。值得说明的是,企业合并中取得的有关资产、负债由于账面价值和计税基础不同产生的暂时性差异,要调整商誉的价值。但是,商誉的初始确认,由于账面价值和计税基础之间的差额所形成的应纳税暂时性差异,不确认为递延所得税负债。

(3)同一控制下企业合并,比较得到净资产的账面价值和对价的账面价值,差额调整所有者权益。非同一控制下企业合并,比较得到净资产的公允价值和对价的公允价值,差额作商誉或营业外收入。控股合并,商誉在个别财务报表中包含在长期股权投资中。

13.3.2 非同一控制下的控股合并

（1）非同一控制下的控股合并中，购买方应当按照确定的企业合并成本作为长期股权投资的初始投资成本。企业合并成本包括购买方付出的资产、发生或承担的负债、发行的权益性证券的公允价值之和。

具体会计处理时，对于非同一控制下控股合并形成的长期股权投资，应在购买日按企业合并成本（不含应自被投资单位已宣告但尚未发放的现金股利或利润），借记"长期股权投资"科目，按享有被投资单位已宣告但尚未发放的现金股利或利润，借记"应收股利"科目，按支付合并对价的账面价值，贷记有关资产或负债科目，按其差额，贷记或借记"资产处置损益"或"投资收益"等科目。购买方以发行权益性证券作为合并对价的，应在购买日按照发行权益性证券的公允价值，借记"长期股权投资"科目，按照发行权益性证券的面值总额，贷记"股本"科目，按其差额，贷记"资本公积——股本溢价"科目。

对于非同一控制下的控股合并，购买方支付非现金资产对价的公允价值与账面价值的差额，应分别情况进行处理。以库存商品、投资性房地产作为合并对价的，应按公允价值，贷记"主营业务收入"或"其他业务收入"科目，并同时结转相关成本。以固定资产、无形资产作为合并对价的，公允价值与账面价值的差额计入资产处置损益。以交易性金融资产、债权投资作为合并对价的，公允价值与账面价值的差额计入投资收益。以其他债权投资作为合并对价的，原持有期间公允价值变动形成的其他综合收益应一并转入投资收益。以其他权益工具投资作为合并对价的，原持有期间公允价值变动形成的其他综合收益应一并转入留存收益。

非同一控制下的企业合并，购买方一般应于购买日编制合并资产负债表，不需要编制合并利润表及合并现金流量表。

非同一控制下的企业合并中，被购买方在企业合并后仍持续经营的，如购买方取得被购买方100%股权，被购买方可以按合并中确定的有关资产、负债的公允价值调账，其他情况下被购买方不应因企业合并改记资产、负债的账面价值。

【例13-5】 P公司向S公司的股东定向增发1 000万股普通股（每股面值1元，每股市场价格为5元），取得了S公司80%的股权。购买日，S公司可辨认净资产的账面价值5 500万元，可辨认净资产的公允价值6 000万元（包括一固定资产评估增值500万元）。不考虑所得税影响，P公司与S公司在交易前不存在任何关联方关系。

①确认长期股权投资。

借：长期股权投资	50 000 000	
贷：股本		10 000 000
资本公积——股本溢价		40 000 000

②合并报表中确认商誉=5 000-6 000×80%=200（万元）。

【例13-6】 甲公司以本企业库存商品作为对价，取得乙公司80%的股份，能对乙公司实施控制。库存商品账面价值1 000万元，公允价值1 500万元；购买日，乙公司可辨认净资产的账面价值1 800万元，可辨认净资产的公允价值2 000万元（包括一项无形资产评估增值200万元）。增值税税率为13%，所得税税率为25%。甲公司与乙公司在交易前不存在任何关联方关系。

①确认长期股权投资。

借：长期股权投资	16 950 000
贷：主营业务收入	15 000 000
应交税费——应交增值税（销项税额）	1 950 000
借：主营业务成本	10 000 000
贷：库存商品	10 000 000

②无形资产账面价值大于计税基础，形成递延所得税负债。乙公司考虑所得税后可辨认净资产的公允价值＝2 000－2 00×25%＝1 950（万元）。

合并报表中确认商誉＝1 500×1.13－1 950×80%＝135（万元）。

（2）非同一控制下企业合并涉及或有对价时长期股权投资成本的计量。某些情况下，合并各方可能在合并协议中约定，根据未来一项或多项或有事项的发生，购买方通过发行额外证券、支付额外现金或其他资产等方式追加合并对价，或者要求返还之前已经支付的对价。购买方应当将合并协议约定的或有对价作为企业合并转移对价的一部分，按照其在购买日的公允价值计入企业合并成本。或有对价符合权益工具和金融负债定义的，购买方应当将支付或有对价的义务确认为一项权益或负债；符合资产定义并满足资产确认条件的，购买方应当将符合合并协议约定条件的、对已支付的合并对价中可收回的部分的权利确认为一项资产。购买日后12个月内出现对购买日已存在情况提供新的或者进一步证据而需要调整或有对价的，应当予以确认并对计入合并商誉的金额进行调整；其他情况下发生的或有对价变化或调整，应当区分以下情况进行会计处理：或有对价为权益性质的，不进行会计处理；或有对价为资产或负债性质的，如果属于金融工具，应按照以公允价值计量且其变动计入当期损益进行会计处理，不得指定为以公允价值计量且其变动计入其他综合收益的金融资产。上述会计处理的出发点在于，对企业合并交易原则上确认和计量时点应限定为购买日，其他情况下发生的或有对价变化或调整，不能视为购买日的状况，因此也就不能据以对企业合并成本进行调整。

【例13-7】　A公司2×22年1月2日以现金3亿元自B公司购买其持有的C公司100%股权，并于当日向C公司董事会派出成员，主导其财务和生产经营决策。股权转让协议约定，B公司就C公司在收购完成后的经营业绩向A公司做出承诺：C公司连续三年经审计扣除非经常性损益后归属于母公司股东的净利润分别不低于2 000万元、3 000万元和4 000万元。如果C公司未达到承诺业绩，B公司将在C公司相应年度的审计报告出具后30日内，按C公司实际实现的净利润与承诺利润的差额，以现金方式对A公司进行补偿。购买日，A公司根据C公司所处市场状况及行业竞争力等情况判断，预计C公司能够完成承诺期利润。2×22年，C公司实现净利润2200万元（完成）。2×23年，由于整体宏观经济形势变化，C公司实现净利润2 400万元（差额600万元），且预期2×24年该趋势将持续，预计能够实现净利润约2 600万元（差额1 400万元）。

本例中，A公司与B公司在交易前不存在关联关系，该项企业合并应为非同一控制下企业合并。购买日为2×22年1月2日,当日A公司支付了有关价款3亿元,同时估计C公司能够实现承诺利润,或有对价估计为0。A公司确认对C公司长期股权投资成本为3亿元。

借:长期股权投资   300 000 000
 贷:银行存款   300 000 000

2×22年C公司实现了预期利润,A上市公司无需进行会计处理。2×23年C公司未实现预期利润,且预计2×24年也无法实现,则A上市公司需要估计该或有对价的公允价值2 000万元并予以确认。因该预期利润未实现的情况是在购买日后新发生的,在购买日后超过12个月且不属于对购买日已存在状况的进一步证据,应于发生时计入当期损益。B公司对有关利润差额的补偿将以现金支付,该或有对价属于金融工具,应当按照金融工具的原则进行处理。2×23年A上市公司应当进行的会计处理为:

借:交易性金融资产   20 000 000
 贷:公允价值变动损益   20 000 000

本例中有关或有对价的公允价值调整在个别财务报表中不作为对长期股权投资成本的调整,在合并财务报表中,亦不能调整购买日原已确认商誉金额。但由于C公司未实现预期利润,可能表明购买日原已确认商誉已发生减值,A上市公司应当对商誉进行减值测试。

（3）通过多次交换交易,分步取得股权最终形成非同一控制下控股合并的,购买方在个别财务报表中,应当以购买日之前所持被购买方的股权投资的账面价值与购买日新增投资成本之和,作为该项长期股权投资成本。购买日之前所持被购买方的股权投资账面价值指购买日应有的账面价值。其中,形成控股合并前对长期股权投资采用权益法核算的,购买日长期股权投资的初始投资成本,为原权益法下的账面价值加上购买日为取得新的股份所支付对价的公允价值之和,购买日之前因权益法形成的其他综合收益或其他资本公积暂时不作处理,待到处置该项投资时将与其相关的其他综合收益或其他资本公积采用与被购买方直接处置相关资产或负债相同的基础进行会计处理;形成控股合并前对长期股权投资采用公允价值计量的(如原分类为以公允价值计量且其变动计入其他综合收益的非交易性权益工具投资),长期股权投资的初始投资成本为原公允价值的账面价值加上购买日取得新的股份所支付的对价的公允价值之和,购买日之前持有的被购买方的股权涉及其他综合收益的,计入留存收益,不得转入当期损益。

【例13-8】 2×22年1月1日,A公司以3 100万元自非关联方处取得了B公司20%股权,并能够对其施加重大影响。当日,B公司可辨认净资产公允价值为15 000万元。B公司自2×22年初至2×24年6月30日期间,累计实现净利润1 500万元、其他权益工具投资公允价值变动导致其他综合收益增加750万元,其他所有者权益变动导致资本公积增加250万元。2×24年7月1日,A公司支付银行存款8 000万元,自另一非关联方处取得B公司40%股权,并取得对B公司的控制权。B公司可辨认净资产公允价值为18 000万元。假设A公司购买B公司20%股权和后续购买40%的股权的交易不构成"一揽子交易"。不考虑相关税费等其他因素影响。

①2×22年1月1日,A公司会计处理如下:

借:长期股权投资——投资成本　　　　　　　　31 000 000

　　贷:银行存款　　　　　　　　　　　　　　　　　31 000 000

②2×22年初至2×24年6月30日期间,A公司会计处理如下:

借:长期股权投资——损益调整　　　　　　　　　3 000 000

　　　　　　　　　——其他综合收益　　　　　　　1 500 000

　　　　　　　　　——其他权益变动　　　　　　　　500 000

　　贷:投资收益　　　　　　　　　　（1 500×20%）3 000 000

　　　其他综合收益　　　　　　　　　 （750×20%）1 500 000

　　　资本公积　　　　　　　　　　　 （250×20%）500 000

至2×24年6月30日,长期股权投资的账面价值=3 100+300+150+50=3 600(万元)。

③2×24年7月1日,合并成本=3 600+8 000=11 600万元,购买日前A公司原持有股权相关的其他综合收益150万元以及其他所有者权益变动50万元在购买日均不进行会计处理。

借:长期股权投资　　　　　　　　　　　　　　116 000 000

　　贷:长期股权投资——投资成本　　　　　　　　31 000 000

　　　　　　　　　　　——损益调整　　　　　　　　3 000 000

　　　　　　　　　　　——其他综合收益　　　　　　1 500 000

　　　　　　　　　　　——其他权益变动　　　　　　　500 000

　　　银行存款　　　　　　　　　　　　　　　　80 000 000

13.3.3　非同一控制下的吸收合并

非同一控制下的吸收合并,购买方在购买日应当将合并中取得的符合确认条件的各项资产、负债,按其公允价值确认为本企业的资产和负债;作为合并对价的有关非货币性资产在购买日的公允价值与其账面价值的差额,应作为资产的处置损益计入合并当期的利润表;确定的企业合并成本与所取得的被购买方可辨认净资产公允价值的差额,视情况确认为商誉或是作为企业合并当期的损益计入利润表。

其具体处理原则与非同一控制下的控股合并类似,不同点在于在非同一控制下的吸收合并中,合并中取得的可辨认资产和负债是作为个别报表中的项目列示,合并中产生的商誉也是作为购买方账簿及个别财务报表中的资产列示。

【例13-9】　2×24年6月30日,P公司向S公司的股东定向增发1 000万股普通股(每股面值为1元,每股市价为9元)对S公司进行吸收合并,并于当日取得S公司净资产。不考虑所得税的影响。当日,P公司、S公司资产、负债情况如表13-1所示。

表 13-1　资产负债表（简表）

2×24年6月30日　　　　　　　　　　　　　　单位：万元

项目	P公司		S公司	
	账面价值		账面价值	公允价值
货币资金	4 300			
存货	6 200		700	900
应收账款	3 000		2 000	2 000
固定资产	12 000		5 150	6 950
无形资产	4 500		500	1 000
资产总计	30 000		8 350	10 850
应付账款	6 620		2 850	2 850
负债合计	6 620		2 850	2 850
股本	7 500		2 500	
资本公积	5 000		1 500	
盈余公积	5 000		500	
未分配利润	5 880		1 000	
所有者权益合计	23 380		5 500	8 000
负债和所有者权益总计	30 000		8 350	10 850

假定该项合并为同一控制下的企业合并。P公司账务处理：

借：库存商品		7 000 000
应收账款		20 000 000
固定资产		51 500 000
无形资产		5 000 000
贷：应付账款		28 500 000
股本		10 000 000
资本公积		45 000 000

假定该项合并为非同一控制下的企业合并。P公司账务处理：

借：库存商品		9 000 000
应收账款		20 000 000
固定资产		69 500 000
无形资产		10 000 000
商誉		10 000 000
贷：应付账款		28 500 000
股本		10 000 000
资本公积		80 000 000

13.3.4　反向购买的处理

（一）上市公司以发行权益性证券交换股权实现非上市公司间接上市的会计处理

非同一控制下的企业合并,以发行权益性证券交换股权的方式进行的,通常发行权益性证券的一方为购买方。但某些企业合并中,发行权益性证券的一方因其生产经营决策在合并后被参与合并的另一方所控制的,发行权益性证券的一方虽然为法律上的母公司,但其为会计上的被购买方,该类企业合并通常称为"反向购买"。例如,A 公司为一家规模较小的上市公司,B 公司为一家规模较大的公司。B 公司拟通过收购 A 公司的方式达到上市目的,但该交易是通过 A 公司向 B 公司原股东发行普通股用以交换 B 公司原股东持有的对 B 公司股权方式实现。该项交易后,当 B 公司原控股股东持有 A 公司 50% 以上股权,A 公司持有 B 公司 50% 以上股权,A 公司为法律上的母公司,B 公司为法律上的子公司,但从会计角度,A 公司为被购买方,B 公司为购买方。如果 A 公司规模较大,一般情况下 B 公司原控股股东对 A 公司持股比例达不到 50% 以上。

反向购买中,被购买方构成业务的,购买方应按照非同一控制下企业合并的原则进行处理。被购买方不构成业务的,购买方应按照权益性交易的原则进行处理,不得确认商誉或当期损益。

1)企业合并成本

反向购买中,企业合并成本是指法律上的子公司(会计上的购买方)如果以发行权益性证券的方式为获取在合并后报告主体的股权比例,应向法律上母公司(会计上的被购买方)的股东发行的权益性证券数量与其公允价值计算的结果。购买方的权益性证券在购买日存在公开报价的,通常应以公开报价作为其公允价值;购买方的权益性证券在购买日不存在可靠公开报价的,应参照购买方的公允价值和被购买方的公允价值两者之中有更为明显证据支持的一个作为基础,确定购买方假定应发行权益性证券的公允价值。

2)合并财务报表的编制

反向购买后,法律上的母公司应当遵从以下原则编制合并财务报表:

(1)合并财务报表中,法律上子公司的资产、负债应以其在合并前的账面价值进行确认和计量。

(2)合并财务报表中的留存收益和其他权益余额应当反映的是法律上子公司在合并前的留存收益和其他权益余额。

(3)合并财务报表中的权益性工具(股本)的金额应当反映法律上子公司合并前发行在外的股份面值以及假定在确定该项企业合并成本过程中新发行的权益性工具的金额。但是在合并财务报表中的权益结构应当反映法律上母公司的权益结构,即法律上母公司发行在外权益性证券的数量和种类。

(4)法律上母公司的有关可辨认资产、负债在并入合并财务报表时,应以其在购买日确定的公允价值进行合并,企业合并成本大于合并中取得的法律上母公司(被购买方)可辨认净资产公允价值的份额体现为商誉,小于合并中取得的法律上母公司(被购买方)可辨认净资产公允价值的份额确认为合并当期损益。

(5)合并财务报表的比较信息应当是法律上子公司的比较信息(即法律上子公司的前期合并财务报表)。

(6)法律上子公司的有关股东在合并过程中未将其持有的股份转换为对法律上母公司股份的,该部分股东享有的权益份额在合并财务报表中应作为少数股东权益列示。因法律上子公司的部分股东未将其持有的股份转换为法律上母公司的股权,其享有的权益份额仍仅限于对法律上子公司的部分,该部分少数股东权益反映的是少数股东按持股比例计算享有法律上子公司合并前净资产账面价值的份额。另外,对于法律上母公司的所有股东,虽然该项合并中其被认为被购买方,但其享有合并形成报告主体的净资产及损益,不应作为少数股东权益列示。

上述反向购买的会计处理原则仅适用于合并财务报表的编制。法律上母公司在该项合并中形成的对法律上子公司长期股权投资成本的确定,应当遵从长期股权投资准则的相关规定。

【例13-10】 A上市公司于2×24年9月30日通过定向增发普通股,以2股换1股的比例自B公司原股东处取得了B公司全部股权。A公司共发行了1 800万股普通股以取得B公司全部900万股普通股。A公司当日普通股每股的公允价值为20元,B公司当日普通股每股的公允价值为40元。A公司、B公司每股普通股的面值为1元。A公司除非流动资产公允价值较账面价值高4 500万元以外,其他资产、负债项目的公允价值与其账面价值相同。A公司与B公司在合并前不存在任何关联方关系。假定不考虑所得税影响。A公司合并资产负债表见表13-2。

表13-2 A公司9月30日合并资产负债表 单位:万元

	A公司	B公司	合并金额
流动资产	3 000	2 500	5 500
非流动资产	21 000	36 200	61700(=21 000+36 200+4 500)
商誉			3 000
资产总额	24 000	38 700	70 200
流动负债	1 200	900	2 100
非流动负债	300	1 800	2 100
负债总额	1 500	2 700	4 200
股本	1 500	900	1 650(=900+750)
资本公积			29 250(=30 000−750)
盈余公积	6 000	10 260	10 260
未分配利润	15 000	24 840	24 840
所有者权益总额	22 500	36 000	66 000(=70 200−4 200)

对于该项企业合并,虽然在合并中发行权益性证券的一方为 A 公司,但因其生产经营决策的控制权在合并后由 B 公司原股东控制,B 公司应为购买方,A 公司为被购买方。

(1)A 公司在该项合并中向 B 公司原股东增发了 1800 万股普通股,合并后 B 公司原股东持有 A 公司的股权比例为 54.55%(1 800/3 300),如果假定 B 公司发行本企业普通股在合并后主体原股东享有同样的股权比例(900/1 650),则 B 公司应当发行的普通股股数为 750 万股(900÷54.55%-900),其公允价值为(750×40)30 000 万元,企业合并成本为 30 000 万元。

(2)A 公司可辨认净资产公允价值=3 000+(21 000+4 500)-1 200-300=27 000 万元;商誉=30 000-27 000=3 000 万元。

(3)本例中,B 公司的全部股东中假定只有其中的 90% 以原持有的对 B 公司股权换取了 A 公司增发的普通股。A 公司应发行的普通股股数为 1 620(900×90%×2)万股。企业合并后,B 公司的股东拥有合并后报告主体的股权比例为 51.92%(1 620/3 120)。通过假定 B 公司向 A 公司发行本企业普通股在合并后主体享有同样的股权比例,在计算 B 公司须发行的普通股数量时,不考虑少数股权的因素,故 B 公司应当发行的普通股股数为 750(900×90%÷51.92%-900×90%)万股,B 公司在该项合并中的企业合并成本为 30 000 [(1 560-810)×40]万元,B 公司未参与股权交换的股东拥有 B 公司的股份为 10%,享有 B 公司合并前净资产的份额为 3 600 万元,在合并财务报表中应作为少数股东权益列示。

(二)非上市公司购买上市公司股权实现间接上市的会计处理

非上市公司以所持有的对子公司投资等资产为对价取得上市公司的控制权,构成反向购买的,上市公司编制合并财务报表时应当区别以下情况处理:

(1)交易发生时,上市公司未持有任何资产、负债或仅持有现金、交易性金融资产等不构成业务的资产或负债的,上市公司在编制合并财务报表时,购买企业应按照权益性交易的原则进行处理,不得确认商誉或当期损益。

(2)交易发生时,上市公司保留的资产、负债构成业务的,对于形成非同一控制下企业合并的,企业合并成本与取得的上市公司可辨认净资产公允价值份额的差额应当确认为商誉或当期损益。

非上市公司取得上市公司的控制权,构成反向购买的,上市公司在其个别财务报表中应当按照长期股权投资准则确定取得资产的入账价值。上市公司的前期比较个别报表应为其自身个别报表。

练习题

一、选择题(前两题属于单选,后两题属于多选)

1.甲公司和乙公司为非关联企业。甲公司按每股 4.5 元增发每股面值 1 元的普通股股票 2 000 万股,并以此为对价取得乙公司 70% 的股权;甲公司以银行存款支付审计费、评估费等共计30万元。购买日乙公司可辨认净资产公允价值为12 000万元。甲公司取得乙公司70%股权时的初始投资成本为(   )万元。

    A.8 400   B.8 430   C.9 000   D.9 030

2.同一控制下的吸收合并中,合并方资本公积为200万元,取得净资产账面价值为700万元,支付对价的账面价值为1 000万元,则记入"资本公积"的方向和金额为(   )。

    A.贷记资本公积300万元   B.贷记资本公积200万元

    C.借记资本公积300万元   D.借记资本公积200万元

3.对于非同一控制下的企业合并的初始计量,下列说法中错误的有(   )。

    A.购买方所付出的非现金资产的公允价值与账面价值的差额,应该计入当期损益

    B.以发行权益性证券作为合并对价的,所发行权益性证券的公允价值与股本面值的差额,计入当期损益

    C.以发行权益性证券作为合并对价的,为发行权益性证券所发生的手续费、佣金,应计入长期股权投资的初始投资成本

    D.长期股权投资的初始投资成本为购买方按比例享有被购买方可辨认净资产公允价值的份额

4.下列关于企业合并的说法中,错误的是(   )。

    A.只有控股合并,在合并日需要编制合并财务报表

    B.同一控制下企业合并在合并日只需编制合并资产负债表

    C.非同一控制下企业合并在合并日编制合并资产负债表、合并利润表和合并现金流量表

    D.同一控制下和非同一控制下发生的直接相关费用处理不同

二、业务题

1.甲公司以账面价值800万元、公允价值1 000万元的库存商品换取乙公司70%的股权,增值税率为13%。乙公司净资产账面价值为900万元,公允价值为950万元。甲公司投资当日资本公积(资本溢价)为70万元,盈余公积为50万元。

要求:分别编制同一控制下和非同一控制下的有关分录。

2.甲公司以账面原价700万元、累计摊销100万元,公允价值1 000万元的无形资产作为对价,自丙公司手中取得乙公司80%的股权。转让无形资产的增值税税率为6%。合并日乙公司净资产账面价值为800万元,公允价值为900万元。投资当日甲公司资本公积(资本溢价)35万元,盈余公积10万元。

要求:分别编制同一控制下和非同一控制下的有关分录。

3.A公司自甲公司处取得B公司80%的股权,B公司可辨认净资产的账面价值为30 000万元,公允价值为28 000万元。A公司发行9 000万股本公司普通股(每股面值1元,每股市价3元)作为对价。

要求:分别编制同一控制下和非同一控制下的有关分录。

4.甲公司为某一集团母公司,分别控制着乙公司和丙公司。2×22年1月1日,甲公司从本集团外部用现金4 200万元购入丁公司80%股权,形成非同一控制下企业合并。购

买日丁公司可辨认净资产的公允价值为 5 000 万元,账面价值为 3 500 万元。2×24 年 1 月 1 日,乙公司用现金 4 500 万元购入甲公司所持有丁公司的 80% 股权,形成同一控制下的企业合并。2×22 年 1 月 1 日至 2×23 年 12 月 31 日,丁公司按照购买日净资产的公允价值计算的净利润为 1 200 万元;按照购买日净资产的账面价值的净利润为 1 500 万元,无其他所有者权益变动。

要求:编制甲公司 2×22 年 1 月 1 日和乙公司 2×24 年 1 月 1 日的会计分录。

5. 2×24 年 12 月 31 日,P 公司向 S 公司的股东发行 1 000 万股普通股(每股面值为 1 元,市价为 5 元)取得 S 公司全部股份。对 S 公司吸收合并,税法符合特殊税务处理条件按账面价值确定计税基础,所得税税率为 25%。S 公司净资产的账面价值 2 200 万元,公允价值 4 340 万元。其中,库存商品 1 100 万元(公允价值 1 880 万元),应收账款 800 万元,固定资产 1 440 万元(公允价值 2 800 万元),应付账款 1 140 万元。

要求:编制非同一控制下吸收合并的会计分录。

6. 2×24 年 3 月 1 日,A 公司以 2 000 万元自非关联方处取得了 B 公司 5% 股权,不能够对其施加重大影响。将其指定为公允价值计量且其变动计入其他综合收益的金融资产,2×24 年 9 月 30 日,A 公司又斥资 25 000 万元,自另一非关联方处取得 B 公司 50% 股权,并取得对 B 公司的控制权,原持有 B 公司 5% 的股权公允价值为 2 500 万元。不考虑相关税费。

要求:编制 A 公司有关会计分录。

第14章 合并财务报表

学习目标

通过本章学习,要求了解合并财务报表的定义、合并范围、编制原则、编制程序,掌握编制合并财务报表时需调整抵销项目的处理。权责发生制,强调责任与担当,从某种意义上讲,责任已经成为人的一种立足之本成为企业求生存求发展的重要能力。学生应当树立正确的权利观和责任观。会计人员应当坚持准则,熟悉国家法律、法规和国家统一的会计制度,始终坚持按法律、法规和国家统一的会计制度的要求进行会计核算,实施会计监督。会计人员应当客观公正,端正态度,依法办事,实事求是,不偏不倚,保持应有的独立性。

14.1 合并财务报表的合并理论

合并财务报表是以企业集团为会计主体编制的财务报表。合并财务报表的合并理论,到目前为止主要有母公司理论、实体理论以及所有权理论等。根据不同的合并理论,其确定的合并范围和选择的合并方法不同。

14.1.1 母公司理论

所谓母公司理论,是将合并财务报表视为母公司本身的财务报表反映的范围扩大来看待,从母公司角度来考虑合并财务报表的合并范围、选择合并处理方法。母公司理论认为合并财务报表主要是为母公司的股东和债权人服务的,为母公司现实的和潜在投资者服务的,强调的是母公司股东的利益。采用母公司理论确定合并范围时,通常更多的是以法定控制为基础,以持有多数股权或表决权作为是否将某一被投资企业纳入合并范围的依据,或者通过一家公司处于另一家公司法定支配下的控制协议来确定合并财务报表的合并范围。采用的合并处理方法都是从母公司本身的股东利益来考虑的,子公司少数股东权益通常视为一项负债来处理。区分顺销和逆销,对于顺销,在编制合并财务报表时只抵销子公司中母公司持有股权相对的份额,即多数股东股权的份额。而对于少数股东股权相对应的份额,则视为实际销售处理,不需要进行抵销处理。这一理论忽视了母公司股东以外的少数股东的利润和信息需要。

14.1.2 实体理论

实体理论认为合并财务报表是企业集团各成员企业构成的经济联合体的财务报表,编制合并财务报表是为整个经济体服务的,它强调的是企业集团中所有成员企业构成的经济实体,它对构成企业集团的持有多数股权的股东和拥有少数股权的股东一视同仁,同等对待。在运用实体理论的情况下,对于少数股东权益,通常视为股东权益的一部分。无论是顺销还是逆销,其实现的内部销售损益,对于由成员企业全体股东构成的企业集团来说都是未实现内部交易损益,均属于抵销范围。采用实体理论编制的合并财务报表,有利于企业集团内部管理人员从整体上把握企业集团经营活动的情况,相对来说更能够满足企业集团内部管理人员对财务信息的需要。因此,目前国际财务报告准则及我国企业会计准则主要采用实体理论。

14.1.3 所有权理论

所有权理论运用于合并财务报表编制时,既不强调企业集团中存在的法定控制关系,也不强调企业集团各成员企业所构成的经济实体,而是强调编制合并财务报表的企业对另一企业的经济活动和财务决策具有重大影响的所有权。母公司理论和实体理论都不能解决隶属于两个或两个以上企业集团的企业的合并财务报表编制问题。为了弥补母公司理论和实体理论的不足,出现了所有权理论,以期解决共同控制下的合并财务报表的编制问题。在采用所有权理论的情况下,对于某拥有所有权的企业的资产、负债和当期实现的净损益,均按照一定的比例合并计入合并财务报表。

14.2 合并范围的确定

14.2.1 以"控制"为基础,确定合并范围

合并财务报表的合并范围应当以控制为基础予以确定。控制,是指投资方拥有对被投资方的权力,通过参与被投资方的相关活动而享有可变回报,并且有能力运用对被投资方的权力影响其回报金额。

因此,投资方要实现控制,必须具备两项基本要素:一是因涉入被投资方而享有可变回报;二是拥有对被投资方的权力,并且有能力运用对被投资方的权力影响其回报金额。投资方只有同时具备上述两个要素时,才能控制被投资方。

实际工作中,投资方在判断其能否控制被投资方时,应综合考虑所有相关事实和情况,以判断是否同时满足控制的这两个要素。

(一)权力的一般来源——来自表决权

企业对被投资方的权力可能源自各种权利。通常情况下,当被投资方具有一系列对回报产生重要影响的经营和财务活动,且需要就这些活动连续地进行实质性决策时,表决权或类似权利本身或结合其他安排,将赋予投资者权力。表决权比例通常与其出资比例或持股比例是一致的,但是公司章程另有规定的除外。

(1)通过直接或间接拥有半数以上表决权而拥有权力。当被投资方的相关活动由持有半数以上表决权的投资方表决决定,或者主导相关活动的权力机构的多数成员由持有半数以上表决权的投资方指派,而且权力机构的决策由多数成员主导时,持有半数以上表决权的投资方拥有对被投资方的权力。

值得注意的是,在进行控制分析时,投资方不仅需要考虑直接表决权,还需要考虑其持有的潜在表决权以及其他方持有的潜在表决权的影响,以确定其对被投资方是否拥有权力。潜在表决权是获得被投资方表决权的权利,例如可转换工具、认股权证、远期股权购买合同或期权所产生的权利。

(2)持有被投资方半数以上表决权但并无权力。确定持有半数以上表决权的投资方是否拥有权力,关键在于该投资方是否拥有主导被投资方相关活动的现时能力。在被投资方相关活动被政府、法院、管理人、接管人、清算人或监管人等其他方主导时,投资方无法凭借其拥有的表决权主导被投资方的相关活动,因此,投资方此时即使持有被投资方过半数的表决权,也不拥有对被投资方的权力,被投资方主动清算的除外。

如果投资方虽然持有被投资方半数以上表决权,但这些表决权并不是实质性权利时,则投资方并不拥有对被投资方的权利:当其他方拥有现时权利使其可以主导被投资方的相关活动,且该其他方不是投资方的代理人时,则投资方不拥有对被投资方的权力;当投资方所拥有的表决权并非实质性权利时,即便持有多数表决权,投资方也不拥有对被投资方的权利。例如,由于无法获得必要的信息或法律法规方面的障碍,投资方虽持有半数以上表决权但无法行使,则该投资方不拥有对被投资方的权力。

半数以上表决权通过,只是作出决策的通常做法。有些情况下,根据相关章程、协议或其他法律文件,主导相关活动的决策所要求的表决权比例高于持有半数以上表决权的一方持有的表决权比例。例如,被投资方的公司章程规定,与相关活动有关的决策必须由出席会议的投资方所持2/3以上的表决权通过。这种情况下,持有半数以上但不足2/3表决权的投资方,虽然表决权比例超过半数,但该表决权本身不足以赋予投资方权力,应结合其他因素进行进一步的分析与判断。

(3)直接或间接结合,也只拥有半数或半数以下表决权,但仍然可以通过表决权判断拥有权力。

持有半数或半数以下表决权的投资方(或者虽持有半数以上表决权,但仅凭自身表决权比例仍不足以主导被投资方相关活动的投资方),应综合考虑下列事实和情况,以判断其持有的表决权与相关事实和情况相结合是否可以赋予投资方对于被投资方的权力:

①考虑投资方持有的表决权相对于其他投资方持有的表决权份额的大小,以及其他

投资方持有表决权的分散程度。与其他方持有的表决权比例相比,投资方持有的表决权比例越高,越有可能有现时能力主导被投资方相关活动。为否决投资方而需要联合一致的行动方越多,投资方越有可能有现时能力主导被投资方相关活动。

②考虑与其他表决权持有人的协议。投资方自己拥有的表决权不足,但通过与其他表决权持有人的协议使其可以控制足以主导被投资方相关活动的表决权,从而拥有被投资方的权力。该类协议需确保投资方能够主导其他表决权持有人的表决,即其他表决权持有人按照投资方的意愿进行表决,而不是与其他表决权持有人协商根据双方协商一致的结果进行表决。

③其他合同安排产生的权利。投资方可能通过拥有的表决权和其他决策权相结合的方式使其目前有能力主导被投资方的相关活动。例如,合同安排赋予投资方在被投资方的权力机构中指派若干成员的权利,而这些成员足以主导权力机构对相关活动的决策。又如,投资方可能通过表决权和合同安排给予的其他权利,使其目前有能力主导被投资方的生产活动,或主导被投资方的其他经营和财务活动,从而对被投资方的回报产生重大影响。但是,在不存在其他权利时,仅仅是被投资方对投资方的经济依赖(如供应商和其主要客户的关系)不会导致投资方对被投资方拥有权利。

④如果结合表决权和上述第①至③项所列因素,仍不足以判断投资者能否控制被投资方,则还需要考虑是否存在其他事实或情况,能够证明投资方拥有主导被投资方相关活动的现时能力。例如:投资方能够任命或批准被投资方的关键管理人员,这些关键管理人员能够主导被投资方的相关活动;投资方能够出于自身利益决定或者否决被投资方的重大交易;投资方能够控制被投资方董事会等类似权力机构成员的任命程序,或者从其他表决权持有人手中获得代理投票权;投资方与被投资方的关键管理人员或董事会等类似权力机构中的多数成员存在关联关系;投资方与被投资方之间存在特殊关系,如被投资方的关键管理人员是投资方的现任或前任职工,被投资方的经营活动依赖于投资方,被投资方活动的重大部分有投资方参与其中或者是以投资方的名义进行,投资方自被投资方承担可变回报的风险或享有可变回报的收益的程度远超过其持有的表决权或其他类似权利的比例等。

投资方所持有的被投资方表决权比例越低,否决投资方所提关于相关活动的议案所需一致行动的其他投资者数量越少,投资者为了证明其拥有主导被投资方权利的权利,就需要在更大程度上证明存在这些“其他事实或情况”。

对于被投资方的相关活动通过表决权进行决策,而投资方持有的表决权比例不超过半数的情况,如果投资方在综合考虑了所有相关情况和事实后仍不能确定投资方是否拥有被投资方的权力,则投资方不控制被投资方。

(二)权力来自表决权以外的其他权利——来自合同安排

在某些情况下,某些主体的投资方对其的权力并非源自表决权(例如,表决权可能仅与日常行政活动有关),被投资方的相关活动由一项或多项合同安排决定,例如证券化产品、资产支持融资工具、部分投资基金等结构化主体。

结构化主体,是指在确定其控制方时没有将表决权或类似权利作为决定因素而设计的主体。通常情况下,结构化主体在合同约定的范围内开展业务活动,表决权或类似权利仅与行政性管理事务相关。

14.2.2 纳入合并范围的特殊情况——对被投资方可分割部分的控制

投资方通常应当对是否控制被投资方整体进行判断。但在少数情况下,如果有确凿证据表明同时满足下列条件并且符合相关法律法规规定的,投资方应当将被投资方的一部分视为被投资方可分割的部分,进而判断是否控制该部分(可分割部分):

(1)该部分的资产是偿付该部分负债或该部分其他利益方的唯一来源,不能用于偿还该部分以外的被投资方的其他负债。

(2)除与该部分相关的各方外,其他方不享有与该部分资产相关的权利,也不享有与该部分资产剩余现金流量相关的权利。

如果被投资方的一部分资产和负债及其他相关权益满足上述条件,构成可分割部分,则投资方应当基于控制的判断标准确定其是否能控制该可分割部分,考虑该可分割部分的相关活动及其决策机制,投资方是否目前有能力主导可分割部分的相关活动并据以从中取得可变回报。如果投资方控制可分割部分,则应将其进行合并。在此情况下,其他方在考虑是否合并被投资方时,应仅对被投资方的剩余部分进行控制及合并的评估,而将可分割部分排除在外。

14.2.3 合并范围的豁免——投资性主体

母公司应当将其全部子公司(包括母公司所控制的被投资单位可分割部分、结构化主体)纳入合并范围。但是,如果母公司是投资性主体,则只应将那些为投资性主体的投资活动提供相关服务的子公司纳入合并范围,其他子公司不应予以合并,母公司对其他子公司的投资应当按照公允价值计量且其变动计入当期损益。

一个投资性主体的母公司,如果其本身不是投资性主体,则应当将其控制的全部主体,包括投资性主体以及通过投资性主体间接控制的主体,纳入合并财务报表范围。

当母公司同时满足以下三个条件时,该母公司属于投资性主体:一是该公司以向投资方提供投资管理服务为目的,从一个或多个投资者获取资金。这是一个投资性主体与其他主体的显著区别。二是该公司的唯一经营目的是通过资本增值、投资收益或两者兼有而让投资者获得回报。三是该公司按照公允价值对几乎所有投资的业绩进行计量和评价。对于投资性主体而言,相对于合并子公司财务报表或者按照权益法核算对联营企业或合营企业的投资,公允价值计量所提供的信息更具有相关性。但是,投资性主体没必要以公允价值计量其固定资产等非投资性资产或其负债。

投资性主体侧重于投资方角度,关注投资方应对外提供何种财务信息以满足各相关方的决策需要;结构化主体是从被投资方的角度,用于分析投资方对此类主体控制权的特殊问题。

14.3 合并财务报表编制原则、前期准备事项及编制程序

14.3.1 合并财务报表的编制原则

合并财务报表作为财务报表,必须符合财务报表编制的一般原则和基本要求。这些基本要求包括真实可靠、内容完整。与个别财务报表相比,合并财务报表又具有下列特点:一是反映的对象是由母公司和其全部子公司组成的会计主体;二是编制者是母公司,但所对应的会计主体是由母公司及其控制的所有子公司所构成的企业集团;三是合并财务报表是站在合并财务报表主体的立场上,以纳入合并范围的企业个别财务报表为基础,根据其他有关资料,抵销母公司与子公司、子公司相互之间发生的内部交易,考虑了特殊交易事项对合并财务报表的影响后编制的,旨在反映合并财务报表主体作为一个整体的财务状况、经营成果和现金流量。因此,合并财务报表的编制除在遵循财务报表编制的一般原则和要求外,还应当遵循以下原则和要求:

(1)以个别财务报表为基础编制。合并财务报表并不是直接根据母公司和子公司的账簿编制,而是利用母公司和子公司编制的反映各自财务状况和经营成果的财务报表提供的数据,通过合并财务报表的特有方法进行编制。以纳入合并范围的个别财务报表为基础,可以说是客观性原则在合并财务报表编制时的具体体现。

(2)一体性原则。合并财务报表反映的是企业集团的财务状况和经营成果,反映的是由多个法人企业组成的一个会计主体的财务情况,在编制合并财务报表时应当将母公司和所有子公司作为整体来看待,视为一个会计主体,母公司和子公司发生的经营活动都应当从企业集团这一整体的角度进行考虑。因此,在编制合并财务报表时,对于母公司与子公司、子公司相互之间发生的经济业务,应当视同同一会计主体内部业务处理。

(3)重要性原则。与个别财务报表相比,合并财务报表涉及多个法人主体,涉及的经营活动的范围很广,母公司与子公司经营活动往往跨越不同行业界限,有时母公司与子公司经营活动甚至相差很大。这样,合并财务报表要综合反映这样的会计主体的财务情况,必然要涉及重要性的判断问题。特别是在拥有众多子公司的情况下,更是如此。在编制合并财务报表时,特别强调重要性原则的运用。如对一些项目在企业集团中的某一企业具有重要性,但对于整个企业集团则不一定具有重要性,在这种情况下根据重要性的要求对财务报表项目进行取舍,则具有重要的意义。此外,母公司与子公司、子公司相互之间发生的经济业务,对整个企业集团财务状况和经营成果影响不大时,为简化合并手续也应根据重要性原则进行取舍,可以不编制抵销分录而直接编制合并报表。

14.3.2 合并财务报表的构成

合并财务报表至少包括合并资产负债表、合并利润表、合并所有者权益变动表(或合

并股东权益变动表)、合并现金流量表和附注,它们分别从不同的方面反映企业集团财务状况、经营成果及其现金流量情况,构成一个完整的合并财务报表体系。

(1)合并资产负债表,是反映母公司和子公司所形成的企业集团某一特定日期财务状况的报表。

(2)合并利润表,是反映母公司和子公司所形成的企业集团在一定期间内经营成果的报表。

(3)合并现金流量表,是反映母公司和子公司所形成的企业集团在一定期间现金流入、流出量以及现金净增减变动情况的报表。

(4)合并所有者权益变动表(或合并股东权益变动表),是反映母公司在一定期间内,包括经营成果分配在内的所有者(或股东)权益增减变动情况的报表。它是从母公司的角度,站在母公司所有者的立场上反映企业所有者在母公司中的权益增减变动情况的报表。

(5)附注,是对在合并资产负债表、合并利润表、合并现金流量表和合并所有者权益变动表等报表中列示项目的文字描述或明细资料,以及对未能在这些报表中列示项目的说明等。

14.3.3 合并财务报表编制的前期准备事项

合并财务报表的编制涉及多个子公司,有的合并财务报表的合并范围甚至包括数百个子公司。为了使编制的合并财务报表准确、全面反映企业集团的真实情况,必须做好一系列的前期准备事项。这些前期准备事项主要有:

(一)统一母子公司的会计政策

在编制财务报表前,应当尽可能统一母公司和子公司的会计政策,统一要求子公司所采用的会计政策与母公司保持一致。对一些境外子公司,由于所在国或地区法律、会计准则等方面的原因,确实无法使其采用的会计政策与母公司所采用的会计政策保持一致,则应当要求其按照母公司所采用的会计政策重新编报财务报表,也可以由母公司根据自身所采用的会计政策对境外子公司报送的财务报表进行调整,以重编或调整编制的境外子公司财务报表,作为编制合并财务报表的基础。

(二)统一母子公司的资产负债表日及会计期间

为了编制合并财务报表,必须统一企业集团内所有的子公司的资产负债表日和会计期间,使子公司的资产负债表日和会计期间与母公司的资产负债表日和会计期间保持一致,以便于子公司提供相同资产负债表日和会计期间的财务报表。对于境外子公司,由于当地法律限制确实不能与母公司财务报表决算日和会计期间一致的,母公司应当按照自身的资产负债表日和会计期间对子公司的财务报表进行调整,以调整后的子公司财务报表为基础编制合并财务报表,也可以要求子公司按照母公司的资产负债表日和会计期间另行编制报送其个别财务报表。

（三）对子公司以外币表示的财务报表进行折算

对母公司和子公司的财务报表进行合并，其前提是母、子公司个别财务报表所采用的货币计量单位一致。在我国允许外币业务比较多的企业采用某一外币作为记账本位币，境外企业一般也是采用其所在国或地区的货币作为其记账本位币。在将这些企业的财务报表纳入合并时，则必须将其折算为母公司所采用的记账本位币表示的财务报表。我国外币财务报表基本上采用的是现行汇率法。有关外币财务报表的具体折算方法在外币业务中已作论述，在此不再重复。

（四）收集编制合并财务报表的相关资料

合并财务报表以母公司和其子公司的财务报表以及其他有关资料为依据，由母公司合并有关项目的数额编制。为编制合并财务报表，母公司应当要求子公司及时提供以下有关资料：

（1）子公司相应期间的财务报表。

（2）与母公司及与其他子公司之间发生的内部购销交易、债权债务、投资及其产生的现金流量和未实现内部销售损益的期初、期末余额及变动情况等资料。

（3）子公司所有者权益变动和利润分配的有关资料。

（4）编制合并财务报表所需要的其他资料，如非同一控制下企业合并购买日的公允价值资料。

14.3.4　合并财务报表的编制程序

合并财务报表的编制是一项极为复杂的工作，不仅涉及本企业会计业务和财务报表，而且还涉及纳入合并范围的子公司的会计业务和财务报表。为了使合并财务报表的编制工作有条不紊，必须按照一定的程序有步骤地进行。合并财务报表编制程序大致如下：

（1）设置合并工作底稿。合并工作底稿的作用是为合并财务报表的编制提供基础。在合并工作底稿中，对母公司和纳入合并范围的子公司的个别财务报表各项目的数额进行汇总和抵销处理，最终计算得出合并财务报表各项目的合并数。合并财务报表并不是单独编制的，而是在一张合并工作底稿上同时完成的。合并工作底稿的基本格式见14.4节。

（2）将母公司、纳入合并范围的子公司的个别资产负债表、利润表及所有者权益变动表各项目的数据过入合并工作底稿，并在合并工作底稿中对母公司和子公司个别财务报表各项目的数据进行加总，计算得出个别资产负债表、个别利润表及个别所有者权益变动表各项目合计数额。

（3）编制调整分录与抵销分录，将母公司与子公司、子公司相互之间发生的经济业务对个别财务报表有关项目的影响进行调整抵销处理。编制调整分录与抵销分录，进行调整抵销处理是合并财务报表编制的关键和主要内容，其目的在于将因会计政策及计量基础的差异而对个别财务报表的影响进行调整，以及将个别财务报表各项目的加总数据中重复的因素等予以抵销。

编制会计分录使用会计科目,编制合并调整与抵销分录使用报表项目,报表项目名称与所对应的会计科目名称不完全一致。会计分录用于登账,合并调整与抵销分录不是用于登账,只适用于编制合并报表,不会导致当期和以后期间个别报表财务相关项目的数据发生变化。合并调整分录涉及一个公司,合并抵销分录涉及不同公司。

(4)计算合并财务报表各项目的合并数额。在母公司和纳入合并范围的子公司个别财务报表各项目加总数额的基础上,分别计算财务报表中的资产项目、负债项目、所有者权益项目、收入项目和费用项目的合并数。其计算方法如下:

①资产类项目,其合并数根据该项目加总的数额,加上该项目调整分录与抵销分录的借方发生额,减去该项目调整分录与抵销分录的贷方发生额计算确定。

②负债类项目和所有者权益类项目,其合并数根据该项目加总的数额,减去该项目调整分录与抵销分录的借方发生额,加上该项目调整分录与抵销分录的贷方发生额计算确定。对未分配利润合并数的计算中,不仅要考虑未分配利润项目的影响额,也要考虑利润表项目抵销额的影响。

③有关收益类项目,其合并数根据该项目加总的数额,减去该项目调整分录与抵销分录的借方发生额,加上该项目调整分录与抵销分录的贷方发生额计算确定。

④有关成本费用类项目和有关利润分配项目,其合并数根据该项目加总的数额,加上该项目调整分录与抵销分录的借方发生额,减去该项目调整分录与抵销分录的贷方发生额计算确定。

(5)填列合并财务报表。根据合并工作底稿中计算出的资产、负债、所有者权益、收入、成本费用类各项目的合并数,填列正式的合并财务报表。

编制合并财务报表时,存在两种模式,一种是直接基于成本法编制,一种是模拟权益法编制。成本法直接编制合并报表下,长期股权投资仅代表着合并日或购买日子公司所有者权益的份额。权益法编制合并报表时,长期股权投资始终代表着子公司所有者权益的份额。权益法与成本法两种方法的差异主要体现在长期股权投资与所有者权益的合并处理上,内部债权债务和内部购销业务的抵销两种方法是基本一致的。两种方法编制的合并财务报表是一致的。本章主要基于模拟权益法编制合并财务报表。

14.3.5 编制合并财务报表需要调整抵销的项目

(一)编制合并资产负债表需要调整抵销的项目

合并资产负债表是以母公司和纳入合并范围的子公司的个别资产负债表为基础编制的。个别资产负债表则是以单个企业为会计主体进行会计核算的结果,它从母公司本身或从子公司本身的角度对自身的财务状况进行反映。对于企业集团内部发生的经济业务,从发生内部经济业务的企业来看,发生经济业务的两方都在其个别资产负债表中进行了反映。例如,集团内部母公司与子公司之间发生的赊购赊销业务,对于赊销企业来说,一方面,确认营业收入、结转营业成本、计算营业利润,并在其个别资产负债表中反映为应收账款;另一方面,对于赊购企业来说,在内部购入的存货未实现对外销售的情况下,则在其个别资产负债表中反映为存货和应付账款。在这种情况下,资产、负债和所有者权益类各项目的加总数额中,必然包含有重复计算的因素。作为反映企业集团整体财务状况的合并资产负债表,必须将这些重复计算的因素予以扣除,对这些重复的因素进行抵销处理。这些需要扣除的重复因素,就是合并财务报表编制时需要进行抵销处理的项目。

编制合并资产负债表时需要进行抵销处理的主要有如下项目:

(1)母公司对子公司股权投资项目与子公司所有者权益(或股东权益)项目。

(2)母公司与子公司、子公司相互之间未结算的内部债权债务项目。

(3)存货项目,即内部购进存货价值中包含的未实现内部销售损益。

(4)固定资产项目,即内部购进固定资产价值中包含的未实现内部销售损益。

(5)无形资产项目,即内部购进无形资产价值包含的未实现内部销售损益。

(二)编制合并利润表和合并所有者权益变动表需要调整抵销的项目

合并利润表和合并所有者权益变动表是以母公司和纳入合并范围的子公司的个别利润表和个别所有者权益变动表为基础编制的。利润表和所有者权益变动表作为以单个企业为会计主体进行会计核算的结果,它从母公司本身或从子公司本身反映一定会计期间经营成果的形成及其分配情况。在以其个别利润表及个别所有者权益变动表为基础计算的收益和费用等项目的加总数额中,也必然包含有重复计算的因素。在编制合并利润表和合并所有者权益变动表时,也需要将这些重复的因素予以扣除。

编制合并利润表和合并所有者权益变动表时需要进行抵销处理的主要有如下项目:

(1)内部销售收入和内部销售成本项目。

(2)内部投资收益项目,包括内部利息收入与利息支出项目、内部股权投资收益项目。

(3)信用减值损失、减值损失项目,即与内部交易相关的内部应收账款、存货、固定资产、无形资产等项目的减值损失。

(4)纳入合并范围的子公司利润分配项目。

(三)编制合并现金流表需要调整抵销的项目

合并现金流量表是综合反映母公司及其子公司组成的企业集团,在一定会计期间现金流入、现金流出数量以及其增减变动情况的财务报表。合并现金流量表以母公司和子公司的现金流量表为基础,在抵销母公司与子公司、子公司相互之间发生内部交易对合并流量表的影响后,由母公司编制。

在以母公司和子公司个别现金流量表为基础编制合并现金流量表时,需要进行抵销的内容主要有:

(1)母公司与子公司、子公司相互之间当期以现金投资或收购股权增加的投资所产生的现金流量。

(2)母公司与子公司、子公司相互之间当期取得投资收益收到的现金与分配股利、利润或偿付利息支付的现金。

（3）母公司与子公司、子公司相互之间以现金结算债权与债务所产生的现金流量。

（4）母公司与子公司、子公司相互之间当期销售商品所产生的现金流量。

（5）母公司与子公司、子公司相互之间处置固定资产、无形资产和其他长期资产收回的现金净额与购建固定资产、无形资产和其他长期资产支付的现金。

（6）母公司与子公司、子公司相互之间当期发生的其他内部交易所产生的现金流量。

14.3.6　合并财务报表的格式

合并财务报表格式，涵盖了母公司和从事各类经济业务的子公司的情况，包括一般企业和金融企业。企业应根据重要性原则并结合本企业实际情况，对确需单独列示的内容，可增加合并财务报表项目，而对不存在相应业务的合并财务报表项目，可进行必要删减。

合并报表的格式通常在个别报表的基础上，增加下列项目：

（一）合并资产负债表

（1）在所有者权益项目下增加"归属于母公司所有者权益合计"项目，用于反映企业集团的所有者权益中归属于母公司所有者权益的部分。

（2）在所有者权益项目下增加"少数股东权益"项目，用于反映非全资子公司的所有者权益中不属于母公司的份额。具体格式见表14-3。

（二）合并利润表

（1）在"净利润"项目下增加"归属于母公司所有者的净利润"和"少数股东损益"两个项目，分别反映净利润中由母公司所有者享有的份额和非资子公司当期实现的净利润中归属于少数股东的份额。同一控制下企业合并增加子公司的，当期合并利润表中还应在"净利润"项目下增加"其中：被合并方在合并前实现的净利润"项目，用于反映同一控制下企业合并中取得的被合并方在合并日前实现的净利润。

（2）在"综合收益总额"项目下增加"归属于母公司所有者权益的综合收益总额"和"归属于少数股东的综合收益总额"两个项目，分别反映综合收益总额中由母公司所有者享有的份额和非资子公司当期综合收益总额中归属于少数股东的份额。具体格式见表14-4。

（三）合并现金流量表

格式与现金流量表的格式基本相同。具体格式见表14-9。

（四）合并所有者权益变动表

增加"少数股东权益"栏目，用于反映少数股东权益变动的情况。具体格式见表14-5。

14.4 同一控制下长期股权投资与所有者权益的合并处理

在一般情况下,企业取得子公司的途径主要有两条:一是对外进行直接投资组建新的被投资企业使其成为子公司,这里包括单独投资组建全资子公司、与其他企业合资组建非全资子公司等情况;二是通过企业合并,对现有的企业的股权进行并购,使其成为子公司,这里包括购买同一控制下的企业的股权使其成为直接的子公司、购买非同一控制下的企业的股权使其成为子公司两种情况。

14.4.1 同一控制下取得子公司合并日合并财务报表的编制

同一控制下企业合并中取得的子公司的个别财务报表,如果不存在与母公司会计政策和会计期间不一致的情况,则不需要对该子公司的个别财务报表进行调整,即不需要将该子公司的个别财务报表调整为公允价值反映的财务报表,只需要抵销内部交易对合并财务报表的影响即可。

根据会计准则,母公司在合并日应当编制合并日的合并资产负债表、合并利润表、合并现金流表等合并财务报表。母公司在将取得子公司的股权登记入账后,在编制合并日资产负债表时,只需将对子公司长期股权投资与子公司所有者权益中母公司所拥有的份额抵销。从企业集团整体来看,母公司对子公司进行的长期股权投资实际上相当于母公司将资本拨付下属核算单位,并不引起整个企业集团的资产、负债和所有者权益的增减变动。因此,编制合并财务报表时,应当在母公司与子公司财务报表数据简单相加的基础上,将母公司对子公司的长期股权投资项目与子公司的所有者权益项目予以抵销。

在子公司为全资子公司的情况下,母公司对子公司长期股权投资的金额和子公司所有者权益各项目的金额应当全额抵销。在子公司为非全资子公司的情况下,应当将母公司对子公司长期股权投资的金额与子公司所有者权益中母公司所享有的份额相抵销。子公司所有者权益中不属于母公司的份额,即子公司所有者权益中抵销母公司所享有的份额后的余额,在合并财务报表中作为"少数股东权益"处理。

在合并工作底稿中编制的抵销分录为:借记"实收资本""资本公积""其他综合收益""盈余公积"和"未分配利润"项目,贷记"长期股权投资"和"少数股东权益"项目。同一控制下企业合并不产生新的商誉,抵销分录不涉及商誉。

对于同一控制下企业合并,合并方在编制合并财务报表时,应视同合并后形成的报告主体自最终控制方开始实施控制时一直存在,参与合并各方在合并以前期间实现的留存收益应体现为合并财务报表中的留存收益。合并财务报表中,应以合并方的资本公积(或经调整后的资本公积中的资本溢价部分)为限,在所有者权益内部进行调整,将被合并方在合并日以前实现的留存收益中按照持股比例计算归属于合并方的部分自资本公积转入留存收益。借记"资本公积"项目,贷记"盈余公积""未分配利润"项目。恢复被合并方合并前实现的留存收益。因合并方的资本公积(资本溢价或股本溢价)余额不足,被合并方在合并前实现的留存收益在合并资产负债表中未予全额恢复的,合并方应当在会计报表附注中对这一情况进行说明。

14.4.2 直接投资及同一控制下取得子公司合并日后合并财务报表的编制

编制合并日后合并财务报表时,首先,将母公司对子公司长期股权投资由成本法核算的结果调整为权益法核算的结果,使母公司对子公司长期股权投资项目反映其在子公司所有者权益中所拥有权益的变动情况;其次,将母公司对子公司长期股权投资项目与子公司所有者权益项目等内部交易相关的项目进行抵销处理,将内部交易对合并财务报表的影响予以抵销;最后,在编制合并日后合并工作底稿的基础上,编制合并财务报表。

(一)长期股权投资成本法核算的结果调整为权益法核算的结果

将成本法核算调整为权益法核算时,应当自取得对子公司长期股权投资的年度起,逐年按照子公司当年实现的净利润中属于母公司享有的份额,调整增加对子公司长期股权投资的金额,并调整增加当年投资收益;对于子公司当期分派或宣告分派的现金股利中母公司享有的份额,则调整冲减长期股权投资的账面价值,同时调整减少投资收益。之所以要按子公司分派或宣告分派的现金股利调整减少投资收益,是因为在成本法核算的情况下,母公司在当期的财务报表中已按子公司分派或宣告分派的现金股利确认投资收益。

在取得子公司长期股权投资的第二年,将成本法调整为权益法核算的结果时,则在调整计算第一年年末权益法核算的对子公司长期股权投资的金额的基础上,按第二年子公司实现的净利润中母公司所拥有的份额,调增长期股权投资的金额;按子公司分派或宣告分派的现金股利中母公司所拥有的份额,调减长期股权投资的金额。以后年度的调整则比照上述做法处理。

至于子公司除净损益以外所有者权益的其他变动,在按照权益法对成本法核算的结果进行调整时,应当根据子公司本期除损益以外的所有者权益的其他变动而计入资本公积或其他综合收益的金额中所享有的金额,对长期股权投资的金额进行调整。在以后年度将成本法调整为权益法核算的结果时,也必须考虑这一因素对长期股权投资的金额进行调整。

调整分录=权益法的分录-成本法的分录

初次编制和连续编制合并财务报表的调整抵销在实质上并无区别,连续编制合并财务报表需要考虑调整抵销以前年度的项目。

本期合并财务报表中,期初"所有者权益"各项目的金额应与上期合并财务报表中的期末"所有者权益"对应项目的金额一致,对于上期编制调整抵销分录时涉及利润表项目及"未分配利润"项目,在本期编制合并财务报表调整抵销分录时均应用"未分配利润——年初"或"年初未分配利润"项目代替。不用调整期初盈余公积。

(1)调整被投资单位盈利(亏损做相反调整分录):

借:长期股权投资

贷:投资收益(未分配利润——年初)

(2)调整被投资单位分派现金股利:

借:投资收益(未分配利润——年初)

　　贷:长期股权投资

(3)调整子公司本年其他综合收益变动或所有者权益的其他变动(假定增加,若减少做相反调整分录):

借:长期股权投资

　　贷:其他综合收益(资本公积)

(4)调整子公司以前年度其他综合收益变动或所有者权益的其他变动(假定增加,若减少做相反调整分录):

借:长期股权投资

　　贷:其他综合收益(资本公积)——年初

(二)合并抵销处理

在合并工作底稿中,按照上述权益法核算的要求,对长期股权投资的金额进行调整后,长期股权投资的金额正好反映母公司在子公司所有者权益中所拥有的份额。在此基础上还必须按编制合并财务报表的要求进行合并抵销处理,将母公司与子公司之间的内部交易对合并财务报表的影响予以抵销。

1)母公司长期股权投资与子公司所有者权益的抵销

借:实收资本【子公司期末数】

　　资本公积【子公司期末数】

　　其他综合收益【子公司期末数】

　　盈余公积【子公司期末数】

　　未分配利润——年末【子公司期末数】

　　贷:长期股权投资【母公司按权益法调整后的账面价值】

　　　　少数股东权益【子公司期末所有者权益×少数股东持股比例】

在合并财务报表中,子公司少数股东分担的当期亏损超过了少数股东在该子公司期初所有者权益中所享有的份额的(即发生超额亏损),其余额仍应当冲减少数股东权益,即少数股东权益可以出现负数。

对于同一控制下的控股合并,参与合并各方在合并以前期间实现的留存收益应体现为合并财务报表中的留存收益。编制合并财务报表,应以合并方的资本公积(资本溢价或股本溢价)为限,被合并方在合并前实现的留存收益中归属于合并方的部分,自"资本公积"转入"盈余公积"和"未分配利润"。借记"资本公积"项目,贷记"盈余公积""未分配利润"项目。恢复被合并方合并前实现的留存收益。

2)内部股权投资收益与子公司利润分配的抵销

子公司在实现利润时,在个别报表提取盈余公积,分配股利,并形成未分配利润,由于母公司按权益法进行核算,所以在母公司的账上也会确认对子公司的投资收益,并这部分投资收益与自己公司利润合并,一起再进行提取盈余公积,分配股利,同时形成未分配利润。但是从集团的角度来看,对一笔收益,母子公司都进行了确认和分配,相当于重复一次,所以在编合并报表时要予抵销。

子公司期初未分配利润加上本期净利润就是其本期利润分配的来源,子公司本期净利润分别属于母公司和少数股东,属于母公司的部分为母公司的投资收益,属于少数股东的部分称为少数股东收益,母公司本期投资收益、少数股东收益和子公司年初未分配利润构成了子公司利润分配的来源。子公司本期提取盈余公积、对所有者的分配和期末未分配利润则是本期利润分配的去向或结果。子公司本期利润分配的来源与本期利润分配的去向正好抵销。

合并所有者权益变动表中的利润分配项目是站在整个企业集团的角度,反映对母公司股东和子公司的少数股东的利润分配情况。将母公司对子公司的投资收益与子公司当年利润分配相抵销,使合并财务报表反映母公司股东权益变动的情况。

年初未分配利润+本年净利润(投资收益+少数股东损益)=提取盈余公积+对所有者的分配+年末未分配利润

借:投资收益【子公司的净利润×母公司持股比例】

    少数股东损益【子公司的净利润×少数股东持股比例】

    未分配利润——年初【子公司期初数】

    贷:提取盈余公积【子公司本期计提金额】

        向股东分配利润【子公司本期分配金额】

        未分配利润——年末【子公司期末数】

少数股东损益是合并利润表中属于少数股东的部分,在母公司未持有子公司全部股份时,子公司实现的净利润多数应确认为母公司的投资收益,少数部分则是少数股东损益,其数额为少数股权比例与子公司净利润的乘积。少数股东权益是指子公司所有者权益中不属于母公司拥有的份额,属于少数股东的部分。少数股东权益为少数股东投入的资本、少数股东应该享有的资本公积和盈余公积、历年来的少数股东损益形成的少数股东应享有的利润之和。

【例14-1】 甲公司2×24年1月1日以28 600万元的价格自母公司购入乙公司80%的股权。乙公司采用的会计政策与甲公司一致。乙公司2×24年1月1日股东权益总额为32 000万元,其中股本为20 000万元,资本公积为8 000万元,盈余公积为1 200万元,未分配利润为2 800万元。乙公司净资产的公允价值为35 000万元。假定不考虑留存收益恢复。

(1)甲公司取得乙公司股权时,编制会计分录:

借:长期股权投资　　　　　　　(32 000×80%)256 000 000

    资本公积　　　　　　　　　　　　　　30 000 000

    贷:银行存款　　　　　　　　　　　　286 000 000

(2)编制合并日合并资产负债表时,应当进行抵销处理:

借:股本　　　　　　　　　　　　　　　200 000 000

    资本公积　　　　　　　　　　　　　　80 000 000

    盈余公积　　　　　　　　　　　　　　12 000 000

未分配利润 　　　　　　　　　　　　　　　　 28 000 000

　　贷:长期股权投资　　　　　　　　　　　　 256 000 000

　　　少数股东权益　　　　　　　　　　　　　 64 000 000

合并日抵销后,合并资产负债表中母公司对子公司长期股权投资的金额为0,所有者权益只剩母公司的所有者权益。增加了少数股东权益6 400万元。其合并日的合并工作底稿见表14-1。

表14-1　所示合并工作底稿（简易）合并日
单位:万元

项目	母公司	子公司	合计数	调整分录 借方	调整分录 贷方	抵销分录 借方	抵销分录 贷方	少数股东权益	合并数
资产负债表项目									
货币资金	8 000	4 000	12 000						12 000
应收账款	6 800	4 120	10 920						10 920
存货	31 000	20 000	51 000						51 000
长期股权投资	25 600	0	25 600				25 600		0
固定资产	80 600	28 280	108 880						108 880
无形资产	4 000	1 600	5 600						5 600
商誉	0	0	0						
资产合计	156 000	58 000	214 000				<u>25 600</u>		188 400
应付账款	18 000	4 200	22 200						22 200
长期借款	68 000	21 800	89 800						89 800
负债合计	86 000	26 000	112 000						112 000
股本	40 000	20 000	60 000			20 000			40 000
资本公积	10 000	8 000	18 000			8 000			10 000
盈余公积	11 000	1 200	12 200			1 200			11 000
未分配利润	9 000	2 800	11 800			2 800			9 000
归属于母公司股东权益合计	70 000	32 000	102 000			<u>32 000</u>			70 000
少数股东权益								6 400	6 400
负债和股东权益合计	156 000	58 000	214 000			<u>32 000</u>		<u>6 400</u>	188 400
其他项目(略)									

注:表中附下划线的数据为合计数。负债和权益合计=214 000-32 000+6 400=188 400(万元)。

乙公司2×24年全年实现净利润10 500万元,经公司董事会提议并经股东会批准,2×24年提取盈余公积2 000万元,向股东宣告分派并支付现金股利4 500万元。乙公司

2×24年12月31日,股东权益总额为38 000万元,其中股本为20 000万元,资本公积8 000万元,盈余公积为3 200万元,未分配利润为6 800万元。

(1)将成本法核算的结果调整为权益法核算结果。

借:长期股权投资　　　　　　　（105 000 000×80%）84 000 000

　　贷:投资收益　　　　　　　　　　　　　　　　　84 000 000

借:投资收益　　　　　　　　　（45 000 000×80%）36 000 000

　　贷:长期股权投资　　　　　　　　　　　　　　　36 000 000

经过调整后,甲公司对乙公司长期股权投资的金额为30 400(25 600+8 400—3 600)万元;乙公司股东权益总额为38 000万元,甲公司拥有80%的股权,其余20%则属于少数股东权益。

(2)长期股权投资与子公司所有者权益抵销。

借:股本　　　　　　　　　　　　　　　　　200 000 000

　　资本公积　　　　　　　　　　　　　　　　80 000 000

　　盈余公积　　　　　　　　　（1 200+2 000）32 000 000

　　未分配利润——年末　　　　　（2 800+4 000）68 000 000

　　贷:长期股权投资　　　　　　　　　　　　　　304 000 000

　　　　少数股东权益　　　　　　　　　　　　　　76 000 000

(3)将对子公司的投资收益与子公司利润分配相抵销。

借:投资收益　　　　　　　　　　　　　　　　84 000 000

　　少数股东损益　　　　　　　　　　　　　　21 000 000

　　未分配利润——年初　　　　　　　　　　　28 000 000

　　贷:提取盈余公积　　　　　　　　　　　　　　20 000 000

　　　　向股东分配利润　　　　　　　　　　　　　45 000 000

　　　　未分配利润——年末　　　　　　　　　　　68 000 000

其2×24年的合并工作底稿见表14-2。

表14-2　合并工作底稿（简易）

2×24年度　　　　　　　　　　　　　　　　　　　单位:万元

项目	母公司	子公司	合计数	调整分录		抵销分录		少数股东权益	合并数
				借方	贷方	借方	贷方		
资产负债表项目									
货币资金	5 700	6 500	12 200						12 200
应收账款	8 500	5 100	13 600						13 600
存货	37 000	18 000	55 000						55 000
长期股权投资	40 000	0	40 000	8 400	3 600		30 400		14 400
固定资产	82 800	47 600	130 400						130 400

续表

项目	母公司	子公司	合计数	调整分录 借方	调整分录 贷方	抵销分录 借方	抵销分录 贷方	少数股东权益	合并数
无形资产	6 000	1 800	7 800						7 800
商誉	0	0	0						0
资产合计	180 000	79 000	259 000	8 400	3 600		30 400		233 400
应付账款	18 000	5 200	23 200						23 200
长期借款	76 000	35 800	111 800						111 800
负债合计	94 000	41 000	135 000						135 000
股本	40 000	20 000	60 000			20 000			40 000
资本公积	10 000	8 000	18 000			8 000			10 000
盈余公积	18 000	3 200	21 200			3 200			18 000
未分配利润（计算见后面）	18 000	6 800	24 800						22 800
归属于母公司股东权益合计	86 000	38 000	124 000						90 800
少数股东权益								7 600	7 600
负债和股东权益合计	180 000	79 000	259 000						233 400
利润表项目									
营业收入	150 000	94 800	244 800						244 800
营业成本	96 000	73 000	169 000						169 000
税金及附加	1 800	1 000	2 800						2 800
销售费用	5 200	3 400	8 600						8 600
管理费用	6 600	4 200	10 800						10 800
财务费用	1 200	800	2 000						2 000
投资收益	9 800	200	10 000	3 600	8 400	8 400			6 400
营业外收入	1 600	2 400	4 000						4 000
营业外支出	2 600	1 000	3 600						3 600
所得税费用	12 000	3 500	15 500						15 500
净利润	36 000	10 500	46 500	3 600	8 400	8 400			42 900
归属母公司股东的净利润									40 800
少数股东损益								2 100	2 100
综合收益总额	36 000	10 500	46 500	3 600	8 400	8 400			42 900
归属母公司综合收益									40 800

续表

项　目	母公司	子公司	合计数	调整分录		抵销分录		少数股东权益	合并数
				借方	贷方	借方	贷方		
归属少数股东综合收益								2 100	2 100
股东权益变动表项目									
年初未分配利润	9 000	2 800	11 800			2 800			9 000
提取盈余公积	7 000	2 000	9 000				2 000		7 000
对股东的分配	20 000	4 500	24 500				4 500		20 000
年末未分配利润	18 000	6 800	24 800	3 600 18 000	8 400 13 300	6 800	6 800	2 100	22 800
现金流量表项目(略)									

注:年末未分配利润=24 800+8 400-3 600+13 300-18 000-2 100=22 800(万元)。

合并资产负债表见表14-3。

表14-3　合并资产负债表　会合01表

单位:万元

资　产	期末余额	年初余额	负债和所有者权益 (或股东权益)	期末余额	年初余额
流动资产:			流动负债:		
货币资金	12 200		短期借款		
交易性金融资产			交易性金融负债		
衍生金融资产			衍生金融负债		
应收票据			应付票据		
应收账款	13 600		应付账款	23 200	
应收款项融资			预收款项		
预付款项			应付职工薪酬		
其他应收款			应交税费		
存货	55 000		其他应付款		
合同资产			合同负债		
持有待售资产			持有待售负债		
一年内到期的非流动资产			一年内到期的非流动负债		
其他流动资产			其他流动负债		
流动资产合计	80 800		流动负债合计	23 200	
非流动资产:			非流动负债:		
债权投资			长期借款	111 800	

续表

资　产	期末余额	年初余额	负债和所有者权益（或股东权益）	期末余额	年初余额
其他债权投资			应付债券		
长期应收款			租赁负债		
长期股权投资	14 400		长期应付款		
其他权益工具投资			预计负债		
其他非流动金融资产			递延收益		
投资性房地产			递延所得税负债		
固定资产	130 400		其他非流动负债		
在建工程			非流动负债合计	111 800	
生产性生物资产			负债合计	135 000	
油气资产			股东权益：		
使用权资产			股本	40 000	
无形资产	7 800		其他权益工具		
开发支出			资本公积	10 000	
商誉			减：库存股		
长期待摊费用			其他综合收益		
递延所得税资产			专项储备		
其他非流动资产			盈余公积	18 000	
非流动资产合计	152 600		未分配利润	22 800	
			归属于母公司所有者权益（或股东权益）合计	90 800	
			少数股东权益	7 600	
			股东权益合计	98 400	
资产总计	233 400		负债股东权益总计	233 400	

注：表中金融企业专用项目省略。

表14-4　合并利润表 会合 02 表　　　　　　　　　　单位：万元

项　目	本期金额	上期金额（略）
一、营业总收入	244 800	
其中：营业收入	244 800	
二、营业总成本	186 800	
其中：营业成本	169 000	
税金及附加	2 800	

续表

项　目	本期金额	上期金额（略）
销售费用	8 600	
管理费用	10 800	
研发费用		
财务费用	2 000	
其中：利息费用		
利息收入		
加：其他收益		
投资收益（损失以"–"号填列）	6 400	
其中：对联营企业和合营企业的投资收益		
以摊余成本计量的金融资产终止确认收益（损失以"–"号填列）		
净敞口套期收益（损失以"–"号填列）		
公允价值变动收益（损失以"–"号填列）		
信用减值损失（损失以"–"号填列）		
资产减值损失（损失以"–"号填列）		
资产处置收益（损失以"–"号填列）		
三、营业利润（亏损以"–"号填列）	58 000	
加：营业外收入	4 000	
减：营业外支出	3 600	
四、利润总额（亏损总额以"–"号填列）	58 400	
减：所得税费用	15 500	
五、净利润（净亏损以"–"号填列）	42 900	
（一）按经营持续性分类		
1.持续经营净利润（净亏损以"–"号填列）	42 900	
2.终止经营净利润（净亏损以"–"号填列）		
（二）按所有权归属分类		
1.归属于母公司股东的净利润（净亏损以"–"号填列）	40 800	
2.少数股东损益（净亏损以"–"号填列）	2 100	
六、其他综合收益税后净额		
（一）归属于母公司所有者的其他综合收益的税后净额		
1.不能重分类进损益的其他综合收益		
2.将重分类进损益的其他综合收益		

项 目	本期金额	上期金额(略)
(二)归属于少数股东的其他综合收益的税后净额		
七、综合收益总额	42 900	
(一)归属于母公司所有者的综合收益总额	40 800	
(二)归属于少数股东的综合收益总额	2 100	
八、每股收益		
(一)基本每股收益		
(二)稀释每股收益		

注:表中金融企业专用项目省略。

表14-5 合并所有者权益变动表 会合04表　　　　单位:元

项目	本年金额									上年金额
	归属于母公司所有者权益							少数股东权益	所有者权益合计	
	实收资本(或股本)	其他权益工具	资本公积	减:库存股	其他综合收益	盈余公积	未分配利润			
一、上年年末余额	40 000		10 000			11 000	9 000	6 400	76 400	
加:会计政策变更										
前期差错更正										
其他										
二、本年年初余额	40 000		10 000			11 000	9 000	6 400	76 400	
三、本年增减变动金额						7 000	13 800	1 200	22 000	
(一)综合收益总额							40 800	2 100	42 900	
(二)所有者投入和减少资本										
1.所有者投入的普通股										
2.其他权益工具持有者投入资本										
3.股份支付计入所有者权益的金额										
4.其他										
(三)利润分配						7 000	-27 000	-900	-20 900	
1.提取盈余公积						7 000	-7 000			

续表

项目	本年金额									上年金额
	归属于母公司所有者权益							少数股东权益	所有者权益合计	
	实收资本(或股本)	其他权益工具	资本公积	减:库存股	其他综合收益	盈余公积	未分配利润			
2.对所有者(或股东)的分配							−20 000	−900	−20 900	
3.其他										
(四)所有者权益内部结转										
1.资本公积转增资本(或股本)										
2.盈余公积转增资本(或股本)										
3.盈余公积弥补亏损										
4.设定受益计划变动额结转留存收益										
5.其他综合收益结转留存收益										
6.其他										
四、本年年末余额	40 000		10 000			18 000	22 800	7 600	98 400	

注:表中金融企业专用项目省略。

14.5 非同一控制下长期股权投资与所有者权益的合并处理

14.5.1 非同一控制下取得子公司购买日合并财务报表的编制

根据现行会计准则,非同一控制下取得子公司,母公司编制购买日的合并资产负债表时,因企业合并取得的子公司各项可辨认资产、负债及或有负债应当以公允价值在合并财务报表中列示。母公司合并成本大于取得的子公司可辨认净资产公允价值份额的差额,作为合并商誉在合并资产负债表中列示。

(一)按公允价值对非同一控制下取得子公司的财务报表进行调整

在非同一控制下取得子公司的情况下,母公司为进行企业合并要对子公司的资产负债进行估值,然而子公司作为持续经营的主体,一般情况下,即一般不将该估值产生的资产、负债公允价值的变动登记入账,其对外提供的财务报表仍然是以各项资产和负债原来的账面价值为基础编制的,其提供的购买日财务报表一般也是以各项资产和负债原账面价值为基础编制的。为此,母公司要编制购买日的合并财务报表,则必按照购买日子公司资产、负债的公允价值对其财务报表项目进行调整。这一调整是通过在合并工作底稿中编制调整分录进行的,实际上相当于将各项资产、负债的公允价值变动模拟入账,然后以购买日子公司各项资产、负债的公允价值为基础编制购买日的合并财务报表。

鉴于企业所得税是法人所得税,所以同一资产或负债在子公司的个别财务报表层面和合并财务报表层面的计税基础应当是相同的,不会出现计税基础的变化。也就是说,在购买方合并报表层面,对被购买方的各项可辨认资产、负债以购买日公允价值为基础持续计算的金额计量;而在这些子公司进行纳税申报时,计税基础仍然以原先的取得成本等为基础确定,并不因为企业合并事项而改变。因此,这些可辨认资产、负债在购买方合并报表层面的账面价值与计税基础之间存在差异,且该差异源于企业合并,购买日应当确认相应的递延所得税资产或递延所得税负债,并调整商誉。只要是非同一控制下控股合并中取得的被购买方可辨认资产、负债的购买日公允价值不同于其以取得成本为基础确定的计税基础的,则无论该项股权收购采用一般性税务处理还是特殊性税务处理,都会在购买方合并报表层面产生账面价值与计税基础之间的暂时性差异,需要在购买方的合并财务报表层面确认递延所得税资产或负债,并相应调整商誉或者负商誉。如果公允价值大于账面价值应确认递延所得税负债,如果公允价值小于账面价值应确认递延所得税资产,不考虑所得税因素的影响,则不确认递延所得税。是否考虑所得税影响可辨认净资产的公允价值和商誉的金额。以固定资产为例,假如其公允价值大于账面价值,确认递延所得税负债,调整分录如下:

借:固定资产——原价(调增固定资产价值)
　　贷:资本公积
　　　　递延所得税负债

(二)母公司长期股权投资与子公司所有者权益抵销处理

在子公司为全资子公司的情况下,母公司对子公司长期股权投资的金额和子公司所有者权益各项目的金额应当全额抵销。在子公司为非全资子公司的情况下,应当将母公司对子公司长期股权投资的金额与子公司所有者权益中母公司所享有的份额相抵销。子公司所有者权益中不属于母公司的份额,即子公司所有者权益中抵销母公司所享有的份额后的余额,在合并财务报表中作为"少数股东权益"处理。

在合并工作底稿中编制的抵销分录为:借记"实收资本""资本公积""其他综合收益""盈余公积"和"未分配利润"项目,贷记"长期股权投资"和"少数股东权益"项目。长期股权投资的成本大于合并中取得的被购买方可辨认净资产公允价值份额的差额,体现为合并财务报表中的商誉;长期股权投资的成本小于合并中取得的被购买方可辨认净资产公允价值份额的差额,应计入合并当期损益。因购买日不需要编制合并利润表,该差额体现在合并资产负债表上,应调整合并资产负债表的盈余公积和未分配利润。

14.5.2　非同一控制下取得子公司购买日后合并财务报表的编制

母公司在非同一控制下取得子公司后,在未来持有该子公司的情况下,每一会计期末都需要将其纳入合并范围,编制合并财务报表。

(一)对子公司个别财务报表进行调整

对于非同一控制下企业合并中取得的子公司,应当根据母公司在购买日设置的备查簿中登记的该子公司有关可辨认资产、负债的公允价值,对子公司的个别财务报表进行调整,使子公司的个别财务报表反映为在购买日公允价值基础上确定的可辨认资产、负债等在本期资产负债表日应有的金额。以固定资产为例,假定固定资产公允价值大于账面价值:

1)投资当年编制合并财务报表

借:固定资产——原价(调增固定资产价值)
　　贷:资本公积
　　　　递延所得税负债
借:管理费用(当年按公允价值应补提折旧)
　　贷:固定资产——累计折旧
借:递延所得税负债
　　贷:所得税费用

2)以后年度连续编制合并财务报表

借:固定资产——原价(调增固定资产价值)
　　贷:资本公积
　　　　递延所得税负债
借:未分配利润——年初
　　贷:固定资产——累计折旧
借:递延所得税负债
　　贷:未分配利润——年初
借:管理费用(当年应补提折旧)
　　贷:固定资产——累计折旧
借:递延所得税负债
　　贷:所得税费用

(二)长期股权投资由成本法调整为权益法

在合并工作底稿中,按权益法调整对子公司的长期股权投资进行调整。在确认应享有子公司净损益的份额时,对于属于非同一控制下企业合并形成的长期股权投资,应当以在备查簿中记录的子公司各项可辨认资产、负债及或有负债等在购买日的公允价值为基础,对该子公司的净利润进行调整后确认。对于属于同一控制下的企业合并形成的长期股权投资,直接以该子公司的净利润进行确认。

(三)抵销分录

1)母公司长期股权投资与子公司所有者权益的抵销

借:股本【子公司期末数】

　资本公积【子公司调整后的期末数】

　其他综合收益【子公司期末数】

　盈余公积【子公司期末数】

　未分配利润——年末【子公司调整后的期末数】

　商誉【合并成本大于可辨认净资产公允价值份额】

　贷:长期股权投资【母公司按权益法调整后的账面价值】

　　少数股东权益【子公司调整后期末所有者权益合计×少数股东持股比例】

　　留存收益【合并成本小于可辨认净资产公允价值份额】

2)内部股权投资收益与子公司利润分配的抵销

借:投资收益【子公司调整后的净利润×母公司持股比例】

　少数股东损益【子公司调整后的净利润×少数股东持股比例】

　未分配利润——年初【子公司期初数】

　贷:提取盈余公积【子公司本期计提的金额】

　　向股东分配利润【子公司本期分配的股利】

　　未分配利润——年末【子公司调整后期末数】

【例14-2】　A公司2×23年1月1日定向增发普通股股票10 000万股,每股面值为1元,每股市场价格为2.95元,取得B公司70%的股权,属于非同一控制下的企业合并,假定不考虑所得税影响。B公司在购买日股东权益账面价值总额为32 000万元,其中股本为20 000万元,资本公积为8 000万元、盈余公积为1 200万元、未分配利润为2 800万元。购买日股东权益公允价值总额为36 000万元。B公司购买日应收账款账面价值为3 920万元、公允价值为3 820万元;存货的账面价值为20 000万元、公允价值为21 100万元;固定资产账面价值为18 000万元、公允价值为21 000万元。

A公司合并成本=2.95×10 000=29 500(万元)

A公司在B公司可辨认净资产公允价值的份额=36 000×70%=25 200(万元)

合并商誉=29 500-25 200=4 300(万元)

A公司取得B公司70%的股权,其账务处理如下:

借:长期股权投资——B公司　　　　　　　　　　295 000 000

贷:股本	100 000 000
资本公积	195 000 000

将B公司资产和负债的账面价值调整为公允价值。不考虑所得税因素的影响。调整分录如下:

借:存货	11 000 000
固定资产——原价	30 000 000
贷:应收账款	1 000 000
资本公积	40 000 000

A公司购买B公司股权所形成的商誉,在个别财务报表中表示对B公司长期股权投资的一部分,在编制合并财务报表时,通过将长期股权投资与在子公司所有者权益中所拥有的份额相抵销,其抵销差额在合并资产负债表中则表现为合并商誉。

根据资产和负债的公允价值对B公司财务报表调整后,其股东权益总额为36 000万元,A公司在其中所拥有的份额为25 200万元(36 000×70%)。A公司对B公司长期股权投资的金额为29 500万元,超过其25 200万元的金额4 300万元则为合并商誉。少数股权投资权益则为10 800万元(36 000×30%)。A公司将长期股权投资与其在B公司所有者权益中拥有的份额抵销时,其抵销分录如下:

借:股本	200 000 000
资本公积 (8 000+4 000)	120 000 000
盈余公积	12 000 000
未分配利润	28 000 000
商誉	43 000 000
贷:长期股权投资	295 000 000
少数股东权益	108 000 000

表14-6　合并工作底稿（简易）

购买日　　　　　　　　　　　　　　　　　　　　　　　单位:万元

项目	母公司	子公司	合计数	调整分录		抵销分录		少数股东权益	合并数
				借方	贷方	借方	贷方		
资产负债表项目									
货币资金	8 000	4 000	12 000						12 000
应收账款	6 800	4 120	10 920		100				10 820
存货	31 000	20 000	51 000	1 100					52 100
长期股权投资	61 500	0	61 500				29 500		32 000

续表

项　目	母公司	子公司	合计数	调整分录		抵销分录		少数股东权益	合并数
				借方	贷方	借方	贷方		
固定资产	74 200	28 280	102 480	3 000					105 480
无形资产	4 000	1 600	5 600						56 00
商誉	0	0	0			4 300			4 300
资产合计	185 500	58 000	243 500	<u>4 100</u>	100	4 300	<u>29 500</u>		2 223 00
应付账款	18 000	4 200	22 200						22 200
长期借款	68 000	21 800	89 800						89 800
负债合计	86 000	26 000	112 000						112 000
股本	50 000	20 000	70 000			20 000			50 000
资本公积	29 500	8 000	37 500		4 000	12 000			29 500
盈余公积	11 000	1 200	12 200			1 200			11 000
未分配利润	9 000	2 800	11 800			2 800			9 000
归属于母公司股东权益合计	99 500	32 000	131 500		<u>4 000</u>	36 000			99 500
少数股东权益								10 800	10 800
负债和股东权益合计	185 500	58 000	243 500		4 000	36 000		<u>10 800</u>	222 300
其他项目（略）									

注:负债和权益合计=243 500+4 000−36 000+10 800=222 300(万元)。

　　B公司2×23年全年实现净利润10 500万元,B公司当年提取盈余公积2 000万元,向股东分派并支付现金股利4 500万元。B公司2×23年12月31日股东权益账面价值总额为38 000万元,其中股本为20 000万元,资本公积为8 000万元、盈余公积为3 200万元、未分配利润为6 800万元。截至2×23年12月31日,应收账款按购买日评估确认的金额收回,评估确认的坏账已核销;购买日评估增值的存货,当年已全部实现对外销售;购买日固定资产评估增值系公司用办公楼增值,折旧方法为年限平均法,剩余折旧年限为20年。

　　(1)A公司2×23年年末编制合并财务报表时相关项目计算如下:

　　B公司本年净利润=10 500+[100(购买日应收账款公允价值减值的实现而调减信用

减值损失)-1 100(购买日存货公允价值增值的实现而调增营业成本)-150(固定资产公允价值增值计算的折旧而调增管理费用)]=9 350(万元)

B公司年末未分配利润=2 800(年初)+9 350-2 000(提取盈余公积)-4 500(分派股利)=5 650(万元)

A公司本年投资B公司的投资收益=9 350×70%=6 545(万元)

A公司本年年末对B公司长期股权投资=29 500+6 545-4 500(分派股利)×70%=32 895(万元)

少数股东损益=9 350×30%=2 805(万元)

年末少数股东权益=10 800+2 805-4 500×30%=12 255(万元)

(2)A公司2×23年编制合并财务报表时,应当进行如下调整抵销处理:

①按公允价值对B公司财务报表项目进行调整。在合并工作底稿中其调整分录如下:

借:存货   11 000 000

 固定资产——原价   30 000 000

  贷:应收账款   1 000 000

   资本公积   40 000 000

因购买日B公司资产和负债的公允价值与账面价值之间的差额对B公司本年净利润的影响,调整B公司相关项目。之所以进行这一调整,是由于子公司个别财务报表是按其资产、负债的原账面价值为基础编制的,其当期计算的净利润也是以其资产、负债的原账面价值为基础计算的结果,而公允价值与原账面价值存在差额的资产或负债,在经营过程中因使用、销售或偿付而实现其公允价值,其实现的公允价值对子公司当期净利润的影响需要在净利润计算中予以反映。在合并工作底稿中其调整分录如下:

借:应收账款——坏账准备   1 000 000

  贷:信用减值损失   1 000 000

借:营业成本   11 000 000

  贷:存货   11 000 000

借:管理费用   1 500 000

  贷:固定资产——累计折旧   1 500 000

②按照权益法对B公司财务报表项目进行调整。因购买日B公司资产和负债的公允价值与原账面价值之间的差额影响B公司本年净利润,从而影响A公司对B公司长期股权投资权益法核算结果,需要对长期股权投资及相关项目进行调整。在合并工作底稿中其调整分录如下:

借:长期股权投资   65 450 000

  贷:投资收益   65 450 000

借:投资收益   31 500 000

贷:长期股权投资　　　　　　　　　　　　31 500 000

③长期股权投资与所有者权益的抵销。在合并工作底稿中,其抵销分录如下:

借:股本　　　　　　　　　　　　　　　　200 000 000

　　资本公积　　　　　　　（8 000+4 000)120 000 000

　　盈余公积　　　　　　　　　　　　　　 32 000 000

　　未分配利润——年末　　　　　　　　　 56 500 000

　　商誉　　　　　　　　　　　　　　　　 43 000 000

　　贷:长期股权投资　　　　　　　　　　　328 950 000

　　　　少数股东权益　　　　　　　　　　　122 550 000

④投资收益与子公司利润分配等项目的抵销。在合并工作底稿中,其抵销分录如下:

借:投资收益　　　　　　　　　　　　　　 65 450 000

　　少数股东损益　　　　　　　　　　　　 28 050 000

　　未分配利润——年初　　　　　　　　　 28 000 000

　　贷:提取盈余公积　　　　　　　　　　　 20 000 000

　　　　向股东分配利润　　　　　　　　　　 45 000 000

　　　　未分配利润——年末　　　　　　　　 56 500 000

其 2×23 年合并工作底稿见表 14-7。

表 14-7　合并工作底稿（简易）

2×23 年度　　　　　　　　　　　　　　　　　　　　　　　单位:万元

项目	母公司	子公司	合计数	调整分录		抵销分录		少数股东权益	合并数
				借方	贷方	借方	贷方		
资产负债表项目									
货币资金	5 700	6 500	12 200						12 200
应收账款	8 500	5 100	13 600	100	100				13 600
存货	37 000	18 000	55 000	1100	1 100				55 000
长期股权投资	69 500	0	69 500	6 545	3 150		32 895		40 000
固定资产	82 800	47 600	130 400	3 000	150				133 250
无形资产	6 000	1 800	7 800						7 800
商誉	0	0	0			4 300			4 300
资产合计	209 500	79 000	288 500	<u>10 745</u>	<u>4 500</u>	<u>4 300</u>	<u>32 895</u>		266 150

续表

项目	母公司	子公司	合计数	调整分录 借方	调整分录 贷方	抵销分录 借方	抵销分录 贷方	少数股东权益	合并数
应付账款	18 000	5 200	23 200						23 200
长期借款	76 000	35 800	111 800						111 800
负债合计	94 000	41 000	135 000						135 000
股本	50 000	20 000	70 000			20 000			50 000
资本公积	29 500	8 000	37 500		4 000	12 000			29 500
盈余公积	18 000	3 200	21 200			3 200			18 000
未分配利润（计算见后面）	18 000	6 800	24 800						21 395
归属于母公司股东权益合计	115 500	38 000	153 500						118 895
少数股东权益								12 255	12 255
负债和股东权益合计	209 500	79 000	288 500						266 150
利润表项目									
营业收入	150 000	94 800	244 800						244 800
营业成本	96 000	73 000	169 000	1 100					170 100
税金及附加	1 800	1 000	2 800						2 800
销售费用	5 200	3 400	8 600						8 600
管理费用	6 000	3 900	9 900	150					10 050
财务费用	1 200	800	2 000						2 000
信用减值损失	600	300	900		100				800
投资收益	9 800	200	10 000	3 150	6 545	6 545			6 850
营业外收入	1 600	2 400	4 000						4 000
营业外支出	2 600	1 000	3 600						3 600
所得税费用	12 000	3 500	15 500						15 500
净利润	36 000	10 500	46 500	4 400	6 545	6 545			42 200
归属母公司股东的净利润									39 395
少数股东损益								2 805	2 805
综合收益总额	36 000	10 500	46 500	4 400	6 545	6 545			42 200

项目	母公司	子公司	合计数	调整分录		抵销分录		少数股东权益	合并数
				借方	贷方	借方	贷方		
归属母公司综合收益									39 395
归属少数股东综合收益								2 805	2 805
股东权益变动表项目									
年初未分配利润	9 000	2 800	11 800			2 800			9 000
提取盈余公积	7 000	2 000	9 000				2 000		7 000
对股东的分配	20 000	4 500	24 500				4 500		20 000
年末未分配利润	18 000	6 800	24 800	<u>4 400</u>	<u>6 645</u>	5 650 14 995	5 650 12 150	<u>2 805</u>	21 395
现金流量表项目(略)									

注:年末未分配利润=24 800+6 645-4 400+12 150-14 995-2 805=21 395(万元)。

B公司2×24年全年实现净利润12 000万元,B公司当年提取盈余公积2 400万元、向股东分配现金股利6 000万元。股利已经支付。B公司2×24年12月31日股东权益总额为44 000万元,其中股本为20 000万元、资本公积为8 000万元、盈余公积为5 600万元、未分配利润为10 400万元。

(1)A公司编制2×24年度合并财务报表时相关项目计算如下:

B公司本年净利润=12 000-150(固定资产增值计算的折旧)=11 850(万元)

B公司年初未分配利润=6 800+100(上年实现的应收账款减值)-1 100(上年实现的存货增值)-150(固定资产增值计算的折旧)=5 650(万元)

B公司年末未分配利润=5 650+11 850-2 400(提取盈余公积)-6 000(分派股利)=9 100(万元)

A公司本年投资B公司的投资收益=11 850×70%=8 295(万元)

A公司年末对B公司长期股权投资=32 895(上年末长期股权投资余额)+8 295-6 000(分配股利)×70%=36 990(万元)

少数股东损益=11 850×30%=3 555(万元)

年末少数股东权益=12 255+3 555-6 000×30%=14 010(万元)

(2)A公司2×24年编制合并财务报表时,应当调整抵销处理如下:

①按公允价值对B公司财务报表项目进行调整。因购买日B公司资产和负债的公允价值与账面价值之间的差额,调整B公司年初未分配利润及相关项目,其调整分录如下:

借:存货　　　　　　　　　　　　　　　　　11 000 000
　固定资产——原价　　　　　　　　　　　　30 000 000
　贷:应收账款　　　　　　　　　　　　　　　　　1 000 000
　　资本公积　　　　　　　　　　　　　　　　　40 000 000
借:应收账款——坏账准备　　　　　　　　　　1 000 000
　贷:未分配利润——年初　　　　　　　　　　　　1 000 000
借:未分配利润——年初　　　　　　　　　　　11 000 000
　贷:存货　　　　　　　　　　　　　　　　　　11 000 000
借:未分配利润——年初　　　　　　　　　　　1 500 000
　贷:固定资产——累计折旧　　　　　　　　　　　1 500 000
借:管理费用　　　　　　　　　　　　　　　　1 500 000
　贷:固定资产——累计折旧　　　　　　　　　　　1 500 000

②按照权益法对A公司财务报表项目进行调整。

因购买日B公司资产的公允价值与账面价值之间的差额影响B公司上年净利润,从而影响对B公司长期股权投资权益法上年核算结果,调整分录如下:

借:长期股权投资　　　　　　　　　　　　　　65 450 000
　贷:未分配利润——年初　　　　　　　　　　　　65 450 000
借:未分配利润——年初　　　　　　　　　　　31 500 000
　贷:长期股权投资　　　　　　　　　　　　　　31 500 000

因购买日B公司资产的公允价值与账面价值之间的差额影响B公司上年净利润,从而影响对B公司长期股权投资权益法本年核算结果,调整分录如下:

借:长期股权投资　　　　　　　　　　　　　　82 950 000
　贷:投资收益　　　　　　　　　　　　　　　　82 950 000
借:投资收益　　　　　　　　　　　　　　　　42 000 000
　贷:长期股权投资　　　　　　　　　　　　　　42 000 000

③长期股权投资与子公司所有者权益的抵销。其抵销分录如下:

借:股本　　　　　　　　　　　　　　　　　200 000 000
　资本公积　　　　　　　　（8 000+4 000)120 000 000
　盈余公积　　　　　　　　　　　　　　　　56 000 000
　未分配利润——年末　　　　　　　　　　　91 000 000
　商誉　　　　　　　　　　　　　　　　　　43 000 000
　贷:长期股权投资　　　　　　　　　　　　　369 900 000
　　少数股东权益　　　　　　　　　　　　　140 100 000

④投资收益与子公司利润分配等项目的抵销。其抵销分录如下:

借:投资收益　　　　　　　　　　　　　　　　82 950 000

少数股东损益　　　　　　　　　　　　　　　35 550 000

未分配利润——年初　　　　　　　　　　　　56 500 000

　　贷:提取盈余公积　　　　　　　　　　　　24 000 000

　　　　向股东分配利润　　　　　　　　　　60 000 000

　　　　未分配利润——年末　　　　　　　　91 000 000

表14-8　合并工作底稿（简易）

2×24年度　　　　　　　　　　　　　　　　　　　　　单位:万元

项目	母公司	子公司	合计数	调整分录		抵销分录		少数股东权益	合并数
				借方	贷方	借方	贷方		
资产负债表项目									
货币资金	8 900	9 400	18 300						18 300
应收账款	9 000	5 300	14 300						14 300
存货	37 900	23 000	60 900						60 900
长期股权投资	69 500	0	69 500	6 545+8 295	3 150+4 200		36 990		40 000
固定资产	87 200	49 700	136 900	3 000	150 150				139 600
无形资产	5 000	1 600	6 600						6 600
商誉	0	0	0			4 300			0
资产合计	217 500	89 000	306 500	17 840	7 650	4 300	36 990		284 000
应付账款	14 800	5 300	20 100						20 100
长期借款	77 200	39 700	116 900						116 900
负债合计	92 000	45 000	137 000						137 000
股本	50 000	20 000	70 000			20 000			50 000
资本公积	29 500	8 000	37 500		4 000	12 000			29 500
盈余公积	24 000	5 600	29 600			5 600			24 000
未分配利润（计算见后面）	22 000	10 400	32 400						29 490
归属于母公司股东权益合计	125 500	44 000	169 500						132 990
少数股东权益								14 010	14 010
负债和股东权益合计	217 500	89 000	306 500						284 000
利润表项目									

续表

项目	母公司	子公司	合计数	调整分录		抵销分录		少数股东权益	合并数
				借方	贷方	借方	贷方		
营业收入	180 000	117 000	297 000						297 000
营业成本	135 000	89 300	224 300						224 300
税金及附加	2 800	1 900	4 700						4 700
销售费用	5 800	4 700	10 500						10 500
管理费用	6 900	4 400	11 300	150					11 450
财务费用	2 000	1 200	3 200						3 200
资产减值损失	1 000	100	1 100						1 100
投资收益	11 000	1 300	12 300	4 200	8 295	8 295			8 100
营业外收入	3 700	1 100	4 800						4 800
营业外支出	1 200	1 800	3 000						3 000
所得税费用	10 000	4 000	14 000						14 000
净利润	30 000	12 000	42 000	<u>4 350</u>	<u>8 295</u>	<u>82 950</u>			37 650
归属母公司股东的净利润									34 095
少数股东损益								3 555	3 555
综合收益总额	30 000	12 000	42 000	<u>4 350</u>	<u>8 295</u>	8 295			37 650
归属母公司综合收益									34 095
归属少数股东综合收益								3 555	3 555
股东权益变动表项目									
年初未分配利润	18 000	6 800	24 800	1 100 150 3 150	100 6 545	5 650			21 395
提取盈余公积	6 000	2 400	8 400				2 400		6 000
对股东的分配	20 000	6 000	26 000				6 000		20 000
年末未分配利润	22 000	10 400	32 400	<u>8 750</u>	<u>14 940</u>	9 100 <u>23 045</u>	9 100 <u>17 500</u>	<u>3 555</u>	29 490
现金流量表项目(略)									

注:年末未分配利润=32 400+14 940-8 750+17 500-23 045-3 555=29 490(万元)。

14.6 内部债权债务的合并处理

14.6.1 债权债务抵销概述

母公司与子公司、子公司相互之间的债权和债务项目,是指母公司与子公司、子公司相互之间的应收账款与应付账款、预付账款和预收账款;应付债券与债权投资等项目。对于发生在母公司与子公司、子公司相互之间的这些项目,从债权方企业来说,在资产负债表中表现为一项债权资产;而从债务方来说,一方面形成一项负债,另一方面同时形成一项资产。发生的这种内部债权债务,从母公司与子公司组成的集团整体的角度来看,它只是集团内部资金运动,既不增加企业集团的资产,也不增加负债。为此,在编制合并财务报表时也应将内部债权债务项目予以抵销。在编制合并资产负债表时,需要进行合并处理的内部债权债务项目主要包括:应收账款与应付账款、应收票据与应付票据、债权投资与应付债券、其他应收款与其他应付款。

14.6.2 内部应收应付款项及其坏账准备的合并处理

企业对包括应收账款、应收票据、预付账款以及其他应收款在内的所有应收款项,应当根据其预期收取的现金流量现值变动情况,确认信用减值损失,计提坏账准备。这里的应收账款、应收票据等也包括应收子公司账款、应收子公司票据等。在对母公司的应收款项计提坏账准备的情况下,在编制合并财务报表时,随着内部应收款项的抵销,与此相联系也须将该内部应收款项计提的坏账准备予以抵销。

将内部应收款项抵销时,按内部应付款项的金额,借记"应付账款""应付票据"等项目,贷记"应收账款""应收票据"等项目;将内部应收款项计提的坏账准备抵销时,按各内部应收款项计提的相应坏账准备期末余额,借记"应收账款""应收票据"等项目,贷记"信用减值损失"项目。

值得注意的是,母公司应收款项计提的坏账准备抵销不影响少数股东权益,子公司应收款项计提的坏账准备抵销影响少数股东权益。

【例 14-3】 甲公司为 A 公司的母公司。甲公司本期个别资产负债表的应收账款中有 580 万元为应收 A 公司账款,该应收账款账面余额为 600 万元,甲公司当年计提坏账准备 20 万元。A 公司本期个别资产负债表中列示有应付甲公司账款 600 万元。不考虑所得税因素的影响。在编制合并财务报表时,甲公司应当将内部应收账款与应付账款相互抵销,还应将内部应收账款计提的坏账准备予以抵销。其抵销分录如下:

(1)应收账款与应付账款抵销。

借:应付账款   6 000 000

    贷:应收账款   6 000 000

(2)坏账准备与信用减值损失抵销。

借:应收账款——坏账准备   200 000
  贷:信用减值损失   200 000

14.6.3 连续编制合并财务报表时内部应收账款及其坏账准备的合并处理

在连续编制合并财务报表进行合并处理时,首先,应将上期信用减值损失中抵销的各内部应收款项计提的相应坏账准备对本期期初未分配利润的影响予以抵销,即按上期信用减值损失项目中抵消的各内部应收款项计提的相应坏账准备的数额,借记"应收账款""应收票据"等项目,贷记"未分配利润——年初"项目。其次,将内部应收款项与应付款项予以抵销,即按内部应付款项的数额,借记"应付账款""应付票据"等项目,贷记"应收账款""应收票据"等项目。最后,对于本期内部应收款项在个别财务报表中补提或者冲销的相应坏账准备的数额也应予以抵销,即按照本期期末内部应收款项在个别资产负债表中补提的坏账准备的数额,借记"应收账款""应收票据"等项目,贷记"信用减值损失"项目;或按照本期期末各内部应收款项在个别资产负债表中冲销的相应坏账准备的数额,借记"信用减值损失"项目,贷记"应收账款""应收票据"等项目。

（一）内部应收款项坏账准备本期余额与上期余额相等时的合并处理

【例14-4】 承【例14-3】,甲公司本期个别资产负债表的应收账款中有应收A公司账款580万元,该应收账款系上期发生的,账面余额为600万元,甲公司上期对其计提坏账准备20万元,该坏账准备结转到本期。本期对上述内部应收账款未计提坏账准备。甲公司在合并工作底稿中应进行以下抵销处理:

（1）将上期内部应收款项计提的坏账准备抵销。

母公司个别资产负债表中坏账准备余额实际上是上期结转而来的余额。因此,只需将上期内部应收账款计提的坏账准备予以抵销,同时,调整期初未分配利润数额,其抵销分录如下:

借:应收账款——坏账准备   200 000
  贷:未分配利润——年初   200 000

（2）内部应收账款与应付账款予以抵销。

借:应付账款   6 000 000
  贷:应收账款   6 000 000

（二）内部应收款项坏账准备本期余额大于上期余额时的合并处理

【例14-5】 承【例14-3】,甲公司本期个别资产负债表的应收账款中有应收A公司账款735万元,该应收账款账面余额为800万元,甲公司对该应收账款累计计提坏账准备65万元,其中20万元系上期结转至本期的,本期对其补提坏账准备45万元。甲公司在合并工作底稿中应进行以下抵销处理:

（1）抵销上期内部应收账款计提的坏账准备。

借:应收账款——坏账准备   200 000
  贷:未分配利润——年初   200 000

(2)内部应收账款与应付账款予以抵销。

借:应付账款　　　　　　　　　　　　　　　　　8 000 000

　　贷:应收账款　　　　　　　　　　　　　　　　　8 000 000

(3)抵销与本期内部应收账款相对应的坏账准备的增加额。

借:应收账款——坏账准备　　　　　　　　　　　450 000

　　贷:信用减值损失　　　　　　　　　　　　　　450 000

(三)内部应收款项坏账准备本期余额小于上期余额时的合并处理

【例14-6】　承【例14-3】,甲公司本期个别资产负债表的应收账款中有应收A公司账款538万元,该应收账款账面余额为550万元,甲公司对该应收账款累计计提坏账准备12万元,其中上期结转至本期的坏账准备20万元,本期冲减坏账准备8万元。甲公司在合并工作底稿中应进行以下抵销处理:

(1)抵销上期内部应收账款计提的坏账准备。

借:应收账款——坏账准备　　　　　　　　　　　200 000

　　贷:未分配利润——年初　　　　　　　　　　　200 000

(2)内部应收账款与应付账款予以抵销。

借:应付账款　　　　　　　　　　　　　　　　　5 500 000

　　贷:应收账款　　　　　　　　　　　　　　　　　5 500 000

(3)抵销与本期内部应收账款相对应的坏账准备的减少额。

借:信用减值损失　　　　　　　　　　　　　　　　80 000

　　贷:应收账款——坏账准备　　　　　　　　　　　80 000

在第三期编制合并财务报表的情况下,必须先将第二期各内部应收款项期末余额相应的坏账准备予以抵销;再将内部应收款项与应付款项等内部债权债务相抵销;最后将第三期内部应收款项的坏账准备与第二期内部应收款项的坏账准备进行比较,计算确定本期内部应收款项坏账准备的增加或减少数额,并将其予以抵销。其抵销分录与第二期编制的抵销分录相同。首先,借记“应收账款”“应收票据”等项目,贷记“未分配利润——年初”项目,将第二期编制合并财务报表时抵销的坏账准备对第三期期初未分配利润的影响予以抵销,调整期初未分配利润的数额。其次,借记“应付账款”“应付票据”等项目,贷记“应收账款”“应收票据”等项目,将内部应收款项与应付款项等内部债权债务予以抵销。最后,如果第三期内部应收款项坏账准备的期末余额大于第二期内部应收款项坏账准备的期末余额,补提内部应收账款坏账准备时,借记“应收账款”“应收票据”等项目,贷记“信用减值损失”项目;如果第三期内部应收款项坏账准备期末余额小于第二期内部应收款项期末余额,冲减内部应收账款坏账准备时,则借记“信用减值损失”项目,贷记“应收账款”“应收票据”等项目。

14.6.4　内部应收账款相关所得税会计的合并抵销处理

在编制合并财务报表时,随着内部债权债务的抵销,也必须将内部应收账款计提的坏账准备予以抵销。通过对其进行合并抵销处理后，合并财务报表中该内部应收账款已不存在，由内部应收账款账面价值与计税基础之间的差异所形成的暂时性差异也不存在。在编制合并财务报表时，对持有该集团内部应收账款的企业因该暂时性差异确认的递延所得税资产则需要进行抵销处理。

【例14-7】 甲公司为A公司的母公司。甲公司本期个别资产负债表的应收账款中有1 700万元为应收A公司账款，该账款账面余额为1 800万元，甲公司当年对其计提坏账准备100万元。A公司本期个别资产负债表中列示有应付甲公司账款1 800万元。甲公司和A公司适用的所得税税率均为25%。

甲公司在编制合并财务报表时，其合并抵销处理如下：

（1）将内部应收账款与应付账款相互抵销。

借：应付账款　　　　　　　　　　　　　　18 000 000
　　贷：应收账款　　　　　　　　　　　　　　　18 000 000

（2）将内部应收账款计提的坏账准备予以抵销。

借：应收账款——坏账准备　　　　　　　　1 000 000
　　贷：信用减值损失　　　　　　　　　　　　　1 000 000

（3）甲公司在其个别财务报表中确认递延所得税资产时，一方面借记"递延所得税资产"科目25万元，另一方面贷记"所得税费用"科目25万元。在编制合并财务报表时，随着内部应收账款及其计提的坏账准备的抵销，在合并财务报表中，该应收账款已不存在，由甲公司在其个别报表中因应收A公司账款账面价值与其计税基础之间形成的暂时性差异也不存在，对该暂时性差异确认的递延所得税资产则需要予以抵销。所以其抵销分录如下：

借：所得税费用　　　　　　　　　　　　　250 000
　　贷：递延所得税资产　　　　　　　　　　　　250 000

14.6.5　应付债券与债权投资的合并处理

企业集团内部母公司与子公司、子公司相互之间可能发生相互提供信贷，以及相互之间持有对方债券的内部交易。在持有母公司或子公司发行的企业债券（或公司债券）的情况下，发行债券的企业支付的利息费用作为财务费用处理，并在其个别利润表"财务费用"项目中列示；而持有债券的企业，将购买的债券在其个别资产负债表"债权投资"（为简化合并处理，假定购买债券的企业将该债券投资分类为摊余成本计量的金融资产）项目中列示，当期获得的利息收入则作为投资收益处理，并在其个别利润表"投资收益"项目中列示。在编制合并财务报表时，应当在抵销内部发行的应付债券和债权投资等内部债权债务的同时，将内部应付债券和债权投资相关的利息费用与利息收入相互抵销，即将内部债券投资收益与内部发行债券的财务费用（利息费用化）相互抵销。

在某些情况下，债券投资企业持有的企业集团内部成员企业的债券并不是从发行债券的企业直接购进的，而是在证券市场上从第三方手中购进的。在这种情况下，债权投资与应付债券抵销时，可能会出现差额，应分别进行处理。如果债权投资的余额大于应付债券的余额，其差额应作为投资损失计入合并利润表的"投资收益"项目；如果债权投资的余额小于应付债券的余额,其差额应作为利息收入计入合并利润表的"财务费用"项目。

14.7　内部商品交易的合并处理

14.7.1　内部销售收入和内部销售成本的抵销处理

内部销售收入是指企业集团内部母公司与子公司、子公司相互之间(以下称成员企业)发生的购销活动所产生的销售收入。内部销售成本是指企业集团内部母公司与子公司、子公司相互之间发生的内部销售商品的销售成本。

(一)购买企业内部购进的商品当期全部实现销售时的抵销处理

在这种情况下,对于销售企业来说,销售给其他成员企业商品与销售给集团外部企业情况下的会计处理相同,即在本期确认销售收入,结转销售成本,计算损益,并在其个别利润表中反映;对于购买企业来说,一方面要确认销售收入;另一方面要结转销售内部购进商品的成本,并在其个别利润表中分别作为营业收入和营业成本反映,并确认损益。这也就是说,对于同一购销业务,在销售企业和购买企业的个别利润表中都进行了反映。但从企业集团整体的角度来看,这一购销业务只是实现了一次销售,其销售收入只是购买企业销售该产品的销售收入,其销售成本只是销售企业销售该商品的成本。销售企业销售该商品的收入属于内部销售收入,相应的购买企业销售该商品的销售成本则属于内部销售成本。因此,在编制合并财务报表时,就必须将重复反映的内部销售收入与内部销售成本予以抵销。进行抵销处理时,应借记"营业收入"等项目,贷记"营业成本"等项目。

【例14-8】　甲公司拥有 A 公司60%的股权,系 A 公司的母公司。甲公司本期个别利润表的营业收入中有3 000万元,系向 A 公司销售产品取得的销售收入,该产品销售成本为2 400万元。A 公司在本期将该产品全部售出,其销售收入为4 000万元,销售成本为3 000万元,并分别在其个别利润表中列示。对此,编制合并财务报表将内部销售收入和内部销售成本予以抵销时,应编制以下抵销分录:

借:营业收入　　　　　　　　　　　　　　　　30 000 000
　　贷:营业成本　　　　　　　　　　　　　　　　30 000 000

(二)购买企业内部购进的商品未实现对外销售时的抵销处理

在内部购进的商品未实现对外销售的情况下,从销售企业的角度来说,同样是按照一般的销售业务确认销售收入,结转销售成本,计算销售利润,并在其利润表中列示。这一业务从整个企业集团来看,实际上只是商品存放地点发生变动,并没有真正实现企业集团对外销售,不应确认销售收入、结转销售成本以及计算损益。因此,对该内部购销业务,在编制合并财务报表时,应将销售企业由此确认的内部销售收入和内部销售成本予以抵销。对于这一经济业务,从购买企业的角度来说,则以支付的购货价款作为存货成本入账,并在其个别资产负债表中作为资产列示。这样,购买企业的个别资产负债表中存货的价值中就包含有销售企业实现的销售毛利。销售企业由于内部购销业务实现的销售毛利,属于未实现内部销售损益。

存货价值中包含的未实现内部销售损益是由企业集团内部商品购销活动所引起的。在内部购销活动中,销售企业将集团内部销售作为收入确认并计算销售利润。而购买企业则是以支付购货的价款作为其成本入账;在本期内未实现对外销售而形成期末存货时,其存货价值中也相应地包括两部分内容,一部分为真正的存货成本(即销售企业销售该商品的成本);另一部分为销售企业的销售毛利(即其销售收入减去销售成本的差额)。对于期末存货价值中包括的这部分销售毛利,从企业集团整体的角度来看,并不是真正实现的利润。因为从整个企业整体来看,集团内部企业之间的商品购销活动实际上相当于一个企业内部物资调拨活动,既不会实现利润,也不会增加商品的价值。正是从这一意义上来说,将期末存货价值中包括的这部分销售企业作为利润确认的部分,称之为未实现内部销售损益。如果合并财务报表将母公司与子公司财务报表中的存货简单相加,则虚增存货成本。因此,在编制合并资产负债表时,应将存货价值中包含的未实现内部销售损益予以抵销。

【例14-9】 甲公司系A公司的母公司。甲公司本期个别利润表的营业收入中有2 000万元,系向A公司销售商品实现的收入,其商品成本为1 600万元,销售毛利率为20%。A公司本期从甲公司购入的商品在本期均未实现销售,期末存货中包含有2 000万元从甲公司购进的商品,该存货中包含的未实现内部销售损益为400万元。不考虑所得税因素的影响。编制合并利润表时,将内部销售收入、内部销售成本及存货价值中包含的未实现内部销售损益抵销处理如下:

借:营业收入   20 000 000
 贷:营业成本   16 000 000
  存货   (2 000×20%)4 000 000

对于内部销售收入的抵销,也可按照如下方法进行抵销处理:①按照内部销售收入的数额,借记"营业收入"项目,贷记"营业成本"项目;②按照期末存货价值中包含的未实现内部销售损益的数额,借记"营业成本"项目,贷记"存货"项目。

本例中,也可按照以下方法进行抵销处理:

借:营业收入   20 000 000
 贷:营业成本   20 000 000
借:营业成本   4 000 000
 贷:存货   (2 000×20%)4 000 000

(三)购买企业内部购进的商品部分实现对外销售时的抵销处理

对于第三种情况,即内部购进的商品部分实现对外销售部分形成期末存货的情况,可以将内部购买的商品分解为两部分来理解,一部分为当期购进并全部实现对外销售;另一部分为当期购进但未实现对外销售而形成期末存货。

【例 14-10】　甲公司系 A 公司的母公司。甲公司本期个别利润表的营业收入中有 5 000 万元,系向 A 公司销售产品取得的销售收入,该产品销售成本为 3 500 万元,销售毛利率为 30%。A 公司在本期将该批内部购进商品的 60% 实现销售,其销售收入为 3 750 万元,销售成本为 3 000 万元,销售毛利率为 20%,并列示于其个别利润表中;该批商品的另外 40% 则形成 A 公司期末存货,即期末存货为 2 000 万元,列示于 A 公司的个别资产负债表之中。不考虑所得税因素的影响。在编制合并财务报表时,其抵销处理如下:

借:营业收入　　　　　　　　　　　　　　　　　　 50 000 000
　贷:营业成本　　　　　　　　　（5 000−600）44 000 000
　　　存货　　　　　　　　　　　（5 000×40%×30%）6 000 000

本例中,也可按照以下方法进行抵销处理:

借:营业收入　　　　　　　　　　　　　　　　　　 50 000 000
　贷:营业成本　　　　　　　　　　　　　　　　　 50 000 000
借:营业成本　　　　　　　　　　　　　　　　　　　 6 000 000
　贷:存货　　　　　　　　　　　（5 000×40%×30%）6 000 000

(四)购买企业内部购进的商品作为固定资产使用时的抵销处理

在集团内成员企业将自身的产品销售给其他成员企业作为固定资产使用的情况下,对于销售企业来说,是作为普通商品销售并进行会计处理的,即在销售时确认收入、结转成本和计算损益,并以此在其个别财务报表中列示;对于购买企业来说,则以购买价格(在此不考虑安装及运输费用)作为固定资产原值记账,该固定资产入账价值中既包含销售企业生产该产品的成本,也包含销售企业由于该产品销售所体现的销售利润。购买企业虽然以支付给销售企业的购买价格作为固定资产原价入账,但从整个企业集团来说,只能以销售企业生产该产品的成本作为固定资产原价在合并财务报表中反映。因此,编制合并利润表时,应将销售企业由于该固定资产交易所实现的销售收入、结转的销售成本予以抵销;并将内部交易形成的固定资产原价中包含的未实现内部销售损益予以抵销。

【例 14-11】　母公司个别利润表的营业收入中有 600 万元,系向子公司销售其生产的设备所取得的收入,该设备生产成本为 500 万元。子公司个别资产负债表的固定资产原价中包含有该设备的原价,该设备系年末购入并投入使用,本期未计提折旧,该固定资产原价中包含有 100 万元未实现内部销售损益,在编制合并财务报表时,需要将母公司相应的销售收入和销售成本予以抵销,并将该固定资产原价中包含的未实现内部销售损益予以抵销。不考虑所得税因素的影响。其抵销分录如下:

借:营业收入　　　　　　　　　　　　　　　　　　　 6 000 000
　贷:营业成本　　　　　　　　　　　　　　　　　　 5 000 000
　　　固定资产——原价　　　　　　　　　　　　　　 1 000 000

14.7.2 连续编制合并财务报表时内部销售商品的合并处理

对于上期编制调整和抵销分录时涉及利润表中的项目及所有者权益变动表"未分配利润"的项目,在本期编制合并财务报表调整分录和抵销分录时均应用"未分配利润——年初"项目代替。

在连续编制合并财务报表的情况下,首先必须将上期抵销的存货价值中包含的未实现内部销售损益对本期期初未分配利润的影响予以抵销,调整本期期初未分配利润的数额;然后再对本期内部购进存货进行合并处理。其具体合并处理程序和方法如下:

(1)将上期抵销的存货价值中包含的未实现内部销售损益对本期期初未分配利润的影响进行抵销。即按照上期内部购进存货价值中包含的未实现内部销售损益的数额,借记"未分配利润——年初"项目,贷记"营业成本"项目。这一抵销分录,可以理解为上期内部购进的存货中包含的未实现内部销售损益在本期视同为实现利润(不影响结果,可以证明),将上期未实现内部销售损益转为本期实现利润,冲减当期的合并销售成本。

(2)上期内部购进存货如果本期未售,可以按上期内部购进存货价值中包含的未实现内部销售损益的数额,借记"未分配利润——年初"项目,贷记"存货"项目。

(3)对于本期发生内部购销活动的,将内部销售收入、内部销售成本予以抵销。即按照销售企业内部销售收入的数额,借记"营业收入"项目,贷记"营业成本"项目。

(4)将期末内部购进存货价值中包含的未实现内部销售损益予以抵销。对于期末内部购买形成的存货(包括上期结转形成的本期存货),应按照购买企业期末内部购入存货价值中包含的未实现内部销售损益的数额,借记"营业成本"项目,贷记"存货"项目。

【例14-12】 承【例14-10】,本期甲公司个别财务报表中向A公司销售商品取得销售收入6 000万元,销售成本为4 200万元,甲公司本期销售毛利率与上期相同,为30%。A公司个别财务报表中从甲公司购进商品本期实现对外销售收入5 625万元,销售成本为4 500万元,销售毛利率为20%;期末内部购进形成的存货为3 500万元(期初存货2 000万元+本期购进存货6 000万元-本期销售成本4 500万元),存货中包含的未实现内部销售损益为1 050万元。不考虑所得税因素的影响。编制合并财务报表时应进行以下合并处理:

(1)调整期初未分配利润的数额。

| 借:未分配利润——年初 | 6 000 000 | |
| 贷:营业成本 | | 6 000 000 |

(2)抵销本期内部销售收入。

| 借:营业收入 | 60 000 000 | |
| 贷:营业成本 | | 60 000 000 |

(3)抵销期末存货价值中包含的未实现内部销售损益。

| 借:营业成本 | 10 500 000 | |
| 贷:存货 | | 10 500 000 |

14.7.3　存货跌价准备的合并处理

(一)初次编制合并财务报表时存货跌价准备的合并处理

根据企业会计准则的规定,企业必须定期或者至少于年度终了时,对存货进行全面清查,采用成本与可变现净值孰低法进行期末计价,按单个存货项目计提存货跌价准备。当企业本期计提的存货跌价准备中包括对内部销售形成的存货计提的跌价准备时,则涉及如何将对购进的存货计提的跌价准备进行抵销的问题。

某一商品计提跌价准备的金额,从单一企业的角度来说,为该商品可变现净值低于取得成本的差额;而从企业集团的角度来说,则是该商品可变现净值与企业集团范围内取得该商品成本的差额。

从商品的可变现净值来说,某一商品的可变现净值,无论对于企业集团还是持有该商品的企业来说,基本上都是一致的。从商品的取得成本来说,持有内部购进商品的企业,该商品的取得成本包括销售企业所实现的利润,而对于企业集团整体来说,则是指从外部购买该商品的成本或生产这一产品的生产成本。编制合并财务报表时,计提存货跌价准备应当是将该商品的可变现净值与从企业集团的取得成本进行比较确定的计提金额。

对内部销售形成的存货计提跌价准备的合并处理,从购买企业来看有两种情况,第一种情况是,购买企业本期期末内部购进存货的可变现净值低于其取得成本,但高于销售企业销售成本。第二种情况是,购买企业本期期末内部购进存货的可变现净值既低于该存货的取得成本,也低于销售企业的该存货的取得成本。

在第一种情况下,购买企业按该存货的可变现净值低于其取得成本的金额,一方面,确认存货跌价准备并在其个别资产负债表中通过抵销存货项目的金额列示;另一方面,在利润表中作为资产减值损失列示。但从合并财务报表来说,随着内部购进存货包含的未实现内部销售损益的抵销,该存货在合并财务报表中列示的成本为抵销未实现内部销售损益后的成本。当该存货的可变现净值低于购买企业的取得成本,但高于该存货在合并财务报表中的成本时,则不需要计提存货跌价准备。个别财务报表中列的相应的存货跌价准备也应予以抵销。进行合并处理时,应当按照购买企业本期存货跌价准备的金额,借记"存货"项目,贷记"资产减值损失"项目。

【例14-13】 甲公司系A公司的母公司,甲公司本期向A公司销售商品2 000万元,其销售成本为1 400万元;A公司购进的该商品当期全部未实现对外销售而形成期末存货。A公司期末对存货进行检查时,发现该商品已经部分陈旧,其可变现净值已降至1 840万元。为此,A公司期末对该存货计提存货跌价准备160万元,并在其个别财务报表中列示。本例中,该存货的可变现净值降至1 840万元,高于抵销未实现内部销售损益后的金额(1 400万元)。不考虑所得税因素的影响。在编制本期合并财务报表时,应进行以下合并处理:

(1)将内部销售收入与销售成本抵销。

借:营业收入   20 000 000

  贷:营业成本   20 000 000

(2)将内部销售形成的存货中包含的未实现内部销售损益抵销。

借:营业成本   6 000 000

  贷:存货   6 000 000

(3)将本期计提的存货跌价准备抵销。

借:存货——跌价准备   1 600 000

  贷:资产减值损失   1 600 000

在第二种情况下,购买企业按该存货的可变现净值低于其取得成本的金额确认存货跌价准备。确认的存货跌价准备的金额,一方面,在其个别资产负债表中通过抵销存货项目列示;另一方面,在利润表中作为资产减值损失列示。购买企业在个别财务报表中确认的存货跌价准备的金额,既包括购买企业该商品取得成本高于销售企业销售成本(即取得成本)的差额(即抵销的未实现内部销售损益),也包括销售企业销售成本高于该商品可变现净值的差额。但从合并财务报表的角度来说,随着内部购进存货价值中包含的未实现内部销售损益的抵销,在合并财务报表中列示的该存货的成本为抵销未实现内部销售损益后的成本。相对于购买企业,该存货的取得成本高于销售企业销售该存货成本的差额部分计提的跌价准备的金额,已因未实现内部销售损益的抵销而抵销,故在编制合并财务报表时,也须将这部分金额予以抵销;而相对于销售企业,销售该存货成本高于该存货可变现净值的部分而计提的跌价准备的金额,无论从购买企业来说,还是对于整个企业集团来说,都是必须计提的存货跌价准备,必须在合并财务报表中予以反映。进行抵销处理时,应当按购买企业本期计提的存货跌价准备中内部购进商品取得成本高于销售企业取得成本的数额,借记"存货"项目,贷记"资产减值损失"项目。

【例14-14】 甲公司为A公司的母公司。甲公司本期向A公司销售商品2 000万元,其销售成本为1 400万元,并以此在其个别利润表中列示。A公司购进的该商品当期全部未实现对外销售而形成期末存货;期末对存货进行检查时,发现该存货已经部分陈旧,其可变现净值降至1 320万元。为此,A公司期末对该存货计提存货跌价准备680万元。在本例中,该存货的可变现净值降至1 320万元,低于抵销未实现内部销售损益后的金额(1 400万元)。在A公司本期计提的存货跌价准备680万元中,其中的600万元是相对于A公司取得成本(2 000万元)高于甲公司销售该商品的销售成本(1 400万元)部分计提的,另外80万元则是相对于甲公司销售该商品的销售成本(1 400万元)高于其可变现净值(1 320万元)的部分计提的。此时,A公司对计提存货跌价准备中相当于抵销的未实现内部销售损益的数额600万元部分,从整个企业集团来说,该商品的取得成本为1 400万元,在可变现净值高于这一金额的情况下,不需要计提存货跌价准备,故必须将其予以抵销;而对于另外的80万元的存货跌价准备,从整个企业集团来说,则是必须计提的存货跌价准备,不需要进行抵销处理。不考虑所得税因素的影响。在编制本期合并财务报表时,应进行以下抵销处理:

(1)将内部销售收入与内部销售成本抵销。

借:营业收入　　　　　　　　　　　　　　　20 000 000

　　贷:营业成本　　　　　　　　　　　　　　　20 000 000

(2)将内部销售形成的存货中包含的未实现内部销售损益抵销。

借:营业成本　　　　　　　　　　　　　　　6 000 000

　　贷:存货　　　　　　　　　　　　　　　　6 000 000

(3)将本期计提的存货跌价准备抵销。

借:存货——跌价准备　　　　　　　　　　　6 000 000

　　贷:资产减值损失　　　　　　　　　　　　6 000 000

(二)连续编制合并财务报表时存货跌价准备的合并处理

在连续编制合并财务报表进行合并处理时,首先,将上期资产减值损失中抵销的存货跌价准备对本期期初未分配利润的影响予以抵销,即按上期资产减值损失项目中抵销的存货跌价准备的数额,借记"存货"(本期未售)或"营业成本"(本期已售)项目,贷记"未分配利润——年初"项目。其次,对于本期对内部购入存货在个别财务报表中补提(或冲销)的存货跌价准备的数额也应予以抵销,借记(或贷记)"存货"项目,贷记(或借记)"资产减值损失"项目。

对于抵销存货跌价准备的数额,应当分不同情况进行处理:当本期内部购入存货的可变现净值低于持有该存货企业的取得成本但高于销售企业对该存货的取得成本时,其抵销的存货跌价准备的金额为本期存货跌价准备的增加额;当本期内部购入存货的可变现净值低于销售企业对该存货的取得成本时,其抵销的存货跌价准备的金额为本期期末存货中包含的未实现内部销售损益的金额减去期初内部购入存货计提的存货跌价准备的金额后的余额。

【例14-15】　承【例14-13】,甲公司与A公司之间本期未发生内部销售。期末存货系上期内部销售结存的存货。A公司本期期末对存货清查时,该内部购进存货的可变现净值为1 200万元,A公司期末存货跌价准备的余额为800万元。该内部购进存货的可变现净值由上期期末的1 840万元降至1 200万元,既低于A公司从甲公司购买时的取得成本,也低于抵销未实现内部销售损益后的金额(即甲公司销售该商品的成本1 400万元)。A公司本期期末存货跌价准备的余额为800万元,从计提时间来看,既包括上期期末计提结存的存货跌价准备160万元,又包括本期期末计提的存货跌价准备640万元。从整个企业集团来说,本期期末计提的存货跌价准备为200万元。本期应抵销存货跌价准备440万元。不考虑所得税因素的影响。甲公司在编制本期合并财务报表时,应进行以下合并处理:

借:未分配利润——年初　　　　　　　　　　6 000 000

　　贷:存货　　　　　　　　　　　　　　　　6 000 000

借:存货——跌价准备　　　　　　　　　　　1 600 000

　　贷:未分配利润——年初　　　　　　　　　1 600 000

借:存货——跌价准备　　　(6 000 000-1 600 000)44 00 000

    贷:资产减值损失   4 400 000

  【例14-16】 承【例14-13】,甲公司上期向A公司销售商品2 000万元,其销售成本为1 400万元;A公司购进的该商品当期未实现对外销售全部形成期末存货。A公司期末对存货进行检查时,发现该存货已经部分陈旧,其可变现净值降至1 840万元,A公司期末对该存货计提存货跌价准备160万元。在编制上期合并财务报表时,已将该存货跌价准备予以抵销。甲公司本期向A公司销售商品3 000万元,甲公司销售该商品的销售成本为2 100万元。A公司本期对外销售内部购进商品实现的销售收入为4 000万元,销售成本为3 200万元,其中上期从甲公司购进商品本期全部售出,销售收入为2 500万元,销售成本为2 000万元;本期从甲公司购进商品销售40%,销售收入为1 500元,销售成本为1 200万元。另60%形成期末存货,其取得成本为1 800万元,甲公司销售这部分商品的成本为1 260万元,期末其可变现净值为1 620万元,A公司本期期末对该内部购进形成的存货计提存货跌价准备180万元。从整个企业集团来说,本期期末不计提存货跌价准备。本期应抵销存货跌价准备180万元。不考虑所得税因素的影响。应进行以下合并处理:

   借:未分配利润——年初   6 000 000
    贷:营业成本   6 000 000
   借:营业成本   1 600 000
    贷:未分配利润——年初   1 600 000
   借:营业收入   30 000 000
    贷:营业成本   30 000 000
   借:营业成本   (1800−1260)5 400 000
    贷:存货   5 400 000
   借:存货——跌价准备   1 800 000
    贷:资产减值损失   1 800 000

14.7.4 内部交易存货相关所得税会计的合并抵销处理

  在编制合并财务报表时,由于需要对企业集团内部交易进行合并抵销处理,由此可能导致在合并财务报表中反映的资产、负债账面价值与其计税基础存在差异。为了使合并财务报表全面反映所得税相关的影响,特别是当期所负担的所得税费用的情况,应当进行所得税会计核算,在计算确定资产、负债的账面价值与计税基础之间差异的基础上,确认相应的递延所得税资产或递延所得税负债。

  企业在编制合并财务报表时,应将母公司与纳入合并范围的子公司以及子公司相互之间发生的内部交易对个别财务报表的影响予以抵销,其中包括内部商品交易所形成的存货价值中包含的未实现内部销售损益的金额。对于内部商品交易所形成的存货,从持有该存货的企业来说,假定不考虑计提资产减值损失,其取得成本就是该资产的账面价值,这其中包括销售企业因该销售所实现的损益,这一取得成本也就是计税基础。由于所得税是以独立的法人实体为对象计征的,这一计税基础也是合并财务报表中该存货的计税基础。此时,账面价值与计税基础是一致的,不存在暂时性差异,也不涉及确认递延所得税资产或递延所得税负债的问题。但在编制合并财务报表过程中,随着内部商品交易所形成的存货价值包含的未实现内部销售损益的抵销,合并资产负债表所反映的存货价值是以原来内部销售企业该商品的销售成本列示的,不包含未实现内部销售损益。由此导致在合并资产负债表中所列示的存货价值与持有该存货的企业计税基础不一致,产生暂时性差异。这一暂时性差异的金额就是编制合并财务报表时所抵销的未实现内部销售损益的数额。从合并财务报表的角度来说,形成的暂时性差异,必须确认递延所得税资产(高价出售)或递延所得税负债(低价出售)。

【例 14-17】　甲公司持有 A 公司 80% 的股权,系 A 公司的母公司。甲公司利润表列示的营业收入中有 5 000 万元,系当年向 A 公司销售产品所取得的销售收入,该产品销售成本为 4 000 万元,毛利率为 20%。A 公司将该批内部购进商品的 60% 实现对外销售,其销售收入为 3 750 万元,销售成本为 3 000 万元,并列示于其利润表中;该批商品的另外 40% 则形成 A 公司期末存货,即期末存货为 2 000 万元,列示于 A 公司的资产负债表中。甲公司和 A 公司适用的企业所得税税率均为 25%。甲公司在编制合并财务报表时,其合并抵销处理如下:

(1)将内部销售收入与内部销售成本及存货价值中包含的未实现内部销售利润抵销,其抵销分录如下:

借:营业收入　　　　　　　　　　　　　　　　50 000 000
　　贷:营业成本　　　　　　　　　　　　　　　46 000 000
　　　　存货　　　　　　　　(5 000×40%×20%)4 000 000

(2)确认与因编制合并财务报表形成的暂时性差异相关的递延所得税资产。合并时的抵销分录如下:

借:递延所得税资产　　　　　　　　(400×25%)1 000 000
　　贷:所得税费用　　　　　　　　　　　　　　　1 000 000

14.7.5　逆流交易的合并处理

投资企业在采用权益法确认投资收益时,应抵销与其联营企业及合营企业之间发生的未实现内部交易损益。该未实现内部交易既包括顺流交易也包括逆流交易。顺流交易是指投资方向其联营企业或合营企业投出或出售资产。逆流交易是指联营企业或合营企业向投资方出售资产。未实现内部交易损益体现在投资方或其联营企业、合营企业持有的资产账面价值中的,在计算确认投资损益时应予抵销。即投资方与联营企业及合营企业之间发生的未实现内部交易损益,按照应享有的比例计算归属于投资方的部分,应当予以抵销,在此基础上确认投资损益。投资方与被投资单位发生的内部交易损失,按照资产减值准则等规定属于资产减值损失的,应当全额确认。

投资方与其联营企业和合营企业之间的未实现内部交易损益抵销与投资方与子公司之间的未实现内部交易损益抵销有所不同。母子间未实现内部交易损益在合并财务报表中是全额抵销的(无论是全资子公司还是非全资子公司),而投资方与其联营企业和合营企业之间的未实现内部交易损益抵销仅仅是投资方(或是纳入投资方合并财务报表范围的子公司)享有联营企业或合营企业的权益份额。

发生顺流交易(母公司向子公司出售资产)时,母公司的净收益包括了内部存货交易所产生的期末存货中的未实现利润,子公司的净收益不受影响。发生逆流交易(子公司向母公司出售资产)时,子公司的净收益包括了内部交易所产生的期末资产的未实现利润,母公司的净收益不受影响。子公司少数股东只在子公司拥有权益。如果子公司的净收益包括了未实现利润,将会影响少数股东权益的计算。

母公司向子公司出售资产所发生的未实现内部交易损益,应当全额抵销"归属于母公司所有者的净利润"。子公司向母公司出售资产所发生的未实现内部交易损益,应当按照母公司对该子公司的分配比例在"归属于母公司所有者的净利润"和"少数股东损益"之间分配抵销。即少数股东需要分担逆流交易中子公司销售给母公司的未实现利润,目的是完全消除内部交易未实现损益对合并报表层面所显示的财务状况和经营成果的影响。子公司之间出售资产所发生的未实现内部交易损益,应当按照母公司对出售方子公司的持股比例在"归属于母公司所有者的净利润"和"少数股东损益"之间分配抵销。少数股东权益对应资产负债表,少数股东损益对应利润表。如果抵销未实现内部交易损益,使子公司的净利润增加,就会增加少数股东权益和少数股东损益,借记少数股东损益,贷记少数股东权益。如果抵销未实现内部交易损益,使子公司的净利润减少,就会减少少数股东权益和少数股东损益,借记少数股东权益,贷记少数股东损益。

【例14-18】 甲公司持有B公司70%的股份。B公司销售商品给甲公司,售价300万元,成本200万元,甲公司购入后售出了40%,期末剩余60%。两家公司适用的企业所得税税率均为25%。B公司销售商品给甲公司,母公司应做以下抵销处理:

借:营业收入		3 000 000
贷:营业成本		2 400 000
存货	(1 000 000×60%)	600 000
借:递延所得税资产	(60×25%)	150 000
贷:所得税费用		150 000
借:少数股东权益	[600 000×(1-25%)×30%]	135 000
贷:少数股东损益		135 000

【例14-19】 A公司和B公司为甲公司控制下的两个子公司。甲公司持有A公司80%的股份、持有B公司70%的股份。A公司销售商品给B公司,售价500万元,成本400万元,B公司购入后售出了70%,期末剩余30%。公司适用的企业所得税税率均为25%。A公司销售商品给B公司,母公司应做以下抵销处理:

借:营业收入		5 000 000
贷:营业成本		4 700 000
存货	(1 000 000×30%)	300 000
借:递延所得税资产	(30×25%)	75 000
贷:所得税费用		75 000

借:少数股东权益   [300 000×(1-25%)×20%]45 000
   贷:少数股东损益   45 000

14.8　内部固定资产交易的合并处理

14.8.1　内部固定资产交易概述

内部固定资产交易是指企业集团内部发生的与固定资产有关的购销业务。根据销售企业销售的是产品还是固定资产,可以将企业集团内部固定产交易划分为两种类型:第一种类型是企业集团内部企业将自身使用的固定资产变卖给企业集团内的其他企业作为固定资产使用;第二种类型是企业集团内部企业将自身生产的产品销售给企业集团内的其他企业作为固定资产使用。此外,还有一种类型的内部固定资产交易,即企业集团内部企业将自身使用的固定资产变卖给企业集团内的其他企业作为普通商品销售。这种类型的固定资产交易属于固定资产的内部处置,在企业集团内部发生的情况极少,一般情况下发生的数量也不大。

内部固定资产交易属于内部商品交易,其在编制合并财务报表时的抵销处理与一般内部商品交易的抵销处理有相同之处。但由于固定资产取得并投入使用后,往往要跨越若干个会计期间,并且在使用过程中通过计提折旧将其价值转移到产品生产成本或各会计期间费用中去,因而其抵销处理也有其特殊性;由于其跨越若干会计期间,则涉及使用该固定资产期间编制合并财务报表的期初未分配利润的调整问题;由于固定资产需要计提折旧,则涉及每一次计提折旧中包含的未实现内部销售损益的抵销问题,也涉及每期累计折旧中包含的未实现内部销售损益的抵销问题。相对来说,内部固定资产交易的抵销处理,要比一般的内部商品交易的抵销处理复杂得多。为了便于理解,本节将财务报表中的"固定资产"项目,细化为"固定资产原价"和"累计折旧"两个项目,来介绍内部固定资产相关的合并抵销处理。

14.8.2　内部固定资产交易当期的合并处理

(一)内部固定资产交易但当期未计提折旧的抵销处理

1)企业集团内部固定资产变卖交易的抵销处理

在合并工作底稿中编制抵销分录时,应当按照该内部交易固定资产的转让价格高于其原账面价值之间的差额,借记"资产处置收益"项目,贷记"固定资产原价"项目。如果该内部交易的固定资产转让价格低于其原账面价值,则按其差额,借记"固定资产原价"项目,贷记"资产处置收益"项目。

【例 14-20】　A 公司和 B 公司为甲公司控制下的两个全资子公司。A 公司年末将其账面价值为 1 280 万元的某厂房,以 1 500 万元的价格变卖给 B 公司作为固定资产使用。

A公司因该内部固定资产交易实现收益220万元,并列示于其个别利润表。B公司以1 500万元的金额将该厂房作为固定资产的原价入账,并列示其个别资产负债表。编制合并财务报表时,将因该固定资产交易实现的收益与固定资产原值中包含的未实现内部销售损益的数额予以抵销。其抵销分录如下:

借:资产处置收益　　　　　　　　　　　　　2 200 000
　　贷:固定资产原价　　　　　　　　　　　　　2 200 000

2)企业集团内部产品销售给其他企业作为固定资产的抵销处理

在合并工作底稿中将其抵销时,应当借记"营业收入"项目、贷记"营业成本"项目和"固定资产原价"项目。其中,借记"营业收入"项目的金额,为销售企业销售该产品的销售收入;贷记"营业成本"项目的数额为销售企业销售该产品结转的销售成本;贷记"固定资产原价"项目的数额为销售企业销售该产品的销售收入与销售成本之间的差额,即该内部交易所形成的固定资产原价中包含的未实现内部销售损益的数额。

【例14-21】 A公司和B公司为甲公司控制下的两个全资子公司。A公司年末将自己生产的产品销售给B公司作为固定资产使用,A公司销售该产品的销售收入为1 680万元,销售成本为1 200万元,B公司以1 680万元的价格作为该固定资产的原价。此时,与内部商品交易的抵销处理相似,A公司应将该产品的销售收入1 680万元及其销售成本1 200万元,以及B公司固定资产包含的未实现内部销售损益480(1 680-1 200)万元予以抵销。相关的抵销处理如下:

借:营业收入　　　　　　　　　　　　　　16 800 000
　　贷:营业成本　　　　　　　　　　　　　　12 000 000
　　　　固定资产原价　　　　　　　　　　　　 4 800 000

(二)内部固定资产交易且当期计提折旧的合并处理

在发生内部固定资产交易当期编制合并财务报表时,首先,必须将与该内部固定资产交易相关的销售收入、销售成本以及形成的固定资产原价中包括的未实现内部销售损益予以抵销。其次,购买企业使用该内部交易固定资产并计提折旧,其折旧费用计入当期损益,由于购买企业是以该固定资产的取得成本作为其原价计提折旧,在取得成本中包含有销售企业由于该内部固定资产交易所实现的损益(即未实现内部销售损益),相应地在该内部交易固定资产使用过程中其各期计提的折旧额中,也包含有未实现内部销售损益摊销的金额。因此必须将当期该内部交易固定资产计提的折旧额中相当于未实现内部销售损益的摊销金额即多计提折旧的数额,从该内部交易固定资产当期计提的折旧费用和该固定资产累计折旧中予以抵销。其合并抵销处理如下:

(1)将内部交易固定资产相关的销售收入、销售成本以及其原价中包含的未实现内部销售损益予以抵销,即按销售企业由于该固定资产交易所实现的销售收入,借记"营业收入"项目;按照其销售成本,贷记"营业成本"项目,按照该内部交易固定资产的销售收入与销售成本之间的差额(即原价中包含的未实现内部销售损益的数额),贷记"固定资产原价"项目。

(2)将内部交易固定资产当期因未实现内部销售损益而多计提的折旧费用和累计折旧予以抵销。对固定资产计提折旧,企业进行会计处理时,一方面增加当期的费用;另一方面形成累计折旧。对因内部交易固定资产当期使用多计提的折旧进行抵销处理时,应按当期多计提的数额,借记"累计折旧"项目,贷记"管理费用"等项目(本节有关的内部交易固定资产均假定为管理用固定资产)。

如果低价出售固定资产,对因内部交易固定资产少计提的折旧进行抵销处理,抵销分录相反。

14.8.3　内部交易固定资产取得后至处置前期间的合并处理

固定资产在以后的会计期间,具体抵销程序如下:

(1)将内部交易固定资产原价中包含的未实现内部销售损益抵销,并调整期初未分配利润,即按照固定资产原价中包含的未实现内部销售损益的数额,借记"未分配利润——年初"项目,贷记"固定资产原价"项目。

(2)将以前会计期间内部交易固定资产多计提的累计折旧抵销,并调整期初未分配利润,即按照以前会计期间抵销该内部交易固定资产因包含未实现内部销售损益而多计提的累计折旧额,借记"累计折旧"项目,贷记"未分配利润——年初"项目。

(3)将当期该内部交易固定资产因包含未实现内部销售损益而多计提的折旧费用予以抵销,并调整本期计提的累计折旧额,即按照本期该内部交易的固定资产多计提的折旧额,借记"累计折旧"项目,贷记"管理费用"等费用项目。

【例14-22】　A公司和B公司为甲公司控制下的两个全资子公司。A公司于2×21年1月1日将自己生产的产品销售给B公司作为固定资产使用,A公司销售该产品的销售收入为1 680万元,销售成本为1 200万元。B公司以1 680万元的价格作为该固定资产的原价入账。B公司购买的该固定资产用于公司的行政管理,该固定资产不需要安装,当月投入使用,其折旧年限为4年,预计净残值为0。为简化合并处理,假定该内部交易固定资产在交易当年按12个月计提折旧。

(1)2×21年,A公司因该内部交易确认销售收入1 680万元,结转销售成本1 200万元;B公司该固定资产的原价为1 680万元,其中包含的未实现内部销售损益为480(1 680 −1 200)万元。个别财务报表多提折旧120万元。在合并工作底稿中应进行以下抵销处理:

借:营业收入 16 800 000
　贷:营业成本 12 000 000
　　固定资产原价 4 800 000
借:累计折旧 1 200 000
　贷:管理费用 1 200 000

(2)B公司2×22年的个别资产负债表中,该内部交易固定资产原价为1 680万元,累计折旧为840万元,该固定资产净值为840万元。该内部交易固定资产2×22年计提折旧420万元。甲公司编制2×22年合并财务报表时,应当进行以下抵销处理:

借:未分配利润——年初	4 800 000	
贷:固定资产原价		4 800 000
借:累计折旧	1 200 000	
贷:未分配利润——年初		1 200 000
借:累计折旧	1 200 000	
贷:管理费用		1 200 000

(3)B公司2×23年的个别资产负债表中,该内部交易固定资产原价为1 680万元,累计折旧为1 260万元,该固定资产净值为420万元。该内部交易固定资产2×23年计提折旧420万元。甲公司编制2×23年合并财务报表时,应当进行以下抵销处理:

借:未分配利润——年初	4 800 000	
贷:固定资产原价		4 800 000
借:累计折旧	2 400 000	
贷:未分配利润——年初		2 400 000
借:累计折旧	1 200 000	
贷:管理费用		1 200 000

14.8.4　内部交易固定资产清理期间的合并处理

对于销售企业来说,因该内部交易固定资产实现的利润,作为期初未分配利润的一部分结转到以后的会计期间,直到购买企业对该内部交易固定资产进行清理的会计期间。从购买企业来说,对内部交易固定资产进行清理的会计期间,在其个别财务报表中表现为固定资产原价和累计折旧的减少;该固定资产清理收入减去该固定资产净值以及有关清理费用后的余额,则在其个别利润表中以"资产处置收益(或营业外收支)"项目列示。固定资产清理时可能出现三种情况,即期满清理、超期清理、提前清理。编制合并财务报表时,应当根据具体情况进行合并处理。

(一)内部交易固定资产使用期限届满进行清理期间的合并处理

在内部交易固定资产使用期限届满进行清理的会计期间期末,购买企业内部资产固定资产实体已不复存在,因此不存在未实现内部销售损益抵销问题,包括未实现内部销售损益在内的该内部交易固定资产的价值全部转移到各会计期间实现的损益之中。从整个集团的角度来说,随着该内部交易固定资产的使用期满,其包含的未实现内部销售损益也转化为已实现利润。从销售企业来说,因该内部销售所实现的利润,作为期初未分配利润的一部分已结转到购买企业对该内部交易固定资产使用期满进行清理的会计期间。为此,编制合并财务报表时首先必须调整期初未分配利润。其次,在固定资产进行清理的会计期间,在未进行清理前仍处于使用之中,仍须计提折旧,本期计提折旧中仍然包含因内部未实现销售损益而多计提的折旧额,因此也需要将当期多计提的折旧额予以抵销。

【例14-23】　承【例14-22】,2×24年12月,该内部交易固定资产使用期满,B公司对其进行清理。B公司对该固定资产清理时实现固定资产清理净收益14万元,在2×24年个别利润表中以"营业外收入"项目列示。随着对该固定资产的清理,该固定资产的原价和累计折旧转销,在2×24年12月31日个别资产负债表的固定资产中已无该固定资产的列示。甲公司应当进行以下抵销处理:

借:未分配利润——年初　　　　　　　　　　　4 800 000
　　贷:营业外收入　　　　　　　　　　　　　　　　4 800 000
借:营业外收入　　　　　　　　　　　　　　　3 600 000
　　贷:未分配利润——年初　　　　　　　　　　　　3 600 000
借:营业外收入　　　　　　　　　　　　　　　1 200 000
　　贷:管理费用　　　　　　　　　　　　　　　　　1 200 000

以上三笔抵销分录,可以合并为以下抵销分录:

借:未分配利润——年初　　　　　　　　　　　1 200 000
　　贷:管理费用　　　　　　　　　　　　　　　　　1 200 000

(二)内部交易固定资产超期使用进行清理期间的合并处理

内部交易固定资产超期使用清理前的会计期间,该固定资产仍然按包含未实现内部销售损益的原价及计提的累计折旧,在购买企业的个别资产负债表中列示;销售企业因该内部交易固定资产所实现的利润,作为期初未分配利润的一部分结转到购买企业对该内部交易固定资产进行清理的会计期间。因此,首先需要将该固定资产原价中包括的未实现内部销售损益予以抵销,并调整期初未分配利润。其次,要将以前会计期间因内部交易固定资产原价中包含的未实现内部销售利润而多计提的累计折旧予以抵销。最后,由于在该固定资产使用期满的会计期间仍然需要计提折旧,因此需要将多计提的折旧费用予以抵销,并调整已计提的累计折旧。固定资产超期使用期间不计提折旧,所以不存在抵销多计提折旧问题。

对于超期使用后进行清理的内部交易的固定资产,由于清理当期其实物已不存在,不存在固定资产原价中包含未实现内部销售损益的问题;同时,该固定资产累计折旧也随着固定资产清理而转销,也不存在着固定资产使用多计提折旧的抵销问题。也可以这样理解,即当内部交易固定资产超期使用进行清理的情况下,其包含的未实现内部销售损益,随着其折旧计提完毕,其包含的未实现内部销售损益已实现。因此,在编制对该内部交易固定资产进行清理的会计期间的合并财务报表时,不需要进行合并处理。

【例14-24】　承【例14-22】,2×24年12月31日,该内部交易固定资产使用期满,但该固定资产仍处于使用之中,B公司未对其进行清理报废。B公司2×24年个别资产负债表的固定资产仍列示该固定资产的原价为1 680万元,累计折旧为1 680万元;在其个别利润表中列示该固定资产当年计提的折旧为420万元。甲公司在编制2×24年合并财务报表时,应当进行以下抵销处理:

借:未分配利润——年初　　　　　　　　　　　4 800 000
　　贷:固定资产原价　　　　　　　　　　　　　　　4 800 000

借:累计折旧	3 600 000	
贷:未分配利润——年初		3 600 000
借:累计折旧	1 200 000	
贷:管理费用		1 200 000

该内部交易固定资产2×25年仍处于使用之中。B司个别资产负债表中内部交易固定资产为1 680万元,累计折旧为1 680万元;由于固定资产超期使用不计提折旧,B公司个别利润表中无该内部固定资产计提的折旧费用。甲公司编制2×25年合并财务报表时,应当进行以下抵销处理:

借:未分配利润——年初	4 800 000	
贷:固定资产原价		4 800 000
借:累计折旧	4 800 000	
贷:未分配利润——年初		4 800 000

该内部交易固定资产2×26年进行清理,编制2×26年合并财务报表时,不需要抵销处理。

(三)内部交易固定资产使用期限未满提前进行清理的合并处理

在这种情况下,购买企业内部交易固定资产实体已不复存在,因此不存在未实现内部销售损益抵销问题,但由于固定资产提前报废,固定资产原价中包含的未实现内部销售损益随着清理而成为实现的损益。对于销售企业来说,因该内部交易固定资产所实现的利润,作为期初未分配利润的一部分,结转到购买企业对该内部交易固定资产进行清理的会计期间。为此,首先必须调整期初未分配利润;其次,在固定资产进行清理前仍须计提折旧,本期计提折旧中仍然包含有多计提的折旧,需要将多计提的折旧费用予以抵销。

【例14-25】 承【例14-22】,B公司于2×23年12月对该内部交易固定资产进行清理处置,在对其清理过程中取得清理净收益25万元,在其个别利润表中作为资产处置收益列示。该内部交易固定资产至2×23年12月已经使用3年,B公司对该固定资产累计计提折旧1 260万元。此时,甲公司在编制2×23年度合并财务报表时,应当进行以下抵销处理:

借:未分配利润——年初	4 800 000	
贷:资产处置收益		4 800 000
借:资产处置收益	2 400 000	
贷:未分配利润——年初		2 400 000
借:资产处置收益	1 200 000	
贷:管理费用		1 200 000

14.8.5 内部交易固定资产相关所得税会计的合并处理

对于内部交易形成的固定资产,编制合并财务报表时应当将该内部交易对个别财务报表的影响予以抵销,其中包括将内部交易形成的固定资产价值中包含的未实现内部销售利润予以抵销。对于内部交易形成的固定资产,从持有该固定资产的企业来说,假定不考虑计提资产减值损失,其取得成本就是该固定资产的账面价值,其中包括销售企业因该销售所实现的损益,这一账面价值与其计税基础是一致的,不存在暂时性差异,也不涉及确认递延所得税资产或递延所得税负债的问题。但在编制合并财务报表时,随着内部交易所形成的固定资产价值所包含的未实现内部销售损益的抵销,合并资产负债表中所反映的该固定资产价值不包含这一未实现内部销售损益,也就是说,是以原销售企业该商品的销售成本列示的,因而导致在合并资产负债表中所列示的固定资产价值与持有该固定资产的企业计税基础不一致,产生暂时性差异。这一暂时性差异的金额就是编制合并财务报表时所抵销的未实现内部销售损益的数额。从合并财务报表的角度来说,产生的暂时性差异,在编制合并财务报表时必须确认相应的递延所得税资产(高价出售)或递延所得税负债(低价出售)。

【例14-26】 A公司和B公司均为甲公司控制下的全资子公司。A公司2×24年6月20日,将自己生产的产品销售给B公司作为固定资产使用,A公司销售该产品的销售收入为1 600万元,销售成本为1 200万元。A公司在年度利润表中列示该销售收入为1 600万元,销售成本为1 200万元。B公司以1 600万元的价格作为该固定资产的原价入账。B公司将固定资产交付销售部门,当月投入使用,其折旧年限为4年,预计净残值为0。B公司对固定资产确定的折旧年限和预计净残值与税法规定一致。B公司年末的资产负债表中列示该固定资产,其原价为1 600万元、累计折旧200万元、固定资产净值1 400万元。A公司、B公司和甲公司所适用的所得税税率均为25%。甲公司在编制合并财务报表时,相关的会计处理如下:

(1)将该内部交易固定资产相关的销售收入与销售成本及原价中包含的未实现内部销售利润予以抵销。

借:营业收入　　　　　　　　　　　　　　　　16 000 000
　　贷:营业成本　　　　　　　　　　　　　　　　12 000 000
　　　　固定资产原价　　　　　　　　　　　　　　4 000 000

(2)将当年计提的折旧中包含的未实现内部销售损益的金额予以抵销:

借:累计折旧　　　　　　　　　　　　　　　　　500 000
　　贷:销售费用　　　　　　　　　　　　　　　　　500 000

(3)合并财务报表中该固定资产的账面价值为1 050(1 200-150)万元,计税基础为1 400(1 600-200)万元,暂时性差异为350万元,确认递延所得税资产为87.5(350×25%)万元。合并抵销分录如下:

借:递延所得税资产　　　　　　　　　　　　　　875 000
　　贷:所得税费用　　　　　　　　　　　　　　　　875 000

14.9 内部无形资产交易的合并处理

内部无形资产交易是企业集团内部成员企业之间发生的与无形资产转让有关的业务活动。如企业集团内部某一成员企业将自身拥有的专利权、专有技术等转让出售给其他成员企业作为无形资产继续使用。对于内部无形资产交易,在编制合并财务报表时,首先,必须将转让无形资产的处置损益及购入企业无形资产入账价值中包含的未实现内部销售损益予以抵销;其次,随着无形资产价值的摊销,无形资产价值中包含的未实现内部销售损益也随之计入当期费用,为此也必须对内部交易无形资产摊销计入相关费用项目进行抵销处理。

为了便于理解,本节将财务报表中的"无形资产"项目细化为"无形资产"和"累计摊销"两个项目,来介绍与内部交易无形资产相关的合并抵销处理。

14.9.1 内部无形资产交易当期的合并处理

进行合并处理时,按照内部交易时该无形资产账面价值中包含的未实现内部销售损益的数额,借记"资产处置收益"项目,按交易时该内部交易无形资产账面价值中包含的未实现内部销售损益的数额,贷记"无形资产"项目;同时按本期该内部交易无形资产摊销额中包含的未实现内部销售损益的数额(即该无形资产价值中包含的未实现内部销售损益除以该无形资产的摊销年限得出的金额),借记"累计摊销"项目,贷记"管理费用"项目。

14.9.2 内部交易无形资产持有期间的合并处理

进行合并处理时,按受让时内部交易无形资产价值中包含的未实现内部销售损益的数额,借记"未分配利润——年初"项目,贷记"无形资产"项目;按上期期末该内部交易无形资产累计摊销金额中包含的已摊销未实现内部销售损益的数额,借记"累计摊销"项目,贷记"未分配利润——年初"项目;按本期因该内部交易无形资产价值中包含未实现内部销售损益而多计算的摊销金额,借记"累计摊销"项目,贷记"管理费用"项目。

【例14-27】 甲公司系A公司的母公司,甲公司2×21年1月8日向A公司转让无形资产一项,转让价格为820万元,该无形资产的账面成本为700万元。A公司购入该无形资产后,确定使用年限为5年。A公司2×21年12月31日的资产负债表中"无形资产"项目的金额为656万元,利润表的"管理费用"项目中记有当年摊销的该无形资产价值164万元。此时,A公司该无形资产入账价值为820万元,其中包含的未实现内部销售利润为120万元;按5年的期限,本期摊销的金额为164万元(无形资产从取得的当月起开始摊销),其中包含的未实现内部销售利润的摊销额为24万元。

甲公司在编制2×21年度合并财务报表时,该内部无形资产交易相关的抵销处理如下:

借:资产处置收益 1 200 000

   贷:无形资产 1 200 000

借:累计摊销 240 000

   贷:管理费用 240 000

2×22年12月31日,上年累计摊销额中包含未实现内部销售利润而多计算的摊销额24万元。本期计算的摊销额包含的未实现内部销售利润而多计算的摊销额24万元。

借:未分配利润——年初 1 200 000

   贷:无形资产 1 200 000

借:累计摊销 240 000

   贷:未分配利润——年初 240 000

借:累计摊销 240 000

   贷:管理费用 240 000

甲公司在编制2×23年度合并财务报表时,该内部无形资产交易相关的抵销处理如下:

借:未分配利润——年初 1 200 000

   贷:无形资产 1 200 000

借:累计摊销 480 000

   贷:未分配利润——年初 480 000

借:累计摊销 240 000

   贷:管理费用 240 000

甲公司在编制2×24年度合并财务报表时,该内部无形资产交易相关的抵销处理如下:

借:未分配利润——年初 1 200 000

   贷:无形资产 1 200 000

借:累计摊销 720 000

   贷:未分配利润——年初 720 000

借:累计摊销 240 000

   贷:管理费用 240 000

14.9.3 内部无形资产交易摊销完毕期间的合并处理

对于购买企业来说,该内部交易无形资产到期时,其账面价值已摊销完毕,包含于其中的未实现内部销售损益的数额也摊销完毕,无形资产账面价值经摊销后为零。对于转让企业来说,因该内部交易无形资产实现的收益,作为期初未分配利润的一部分结转到以后的会计期间,直到购买企业对该内部交易无形资产到期的会计期间。对整个企业来说,随着该内部交易无形资产的使用期满,其包含的未实现内部销售损益也转化为已实现损益。由于销售企业因该内部交易无形资产所实现的收益,作为期初未分配利润的一部分,结转到购买企业该内部交易无形资产到期的会计期间,为此首先必须调整期初未分配利润。其次,在该无形资产到期的会计期间,本期无形资产摊销额中仍然包含无形资产价值中包含的未实现内部销售损益的摊销额,这一数额仍须进行抵销处理。

【例14-28】 承【例14-27】,2×25年12月,A公司该内部交易无形资产使用期满,在其个别资产负债表中已无该无形资产摊余价值,在其个别利润表管理费用中仍包含该无形资产使用本期摊销额164万元。甲公司在编制2×25年度合并财务报表时,该内部无形资产交易相关的抵销处理如下:

(1)将A公司受让取得该内部交易无形资产时其价值中包含的未实现内部销售利润抵销。

借:未分配利润——年初　　　　　　　　　　1 200 000
　　贷:无形资产　　　　　　　　　　　　　　　1 200 000

(2)将A公司上期该内部交易无形资产价值摊销额中包含的未实现内部销售利润抵销。

借:累计摊销　　　　　　　　　　　　　　　960 000
　　贷:未分配利润——年初　　　　　　　　　　960 000

(3)将A公司本期该内部交易无形资产价值摊销额中包含的未实现内部销售利润抵销。

借:累计摊销　　　　　　　　　　　　　　　240 000
　　贷:管理费用　　　　　　　　　　　　　　　240 000

如果提前处置无形资产时,类似于固定资产处置,用资产处置收益替换无形资产和累计摊销。内部交易无形资产相关所得税会计的合并抵销处理与固定资产类似。

14.10　特殊交易在合并财务报表中的会计处理

14.10.1　追加投资的会计处理

(一)母公司购买子公司少数股东股权

企业在取得对子公司的控制权,形成企业合并后,购买少数股东全部或部分权益的,实质上是股东之间的权益性交易,应当分别母公司个别财务报表以及合并财务报表两种情况进行处理。

在母公司个别财务报表中,其自子公司少数股东处新取得的长期股权投资,应当按照《企业会计准则第2号——长期股权投资》的规定,确定长期股权投资的入账价值。即按照实际支付价款或公允价值确认长期股权投资。自子公司少数股东处新取得的长期股权投资,不属于企业合并。在合并财务报表中,母公司购买子公司少数股东拥有的子公司股权,在合并财务报表中,因购买少数股权新取得的长期股权投资与按照新增持股比例计算应享有子公司自购买日或合并日开始持续计算的净资产份额之间的差额,应当调整母公司个别财务报表中的资本公积(资本溢价或股本溢价);资本公积不足冲减的,调整留存收益。

(二)通过多次交易分步实现的非同一控制下企业合并

企业因追加投资等原因,通过多次交易分步实现非同一控制下企业合并的,在合并财务报表上,首先,应结合分步交易的各个步骤的协议条款,以及各个步骤中所分别取得的股权比例、取得对象、取得方式、取得时点及取得对价等信息来判断分步交易是否属于"一揽子交易"。各项交易的条款、条件以及经济影响符合以下一种或多种情况的,通常应将多次交易事项作为"一揽子交易"进行会计处理:一是这些交易是同时或者是在考虑了彼此影响的情况下订立的;二是这些交易整体才能达成一项完整的商业结果;三是一项交易的发生取决于至少一项其他交易的发生;四是一项交易单独看是不经济的,但是和其他交易一并考虑时是经济的。

如果分步取得对子公司股权投资直至取得控制权的各项交易属于"一揽子交易",应当将各项交易作为一项取得子公司控制权的交易进行会计处理。

如果不属于"一揽子交易",在合并财务报表中,对于购买日之前持有的被购买方的股权,应当按照该股权在购买日的公允价值进行重新计量,公允价值与其账面价值之间的差额计入当期投资收益;购买日之前持有的被购买方的股权涉及权益法核算下的其他综合收益以及除净损益、其他综合收益和利润分配外的其他所有者权益变动的,与其相关的其他综合收益、其他所有者权益变动应当转为购买日所属当期收益,不能重分类进损益的其他综合收益除外。购买方应当在附注中披露其在购买日之前持有的被购买方的股权在购买日的公允价值,按照公允价值重新计量产生的相关利得或损失的金额。

(三)通过多次交易分步实现的同一控制下企业合并

对于分步实现的同一控制下企业合并,根据企业合并准则,同一控制下企业合并在编制合并财务报表时,应视同参与合并的各方在最终控制方开始控制时即以目前的状态存在进行调整,在编制比较报表时,以不早于合并方和被合并方同处于最终控制方的控制之下的时点为限,将被合并方的有关资产、负债并入合并方合并财务报表的比较报表中,并将合并而增加的净资产在比较报表中调整所有者权益项下的相关项目。

为避免对被合并方净资产的价值进行重复计算,合并方在取得被合并方控制权之前持有的股权投资,在取得原股权之日与合并方和被合并方同处于同一方最终控制之日孰晚日起至合并日之间已确认有关损益、其他综合收益以及其他净资产变动,应分别冲减比较报表期间的期初留存收益或当期损益。

(四)本期增加子公司时如何编制合并财务报表

编制合并资产负债表时,以本期取得的子公司在合并资产负债表日的资产负债表为基础编制。对于本期投资或追加投资取得的子公司,不需要调整合并资产负债表的期初数。但为了提高会计信息的可比性,应当在财务报表附注中披露本期取得的子公司对合并财务报表的财务状况的影响,即披露本期取得的子公司在购买日的资产和负债金额,包括流动资产、长期股权投资、固定资产、无形资产及其他资产和流动负债、长期负债等的金额。

编制合并利润表时,应当以本期取得的子公司自取得控制权日起至本期期末为会计期间的财务报表为基础编制,将本期取得的子公司自取得控制权日起至本期期末的收入、费用和利润通过合并,纳入合并财务报表之中。同时,为了提高会计信息的可比性,应在财务报表附注中披露本期取得的子公司对合并财务报表的经营成果的影响,以及对前期相关金额的影响,即披露本期取得的子公司自取得控制权日至本期期末止的经营成果,包括营业收入、营业利润、利润总额、所得税费用和净利润等。

编制合并现金流量表时,应当将本期取得的子公司自取得控制权日起至本期期末止的现金流量的信息纳入合并现金流量表,并将取得子公司所支付的现金扣除子公司于购买日持有的现金及现金等价物后的净额,在有关投资活动类的"取得子公司及其他营业单位所支付的现金"项目反映。如为负数,在有关投资活动类的"收到的其他与投资活动有关的现金"项目反映。

14.10.2　处置对子公司投资的会计处理

(一)在不丧失控制权的情况下部分处置对子公司长期股权投资

母公司在不丧失控制权的情况下部分处置对子公司长期股权投资,在母公司个别财务报表中作为长期股权投资处置,确认有关处置损益。即出售股权取得的价款或对价的公允价值与所处置长期股权投资账面价值的差额,应作为投资收益或损失记入处置投资当期母公司的个别财务报表中;在合并财务报表中,因出售部分股权后,母公司仍能够对被投资单位实施控制,被投资单位应当纳入母公司合并财务报表。因此,在合并财务报表中,处置价款与处置长期股权投资相对应享有子公司自购买日或合并日开始持续计算的净资产份额之间的差额,应当调整资本公积(资本溢价或股本溢价);资本公积不足冲减的,调整留存收益。

母公司在不丧失控制权的情况下处置对子公司部分股权时,在合并财务报表中,可以把子公司净资产分为两部分,一是归属于母公司所有者权益(包含子公司净资产和商誉);二是少数股东权益(包含子公司净资产,但不包含商誉)。母公司购买或出售子公司部分股权时,为两类所有者之间的交易。当母公司购买少数股权时,按比例把少数股东权益的账面价值调整至归属于母公司的所有者权益。反之,当母公司出售部分股权时,按比例把归属于母公司的所有者权益的账面价值调整至少数股东权益。

(二)母公司因处置对子公司长期股权投资而丧失控制权

1)一次交易处置子公司

母公司因处置部分股权投资或其他原因丧失了对原有子公司控制的,在合并财务报表中,应当进行以下会计处理:

(1)终止确认相关资产负债、商誉等的账面价值,并终止确认少数股东权益(包括属于少数股东的其他综合收益)的账面价值。

(2)按照丧失控制权日的公允价值进行重新计量剩余股权,按剩余股权对被投资方的影响程度,将剩余股权作为长期股权投资或金融工具进行核算。

(3)处置股权取得的对价与剩余股权的公允价值之和,减去按原持股比例计算应享有原有子公司自购买日开始持续计算的净资产账面价值份额与商誉之和,形成的差额计入丧失控制权当期的投资收益。

(4)与原有子公司的股权投资相关的其他综合收益、其他所有者权益变动,应当在丧失控制权时转入当期损益,由于被投资方不能重分类进损益的其他综合收益除外。

2)多次交易处置子公司

企业通过多次交易分步处置对子公司股权投资直至丧失控制权,在合并财务报表中,首先应判断分步交易是否属于"一揽子交易"。

如果分步交易不属于"一揽子交易",则在丧失对子公司控制权以前的各项交易,应按照"母公司在不丧失控制权的情况下部分处置对子公司的长期股权投资"的有关规定进行会计处理。

如果分步交易属于"一揽子交易",则应将各项交易作为一项处置原有子公司并丧失控制权的交易进行会计处理。其中,对于丧失控制权之前的每一次交易,处置价款与处置投资对应地享有该子公司自购买日开始持续计算的净资产账面价值的份额之间的差额,在合并财务报表中应当计入其他综合收益,在丧失控制权时一并转入丧失控制权当期的损益。

(三)本期减少子公司时如何编制合并财务报表

在本期出售转让子公司部分股份或全部股份,丧失对该子公司的控制权而使其成为非子公司的情况下,应当将其排除在合并财务报表的合并范围之外。

在编制合并资产负债表时,不需要对该出售转让股份而成为非子公司的资产负债表进行合并。但为了提高会计信息的可比性,应当在财务报表附注中披露该子公司成为非子公司对合并财务报表财务状况以及对前期相关金额的影响,即披露该子公司在丧失控制权日以及该子公司在上年年末的资产和负债金额,具体包括流动资产、长期股权投资、固定资产、无形资产及其他资产和流动负债、长期负债等。

编制合并利润表时,则应当以该子公司期初至丧失控制权成为非子公司之日止的利润表为基础,将该子公司自期初至丧失控制权之日止的收入、费用、利润纳入合并利润表。同时为提高会计信息的可比性,在财务报表附注中披露该子公司成为非子公司对合并财务报表的经营成果以及对前期相关金额的影响,即披露该子公司自期初至丧失控制权日止的经营成果以及上年度的经营成果,具体包括营业收入、营业利润、利润总额、所得税费用和净利润等。

在编制现金流量表时,应将该子公司自期初至丧失控制权之日止的现金流量信息纳入合并现金流量表,并将出售该子公司所收到的现金扣除子公司持有的现金和现金等价物以及相关处置费用后的净额,在有关投资活动类的"处置子公司及其他营业单位所收到的现金"项目中反映。如为负数,应在"支付其他与投资活动有关的现金"项目中反映。

14.10.3 因子公司少数股东增资导致母公司股权稀释

如果由于子公司的少数股东对子公司进行增资,导致母公司股权稀释,母公司应当按照增资前的股权比例计算其在增资前子公司账面净资产中的份额,该份额与增资后按母公司持股比例计算的在增资后子公司账面净资产份额之间的差额计入资本公积;资本公积不足冲减的,调整留存收益。

14.10.4 交叉持股的合并处理

交叉持股是指在由母公司和子公司组成的企业集团中,母公司持有子公司一定比例股份,能够对其实施控制,同时子公司也持有母公司一定比例股份,即相互持有对方的股份。

母子公司有交互持股情形的,在编制合并财务报表时,对于母公司持有的子公司股权,与通常情况下母公司长期股权投资与子公司所有者权益的合并抵销处理相同。对于子公司持有的母公司股权,应当按照子公司取得母公司股权日所确认的长期股权投资的初始投资成本,将其转为合并财务报表中的库存股,作为所有者权益的减项,在合并资产负债表中所有者权益项目下以"减:库存股"项目列示;对于子公司持有母公司股权所确认的投资收益(如利润分配或现金股利),应当进行抵销处理。子公司将所持有的母公司股权指定为以公允价值计量且其变动计入其他综合收益的金融资产,按照公允价值计量的,同时冲销子公司累计确认的公允价值变动。

子公司相互之间持有的长期股权投资,应当比照母公司对子公司的股权投资的抵销方法,将长期股权投资与其对应的子公司所有者权益中所享有的份额相互抵销。

14.10.5 其他特殊交易

对于站在企业集团合并财务报表角度的确认和计量结果与其所属的母公司或子公司的个别财务报表层面的确认和计量结果不一致的,在编制合并财务报表时,应站在企业集团角度对该特殊交易事项予以调整。例如,母公司将借款投入子公司作为实收资本用于长期资产的建造,母公司应在合并财务报表层面反映借款利息的资本化金额。再如,子公司作为投资性房地产的大厦,出租给集团内其他企业使用,母公司应在合并财务报表层面作为固定资产反映。

14.11 合并现金流量表的编制

14.11.1 合并现金流量表概述

现金流量表要求按照收付实现制反映企业经济业务所引起的现金流入和流出,其有关经营活动产生的现金流量的编制方法有直接法和间接法两种。我国明确规定企业对外报送的现金流量表采用直接法编制。合并现金流量表是反映企业集团在一定会计期间现金流入、现金流出和现金净变化情况的财务报表。与个别现金流量表一样,合并现金流量表中的现金流量也分为经营活动现金流量、投资活动现金流量和筹资活动现金流量三类。合并现金流量表应当以母公司和子公司的现金流量表为基础,在抵销母公司与子公司、子公司相互之间发生的内部交易对合并现金流量表的影响后,由母公司合并编制。在采用这一方法编制合并现金流量表的情况下,其编制原理、编制方法和编制程序与合并资产负债表、合并利润表以及合并利润分配表的编制原理、编制方法和编制程序相同。合并现金流量表也可以合并资产负债表、合并利润表为基础,采用与个别现金流量表相同的方法编制合并现金流量表。

14.11.2 编制合并现金流量表时应进行抵销处理的项目

在以母公司和子公司的现金流量表为基础编制合并现金流量表时,需要进行抵销处理的项目主要有:

(1)母公司与子公司、子公司相互之间当期以现金投资或收购股权增加的投资所产生的现金流量应当抵销。当母公司从子公司中购买其持有的其他企业的股票时,由此所产生的现金流量,在购买股权方的母公司的个别现金流量表中,表现为"投资活动产生的现金流量"中的"投资支付的现金"的增加,而在出售股权方的子公司的个别现金流量表中,则表现为"投资活动产生的现金流量"中的"收回投资收到的现金"的增加。在母公司对子公司投资的情况下,其所产生的现金流量表在母公司的个别现金流量表中,表现为"投资活动产生的现金流量"中的"投资支付的现金"的增加,而在接受投资的子公司个别现金流量表中,则表现为"筹资活动产生的现金流量"中的"吸收投资收到的现金"的增加。因此,编制合并现金流量表时应将其予以抵销。

(2)母公司与子公司、子公司相互之间当期取得投资收益、利息收入收到的现金,应当与分配股利、利润或偿付利息支付的现金相互抵销。母公司对子公司投资以及子公司之间进行投资分配现金股利或利润时,由此所产生的现金流量,在股利或利润支付方的个别现金流量表中,表现为"筹资活动产生的现金流量"中的"分配股利、利润或偿付利息支付的现金"的增加,而在收到股利或利润方的个别现金流量表中,则表现为"投资活动产生的现金流量"中的"取得投资收益收到的现金"的增加。因此,在编制合并现金流量表时必须将其予以抵销。

（3）母公司与子公司、子公司相互之间以现金结算债权与债务所产生的现金流量应当抵销。以现金结算内部债权债务，对于债权方来说表现为现金的流入，而对于债务方来说则表现为现金的流出。在现金结算的债权与债务属于母公司与子公司、子公司相互之间内部销售商品和提供劳务所产生的情况下，对其个别现金流量表来说，在债权方的个别现金流量表中，表现为"销售商品、提供劳务收到的现金"的增加；而在债务方的个别现金流量表中，则表现为"购买商品、接受劳务支付的现金"的增加。在编制合并现金流量表时必须将由此所产生的现金流量予以抵销。在现金结算的债权与债务属于内部往来所产生的情况下，在债权方的个别现金流量表中表现为"收到的其他与经营活动有关的现金"的增加，在债务方的个别现金流量表中，表现为"支付的其他与经营活动有关的现金"的增加。因此，在编制合并现金流量表时由此所产生的现金流量也必须将其予以抵销。

（4）母公司与子公司、子公司相互之间当期销售商品所产生的现金流量应当抵销。母公司与子公司、子公司相互之间当期销售商品没有形成固定资产、在建工程、无形资产等资产的情况下，该内部销售商品所产生的现金流量，在销售方的个别现金流量表中，表现为"销售商品、提供劳务收到的现金"的增加，而在购买方的个别现金流量表中，则表现为"购买商品、接受劳务支付的现金"的增加。而在母公司与子公司、子公司相互之间当期销售商品形成固定资产、工程物资、在建工程、无形资产等资产的情况下，该内部销售商品所产生的现金流量，在购买方的个别现金流量表中，表现为"购建固定资产、无形资产和其他长期资产所支付的现金"的增加。因此，在编制合并现金流量表时必须将由此所产生的现金流量予以抵销。

（5）母公司与子公司、子公司相互之间处置固定资产、无形资产和其他长期资产收回的现金净额，应当与购建固定资产、无形资产和其他长期资产支付的现金相互抵销。内部处置固定资产时，由于处置固定资产等所产生的现金流量，对处置方个别现金流量表来说，表现为"处置固定资产、无形资产和其他长期资产收回的现金净额"的增加；对购置该资产的接受方来说，在其个别现金流量表中表现为"购置固定资产、无形资产和其他长期资产支付的现金"的增加。因此，在编制合并现金流量表时必须将由此所产生的现金流量予以抵销。

（6）母公司与子公司、子公司相互之间当期发生的其他内部交易所产生的现金流量应当抵销。

【例14-29】 甲公司本期向其母公司支付现金股利40万元，向其母公司支付上期应付账款200万元，其母公司应编制以下抵销分录：

借：分配股利、利润或偿付利息支付的现金　　　　400 000

　　贷：取得投资收益收到的现金　　　　　　　　　　400 000

借：购买商品、接受劳务支付的现金　　　　2 000 000

　　贷：销售商品、提供劳务收到的现金　　　　　　2 000 000

合并现金流量表的格式与个别现金流量表的格式基本相同，见表14-9。

表14-9　合并现金流量表 会合03表　　　　　　　　　　单位：元

项　　目	本期金额	上期金额
一、经营活动产生的现金流量：		
销售商品、提供劳务收到的现金		
收到的税费返还		
收到其他与经营活动有关的现金		
经营活动现金流入小计		
购买商品、接受劳务支付的现金		
支付给职工以及为职工支付的现金		
支付的各项税费		
支付其他与经营活动有关的现金		
经营活动现金流出小计		
经营活动产生的现金流量净额		
二、投资活动产生的现金流量：		
收回投资收到的现金		
取得投资收益收到的现金		
处置固定资产、无形资产和其他长期资产收回的现金净额		
处置子公司及其他营业单位收到的现金净额		
收到其他与投资活动有关的现金		
投资活动现金流入小计		
购建固定资产、无形资产和其他长期资产支付的现金		
投资支付的现金		
取得子公司及其他营业单位支付的现金净额		
支付其他与投资活动有关的现金		
投资活动现金流出小计		
投资活动产生的现金流量净额		
三、筹资活动产生的现金流量：		
吸收投资收到的现金		
其中:子公司吸收少数股东投资收到的现金		
取得借款收到的现金		
发行债券收到的现金		
收到其他与筹资活动有关的现金		

续表

项 目	本期金额	上期金额
筹资活动现金流入小计		
偿还债务支付的现金		
分配股利、利润或偿付利息支付的现金		
其中:子公司支付给少数股东的股利、利润		
支付其他与筹资活动有关的现金		
筹资活动现金流出小计		
筹资活动产生的现金流量净额		
四、汇率变动对现金及现金等价物的影响		
五、现金及现金等价物净增加额		
加:期初现金及现金等价物余额		
六、期末现金及现金等价物余额		

注:表中金融企业专用项目省略。

14.12 合并财务报表综合举例

为了便于理解和掌握合并财务报表的编制方法,了解合并财务报表的编制过程,本节综合举例说明合并资产负债表、合并利润表、合并所有者权益变动表及合并工作底稿的编制方法和过程。

【例14-30】 2×24年1月1日,M公司用银行存款3 000万元购得Z公司80%的股份,取得对Z公司的控制权(假定属于非同一控制下的企业合并)。2×24年1月1日,Z公司股东权益总额为3 500万元,其中,股本为2 000万元、资本公积为500万元、盈余公积为200万元、未分配利润为800万元,股东权益公允价值总额为3 575万元(办公楼公允价值不等于账面价值)。假定Z公司的会计政策和会计期间与M公司一致;M公司和Z公司适用的所得税率均为25%;在合并财务报表层面出现暂时性差异均符合递延所得税资产或递延所得税负债的确认条件。M公司购买日编制合并财务报表时,需要把子公司账面价值调整公允价值,抵销母公司长期股权投资和子公司所有者权益。M公司在编制购买日后2×24年合并财务报表时,以下内部交易或事项须在合并工作底稿中进行抵销或调整处理:

(1)M公司2×24年个别资产负债表中应收账款475万元为2×24年向Z公司销售商品发生的应收销货款的账面价值。M公司对该笔应收账款计提的坏账准备为25万元。其抵销分录为:

借:应付账款   5 000 000

贷:应收账款	5 000 000
借:应收账款——坏账准备	250 000
贷:信用减值损失	250 000
借:所得税费用	62 500
贷:递延所得税资产	62 500

(2)Z公司2×24年利润表的营业收入中有1 000万元系向M公司销售商品实现的销售收入,对应的销售成本为800万元。M公司购进的该商品全部形成期末存货。其抵销分录如下:

借:营业收入	10 000 000
贷:营业成本	10 000 000
借:营业成本	2 000 000
贷:存货	2 000 000
借:递延所得税资产	（2 000 000×25%）500 000
贷:所得税费用	500 000
借:少数股东权益	【2 000 000×(1−25%)×20%】300 000
贷:少数股东损益	300 000

(3)M公司将其账面价值为130万元的某项固定资产以120万元的价格出售给Z公司作为管理用固定资产使用。Z公司对该固定资产按5年的使用寿命采用年限平均法计提折旧,预计净残值为0。该固定资产交易时间为2×24年6月30日。有关抵销处理如下:

借:固定资产——原价	100 000
贷:资产处置收益	100 000
借:管理费用	10 000
贷:固定资产——累计折旧	10 000
借:所得税费用	【(100 000−10 000)×25%】22 500
贷:递延所得税负债	22 500

(4)Z公司2×24年实现净利润1 000万元,计提盈余公积100万元,分派现金股利600万元,分派现金股利600万元。2×24年12月31日,Z公司股东权益总额为4 000万元,其中,股本为2 000万元,资本公积为500万元,其他综合收益为100万元,盈余公积为300万元,未分配利润为1 100万元。按照M公司备查簿中的记录,在购买日,Z公司可辨认资产、负债的公允价值与账面价值存在差异仅有一项办公楼,公允价值高于账面价值的差额为100万元,剩余使用年限20年,按直线法每年应补提的折旧额为5(100/20)万元。在合并工作底稿中,应编制的调整分录如下:

借:固定资产——原价	1 000 000
贷:资本公积	750 000
递延所得税负债	250 000
借:管理费用	50 000
贷:固定资产——累计折旧	50 000

借:递延所得税负债   12 500

  贷:所得税费用   12 500

据此,以Z公司2×24年1月1日各项可辨认资产、负债等的公允价值为基础,考虑递延所得税后,重新计算确定的2×24年净利润为996.25(1 000-5+1.25)万元。有关调整分录如下:

借:长期股权投资——Z公司   (9 962 500×80%)7 970 000

  贷:投资收益——Z公司   7 970 000

Z公司2×24年分派现金股利。其调整分录如下:

借:投资收益——Z公司   4 800 000

  贷:长期股权投资——Z公司   4 800 000

2×24年,Z公司其他综合收益增加75万元。其调整分录如下:

借:长期股权投资——Z公司   (1 000 000×80%)800 000

  贷:其他综合收益——Z公司   800 000

(5)2×24年12月31日,M公司对Z公司长期股权投资经调整后的金额为3 397(30 00+3 97)万元,Z公司经调整后的股东权益总额为4 071.25万元,其具体计算如下:

股东权益账面余额4 000万元-调整前未分配利润300万元+(调整后净利润996.2 5万元-分配的现金股利600万元-按调整前计提的盈余公积100万元)+甲办公楼购买日公允价值高于账面价值的差额扣除所得税的影响后的金额75万元=4 071.25万元。Z公司股东权益中20%的部分,即814.25万元属于少数股东权益。抵销分录如下:

借:股本   20 000 000

  资本公积   5 750 000

  其他综合收益   1 000 000

  盈余公积   3 000 000

  未分配利润——年末   10 962 500

  商誉   1 400 000

  贷:长期股权投资   33 970 000

   少数股东权益   8 142 500

(6)抵销母公司的投资收益和子公司的利润分配。

借:投资收益   7 970 000

  少数股东损益   1 992 500

  未分配利润——年初   8 000 000

  贷:提取盈余公积   1 000 000

   向股东分配利润   6 000 000

   未分配利润——年末   10 962 500

表14-10　合并工作底稿（简易）

2×24年度　　　　　　　　　　　　　　　　　　　　单位：万元

项目	母公司	子公司	合计数	调整分录借方	调整分录贷方	抵销分录借方	抵销分录贷方	少数股东权益	合并数
资产负债表项目									
货币资金	1 000	500	1 500						1 500
应收账款	3 970	1 460	5 430			25	500		4 955
存货	2 000	1 100	3 100				200		2 900
债权投资	200		200						200
长期股权投资	4 700	0	4 700	797+80	480		3 397		1 700
固定资产	3 100	2 900	6 000	100	5	10	1		6 104
无形资产	623.75	0	623.75						623.75
商誉	0	0	0			140			140
递延所得税资产	6.25		6.25			50	6.25		50
资产合计	15 600	5 960	21 560	977	485	225	4 104.25		18 172.75
应付账款	4 200	900	5 100			500			4 600
长期借款	4 400	860	5 260						5 260
应付债券	0	200	200						200
递延所得税负债				1.25	25		2.25		26
负债合计	8 600	1 960	10 560	1.25	25	500	2.25		10 086
股本	4 000	2 000	6 000			2 000			4 000
资本公积	800	500	1 300		75	575			800
其他综合收益	0	100	100		80	100			80
盈余公积	1 034.5	300	1 334.5			300			1 034.5
未分配利润（计算见后面）									1 388
归属于母公司股东权益合计									7 302.5
少数股东权益								−30+814.25	784.25
负债和股东权益合计	15 600	5 960	21 560						18 172.75

续表

项目	母公司	子公司	合计数	调整分录		抵销分录		少数股东权益	合并数
				借方	贷方	借方	贷方		
利润表项目									
营业收入	8 700	6 140	14 840			1 000			13 840
营业成本	4 425	4 570	8 995			200	1 000		8 195
税金及附加	300	125	425						425
销售费用	15	10	25						25
管理费用	100	62	162	5		1			168
财务费用	300	40	340						340
信用减值损失	25	0	25				25		0
投资收益	500	0	500	480	797	797			20
资产处置收益	10	0	10				10		0
所得税费用	1 000	333	1 333		1.25	2.25+6.25	50		1 290.25
净利润	3 025	1 000	4 025	<u>485</u>	<u>798.25</u>	<u>2 006.5</u>	<u>1 085</u>		3 416.75
归属于母公司									3 247.5
少数股东损益								−30+199.25	169.25
其他综合收益		100	100						100
综合收益总额	3 025	1 100	4 125	<u>485</u>	<u>798.25</u>	<u>2 006.5</u>	<u>1 085</u>		3 516.75
归属母公司综合收益									3 327.5
归属少数股东综合收益									189.25
股东权益变动表项目									
年初未分配利润	468	800	468			800			468
提取盈余公积	302.5	100	402.5				100		302.5
对股东的分配	2 025	600	2 625				600		2 025
年末未分配利润	1 165.5	1 100	2 265.5	<u>485</u>	<u>798.25</u>	1 096.25 <u>3 902.75</u>	1 096.25 <u>2 881.25</u>	<u>169.25</u>	1 388

项目	母公司	子公司	合计数	调整分录		抵销分录		少数股东权益	合并数
				借方	贷方	借方	贷方		
现金流量表项目(略)									

注:年末未分配利润=2 265.5+798.25-485+2 881.25-3 902.75-169.25=1 388(万元)。

直接用成本法编制合并财务报表的程序可分为以下步骤:第一,将子公司的资产、负债由账面价值调整为股权投资日的公允价值,并按该公允价值持续计量,对净利润进行调整(同一控制下不需要);第二,将股权投资日的子公司所有者权益与母公司的长期股权投资抵销,并确认少数股东权益金额;第三,将股权投资日后子公司所有者权益变动的金额,按照少数股东持股比例追加确认少数股东权益;第四,抵销子公司的利润分配,包括提取盈余公积和分配股利;第五,抵销母子公司内部债权债务以及内部购销业务。上述步骤中第一步和第五步与调整成权益法编制合并财务报表的处理相同。

本例中,假如直接基于成本法编制合并日后合并财务报表,公允价值的调整分录同上,无须按照权益法对母公司的长期股权投资进行调整。M公司2×24年的抵销分录如下:

(1)购买日的子公司所有者权益与母公司的长期股权投资抵销,并确认少数股东权益金额。

借:股本　　　　　　　　　　　　　　20 000 000
　　资本公积　　　　　　　　　（500+75)5 750 000
　　盈余公积　　　　　　　　　　　　 2 000 000
　　未分配利润——年末　　　　　　　 8 000 000
　　商誉　　　　　　　　　　　　　　 1 400 000
　贷:长期股权投资　　　　　　　　　　　 30 000 000
　　　少数股东权益　　　　　　　　　　　 7 150 000

(2)根据购买日后子公司所有者权益变动的金额,追加确认少数股东权益。净利润996.25+其他综合收益100=1096.25万元。

借:少数股东损益　　　　　　　（996.25×0.2)1 992 500
　　其他综合收益　　　　　　　　（100×0.2) 200 000
　贷:少数股东权益　　　　　　（1 096.25×0.2)2 192 500

(3)抵销子公司的利润分配,包括提取盈余公积和分配股利。

借:盈余公积　　　　　　　　　　　　 1 000 000
　贷:提取盈余公积　　　　　　　　　　　 1 000 000
借:投资收益　　　　　　　　　　　　 4 800 000
　　少数股东权益　　　　　　　　　　 1 200 000
　贷:向股东分配利润　　　　　　　　　　 6 000 000

练习题

一、选择题(前三题属于单选,后三题属于多选)

1.母公司向子公司销售一批商品,价格为3 000万元,成本为2 200万元,年底子公司已将该批商品对外销售80%,母公司编制合并资产负债表时,"存货"项目应抵销的金额为( )万元。

    A.160   B.440   C.600   D.640

2.坏账准备计提比例为应收账款余额的5%,内部应收账款余额上年末为2 000万元,本年末为3 000万元,企业本年编制合并会计报表时应抵销信用减值损失的金额为( )万元。

    A.150   B.100   C.50   D.0

3.下列关于合并财务报表的表述不正确的有( )。

    A.编制合并调整与抵销分录使用报表项目

    B.企业合并,在购买日需要编制合并资产负债表、合并利润表和合并现金流量表

    C.合并财务报表,以母公司和子公司单独编制的个别报表为基础,由母公司编制

    D.母子间未实现内部交易损益在合并财务报表中是全额抵销

4.下列关于合并财务报表的表述不正确的有( )。

    A.同一控制下的企业合并,在合并日需要编制合并资产负债表、合并利润表和合并现金流量表

    B.非同一控制下的企业合并,在购买日需要编制合并资产负债表和合并利润表

    C.合并财务报表,是以母公司和子公司组成的企业集团为一个报告主体,以母公司和子公司单独编制的个别报表为基础,由母公司编制

    D.合并财务报表的编制单位是母公司

5.下列各项中,属于合并财务报表的编制程序的有( )。

    A.设置合并工作底稿

    B.将母公司与纳入合并范围的子公司的报表数据过入合并工作底稿,并进行加总

    C.编制调整分录和抵销分录,将母子公司的内部交易进行抵销处理

    D.计算合并财务报表各项目的合并数额

6.合并报表中抵销无形资产原价中包含的未实现内部交易损益时,可能贷记的项目有( )。

    A.资产处置收益   B.营业外收入

    C.未分配利润——年初   D.管理费用

7.将内部交易形成的固定资产中包含的未实现内部销售利润抵销时,可能进行的处理有( )。

    A.借记"营业收入"项目,贷记"营业成本""固定资产原值"项目

B.借记净利润项目,贷记"固定资产原值"项目

C.借记营业利润项目,贷记"固定资产原值"项目

D.借记"资产处置收益"项目,贷记"固定资产原值"项目

二、业务题

1.2×24年1月2日,甲公司以发行1 200万股普通股(每股面值1元)为对价,取得同一母公司控制的乙公司60%股权,当日乙公司净资产账面价值为8 200万元,其中:实收资本3 200万元、资本公积2 400万元、盈余公积1 000万元、未分配利润1 600万元。乙公司2×24年实现净利润2 000万元;提取盈余公积2 00万元。不考虑留存收益的恢复。

要求:编制甲公司2×24年末有关的抵销分录。

2.甲公司是乙公司的母公司,2×24年初乙公司的期初库存商品中有从甲公司购入的30 000元,甲公司当时的销售毛利率为20%,当年甲公司又向乙公司销售商品50 000元,甲公司现在毛利率为30%,当年乙公司销售部分自甲公司购入的商品,结转销售成本45 000元。乙公司采用先进先出法结转存货成本。假定不考虑所得税影响因素。

要求:编制2×24年的抵销分录。

3.甲公司拥有乙公司60%的表决权股份,能够控制乙公司。2×24年10月20日,甲公司将无形资产出售给乙公司,无形资产账面价值1 000万元,公允价值为1 200万元。采用直线法摊销,预计使用年限为5年,预计净残值为0。价款尚未支付,年末计提坏账准备12万元。假定不考虑相关税费。

要求:编制2×24年的抵销分录。

4.母公司持有子公司80%股份。所得税税率25%。子公司2×24年1月1日以300万元的价格将其无形资产销售给母公司。账面价值为270万元。母公司对该无形资产按3年的期限采用直线法计提摊销。

要求:编制本年末的抵销分录。

5.A公司持有B公司80%股份。2×24年B公司向A公司销售甲产品100件,每件价款为8万元,成本为6万元,至2×24年末已对外销售甲产品70件。所得税税率25%。

要求:编制相关抵销分录。

6.2×24年6月30日母公司以1 000万元的价格将其生产的产品销售给子公司,其销售成本为800万元。子公司购买该产品作为管理用固定资产,当日达到预定可以使用状态。假设子公司对该固定资产按5年的使用期限采用直线法计提折旧,预计净残值为零。假定预计折旧年限、折旧方法和净残值与税法一致。所得税税率25%。

要求:编制2×25年的抵销分录。

7.甲公司是乙公司的母公司,甲公司2×22年开始编制合并报表。2×22—2×24年末甲公司应收账款中对乙公司的金额依次为1 500万,1 800万,1 600万,坏账率为3%。不考虑所得税影响因素。

要求:编制连续三年的抵销分录。

8.2×24年1月1日,甲公司以银行存款1 100万元,自非关联方H公司购入乙公司80%有表决权的股份。当日,乙公司账面所有者权益总额为800万元,其中,股本600万

元,资本公积100万元,盈余公积20万元,未分配利润80万元。当日乙公司有一专利权账面价值200万元,公允价值300万元,尚可使用10年,假定无残值。所得税税率25%。2×24年度,乙公司实现净利润150万元,年末计提盈余公积15万元,当年乙公司分红40万元。

要求:编制2×24年末合并会计报表的调整抵销处理。

9.A公司取得B公司80%的股权,A公司定向增发发行1500万股普通股作为对价,每股面值1元,每股市价3元。当日,B公司可辨认净资产的账面价值为5 000万元,其中,股本3 000万元,资本公积500万元,盈余公积1 000万元,未分配利润500万元。可辨认净资产的公允价值5 000万元。

要求:分别同一控制下和非同一控制下编制有关会计分录和抵销分录。

10.乙公司2×24年1月1日取得B公司70%的股权。乙公司定向增发普通股股票1 000万股,每股面值1元,每股市场价格3元。属于非同一控制下的企业合并,假定不考虑所得税影响。B公司在购买日股东权益账面价值(和公允价值一致)为3 200万元,其中股本为28 00万元、盈余公积为120万元、未分配利润为280万元。B公司全年实现净利润800万元,B公司当年提取盈余公积80万元。 B公司2×24年12月31日股东权益账面价值总额为4 000万元。

要求:编制B公司2×24年12月31日调整抵销分录。

三、简答题

1.简述合并财务报表各种调整分录和抵销分录。

2.比较同一控制下和非同一控制下的调整抵销。

参考文献

[1] 财政部.企业会计准则[M].上海：立信会计出版社，2021.

[2] 中国注册会计师协会.会计[M].北京：中国财政经济出版社，2022.

[3] 财政部会计资格评价中心.高级会计实务[M].北京：经济科学出版社，2022.

[4] 财政部会计资格评价中心.中级会计实务[M].北京：经济科学出版社，2022.

[5] 财政部会计资格评价中心.初级会计实务[M].北京：经济科学出版社，2022.

[6] 中国资产评估协会.资产评估相关知识[M].北京：经济科学出版社，2022.

[7] 中国注册会计师协会.税法[M].北京：中国财政经济出版社，2022.

[8] 全国注册税务师执业资格考试教材编写组.财务与会计[M].北京：中国税务出版社，2022.